中国社会科学院　学者文选

宓汝成集

中国社会科学院科研局组织编选

中国社会科学出版社

图书在版编目（CIP）数据

宓汝成集／中国社会科学院科研局组织编选. —北京：中国社会
科学出版社，2008.12（2018.8 重印）
（中国社会科学院学者文选）
ISBN 978 - 7 - 5004 - 7378 - 7

Ⅰ.①宓…　Ⅱ.①中…　Ⅲ.①经济史—中国—文集　Ⅳ.①F129 - 53

中国版本图书馆 CIP 数据核字（2008）第 173433 号

出 版 人　赵剑英
责任编辑　李　是
责任校对　周　昊
责任印制　李寡寡

出　　版　中国社会科学出版社
社　　址　北京鼓楼西大街甲 158 号
邮　　编　100720
网　　址　http://www.csspw.cn
发 行 部　010 - 84083685
门 市 部　010 - 84029450
经　　销　新华书店及其他书店

印刷装订　北京市十月印刷有限公司
版　　次　2008 年 12 月第 1 版
印　　次　2018 年 8 月第 2 次印刷

开　　本　880×1230　1/32
印　　张　14.875
字　　数　358 千字
定　　价　89.00 元

出 版 说 明

一、《中国社会科学院学者文选》是根据李铁映院长的倡议和院务会议的决定，由科研局组织编选的大型学术性丛书。它的出版，旨在积累本院学者的重要学术成果，展示他们具有代表性的学术成就。

二、《文选》的作者都是中国社会科学院具有正高级专业技术职称的资深专家、学者。他们在长期的学术生涯中，对于人文社会科学的发展作出了贡献。

三、《文选》中所收学术论文，以作者在社科院工作期间的作品为主，同时也兼顾了作者在院外工作期间的代表作；对少数的建国前成名的学者，文章选收的时间范围更宽。

中国社会科学院

科研局

1999 年 11 月 14 日

目　录

前　言

　　古诗有句："逝者一何速"（司马彪），"回头忽陈迹"（陆游）。自己从一九五三年二月进入中国科学院（一九七七年起为中国社会科学院）经济研究所从事中国近代经济史研究到如今，足有半个多世纪。院科研局落实前院长李铁映的倡议、院务会议的决定，为积累本院学者的重要学术成果，编选大型学术丛书；对此一举，衷心拥护，并祈盼能传承着使之成为定例。至于说及个人，虽自问尚未虚度年华，而就一些粗浅的成果说，试与上引句旨相比较，不能不自问：配吗？——不配；不能不以未能尽到自己该尽的职责而引为歉疚。

　　自己一进经济研究所，即参加经济史组全体同志（不过十来人）正在全力整理编制关于中国近代经济史统计资料的工作，分配给我做的是关于铁路运输的部分。此项于一九五五年出版成书前的一年，给我以新任务；编辑中国近代铁路史的资料；考虑到其量较大，决定分两步，先编一九一一年前的部分。这部分资料于编就成书出版（一九六二年）前一年，续行搜集一九一二年后的史料。旋以另有任务，中停。

　　该年，中宣部下达经济所编著中国近代经济通史，并在高教部的组织下与几所高等院校同行合作共编供高等院校用的中国近代经济史教材。我也参加了。自己在参与这个集体反复、酝酿、讨论教材大纲的同时，从主持者意旨，着手写作备供此教材用的专题论文；定了一些与这个专题有关的文稿，如《广州对外开放期间的中西贸易》、《列强对华强加的不平等条约体制的形成》等等。约经两三年，风云突变，此项工作由部分而全部戛然停止了。已成的文稿则遭散失，不明其所终。

一九七〇年前后数年间，自己在"五·七干校"深感"此日闲过可惜！"于充任炊事员期间，就所归还的统称为"材料"的笔记、短篇、札记、日记等等，于烧火、煮饭之余，写了成书后名为《帝国主义与中国铁路，1847－1948》的未定稿，另写成可构成小册子的读书笔记，如《马克思与国际工人协会》等等。

进入二十世纪八十年代，万象更新。经济所旧事重提，决定继续已中停近二十年的中国近代经济史的著述工作；并改定其性质由原拟供作大专院校用的教材而务期成为一部学术专著。我仍旧参加了；按自己的习惯，从写大事记，专题论文做起，写成《嘉道年间的中国》、《鸦片战争对中国经济的破坏和社会动荡的加剧》、《太平天国等人民大起义对封建秩序的冲击》，等等。

尔后从九十年代中起到如今，为清理此前积存的史料或就兴之所至，或为参加国内、国际一些学术会议，写些专题；或应现实需要，找些新问题研究、研究。

本集所收文篇，似可粗分成两类：一是近乎社会经济史的，另一为经济史中部门经济史铁路发展及其营运史的。所收文篇，保留原来的结构和论点；只对个别史实、用语或作一些修正和改动。集中所收的文篇不敢贸然自许是研究的定论，应该说只是一些自己学习的成果，定有不少瑕疵而竟贸然"示众"，唯请读者批评指正。

　　最后，我感谢负责出版此集的中国社会科学出版社和责任编辑李是同志。此集行将付印时，我以部分内容与另一本行将成稿的专著有些重复。应我的要求，从此集中抽去部分，另行补充；浪费了责任编辑同志的精力，也打乱了出版社的既定工作部署而深引不安。自己觉得这不是轻言"谢"意所能了的，述此情节，略申铭感真情。

二〇〇七年十一月七日

嘉道年间的中国[*]

　　历史是延续的，也是发展的。本文探讨嘉道年间的中国，且先简单叙述此前的基本国情。

　　清代康雍乾三朝的掌权执政者，主观上都颇有励精图治之志，所制定的大政方针，符合巩固其王朝根本利益，基本上也顺应社会经济发展的规律，从而取得了积极效果。就其最主要的说，第一，在政治上，确定了中华民族的生息疆域^①。在此国土上，区划了十八行省，对各少数民族聚居地区，确定了类如"因其教不易其俗，齐其政不易其宜"^②的治理原则，既加强了多民族国家的统一，也促进了各个民族地区在其原来发展水平上有程度不等的进步。第二，在社会经济上，具备了繁荣昌盛的基本条件；即它在本部十八省，继医治了明清之际多年战乱创伤之余，相对于当时的社会经济、技术条件，到了十八世纪中，基本上完

---

　　* 原载《太平天国学刊》第三辑，中华书局一九八七年七月。收入本集时文字略有改动。
　　① 东起鄂霍次克海和库页岛，西至巴尔喀什湖和葱岭，南至南海诸岛，北至漠北和外兴安岭。参见赵尔巽等撰《清史稿》卷五四，志二九，地理一。
　　② 《清文献通考》，"舆地，二四，西藏"。

成了地区开发工作。如华北直隶保定府属，"悬崖幽壑，靡不芟其翳，焚其芜而辟之以为田"①；山东东部，"山峦海滩，开垦无遗"②；在长江中游沿岸，"深山穷谷，石陵沙阜，莫不芟辟耕耨"③；洞庭湖沿边，"民间各就荒滩筑圩垦田……凡稍高之地，无不筑围成田"④；内地各省"山谷崎岖之地"，"已无弃土，尽皆耕种"；在边远省份如云南，人民渐增，"水陆可耕之地，俱经垦辟无余"⑤。虽然这些都语含夸饰，仍无碍于取作造就了相当丰裕的生产资料来理解。在此同一期间，国内基本上是和平安定的，每年有些难以避免的、严重程度不一的自然灾害，从而出现了人口的平稳增长（年增殖率大致是千分之十）。人丁的滋生意味着劳力资源的增多；与相当丰裕的生产资料相结合，使社会生产潜力能有较大的增强。

　　清王朝统治下的中国，是以农业为主体的封建经济体系作为经济基础的。封建统治阶级占有耕地的绝大部分，约百分之七十上下；剩下的少部分，则为部分农民所有。地主把拥有的大量土地，零星地佃给农户耕种；还有一些农民则在自己仅有的少量土地上，从事耕作。自耕农和佃农，都是个体经营的小农经济，是当时土地关系的重要支柱，也是整个国民经济的顶梁柱。

　　个体小农凭借传统的生产技术，充分利用有权使用的那点土地资源，辛勤终日地劳动着，奠定了社会繁荣的基础。

　　小农经济本身，决定了不可能生产出丰裕产品提供给市场；也决定了无法充分保障自己在生产、生活上的全部需要而不得不

---

①　崔述：《崔东壁遗书》《无闻集》卷一，第2页。

②　《仁宗圣训》卷一五，"爱民"一，嘉庆二年十月。

③　民国《湖北堤防纪要》卷二。

④　《洞庭湖志》卷四。

⑤　《高宗圣训》卷八〇，"爱民"十一，乾隆三十一年七月。

有求于市场。此外，他们无论为了交纳官赋和私租，或者为了搏节开支，枭精籴粗，也需要把自己的产物通过市场作调剂。小农经济说是自给自足，事实上并不能够达到真正的自给自足，决定了它必须有一定的商品经济作补充。而他们在地主制的封建经济中，具有较大的相对独立性；又有着从事副业、出卖劳动力的可能性。这又推动着手工业、副业、运输等业的成长。

在农、工、运输各业发展的基础上，商业在这个时期也繁荣起来了。截至十八世纪中，省省县县，到处出现定期的、或不定期的交换场所，如北方的"集"、南方的"墟"、西南地区的"场"或"行"。至于老河口、朱仙镇、仙女庙、佛山等地，更是全国知名，成为庞大的工商业中心。通过水陆运输，东北的大豆、华北的棉花和小麦、江浙的丝绸和土布、闽广的蔗糖、两湖和台湾的大米、沿海各省的食盐和海产、西部和西北各地所产的药材与畜产，都广泛地在国内市场上流通着；茶叶、生丝、土布以及药材、瓷器等，且销往域外，从邻近的南洋诸岛远至欧美两洲。商业的兴盛，反过来又促进着工农业的发展。

社会经济的发展，终于把清代立国初期的"四海之内，日益困穷"的"四空"（农空、工空、市空、仕空）局面一扫而空，出现了"盛世"的景象。

不过，这个"盛世"，是就清代说的。它虽光照烂漫，而相对于中国社会整个发展进程说，则似暮霭余光了。

还在这个"盛世"的末季，由于耕地的垦辟跟不上人口的滋生，已经出现土地"常处其不足"，户口"常处其有余"，"生活不易"的景象。这是个征兆。当时有识之士敏锐地意识到中国的经济结构出现了问题，说"为农者十倍于前而田不加增"，"何况又有兼并之家"，"一户占百户之田，何怪乎遭风雨霜露，饥寒颠踣而死者比比乎"①? 这也就是说，必须对原有的社会经济结构有所调整，有所改革，提升到更高的阶段，才能长保繁荣；现存的已不足以保证人们的生活需要，从而隐伏着社会不安的因素。

清王朝最初确定处理外务的原则方针，是与域外国家在政治上保持不即不离的和平相处关系；为此，物质上通过互市贸易，不惜"厚往薄来"，以求巩固这个关系的存在，即有关官文书中的所谓"绥远"、"柔远"而"四夷宾服"；或者说，以"柔远"追求实现"四夷宾服"的目的；其真实含义，如此而已。在国家安全问题上，清政府意识到要防海，可又以为大海足资屏障；对陆防，比较疏忽。外务和防务是两回事，却又密切相关，有时直纠成一团。

从明代起，中国封建王朝谋求国家的安全，有"禁海"的政策。这个政策，随着形势的变化，时紧时松。这个政策的实际内容，是为抵制外国势力的入侵，不惜牺牲人民"下海为生"作代价。因此，这个政策不是一种积极的，而是一种消极、退守防御的政策；而且，后贻着限制中外交流，不利于中外交流的深远不利影响。

在实现全国统一后，清廷于一六八四年开放广州、漳州、宁波、云台山四处作为海外商人来华贸易的处所；采取的措施，极为宽松，外商可自由通商，"远比伦敦方便得多"②；对出口、进口货品都只课轻微税金③等等。只因来华欧洲商人颇多不遵中国

---

①　洪亮吉："治平篇"，《洪北江诗文篇》，甲集。

②　英国国会东印度公司事务特别委员会第一次报告（First Report of Select Committee on the Affairs of The East India Company），1830年，第五卷，第133页。

③　中国对进口毛织品课税最重，海关正税加额外规费共计约达货价百分之四十六，英国对进口的华茶所征税达 100％—360％。《英国国会文件：报告和文件》(British Parli amentary Papers, Accounts and Papers), 1843, 卷 L Ⅱ, 第26页。

法度，为非作歹；特别是到了十八世纪中，他们竟猖狂到偷测港口水道、窥伺海防的地步。清政府有鉴于此，也考虑于所开放的四处实际只有广州一处才有较多的贸易交往，乃于一七五七年（乾隆二十二年）改行限定只开广州一口。广东地方当局并向英国、法国、荷兰、丹麦、瑞典五国商人首领二十一人传达政策方针：海外商人来华贸易，"不驱逐"；若不来贸易，"亦不招徕"；既来贸易者，必须"安静守法"①。一七五九年，对来华外国商人，清政府制定了必要的防范章程，力图禁绝本国居民与来华外国人的接触，以防止或致危及国家和清统治的安全。这些政策措施，未可厚非，不过若就防务这个角度看，并追索其所欲达到的目的、思想、意识，依旧继承了传统的、消极退守的精神，是出于误认为加强华夷的隔离是最好的防务设施这一观念。

中俄之间先后签订了尼布楚条约（一六八九年）、恰克图条约（一七二七年）和布连斯奇界约（一七二八年），划定了两国的疆界、规定了互市贸易办法之后，俄国政府纵容其本国商贩、士兵、探险家之流，在中国北边，特别是在北边东端加紧着渗透、蚕食活动；在中部的蒙古沿边，也屡次滋事，清政府不得不采取"闭市"措施，不与往来。到了一七九一年，双方新订恰克图条约，才恢复照常互市。

向海外推行殖民活动，是构成资本原始积累的一个重要动因。英国经过一系列胜利的商战，到十八世纪中，在世界范围内夺取了殖民霸权。它特许设立东印度公司，授以编练海、陆军，宣战、媾和、遣使、签约等特权。一七五七年，它打赢了普拉赛（Plassey）之战，并吞了西孟加拉邦，即把视线远注到西藏，策

---

① 广东将军新柱、两广总督李侍尧等会奏折，乾隆二十四年九月初四日硃批。《史料旬刊》第5期，第161—162页。

划在这里打开中国的后门。一七六八年，该公司作出决议，搜集关于棉布等商品能否经西藏以及中国西部地区开拓市场的情报；并旋即派出一个考察团，探索前往西藏的通路。一七七四年，英国首任印度总督赫斯定（W. Hastings），策划以东印度公司秘书波格尔（G. Bogle）为队长，率一侦察队前往西藏；搜集有关拉萨至西伯利亚之间的大片土地、交通和从孟加拉到拉萨以及从拉萨到附近地区的道路、城市和居民的情况；还设想在拉萨设立一个英国商务代表机构。一七八三年，他以班禅七世"坐床"为机会，派出忒涅（S. Turner）和桑德尔（T. Saundaars）两人为首的使团，以庆贺为名，企图潜入西藏侦察。东印度公司旋在缅甸展开殖民活动，随着又企图从缅甸北上至云南打开中国后门的通道。而英国所最熟悉的商道，还是从海上东来，经马六甲海峡入南中国海，北上华南以至东南沿海一带。一七八七年，英国谋求能为英国、印度产品找到广阔销售市场，派遣了咯塞卡特（C. Cathcart）正使为首的未曾到达中国的使团，授予的训令，主要是向清政府提出要求，拨一海岛或一处地方，作为货栈，和互换使节。训令为掩饰其非分要求，还无端攻击中国使在华英国货主处在一种所谓极端专横残暴的情况之下等等，充溢着殖民主义的飞扬跋扈气焰。

　　一七九二年，东印度公司以英王庆祝乾隆帝八十大寿特使的名义派马戛尔尼（G. Macartney）为正使、司当东（G. L. Staunton）为副使，率领由军事、测绘、航海等各方面专业人员近百名组成的使团，于第二年到达中国。马戛尔尼向清政府提出了一系列要求：（一）准该国商人、货船任意去宁波、舟山、天津和广东除了广州的另一些地方通商贸易；（二）在舟山附近拨一小岛让英商停歇，并让予英国行使警察权，靠近广州拨一地方让洋商居住，或准许在澳门的商人到广州得任便出入；（三）许英商在北京设立商行收贮货物，派英人留驻北京，管束在华英商。

乾隆从这个使团的行动中，觉察到"其心叵测"，认定所提要求是"违例干渎，断难准行"；特别是中国领土，"疆址森然，即岛屿沙洲"，亦不容侵犯，予以拒绝。复书宣布："天朝物产丰盈，无所不有，原不藉外夷货物，以通有无；特因天朝所产茶叶、磁器、丝巾为西洋各国及尔国必须之物，是以加恩体恤，在澳门开设洋行，俾得日用有资，并沾余润。"①

这个使团虽未取得预期结果，但使团成员在华五个月里，从与中央和地方大员的接触及眼见耳闻中，了解到不少关于中国政治、军事、社会的实情；并从政治的陈腐、人民的困苦、武备的废弛、工业不如西洋上，认定若一旦中国与英国发生冲突，势必土崩瓦解。使团一成员回国后作了形象描述："清帝国好比一艘破烂不堪的头等战舰……它胜过其邻船的地方，只是它的体积和外表"；"一旦一个没有才干的人在甲板上指挥，那就不会再有纪律了"。"英国从这一变化中将比任何其它国家得到更多的好处"② 英国从此日益加强着对中国的殖民主义的野心。

一七九五年，乾隆在内禅时发表文告，晕晕乎乎地还以为国情正处在"景运庞鸿"的形势之中；其实，无论就内治或外务说，富于政治敏感和善于分析形势的有识之士，已经感觉到了危难因素。关于内务，已如上所提及兹不赘述；就外务说，英国既"款关"直入，交涉时有冲突；俄国也"狡焉思逞"，"边界之交涉日繁"，构成了南北窥伺的态势。这些便是当时的国情。这个国情，表明在十八、十九世纪之交，中国正面临一场挑战，同时也呈现一个机会。问题在于理政治国者怎样适应这个局面：是高

① 《清实录》，高宗朝，卷一四三五，第15、17—18页。
② 克拉默·拉宾：《出使中国：据马戛尔尼勋爵谒见乾隆纪实》，第212页。

瞻远瞩，因势利导，开创新局；还是因循守旧，抱残守缺。且看嘉道年间究竟是怎样施政的。

（一）封建末世的政治

（1）内政和吏治

清王朝在政体上，沿袭"明制"，经过精心擘画，酌作增损，构成具有封建独裁和民族统治鲜明特征的行政体制。

清政府中枢的内阁、军机处，无综理国政实权；部（吏、户、礼、兵、刑、工）院（如理藩院）名为"利国家而致升平，莫此为要"的重要机关，实际职司，只是"厘剔庶务、禁绝贪污、修整法令"① 而已。地方各省督抚，由皇帝特旨简放，次一级的布政使、按察使也是这样。"牧民"、"亲民"的府县行政首脑，虽然由督抚保荐，任免大权掌握在皇帝手里。设八旗驻防制度，在政治上，有牵制、监视地方行政长官的作用。在人事行政方面，标榜满（蒙）汉并用，在各部院中分设满（蒙）汉额缺，但同一官职在不同族别的品级、职权，却是有区别的，无不突出满（蒙）族官员的优崇地位。又，满人得占汉人缺；反过来，汉人不能占满缺。外任道以下官员不授宗室，六品首领佐贰以下官员不授满人②。满族无微员，似若不经意中实煞费苦心，极大地提高满族的政治地位和威势，似乎他们就都是做大官的天生骄子。

天下大小官员，对皇帝来说，不是"世仆"、"奴才"；便是"臣"也就是"役于人之贱者"。他们全都只能按照皇帝的意旨行事。

---

① 《八旗通志》卷首。
② 参看赵希鼎《清代各省的政治制度》，《历史研究》1980 年第 3 期。

内阁大学士、军机大臣身为揆首，统领百僚，仅备皇帝谘询和完成皇帝下达的任务。部院大臣对国家政事，有奏陈意见、建议的责任，分别执行的只是与本部（院）有关的那些有例可循的日常政事。督抚等官员，或单独奏事、或会衔上奏，无"行一谋、专一事"的权柄。国家大政方针，由皇帝一人决定，构成了"一人为刚，百夫为柔"的"乾纲独断"的决策体制①。

在上述体制下，国事治理是否得当，根本地决定于当皇帝这个人的才识和品德。内阁大学士、军机大臣的人选当然也有关系。做皇帝的如果才识平平，但是若能容诤臣、御众智，还是可能作出一些建树的。

"乾纲独断"这种政体本身的致命缺陷，是压制臣工的创造性、积极性，"震荡摧锄天下之廉耻"；不只"人才遭摧残"②，而且难免造成迎风顺旨的风气。还在康熙朝，玄烨已经察觉到这一点。他说："自大学士以下，有职掌官员以上，全不恪勤乃职，惟知……偷安自便；""廷议"时，出席者中有"茫无知识，随众画题，希图完结"的，也有看权贵脸色而"俯仰"、或者迎合皇帝意旨"行事"的。他深有感慨："廷议如此，国是何凭！"③

国家这个机体，应该是自强不息地不断前进的。当嘉道年间，中国内外形势迫切要求掌权执政者把握机运，开创新局面；可是这一期间，先后相继当皇帝的颙琰、旻宁的胆识才德，却都远逊乃祖、乃父。颙琰以"利不百不变法"为信条，举"天下无

① "明良论"；《龚自珍全集》。又参看刘子扬《清代的军机处》，《历史档案》1981年第2期。江桥《从清代题本奏折的统计与分析看清代的中央决策》，庆祝中国第一历史档案馆建馆六十周年学术讨论会论文第32号。
② "明良论"，《龚自珍全集》。
③ 《清实录》，圣祖朝，卷一三三，第17—18页。

巨细，一束之于不可破之例"①；旻宁虽有望治之心，却制定不出求治之策，只图守成，"一时人才循循规矩准绳之中，无有敢才智自雄、锋芒自逞者"②。他们执着主观不变的愿望，无视客观变动的形势；缺乏能力，却有权力，终成误国损民的泉源，使中国失去了一个振兴的机会。

同一期间当过大学士、军机大臣的累计六十余人③，可是缺乏"贤智之士"，很少有（或可能有）大作大为的。嘉庆帝于在位十八年（一八一三年）罪己诏中转罪臣下说：你们都是"因循怠玩"、"尸位保禄"之辈④；此言非虚诬的语言。旻宁一再要求军机大臣、封疆大员要"各秉天良"办事，并指斥说："总为自卸干系，巧占地步；只顾目前，于国计民生并不通盘筹画"。在嘉道两朝，久任大学士高官的曹振镛是个典型。他一生谨慎，遇事模棱；当其"晚年恩遇益隆，身名俱泰"，应门生请，传授稳做高官秘诀："无他，但多磕头，少说话耳！"⑤

如此君主如此臣，指望能作出一些推动国家发展、社会进步的大政、方针，显然有似缘木求鱼了。

事实也正是这样。

试以仁宗、宣宗两朝《实录》为据，翻遍八百五十卷浩繁的篇幅，虽然有一些类如"为政之道，贵在因时"的至理名言，偶尔也有一些能拯救时弊的某种政策建议，可就是贯彻实行的不多。能做且该做的，有利于生产发展、社会进步而且在前代也曾做过的事情，到了这一期间，反而束手束脚，作茧自缚。这在嘉

---

① "明良论·四"，《龚自珍全集》。
② 曾国藩：《曾文正公全集》，奏稿，卷一，第7页。
③ 据钱实甫编《清代职官年表》第一册统计，不包括协办大学士。
④ 《清实录》，仁宗朝，卷二七四，第9页。
⑤ 薛福成：《庸庵笔记》。

庆朝更为明显；直到道光朝末年，才稍有好转，但已晚了。

这个期间制定的一些比较有利于社会进步的政策，不是受形势所迫，不得不然，被动放宽；便是出于一时的政治考虑。垦荒问题是个著例。

在清初，开垦荒地曾经作为国家的一项要政，一到嘉道年间，承乾隆朝施行不力的颓势，更倒退到以"禁垦"为主导；也有放垦的，往往是一种局部的、特定的措施。例如，在镇压了陕西终南山区木工万五暴动后，有鉴于"老林大山，实为藏奸之薮"，认为"与其置之空闲，徒为贼薮，何若酌为疆理，安置编氓"，才廷谕军机大臣等把南山内（涉及岐山、凤翔、武功、盩厔、郿、鄠、咸宁、长安、蓝田九县界内）"可耕之地"，拨给流民耕种①。一八三六年，清廷准云南对"可垦之地"，"设法开垦"②，也是出于类似的考虑。东北地方存在大片处女地。一七九二年（乾隆五十七年），清廷准令关内"贫民出口觅食"，采取放垦方针；一八〇三年（嘉庆八年），扭转到"禁"的歪道，不许关内民人"出口谋食"。还在东北规定禁令："除已垦熟地及现居民户外，不准多垦一亩，增居一户。"可是，此后"每查办一次，辄增出新来流民"，动以数千户计。迫于已经潜往安居的移民"骤难驱逐"的事实，和关内"穷黎"竞往"谋生"无从遏止的形势，直到道光晚年，才渐弛禁令；即：若"实系觅食灾民"，不再"概行拦截"③；直到一八四四年，憬悟到"务使野无旷土，

① 《清实录》，仁宗朝，卷五三，第15—16页。
② 《清实录》，宣宗朝，卷三〇六，第19—20页。
③ 《清实录》，仁宗朝，卷一一三，第1—3页；卷一六四，第31—32页；卷二三六，第2—3页。又，宣宗朝，卷五六，第17—18页；卷一〇〇，第10页；卷一〇二，第13—15页；卷一四六，第5—6页；卷二一四，第48页；卷二五〇，第23—24页。

人尽力田"① 的必要，才把垦荒又定为一个总政策，但仍缺切实
有效的措施。

矿政也是一个例子。当清代"盛世"，采取了比较开放的政
策。到了嘉庆年间，在矿夫集聚一起"恐致滋生事端"的顾虑
下，改采收的政策。对一些尽可开采的矿区，以"言利扰民"为
理由，多决定"不必开采"，直至"永远封禁"②。至于建议鼓励
私人开采，提倡商办③，推为富国裕民的美事，更屡被否定。直
到道光末年，才对传统的开采地区，命令有关当局酌量开采。

其他如对手工业，虽无禁令，但不提倡。对商业有主张听任
发展的；嘉庆帝发布上谕：岂可"听其自便"，"执通商致富之
说"。连有人建议准福建茶叶不去广州，就近在厦门出口，也被
"传旨申饬"，指斥为"奸商怂恿，冒昧陈渎"④。

在所述两朝《实录》中，充满了喬皇典丽的语句；虽然也有
一些"赐赈租，动以万计"、关心"民瘼"、"勤于政事"，或剪除
"专擅狂悖"的权贵（和珅）；以及禁"私贩"鸦片等记载；可就
是怎么也找不出一条具有创开新局的施政记录。掌权执政者无能
转变从乾隆末年起已经呈现出来的衰败形势，反映了清王朝统治
能力的日就衰颓。

无所作为的内治，伴生出每下愈况的政风。

时论揭露：当官的"知耻者"少，"无耻者"多。"官益久，
则气愈偷；望愈崇，则诣愈固"，帝王近侍重臣"媚亦益工"。
"政要之官，知车马、服饰、言词捷给而已，外此非所知也。清

① 《清实录》，宣宗朝，卷四〇二，第16—17页。
② 《清实录》，仁宗朝，卷四三，第3页；卷八七，第23页。
③ 李元度："李文忠公事略"，《国朝先正事略》，卷二五。
④ 《清实录》，仁宗朝，卷三六五，第24页。

暇之官，知作书法、赓诗而已，外此非所问也"①。

清廷虽屡下谕旨：或者要各省督抚"振刷精神，整饬官方"；或者要军机处传谕内外臣工，"奋发振作，诚实趋公，严戒欺蒙"。可是，这些没有不都成为一纸具文的。

在鸦片战争前，弥漫于官场的风气是："以畏葸为慎，以柔糜为恭；""守成者多，有为者少。"京官通病，一"退缩"，二"琐屑"；外官通病，一"敷衍"，二"颟顸"。通国长时期内，"九卿无一人陈时政之得失，司道无一人析言地方之利病，相率缄默"②。朝廷上下，"谐媚软熟之人"，占据要津；一旦有事，"相与袖手，一筹莫展而已"。

经过鸦片战争，执政者依旧不知耻，不自振作，好官我自为之。"或假详慎之名，以开诿卸；或饰持重之意，以蹈萎靡；或畏阻于当前，或迴护于事后；或图小效而为粉饰，或处大事而少担当。总之，事无大小，幸无纠察，则悠忽以便取安；迨奉严旨，始张皇以求塞责"③。还有人历举官场积习说："养尊处优，弥缝讳饰，瞻徇依违，规避迁就，封疆之积习也。""藩司但课钱粮，不讲吏治之优劣；臬司但稽案牍，不顾地方之利病；监司但问节寿，不问属吏之贤否。此司道之积习也。""上媚大吏，下悦同僚，苟且偷安，侵凌胶削，恣为奸滥，罔上营私，府厅州县之积习也。"所有官员中，"岂无一二矫矫自好之士？"可是，在如上积习滔滔皆是的氛围中，这样的"自好之士"，罕有不"困顿终身"，便"人人动色相戒"④。

----

①　"明良论"，《龚自珍全集》。
②　曾国藩：《曾文正公全集》，奏稿，卷一，第7—8、12页。
③　焦友麟："奏请核实疏，咸丰元年"，王延熙等编：《皇朝道咸同光奏议》，卷二一，第6—7页。
④　残折：军机处录副奏折（以下简作"录副"），中国第一历史档案馆藏。

如此政风，意味着封建统治机器已经不能灵活运转；"譬之于人，五官犹是，手足犹是，而关窍不灵，运动皆滞"①。

在政风的疲罢下，官邪吏败，违法失职和营私舞弊，成为司空见惯的常有事！

清王朝立国之初，鉴于明王朝覆亡的一个重要原因是吏治腐败，总结出百姓之安危在吏治的教训。谋求自己能够长治久安，它一度着力培育"以清廉为本"的政风，以"惩贪"作为要务②。直至它的"盛世"中期，也就是乾隆中期，在吏治上虽然未做到——也不可能做到弊绝风清，一般地说，还是比较清明的。

乾隆帝自我陶醉于文治、武功后，生活日益奢靡；上行下效，贪官污吏滋生。据他估计："各省督抚中洁己自爱者，不过十之二三；而防闲不峻者，亦恐不一而足。"嗣后，更政以贿成，吏治败隳。如和珅揽权用事二十年里，"朝臣疆吏，辇货权门，结为奥援"，成为常事。一七八一年（乾隆四十六年）的甘肃折捐、捏灾冒赈，侵蚀监银大案；一七九五年（乾隆六十年）的闽浙总督伍拉讷和福建巡抚浦霖为首的集团贪污案其性质的恶劣并不逊于和（珅）案。可是，尽管大案屡兴，"上自皇帝，下至各级官吏，贪黩财货，皇皇如不及"③。

嘉庆帝一亲政，即惩处和珅，表现了颇想有所作为；但是，若对此案处理情况稍作分析，虽惩治了和珅，而对其他有牵连的，不穷究，甚且给予宽纵，便不能收到、也没有收到惩一儆百的预期效果。大官小吏，仍经常干着贪赃枉法的丑事。时人作此

① "海疆善后宜重守令论"。张穆：《启斋文集》卷二。
② 王庆云：《石渠余纪》，"纪吏治"卷二，第12、13页。
③ 薛福成：《庸斋笔记》卷三。

概括："印官上任，书役馈送，辄数万金；督抚过境，州县迎送，必数百金。""州县有千金之通融，则胥役乘而牟万金之利；督抚有万金之通融，州县得乘而牟千万之利"①。金额无论多寡，都是民脂民膏。

督、抚、司、道、府甚至部院大臣、钦差星使，其"盗之于库"，和"取之于民"的赃款，归根结底，十九是通过州县这个渠道取得的。时论说："古之州县未必皆廉明正直……今之州县未必皆贪酷暴虐，无如上司婪索，书吏刁诈，乃相率于贪鄙不法"。州县贪污，作为上司的既"受其贿"，不得不包涵，总为之设法掩盖。最高当局的皇帝，又"仁慈大度"②，眼看眼闭，实际是给以默认和纵容。这些情节，表明了贪黩歪风把腐朽着的封建官僚机器体现了出来，同时，这种歪风又正是封建官僚机器腐朽化中必然伴生的结果。

清王朝在建国初期，责成中央和地方大员的职司，是兴利、除弊、安民。在上下因循欺蒙和腐败的吏治下，利不兴，弊难除，民何能安!?

"兴利"项目有种种。河工是其中之一，由于它关系"民生"，尤与"国计"有关，列为清内务上的一项要政。

主管河工的，在这一期间，虽也有少数实心任事的，但一般说来，多视河工为肥缺。

其时，河工经费"每岁银数百万两"，大抵相当于整个岁支额的六分之一，不能说不多。可是"实用之工程者"，"十不及一"，这就很少了！其余的，不是被文武员弁所挥霍，便是被大

①　章学诚：《与执事论时务书》，《章氏遗书》。
②　柯悟迟：《漏网喁鱼集》，第26—27页。

小衙门应酬所花费，还有为"过客游士"所分润的①。

　　道光最后十年间，清廷以财政拮据，命令对河工作尽可能的撙节。河工经费被这一纸命令减少了；可是积久形成的陋规，照旧存在。于是，真正能够拨作河工的经费，数量更少了，以致所谓"河工"流而成为专干些不顾后果的粉饰之工。例如，有"将旧堤并不加高培厚，反将旧土铲刨见新，藉掩耳目"；"水愈长而愈高，堤愈修而愈薄"②。有为"浮报计"，有意将河堤挖开，以求增加河工经费，从中营私。南北江河的修防工程，在如此整治下，不只是屡修无效，而且是"河愈治，患愈重"。防汛、抢险条件，越来越被削弱。

　　荒政是内务上的又一要政。全国各地广设常备仓，以应急需。这一期间，各地常平仓谷，经常被所在地方官员私行变卖、侵挪；然后"捏造册籍"，不是"以无为有"，便是"折银代价"，总之是"有名无实"③。偶遇偏灾，便无从措手。灾既成，不得不开赈，"不肖州县，浮冒侵吞，以肥私橐"，又出现"视办灾为利薮"④ 的恶事。"官则肥己营私，吏则中饱滋弊"⑤，藉捐赈为名，"浮冒侵吞"；等而下之的吏役豪棍，也"朋比为奸，串同侵渔"⑥。此中弊端，难尽究诘。如在发放的赈粮中，搀和糠秕，

---

① 《清实录》，宣宗朝，卷三九一，第10页。

② 黄爵滋："江汉修防事宜疏，道光十三年十一月二十八日"，《黄少司寇奏疏》。

③ 《清实录》，宣宗朝，卷四五九，第22—23页。

④ 同上书，卷四七〇，第21页。上谕，转引自军机大臣穆彰阿等奏，道光二十六年十一月初一日，题本·内政，中国第一历史档案馆藏。

⑤ 吕贤基："敬陈荒政积弊并筹赈事宜疏"，道光二十八年，见王延熙等辑《皇朝道咸同光奏议》卷三三。

⑥ 《清实录》，宣宗朝，卷四七〇，第21页；卷四七二，第7—8页；卷四六三，第7页。

短缺斤两，也有将乡绅的家丁、衙署的皂隶、步快，以至已死的流民、乞丐，混入丁册，列名影射分配的，如此等等，不一而足。

当时一种说法，"天下者州县之所积也"，州县官为最亲民之官。政府和民间的关系如何，往往最直接地从州县官的作为和州县官与民间的关系上反映出来。

州县官的本职，广泛及于禁暴安民、农桑、学校、征课等多个方面，习惯上用"抚"、"科"两字来概括。"科"即征课，除了它，其余各项都包在"抚"字里。

全国州县官员，倒也不是说没有一个好的，没有一个不想干点有利于民的事情；可是在总的政风、吏治的制约下，这样的父母官有似凤毛麟角般罕见。一时风气是："不理民事，不问疾苦，动辄与民为难。"

"抚"虽居于"科"之先，事实上则以"科"为重；因为这既与国家的财政收入有关，也与州县官本人利益（政治上的考成，经济上的营私）有关。一当征粮时节，他们便"以粮书为爪牙"，"黎庶为鱼肉"，苛征暴敛，什么手段——直至暴力镇压都施展出来。

早从十八世纪初起，清政府执行摊丁入地政令，按丁供役的差徭，本已科入丁银；可是，有些地区，差徭仍有遗存，还认为这是势所难免，美其名曰"借资民力"。州县在责民间供应差役时，往往"分外派敛，折价肥己"①。他们既存此私心，又纵容吏胥"任意科敛"，使民间生计日益穷蹙②。而且，就民间说，为供应差务，在"贪官恶吏盘踞苛索"下，不只"岁靡无数之

①　《清实录》，宣宗朝，卷一四，第28—29页。
②　《清实录》，宣宗朝，卷八，第3—5页。

资",而且"人滋不测之祸"①。

"抚"的终极目的,原本在于使民间能够安居乐业;如遇有涉及户婚田土的民事纠纷,必须秉公处理解决。这时,在贿赂公行,刑以贿免的风气下,奸吏舞弊,蠹役诈赃,甚或结党营私,擅作威福;并滥用非刑,押毙无辜,不一而足。就维持治安的捕务说,经管州县,每每"徒有发案之名,毫无缉凶之实"②。州县为求不碍自己的考成,对盗案每加讳饰,不只"缉捕不力,反或挟嫌诬害善良"③。设若迫于命令,不得不作追捕,便"先期出示";"比至其地",明知故昧地轻信"盗遁",然后,"官吏则焚烧附近之民房示威","差役则讹索事主之财物满载而后归"④,还有听任"州县吏役,纵匪殃民"⑤ 的。

民间通过州县官的行为,直接地感知到政府的恶政。他们便由失望而怨望,终致人心疏离;至其极,便引领企望"替天行道"者的出现。

(2)外务和防务

俄国于一七九一年与清政府缔结《恰克图条约》,达成妥协;暗中加紧着蚕食北边的准备活动。一七九九年七月,沙皇保罗一世,勒令成立俄国美洲公司,付以拓殖整个北太平洋沿岸地区的任务,把库页岛南部、黑龙江流域也包括在内。亚历山大一世在其嗣位后次年(一八○二年),命令海军军官克鲁逊什特恩率环球航海探险队到远东作探险考察,主要目的,就在于刺探黑龙江的通航情况。一八○五年秋,这个探险队的船只,在黑龙江口外

----

① 宋伯鲁等纂:《续陕西通志》卷三〇,田赋,五,"差徭"。

② "饬查州县命盗案,道光十六年十二月",黄爵滋:《黄少司寇奏疏》。

③ 《清实录》,宣宗朝,卷三三二,第16—17页。

④ 曾国藩:《曾文正公全集》,奏稿,卷一,第42页。

⑤ 《清实录》,宣宗朝,卷四四八,第4—5页。

北纬五十三度处来回游弋。第二年，该队回国报命，建议立即占领库页岛南端的阿尼瓦湾，"作为进一步占领中国东北沿海地区的跳板"；又派遣葛罗维基（Geovkin）为使来华，准备向清政府提出取得黑龙江航行权并东北边境贸易特权。一八〇九年，俄国海军部派海军大尉波杜什金率船只，又在黑龙江口和库页岛海域，进行侦察活动达半年之久。在此期间俄国船只于一八〇五年还窜到广东洋面，勾结英国东印度公司，在广州参与过去从未准许参与的贸易活动。一八一〇年，俄国向清政府提出互派使节的要求，尤希望中国能先行遣派，遭拒绝。俄国政府在两国关系一时中绝下，于一八一八年，训令据《恰克图条约》驻在北京的东正教布道团，"今后主要任务不是宗教活动……而是及时向外交部报告中国政治生活中的重大事件"①，伺机待动。

英国遣马戛尔尼东来之时，在欧陆正与法国对敌。一七九九年（嘉庆四年），传出法国兵船出现于广东洋面信息，英国即派出兵船驶到虎门口外游弋。一八〇二年，法国攻入葡萄牙，英国派遣兵船六只，停泊于香山鸡颈洋，以防备法国袭击澳门作藉口，企图占领澳门；并向地方当局声称："有别项事情，要我出力，我亦十分喜欢效力。"一八〇八年秋，英国派出由十三只兵船组成的船队，又窜入香山洋面，其中一小分队并驶进虎门，在黄埔停泊了几个月。一八一四年，英美交战，英舰竟在中国海域，捕捉美国商船"亨脱号"（Hunter），充作战利品。

清政府对英船侵入领海、垂涎澳门，认为"实属桀骜可恶"，"冒昧已极"；驰令广东地方当局"不可稍示以弱"，必要时"统

---

① 布纳科夫：《十九世纪前期的俄中关系》，转引自《沙俄侵华史》第1册，第267页。

兵剿办，不可畏葸姑息"①。可是，清政府缺乏贯彻自己意志的实力，能采取的只是"封舱"——停止贸易这一着，结果妥协了结。于是英国更把中国领海当作自己的内海似的，其兵船要来就来，要去就去地任意闯荡。

一八一六年，英国政府应东印度公司的请求，在未征得清政府同意的情况下，决定派阿美士德（W. P. Amherst）作为使节率团再次来华，企图完成马戛尔尼使团未能完成的任务；准备提出的要求，类似马戛尔尼使团曾经提出的。在阿美士德滞京期间，使团使用的船队中的三只，在渤海沿岸作了探测。

嘉庆帝承嗣大统，柄持国政，对严峻的外来政治、外交、军事进逼态势，冷漠对待，或茫然无知；对外国政教概况，世界形势，不只毫不了解，更是不屑了解②，从而决定了即使有所措置，总是应付乖方。他几乎逐句重复乃父的语言，重申处理外务方针，如对英国宣布："天朝不宝远物，凡尔国奇巧之器，亦不视为珍异。"又道："嗣后毋庸遣使前来，徒烦跋涉。"③ 对俄国政府要求中国先派遣使节往俄，认定"此事断不可行"；不单如此，认为纵令俄使前来，"亦须斟酌"④。道光帝嗣位，因循既定方针，在外务方针上，由林则徐作了重申："我中原万里版图，百产丰盈，并不借资外夷，"⑤ 对于或有遣使来华之举，始终拒绝接受。不理会国际折冲的必要，在外交上先输了一着。

清政府以国内物产丰裕，认定在经济上不必"借资外夷"，只为谋求有个和平的外部环境，仍乐于与遵守中国法度的来华外

① 王先谦：《东华续录》，嘉庆朝，卷二六。
② "轻慢各种蛮夷，不加考究"。见魏源《海国图志》卷八一，第31页。
③ 《清实录》，仁宗朝，卷三二〇，第6页。
④ 《清实录》，仁宗朝，卷二二七，第9—10页。
⑤ "附呈谕夷原稿"，林则徐：《林文忠公政书》，"使粤奏稿"。

商，继续正常的贸易关系。在整个嘉道年间，对一七五九年制定的《防范外夷规条》，就因时异宜之处，酌加增删、补充；先后于一八〇九年增订了《民夷交易章程》；一八三一年重申防夷章程，一八三五年制定了《防范贸易夷人酌增章程八条》。所有这些规条本身是必要的、未可厚非的，而在整个外务安排中，毕竟只属细枝末节。

清政府制定了"规条"，缺乏贯彻的有效手段，在华外商在英商带头下，自恃富强，日增桀骜，玩视法度。他们每故违禁令，向规条——清政府的权威挑战。如在广州违禁过冬，故意乘坐按清制高级文官才能乘坐的绿呢轿子，以显示威风等等。他们倚仗时来炫耀威势的兵船作后盾，以"有恃无恐之情"，不时"行其有挟而求之计"。地方当局知会制止，他们反唇讥刺，说是妄用权势。地方当局加强巡察，他们竟胆敢"统率水手，搬运枪炮器械"①，准备对抗。清政府既无能有效制止他们的违禁行为，更启他们的轻侮之心。

一七五七年，清政府决定开放广州一口为贸易口岸起一直到十八世纪中叶，从海上来华参与贸易的欧美商人国籍，虽有英、荷、法、瑞（典）、普（鲁士）、美等国；英商所居的地位最重要（历年在中国对这些国家贸易中按输入总值计占了百分之八十五②上下）。因此，不妨说，这一期间中外经济关系，基本上就是中英间的贸易关系。

英国对华贸易，直到一八三四年，由东印度公司独家经营。一七九〇年，该公司在广州试销曼彻斯特制造的两千匹机制棉

①《大清十朝圣训》，"宣宗圣训"，卷一〇一，第5页。《清代外交史料》，道光朝四，第43—44页。

② 严中平等编：《中国近代经济史统计资料选辑》，第4页。

布，由于售价高昂，无人问津。三十年后，情况没有多大改变。一八二一年，该公司继几次试销失败之后，又把曼彻斯特、诺维期、哈里法克斯等地所产棉布，运来推销，结果仍未能如其预期；就印花布说，以亏本百分之三十五至百分之六十不等，才算"拍卖脱手"。再经过三十年，即到同世纪四十年代，英国棉布在中国做的还是亏本生意[1]。据英国国会下院小组委员会调查，当鸦片战争前夕，在华英国棉布推销情况，"公平地说"，须亏本百分之三十五至百分之四十。这些事实表明英国虽然经过产业革命，其资本主义经济已经进入成熟阶段，但若就其社会生产力发展到的水平说，还没有强大到足以通过平等的、自由贸易方式，在中国市场上居于优胜地位。与此有关，它便总想指靠超经济的——暴力手段来突破困局。

直至十九世纪二三十年代，英商经营的对华贸易，基本上是一种转运贸易；所运来的货物，就货值来说，其出自英国本土的（毛织品和金属制品等为主）始终在百分之四十以下，出自印度的（棉花为大宗），则在百分之六十至百分之七十之间。转运贸易是商业资本占主要统治地位下的贸易。这种贸易往往和暴力掠夺、海盗行径、征服殖民地直接结合一起[2]。这时英国对华贸易也正是这样，具有暴力掠夺、展开殖民活动的性质。

英籍商人从广州输出最多的是茶叶，其次是生丝；在一七九五年至一八三三年间，中国输出的茶叶，年平均超过两万担[3]。他们运来中国的商品，只有印度棉花颇受市场欢迎；毛织品一直没有打开销路，金属制品销售不大。中英间贸易，年年出现对英

---

① 参看马士《东印度公司对华贸易编年史》（H. B. Morse, *The Chronciles of the East India Company Trading to China*, 1635—1834），有关年份。

② 《马克思恩格斯全集》第 25 卷，第 370 页。

③ 严中平等编：《中国近代经济史统计资料选辑》，第 15 页。

的入超。

为平衡国际收支，直至十八世纪七十年代，英籍商人以向中国输送现货白银来抵偿。一七七三年起，英国在印度开始鸦片专卖，出现了新的情况。专卖的鸦片以中国为销售对象，使之逐渐代替白银。这个毒品，竟成为英商采购中国货物的重要支付手段。这样，它被运入中国的数量，年增月长；它的值价量也随之增加；到鸦片战争前夕，年近一千四百万元，超过所有其他进口英国货值的一半①。

大致从十九世纪二十年代开始，英国的对华贸易，包括私贩鸦片在内，开始从逆差转为顺差。反过来就对中国说，则从顺差转为逆差。于是，白银发生倒流，不绝地从中国流到海外；就三十年代说，估计平均每年达七八百万元②。

伴随着中外间的贸易交往的展开，华、洋私人间的利害矛盾和冲突，不时发生。英船水手人等，尤多横行不法，一再发生无故伤毙华人事件。如一八○○年，英船"天命号"（Providence）在黄埔无故枪击中国民船，致一死一伤；一八○七年，英船"海王星号"（Neptune）水手，在广州纵酒行凶，伤数人，其中一人三天后死亡；一八○九年，英人水手无故刺杀广州工人黄亚胜；一八二一年，英国水手在广东新安伤农民黄奕民；如此等等，不一而足。每遇如此事故，英方总是要么拒不交凶，要么便是纵犯回国。

在上述形势下，英国政府把中国看作似乎可由英国任意展开

---

① 罗怕聘：《中国的对外贸易，璞鼎查致阿伯丁，1844 年 2 月 16 日附件》（R. Thom, Foreign Trade of China' Enclosure in Dispatch from Sir H. Pottinger to Eare of Alerdeen）英国外交部档案（F. O. 228/32）。

② 参看李伯祥、蔡永贵、鲍正廷："关于十九世纪三十年代鸦片进口和白银外流的数量"，《历史研究》1980 年第 5 期。

殖民活动的地区，悍然把英国法权伸展到中国。

一八三三年十二月，英国以枢密院令，在中国设置开庭地点在广州或在广州的任何一只英国船舰的法庭来审理民刑案件①。一八三五年三月，英国外交大臣威灵顿（Wellington）明确指示：这个法庭有权"审判在该领土及港口犯了法的陛下臣民"②。一八三九年，英国公然抵制中国对在华犯法英人行使法律制裁③。经过鸦片战争，在一八四二年的酌定"善定章程八款"中，强制清政府同意："英国商民……与内地居民发生交涉狱讼之事……英商归英国自理。"④ 而后，又转化为条约文字，作为一八四三年中英"虎门条约"的十三款，而给予来华外人对中国法权，统统享有豁免特权。

英国早已探悉清政府根本不具备保卫领海的能力。它的武装船只，从二十年代中起，频繁游弋于中国海域，从南中国海北上东海、黄海，一直闯入渤海湾内。一八三二年一月，胡夏米（H. Hamilton Lindsay）受英国东印度公司密令，偕同郭士立（K. Gützlaff）驾"阿美士德号"（Lord Amherst）从广东海域北航，先后停靠于福建的厦门、福州，浙江的宁波，江苏的上海；继在山东洋面游弋，然后往朝鲜，折返澳门。胡夏米一路所经，除随在销货、走私鸦片而外，无论在行航中，还是在离岛上，到

① 马士：《中华帝国对外关系史》，第1卷，第136页。《中国丛报》（The Chinese Repository），第8卷，第4期，第181页。

② 《中国丛报》，第9卷，第7期，第514页。

③ 一八三九年林维喜被害案中，林则徐责令义律交凶，后者公然以"循国主之明训，不准交罪人"而拒绝交凶。见佐佐木正哉《鸦片战争前中英交涉文书》（日文），第220页。

④ 《道光年间夷务和约·条款·奏稿》（抄本）。北京大学图书馆藏。按，此抄件夹有当时协助耆英办交涉的广东巡抚黄恩彤一张署名小纸条，笔迹与抄件同，很可能就是黄恩彤的手抄件。

处侦察中国沿海防务、测绘沿海海图、搜集有关中国的政治、军事、经济的情报；还散发宣传品，蛊惑人心，离间军民关系，以致策动中国巡船兵丁叛变。此行为英国武装侵略中国作了深入侦探，并制定了一个英国对华作战的方案。一八三四年秋，英国兵船闯入珠江口，炮击虎门炮台。一八三五年，英国兵船远窜至山东威海刘公岛海域。还有美国船"呼龙号"（Huton）跟进，从广东经福建、浙江、江苏、山东北驶；教士麦都思（W. H. Medhurst）随行，侦察了沿海形势。

清政府认定外籍船只特别是兵船游弋于领海，实属"不成事体"，但除了严令各省堵截外，别无长策；事实上凭水师几只巡船，要出洋堵截，也无力堵截。两江总督陶澍对这类事件建议"严惩"，清廷又生防"启衅"，予以斥责；它实际能做到的，只有"晓谕该〔英〕国弁目，永遵约束"。而纵观历史，从未出现过仅凭好言相劝，就能使殖民主义者自敛行迹的。这样，清政府之想禁止别有图谋的英国船只遵从约束，实无异于与虎谋皮！

东印度公司一手控制英国对华贸易期间，事实上兼司外交、领事业务。一八三三年十月，英国政府准备撤销特许该公司的贸易特权，不征求中国意向，即任命律劳卑（W. J. Napier）以驻华商务监督的名义作为派驻中国的使节。一八三六年底，义律（C. Elliot）继任此职，奉令以使节身份行动，但被广东地方当局拒绝。

义律视事不久，于一八三九年四月三日致其本国外交大臣密函中建议：用实力对付中国；即怂恿以武力打击中国①。

其时，英国停止了东印度公司一手控制对华贸易的特许，英

① 英国外交部档案，见严中平辑译："英国鸦片贩子策划鸦片战争的幕后活动"，《近代史资料》1958年第4期。

国本土以纺织利益集团为主的势力，也一片鼓噪，要求用武力开辟中国市场，强制中国把对外贸易制度作根本改造，以求能够符合他们的利益①。

英国直接为了常保鸦片贩卖厚利，也为了开拓销货市场，从一八三九年起，几次进行武装挑衅；到第二年六月，公然宣布封锁珠江口，并遣舰北犯，终于发动了"强盗性的征伐"。

清政府对英国挑起的侵略战火，初以为是地方当局与"外夷"的一般纠纷，制定了"在柔远而不在威远"的方针，作了"但以守御为重，勿以攻击为先"的措置。英国则扩大战争规模，清政府在无从"羁縻"之下，不能不决定"痛剿"。当前线官员奏报战守两难；清廷转又认为"与其兵连祸结，何如息事安民"，又准备"设法羁縻"②。清政府的和战不决，彷徨徘徊。这样，在战阵中尽管有爱国将士拼血肉之躯力抗顽敌，终不能挽回全局。英国侵略战争得逞，中国归于失败。

英国凭借战胜威势，提出了一系列要求，作为媾和条件。清政府被迫一一应允，其著者，如给英国割取了香港作为进一步侵略中国的根据地，给赔款，增开厦门、福州、宁波、上海为通商口岸作为一种条约义务而承担了下来，同意关税由双方协商决定。硬把英国输华的棉毛织品的进口税率，减少百分之五十七至百分之七十九，压低到最高也不得超过从价的百分之七。

这次战争以严重损害国家主权作结束，从而标志着中国在国际社会中开始沦入半殖民地的地位。

在与英国媾和后的和平间歇年代，清政府怯于新败，为求保住统治利益，对西方国家提出的有损国权的要求，不敢严词拒

---

① 见严中平辑译，上引文。
② 《筹办夷务始末》，道光朝，卷十一，第11—12、15页；卷十六，第3页。

绝；外国使领等公职人员趾高气扬的胡作非为，或有意耍其殖民主义的威风，逞强妄为，清政府动辄隐忍妥协，"恭奉外夷"①，从而又吃足暗亏。

例如：美国在中英间缔结南京条约的进程中，遣其东印度舰队驶进中国海面，由该舰队司令加尼（Kearny）向两广总督祁㙔提出使在华美商享有与英商同等的权益要求，后者昧昧然答应，对美商将"一视同仁"，"决不……致有偏枯"②。从而为过后两年（一八四四）中美间签订望厦条约中给予最惠国条款定下基调。不只如此，正是在这个基本原则下，嗣后清政府便把片面最惠国条款，轻易给予当时凡提出了要求的所有西方国家享有。

又如，清政府继一八四二年被强制开放五口，于次年中英虎门条约上，又许外商"寄居"各个口岸。该条约明确规定，由各地方官与驻在领事"各就地方民情，议定于何地方，用何房屋或基地"，准许租赁。一八四四年，英国新任上海领事巴富尔（G. Balfour）一到上海，与苏松太道会议租赁时，从县治所在即今南市，遥指黄浦滩大片地段，作为英侨寄居地区。地方当局在"严华夷之防"的这一传统政策观念的束缚下，心中暗喜，来华外人能与本国居民隔离居住，予以同意；在一八四五年《上海租地章程》上，接受了土地一经租出，"业主不得任意停租"；构成名为租赁，实为永业的祸胎。在同一章程上，虽规定了外侨寄居地区内"倘有赌徒、醉汉、宵小滋事，伤及商人，即由领事行文，道台依法裁判"；同时却又予英国领事以"审办"权限，轻

---

① "致刘次白抚部书"，梁章钜：《归田琐记》卷二，第1—2页。

② 伏斯：《顾盛生平》（C. M. Fuess "The life of Caleb Cusing"），第1卷，第406页。两广总督祁㙔奏，道光二十二年十一月十一日，"题本抄档"，中国社会科学院经济研究所藏（以下简作"抄档"）。《清实录》，宣宗朝，卷三九七，第22页。

易让予在中国领土上行使法权的特权①；实际上"除命盗案外，地方官不复与闻焉"②。而使整块寄居地区，成为日后构成在中国的"国中之国"的租界的雏形。

三如，中国被迫开放五口，并没有必须允许外人进入有关城邑的规定。一八四六年起，英国官员一再逞强要求进入广州城，不达目的不罢休；接着，驻福州领事又作出类似行径。他们的叵测用心，就是想通过这种行动本身，用求实证他们在中国具有要想怎么行动就可以怎么行动的威势。他们的行动分别遭到广州、福州两地居民的坚决抵制。如在福州"居民铺户，公立议单"，决定以"不与夷人来往货买"③ 相抵制。英国先后任领事李太郭（G. T. Lay）、金执尔（W. R. Gingell）竟挟制地方当局"出示晓谕"，"不许藉端把持"④。英国领事以来华英商"贸易通商无碍"（南京条约第三款）的"无碍"一词为依据，曲作解释，竟把中国人民自发进行的抵货行动，也认若有背"无碍"的精神，提出抗议。到了后来，类似这样一款的条文，变本加厉，竟成为挟制中国地方当局不许中国人民展开爱国运动的"法的依据"⑤。

四如条约规定，中国海关实行领事报关制度；外国领事们转以担保中国"税饷"为名，把持一切，以致若没有他们的点头同意，中国海关就不可能对无论是进口还是出口的任何货物，征收关税。中国海关，实际上在这时已被控制在帝国主义国家的职官

① 一八四五年《上海租地章程》，第九、十二、三十三条。

② 陈其元：《庸闲斋笔记》卷一〇。

③ "报英人租住神光寺……疏"，徐继畬：《松龛先生奏疏》卷上，第22—24页。

④ 侯官县告示，道光三十年十月初四日；《筹办夷务始末补遗》（晒蓝本），第8册，第2189页。

⑤ 参看斋藤良卫《外国人对华经济活动的法的依据》（日文），第1卷，第140—141页。

手里了。清政府以贪"税饷"有保障，竟听之任之，不吭一声。

五如一八四七年至一八四八年间，清政府在俄国一再要求添设贸易处所，并以兵临伊犁河谷的压力下，于一八五〇年同意伊犁、塔尔巴哈台（即塔城）为贸易地点①；再过后两年，且准俄国在这两地划设"贸易圈子"，专供"夷商居住及堆放货物"，并由沙俄领事掌管其内部事务②；使在"贸易圈子"里中国行政主权受到损害，沦为具有"国际地役"③的性质。

俄国紧随英国已加紧着侵略步骤。一八四三年七月，俄国沙皇尼古拉一世，采纳海军中将叶·普提雅庭（И. Путятин）的建议，企图利用中国新败于英国的机会，废止《尼布楚条约》重划中俄边界；并谋求海上通商利益，而决定派出远征队，"一举解决领土和通商问题"④。一八四七年，尼古拉·穆拉维约夫（Н. Н. Муравьёв）受任为东西伯利亚总督当年，即擅在黑龙江沿岸的中国土地上建立哨所；另派出一个探险队，前往库页岛活动。在北边中部，俄国则实行武装移民，建立城堡，蚕食喀尔喀蒙古牧地；在西端，则溯额尔齐斯河、鄂毕河，逐步向准噶尔推进，并进入喀尔喀什湖以东、以南的领域。它的活动，正如时有人指出："所规画布置，志实不少；""西北包我边境……陆路相

① 理藩院"给俄罗斯咨复"，道光三十四年四月，《筹办夷务始末》，咸丰朝，卷一，第8—9页。

② 咸丰二年八月十五日朱批札拉芬泰奏，又，咸丰五年八月二十二日朱批英秀奏等件。《筹办夷务始末补遗》（晒蓝本），第1册，第71、72、228页，第2册，第442—443页。

③ 参看劳特派特编《奥本海国际法》，第1卷，平时法，第2分册，第70—71页。

④ 高野明：《日本与俄国》（日文）第39—48、167页。阿历克赛耶夫：《1849—1855年阿穆尔勘察队》（俄文），第10—11页。

通，防不胜防，将来必为大患。"①

清政府在处理外务上，无论政治、经济、军事任一方面，全盘皆输；致面临的外部形势，不止是严峻而是甚为险恶。

中国人民对这样一个王朝——唯谋统治安全而敝屣国家主权，不顾民情②而轻易损害民族利益，经不起恫吓，也经不起讹诈，只会忍辱妥协的一个王朝，怎能再容忍其长柄国政？

（3）财政和增赋

截至十八世纪末，清政府的财政收入，仍以地丁、漕粮、关税、盐课四项为大宗。漕粮纳米，是实物税；其余都征银两。这些，总称为"正供"或"正赋"。

所述四项都有定额。把漕粮搁过一边；地丁额征银两千七百余万两，"国家经费强半赖此"。盐课额征银五百余万两；加上已属定额化的"溢课"和关税，两共约一千万两。另加杂税等其他收入，财政岁入定额为银四千四百万两③。不过，每年总有一些水旱偏灾，地丁年须豁免十之二三；这样，实际岁入，很少有超过银四千万两的④。

清政府年需开支的项目，主要有皇室经费，王公百官俸银、廪食、军费、河工、塘工等项。项项都有定额，岁出计三千数百

---

① 欧阳昱：《见闻琐录后集》卷九，"耆英"。

② 当福州正式开港时，当地居民竭力反对，声言"于国计民生政体，均所未安"；清政府受条约约束，悍然开港。时人责问："夷情重乎？民情重乎"？见"致刘次白抚部书"；梁章钜：《归田琐记》卷二。

③ 那斯洪阿：《条陈国用事宜疏》，王延熙等编：《皇朝道咸同光奏议》卷二六上，第1—2页。据王庆云："道光直省岁入总表"到道光末年，岁入定额为四千五百余万两，丁、课、税各项数，也各有增加。见《清朝续文献通考》，卷六六，国用考四，额赋。

④ 翰林院侍讲汪振基奏，咸丰三年十二月九日，录副，中国第一历史档案馆藏。

万两。其中数目最大的是军费，达银一千七百万两①，有"费天下正供之半"的说法。

在"安常处顺之时"，"岁入"减"岁出"，略有盈余。设有战争、动乱，或特大的自然灾害等事故，所需费用列为"例外支出"。"例外支出"主要指靠例外收入——"推广捐例"，即卖官鬻爵和讽示民间（多半是富商）"报效"来解决；必要时，再动支库存作补苴。

清政府把这样的财政体制，认为是理想的体制。它的特点，是静止的、呆板的，难以及时适应时势变迁的需要。清王朝当其"盛世"，在社会经济繁荣的基础上，每年赋税旺收，曾经有过"财赋充足"，库贮日多的岁月。一七七五年（乾隆四十年）户部库存银八千二百万两，这不仅是乾隆年间、也是整个清代库存最多的一年。从此以后，随着世道的由盛转衰，库存银也年就减少。不过，直到一七七五年（乾隆最后一年），还储有六千九百余万两。

嘉庆帝在天下动乱之年登基即位；在他执掌王权时，国内动乱不休。道光帝嗣位，时势更形恶化，除有内忧，更有外患。吏治败坏的人祸，加重着天灾的危害。黄河、长江在他们掌权期间，屡次决口。酿成特大灾害。与此相关，社会经济衰敝，赋税歉收。结果岁支增多，岁入减少，国家财政，日益支绌，终呈危机。

河工有岁修和抢修、专案工程等区别。岁修属于"年例"，归于经常支出；其余的则是"例外"的项目。河工在贪污成风情况下，成为肥缺；工程收效不大，所耗帑银却不少。只计一八〇

---

① 《皇朝兵制考略》卷一，"直省兵额表"。据户部北档房底册，到咸丰时，直省兵饷为银一千六百八十余万两。

年至一八一〇年南河用费，其中包括少量岁修达四千零九十九万两；平均每年八百余万两，超过常年岁出的五分之一。在当时，这是一个相当大的数目。灾情多，赈灾等费用也增多，究竟花了多少？无数可查。笼统记载，用银以"万、亿计"①。

比较有数可查的是军需的支出。为数最大的一笔是镇压白莲教起义所花的，总计达银二亿两；或者说，相当于经常五年多的岁入。单这一项，"举户部旧帑七千余万两而空之"②，还差得很多。

再一笔是鸦片战争的应战费用和战败后被索偿的赔款。就战费说，究竟耗费多少无确数可查。有一些记载，可是数目相差很远，多的说是七千万两，少的说是千余万两③；且折中计之，该为四千万两。足足相当于常年一年的岁入。赔款项，单计一八四二年《南京条约》的规定，是两千一百万元，折合银一千四百万两④，超过常年收入的三分之一。

三是历年镇压各地民变的用费。每一次的用费也许不怎么多，加起来却是一个大数。一八五〇年（道光三十年）镇压两广各地民变用银，无确数；估计耗银六七百万两⑤。

把这些明确的和笼统的几笔"例外"数字加在一起，估计所花费的绝不低于常年十年的岁入量。

---

① 《清实录》，仁宗朝，卷二八六，第31页。
② 王庆云：《石渠余记》卷二，第30页。
③ 魏源："道光洋艘征抚记"，《魏源集》。又赵尔巽等撰：《清史稿》，食货志，六。
④ 这里没有把一八四一年五月广州停战时赔给的六百万元及另赔外商商损两项共计九十八万三千余元包括在内。
⑤ 据王庆云《石渠余记》卷三，记道光三十年、咸丰元、二年各省例外拨用共计二千二百余万两，其中两广军需计一千三百余万两，这里假定半数是于道光三十年耗费的。

　　所有巨额"例外"支出，照例指望"推广捐例"来解决。可是，捐例年年推广，民间哪有那么多的钱来买官购爵！有能力购买官爵的在购买到了之后，也餍再买。捐例的收入并不能够按推广的频率成比例地增加。时人指出："此何故也？""开捐无非挹彼注此之法。""无可挹，何有注？"① 更有政治原因。民间不满清政府之所为而予以消极的对待。例如当清政府在鸦片战争过后向民间开捐拟用以偿付赔款时，民间的动向，使统治集团中人也看到了将难以取得预期的成果，说："剿夷之银可劝捐，而赂夷之银不可劝捐。"② 清政府虽不愿动用财政库储，可又不能不动用库储。所继承的"旧帑"在镇压白莲教中一举耗尽，已如上述；嗣后，有些年份或略有盈余，总旋即花光。嘉道年间，库存银两终于呈现日益减少的趋势；特别是经过鸦片战争，更濒于枯竭。

　　当十九世纪二三十年代，清廷谋求解决财政窘迫困境，再三命令京内外官员献计献策，扩大财源；进入四十年代，在"部库待用孔亟"下，它迫不及待地一再要求各地悉心"筹划经费"③。实际是，它不便明说，也不能明说，而暗示各地加强聚敛，以求能解燃眉之急。

　　中央、地方官员们奉命行事。他们在复陈如何整顿财政的建议中，最初颇有一些结合政治、经济全局来考虑的。例如，当过多个省份巡抚的程含章，从历年财政支绌由于军用浩繁的事实出发，认为如果能够"不动兵革，则财用可足"；建议从吏治入手，"择贤能之吏，而使州县皆得其人"，促成"天下治"，以消弭兵

---

① 冯桂芬：《显志堂稿》卷十一，第32页。
② 刘韵珂："致金陵三帅书"；夏燮：《中西纪事》卷九，附录。
③ 《清实录》，宣宗朝，卷三八八，第18页；卷四六〇，第16—17页。

戈于无形。他又以财政支绌，在于大量公款被侵蚀，特别是在河工中的贪污浪费所造成，建议必须择廉洁奉公之人来管理财务，且从治河始。他认为"河道既治，则运道自治；国家岁防之费、塞河之费、赈溺之费，一切可省"[①]；既有利民生，又有益国计；不单用费可省，还可增多收入。

嘉道间银库存银量

1796 年＝100

年份	数量（万两）	指数
1795	6939	123
1796	5658	100
1798	1519	27
1811	2078	37
1914	1240	22
1821—1834	2700	48
1840	1000	18
1843	290	5
1848	124	2
1850	187	3
1853	10	0.2

说明：1821—1834 年为各年平均数

户部尚书英和，在筹谋"裕国用、裨经费"时，曾从发展生产上来考虑；认为"不得以事涉言利，概行斥驳"。具体主张开放矿禁，以开拓税收的来源。并建议不妨先在新疆试点。他认为，"新疆开矿，足资兵饷，可免内地之累"[②]。

这些以及类似这些的政策建议，虽然不无道理；可是，在老朽的封建统治下，既无能根治吏治腐败、贪污营私的痼症，医治

---

① 程含章："论理财书"，贺长令编：《皇朝经世文编》卷二六，户政一。
② 《清史稿》卷三六三，列传一五〇，"英和"。

"财用不足"的处方，只能画饼充饥。增加财政收入放在发展生产上——具体说，如开放矿禁上，倒是正着。可是直至一八四四年，清廷才上谕开禁，"任民自为开采"①。且不说这个开禁令是否切实贯彻执行；即使是贯彻执行了，就对解救十九世纪前期清政府的财政危机说，也属远水难救近火了。

无论是在二三十年代，还是在四十年代，条陈整顿财政的，最多的是就财政论财政。除了发表一些"理财之道在乎开源节流"的议论，提出具体意见的是设新税。议论最多的是开征铺户捐、商税。一八四三年奉天将军禧恩在"征收商税，以裕课帑"折中说的，可以取作要求开征这项捐税的说明。"富商大贾，坐拥丰资，操其奇赢，以擅厚利，竟无应输之课，殊不足以昭平允"。征收商税，"既不失政体，亦不累及闾阎，而于修备大有裨益"②。这除了反映出当时商品经济已相当发达外，却并没有付诸实施。

也有主张就原有税项改变征取方式，谋求增多征收量的。具体项目，有"盐归地丁"，"计户征课"；或"酌增盐价"；也有主张漕粮不再征实，折征银两等等。

在节流方面，更议论纷纷，但语多空洞，如认为对朝廷各种经费，应作"可裁则裁"，"可减则减"的改革；实则说了等于不说。或提议采取一些做不到、不能做的措施，如"裁漕运之浮费"、"节河工之岁修"等等。

在鸦片战争后十年间清政府财政骤形拮据的形势中，主管财政当局，鉴于京内外官员就财政问题提出的意见总属窒碍难行，

① 《清实录》，宣宗朝，卷四○四，第9—10页。
② 理藩院侍郎、署盛京将军禧恩奏，道光二十三年六月十三日朱批，录副，中国第一历史档案馆藏。

"辄无实济"，乃上奏朝廷："与其正赋之外别费经营，何若于正赋之中核实筹划。"①

试看户部怎么来核实筹划。

先说关税和盐课。

在人口增加、社会消费有所增长的情况下，无论是关税还是盐课，理该都应随着有所增加。可是，当时由于私盐的充斥和社会经济的衰敝，虽经"核实"，却未见多大成效。就盐课说，"（盐）商疲（官）盐滞"，年年"课绌"②；到十九世纪四十年代末，按照额课，还征不到七成。就关税说，各关主管当局、征收吏役，转在"核实"中做手脚，使"勒征卖放"、"以正作罚"③的弊窦，愈益滋长。商人想尽办法，偷税漏税，或宁可绕道而行，避免苛征，随着出现"货少"，"年歉"，致关税按定额说，也常有"亏短"④。

正课中所占比重最大的是丁粮；所谓核实筹划，主要就是实施于这两项上。

丁粮的"核实"，主要是两个方面，一是查"私垦隐赋，勘限照例升科"。这是名副其实的"核实"，只是增收的数量不大。二是就在征的丁粮作"核实"、作"筹划"；转化为事实，成为厉行搜括。这里专述这一方面。

各省地丁税率不同。一般说来，上则地亩科银二钱三、四分，中则和下则为银一厘数毫；特别瘠苦地区，如在甘肃亩科银

---

① 大学士管理户部卓秉恬等奏，道光三十年四月十一日；录副，中国第一历史档案馆藏。

② 两江总督、管理盐政陆建瀛奏，道光三十年二月二十日；抄档。中国社会科学院经济研究所藏，以下引自同一抄档，不再注明收藏处。

③ 盐课岁额七百余万，此时"实征常不及五百万"。《清史稿》卷二一三，列传，"王庆云"。

④ 江南监察御史福昌奏，咸丰二年十月二十八日；抄档。

二毫[1]。

地丁税率虽以银计算，根据一六五七年定例，可按银七、钱三比例交纳，事实上多半用钱折交，达百分之八十上下[2]。

漕粮只在江苏、浙江、安徽、江西、湖南、湖北、河南、山东八省征取，虽为实物税，间有折征银两的，但不多。

清代于康熙年间，在田赋上制定了"永不加赋"的原则；其后各朝，包括嘉庆、道光两朝在内，不敢违此"祖制"。这一硬性规定，实含有不能因时制宜的缺失；地方官员以及征收吏役乃隐做手脚，到了十八世纪中，已是"诸弊丛生"[3]。嘉、道年间承"诸弊丛生"之余，大致可以道光中期的银日贵、钱日贱为界，形成前后两个阶段。在前一阶段，清政府默认前此出现"诸弊"中的一些——地方州县的部分强征、勒索合法化，又听任新的弊端的形成。如征收漕粮，往往不按正额，任意多征多收；对征收对象的地亩面积，"凡地一亩有零，无论一分一厘，皆并作二亩"；征额零数，"米一升有零，无论一合一勺，皆并作二升"[4]。江南之米，额征一石，加征四五斗；在河南、山东加至三石[5]。所有加征之数，构成"陋规"。清廷明知这些是积弊；可是认为"若将一切陋规，全行裁革，徒务虚名而不求实济"；只准"酌减"一些[6]，而又默认未减的部分为合法。合法化了的

① 那斯洪阿："条陈国用事宜疏"，王延熙等编：《皇朝道咸同光奏议》，卷二六上。

② "各直省百姓，以钱完赋，无虑十之七八"（江西巡抚吴文熔片，道光二十四年四月）。又"民之以钱输赋者，通天下无虑十之七八"（侍读学士朱嶟："贵贱济银折"，道光二十六年）。吴"片"、朱"折"，皆藏一史馆，录副奏折。

③ 《清史稿》卷一二一，食货，二。

④ 《清实录》，宣宗朝，卷四一，第41—42页。

⑤ 同上。

⑥ 《清实录》，宣宗朝，卷一○，第12页。

"陋规"数额，在有漕粮省份虽省各不同，就江南说，当一八二〇年前后，按民输米一石仅"当正供七斗"①。来计算，相当正赋的百分之三十。

在后一阶段，除了保留前一阶段合法化了的陋规并加强浮勒外，又利用"银有定额，钱无定数"，转以银贵钱贱为利，加重征收。

仍以漕粮为例说。这时，若征取实物，征收胥吏在官府的纵容下，每用特制的宽面大斛来衡量。量时不平"概"，反而既"淋尖"，又"踢斛"。其情况各地不一，有一斛而暗增至六斗外！他们又滥行需索什么水脚费、花户费、验米费、筛扇费、廒门费、廒仓费等等，不一而足；虽然并非某一时某一地尽有如此诸费；还挑剔米色，故嫌湿润，额外需索耗米，又被公认为是一种"陋规"。一八二六年，浙江收漕粮，"每米一石……竟须二石有余"②，激成闹漕重案。到了一八五〇年，在江南交漕粮，"总须二石五六斗当一石"③。也就是说，输米一石，仅当正供四斗，更加重了。

州县衙门、征收胥吏，在有私可营下，不顾漕粮私折银钱的禁令，日益增多地折征银两。通过这一手，"抑勒倍取"。如一八二六年，浙江仁和，漕粮每石勒折"至四千八九百文"④。一八三四年，湖南攸县米市价每石不过一千五百文上下；收购漕米，"每石折价五、六千文不等。在一八三六年至一八四四年间，江苏常熟一带，漕米每石折价，包括漕粮正额和各项浮费，从七千七百零四文增至一万零七百九十文。收漕季节，市场粮价往往较

---

① 御史王家相疏，道光元年。冯桂芬：《显志堂稿》卷五，第36页。
② 《清实录》，宣宗朝，卷一一三，第13页。
③ 冯桂芬：《显志堂稿》卷五，第36页。
④ 《清实录》，宣宗朝，卷一一三，第13页。

其他季节为低。如果拿包括浮费的漕粮实征量与市场较低的粮价对比，实征每石漕米价，相当市价粮量从三点五石到四点八石不等。从下表不难一眼看出私折之重。

年份	漕米每石折钱（元）	粮每石市价（文）	漕米每石折征相当市价粮量（石）
1836	7704	2200	3.5
1838	8816	2088	4.2
1839	10000	2478	4.0
1840	9760	2684	3.6
1842	10400	2860	3.6
1844	10790	2210	4.8

资料来源：据柯悟迟《漏网喁鱼集》有关记载制。参见彭雨新"清道咸年间田赋征收的严重弊端"，北京太平天国历史研究会编：《太平天国学刊》，第二辑。

额外征取随地随人并因时而不同，没有一个准数。有人统计嘉道间漕粮实征增长情况约如下表；也许偏高了一些，姑备参考。地丁征收，情况相似。

漕米一石实际负担额

1820 年前后	一石
1836 年	三石
1845 年	五/六石

资料来源：据臼井佐知子："清代赋税关系数值的检讨"；《中国近代史研究》（日文），第一集。

例如，在湖广一带，当十九世纪开始时，银每两折征钱价为千余文，十年间，增至一千五百文；"继而渐长"，由"一千七八百"到四十年代为"二千有零"。

又如在华北，山东州县征收粮赋，既不遵定例收银，又借口银价昂贵，"今年加一百，明年加二百，日加日多，靡有底止"①。就莱阳说，到二十年代末，已加至每两四千文。

长江下游举苏松地区说。当乾隆中，粮银折征上尚无"抑勒"。通常情况："每条银一两完钱八百八十文"如遇银钱市价的"过昂过贱"，另行"增减详定"。乾隆末，开始浮动，折价从一千二百文至二千文不等。嘉庆初，粮银一两折征制钱至二三千文。此后涨落不定。到了四十年代的最高年份（一八四三年），每银一两，收钱至四五千文。

西南云贵一带实征量同样激增着。在云南，地丁或征实物，若折征现银，在云南府属，粮每两，加银二三两不等；按之市场粮价，一般每石一两上下，私加量达赋额的二三倍。贵州田赋向例征实，"皆收米"。鸦片战争前夕，有"改纳银"的，石米一两；到四十年代，收银之外有再收米的，或收米之外，"又征银二两、三两以至数两"②。如此翻覆，实征奇重。

嘉道年间的银钱比价和粮银折征价的上涨指数，就资料所及，制表如下，备参考。

时人估算，地丁实征量，当十九世纪四十年代，若与此前二十年比较，增加了两倍；若与此前三十年比较，则增加了三倍③。这个估算，基本符合实际。

清政府对田赋明不加而暗加，除了相当大的一部分被私吞，确也增加了财政的收入，每年实征银二千八九百万两④，约达定

---

① 王兆琛："请严禁州县加增钱粮疏"，王延熙等编：《皇朝道咸同光奏议》卷二七。

② 罗应旒："筹办善后条陈十四事"，凌惕安编：《贵州咸同军事史》，第8册，第5编，第4页。

③ 汤成烈："治赋篇，四"，葛士浚：《皇朝经世文续编》卷三四，户政。

④ 参看王庆云《王文勤公奏稿》卷二，"京堂存稿"，第5页。

额的九成左右。考虑到每年遇自然灾害难免因而有些"豁免"，再加上查实"私垦、隐赋"，能征收到虽说只达九成，却可视若大致已达足额。

乾隆至咸丰年间银钱、粮钱比价

基数：银 1 两＝钱 1000 文

年份	银 钱 比 价		粮 钱 比 价	
	银一两折合钱文数	指数	粮银一两折合钱文数	指数
乾隆二十四年	820	82	880	88
乾隆五十七年	1300	130	1900	190
嘉庆元年	1300	130	2900	290
嘉庆五年	1080	108	?	?
道光元年	1275	128	2500	250
道光十二年	1250	125	2450	245
道光十六年	1550	155	2400	240
道光十年	1550	155	4500	450
道光二十六年*	1850	185	3300	330
咸丰元年	1950	195	2000	200

说明：* 道光二十六年起，粮银一两规定改折一千六百文；表中则仍按千文计。

州县官吏征收田赋，素来不敢得罪于"巨室"。早在乾隆朝，显宦豪绅（一般被称为"大户"）规避田赋，已经每每不予过问，转把他们的赋额，暗中摊加在其他业户（一般被称为"小户"）的名下。

到嘉庆朝，"宽于富户，而苛于平民"，有似习惯成自然。"大户"、"小户"的区别，成为各个直省的普遍现象。在江苏南通，稽征田赋，书吏每"以大户之短交，取偿于小户"①。到了十九世纪四十年代，"小户"所交，超过"大户"的几倍至一二

---

① 《清实录》，宣宗朝，卷四三五，第9页。

十倍不等①。在浙江，豪绅富户，很少有按额完粮的；州县官上下其手，"取盈于乡曲之小户，以为挹此注彼之谋"②。长江中游各省情况类似。如江西兵米，通常大户完本色，小户完折色。本色额米纳一石六斗，合市价三千余文；折色则纳钱六千六百文，较大户恰增一倍。某些地方的族大、丁繁，势豪的家族，对田赋，不说不交，但要求缓交，积欠额"动辄盈千累万"；"差役不敢临门"，地方官亲行"催征坐守"，他们或"以一纸限状相搪塞，或完些许了了"。地方官对这类"大户"无可奈何，而向"小户"加强压榨，藉谋补偿。湖南"大户"或者只完正额，或者连这正额也不完足；吃亏的是"小户"被"任意诛求"③。湖北的一般情况，是"大户粮多而纳少，小户粮少而输多"；"大户折色之价日减，小户折色之价日增"。官府便以"小户之有余，暗为取偿"④。华北如京畿一带，"刁健者习成包抗，良善者每受苦累"⑤。能够并敢于"刁健"的，也就是"大户"，被浮勒榨取而受宠锡"良善"美名的是"小户"。西北的甘肃，"富者巧为买嘱，则钱粮日减，贫者不遂［征取者］贪欲，则钱粮日增"；还有"彼种无粮之地，此交无地之粮"的。年复一年，"官豪之欺隐愈多，而乡愚之赔累愈甚"⑥。

州县官吏征收田赋宽于富户，苛于平民，以至"同一百亩之家，有不完一文者，有完至百数十千者"⑦；还有"连阡累陌，

① 参看柯悟迟《漏网喁鱼集》，第5页。
② 马新贻："核减南漕浮收并禁革陋规疏"，王延熙等辑：《皇朝道咸同光奏议》卷二七。
③ 闵尔昌辑：《续碑传集》卷三一。
④ 胡林翼：《胡文忠公遗集》卷六〇，第8页。
⑤ 龚巩祚："地丁正名"，《皇朝经世文编》卷三九。
⑥ 左宗棠：《左文襄公全集》，奏稿，卷三八。
⑦ 冯桂芬：《显志堂稿》卷一〇，第1页。

从不知完赋为何事者"①。民间对田赋的实际负担，在"大户"和"小户"之间轻重的差别，引用时人的说法，是"迥乎天壤也"②。

"小户"苦于田赋苛重，在江苏、浙江等省，有遁入"大户"，"诡寄粮名"的，还有将田献之绅宦，结果出现"大户"日多，"小户"日少的现象。州县官在能够借以取偿的对象的"小户"日益减少情况下，便对减少后的"小户"更加重了征敛。这样，"小户"所受的勒索苛派，更是越来越重。

清政府对田赋原以土地多寡、土质肥瘠作为稽征准则的；在嘉道年间，事实上潜移成为以业户的"贵贱强弱为多寡"。而且，这个或"多"或"寡"，不单"大户"与"小户"之间，或"绅"、"民"之间不一律，即使同是绅、同是民，也不一律。但在所有这些不一律中有一点却是肯定的："大户"愈占便宜，"小户"愈多被苛刻③。

田赋的征收对象是地主和自耕农；加重田赋实征量的结果，严重损害着除了"大户"之外的中下地主和自耕农的利益。业户为交纳地丁，必须把价格大幅度下跌的农产品去换来价格急剧上升着的白银，即使赋税税率在名义上并未增加，实际负担却是提高了。在一八四三年至一八五○年间，单以此而增加的幅度大致从百分之三十到百分之六十五不等④。够不上"大户"的地主即使最大限量地把所受损失转嫁给佃农，仍不足以弥补所受的损害，而以"办漕折饷为苦"⑤。自耕农无从转嫁，便深陷困境；

---

① 盛康辑：《皇朝经世文续编》卷三六，赋役三。
② 柯悟迟：《漏网喁鱼集》，第5页。
③ 冯桂芬：《显志堂稿》卷一〇，第1页。
④ 彭泽益：《十九世纪下半期的中国财政与经济》第43页。
⑤ 《左宗棠全集》，"书牍"卷一，第35页。

"洋银价高漕斛大，纳过官银余秸秆"①。他们"终岁原垅"，"妇孺杂作"，"所得不敷完纳钱粮者"，被迫而有"屠牛"弃耕以泄愤，甚至"弃田不顾"；更多的则是即使年值丰收，"不免冻馁"；一遇水旱灾荒，只能"相继流亡"②。

所有上述是说："清政府谋求解救其财政困境厉行搜括的结果，虽一时取得财政增收的效果；却是以日益失却民心为代价的。征取的搜括实质，压抑了社会生产的发展，使它的财政问题终不能取得长期有效的解决。通过赋税这个杠杆，并在征取的畸重畸轻下，大户受益，小户吃亏，在剧增着政府和人民间矛盾的同时，人民内部的经济利害冲突也加剧着，从而增剧着社会的冲突和不安。

（4）军制和军政

满洲贵族自称以"武功开国"③，依靠的是八旗武力。清王朝一建立，福临（顺治帝）有鉴于建立一个庞大的统一帝国，单从人口不多的满、蒙两族丁壮中编练八旗兵，力量究嫌过于单薄；更为了便于以汉制汉，命令各省从汉人中挑选良善顺从者承袭为兵。这个兵，为了与已经采用了红、黄、蓝、白四色作旗帜的八旗有所区别，使用绿色，称绿旗兵，习称绿营。

八旗有步兵，但以骑兵著称。绿营除了有步、骑兵种，还有极少一部分是水师，又有内河、外海的区别。八旗和绿营，构成清帝国的"经制兵"，也就是正规军。兵员数额，时有变动，大抵前者为二十余万，后者为六十余万，共八十余万。

---

① "江南吟"，《魏源集》。

② 王效成，"田说"，见自求强斋主人辑：《皇朝经世文编》卷四一，第16页。又，大学士卓秉恬奏，道光三十年四月二十九日，抄档。耆英密奏，道光二十三年正月二十八日，《史料旬刊》第三五期，第21页。

③ 《清朝文献通考》卷一七九，兵考。

　　八旗和绿营同是正规军，但待遇却并不相同。八旗官兵统是满蒙旗籍，不容汉人插入；绿营自总兵以下，营卫守备以上各官，满（包括蒙）汉并用①。兵卒的饷米，八旗多于绿营，将弁的升迁，八旗优于绿营；八旗的军官有军功者，"有应得世职"，荫庇予孙；绿营官弁即使有军功，不能有"世职"的殊荣和实惠②。在正规军中，八旗虽兵员少，但在政治上显居优势；绿营居虽于次位，可人数多，却是主力；从而使这支正规军在其内部，怎么也无法做到协力一致。

　　除了正规军，清政府别设防军，总数多寡不定，分布在国内一些形胜要地。遇有意外事变，临时招募，编练乡兵（晚清时，团练的前身），在四川、甘肃、湖广、云贵各省，还有土兵名目的队伍。

　　清政府对兵采取"世业"制。八旗的兵丁补缺，都从各个盟旗里挑选来解决；绿营补缺原则，基本上也是这样；即：汉人中之被挑选为兵的一家编入兵籍（不再由户部而由兵部掌握），父在子为余丁，父死由子拨补，只在家无余丁的情况下，才另从民间募足。

　　清兵的装备简陋得很。截至十八世纪末，沿用的仍是百余年前开国初期所使用的一些兵器、火器，主要是刀、矛、弓、箭、铳；到十九世纪中，添了一些鸟枪、抬炮，算是锐器，数量极少。鸦片战争时，英国兵船开到塘沽口外，山海关清军匆匆取出"前明之物，蒸洗备用"③；湖广总督裕禄解赴军前兵器、火器，

---

　　①　嘉庆《八旗通志》卷四八，第17页。
　　②　《清实录》，高宗朝，卷一二二一，第1页。
　　③　《筹办夷务始末》，道光朝，卷一四，第33页。《清实录》，宣宗朝，卷二三九，第16页。

还是照三百年前明嘉靖间"成法""制造"①的，从这些也可看出清军装备的落后。陆军是这样，水师更差劲。船只种类繁多，庞杂得很，而且多是仿民间商船制造的，笨重、不适于战斗。

清政府的兵制实践证明，其本身存在着严重缺陷。兵既世业，与民"分途"②，变成自外于民、凌驾于民的特殊人物，特别是八旗。他们在驻扎地自我孤立地聚居一处，不仅与民暌离，而且与绿营也绝不驻在一起，独在一个城市中的"满城"或"满营"③里驻扎。加上在政治上又显具优势，乃不可避免地成为民间侧目的民族压迫的象征。兵既世业，拨补兵缺，只能局限于少数人家的范围内进行，难以保证兵员的素质。八旗兵一家的生活都由政府包了下来；绿旗兵也是这样，"丁在兵籍，免赋役，由户部支给粮银，赡粮养家"④。这样，清政府为维持这支正规军，不只是对兵员（无论是衰弱还是壮强）都须关给饷项，而且这个饷项的数量，还需考虑到能够保障兵员一家的生活（实际上又包不下来），而使这支军队成为花费极大的军队。如果与设置常备军制下六七年间"养一兵，在有事时可收到发挥四倍兵力的效用"⑤作比较，"世业"制下的清兵养一家才能发挥一个兵丁的效用，其落后性更形突出。可以看出，这支军队，不仅是一支花费很大的军队，而且是一支效率极低的军队。

兵之为兵，其任务自然在于出征、作战；清兵也是这样。但其中绿营，还负有修河工、挽漕运和缉捕、押解犯人以及取缔赌

---

① 《清实录》，宣宗朝，卷三六〇，第5页。

② 《清朝续文献通考》卷二〇二，兵考一。

③ 同上。

④ 《清实录》，高宗朝，卷九〇一，第10页。

⑤ 在常备军制下，一兵发挥的效用，在不同国家不同时期各不相同。这里据袁世凯一九〇二年"厘订营制、饷章……折"中估计。见台北故宫博物院出版：《袁世凯奏折》专辑，第3册，第564页。

博、娼妓等差务。

清王朝的建军宗旨，就国家、兵、民的三者间关系，有过阐释："国家为民设兵，""民出赋税以养兵，""兵任操防以卫民。"①

就"民出赋税以养兵"说。民，确是尽了极大的义务。时人核算，单计"养一马兵"，即骑兵，不包括喂马的刍豆等费，设以田赋为准，需费"七百亩之赋"；单养一步兵，不包括"盐菜衣装之因事而给者"，设以丁银为准，须"百丁之赋"②。

这支兵是"为民"、"卫民"的吗？则是另一回事了。从这支军队平时在国内的配置、驻防和所负具体任务上，可以窥见一二。

上面提到了八旗兵员额数。它的具体任务，是"翊卫京师"，"镇抚地方"③。从这点出发，足足有一半兵员（十二万人），组建"京营"，驻于京师，成为京师的卫戍部队。余下的，约三分之一驻于清王朝"龙兴"之地的东北地区；约三分之二分驻于一些省份，以资"镇抚"。绿营除在京师驻有巡捕五营约万人外，其余的，全"按道里之远近，计水陆之冲缓"，分散在各省关山要隘，设镇戍守；任务是"防民防贼"、"建威销萌"④。

清政府在理性上认识到国界界址凛然，不容侵犯；可是实际中对于防务，一贯忽视。

众所周知，中国国界有陆海两界。从吉林、黑龙江起至新疆的东北、北部、西北的北界，和西南边陲地区，虽布有"防军"、

---

① 旻宁即位（嘉庆二十五年十一月）上谕，见王庆云《石渠余记》卷二，第32页。

② 王庆云：《石渠余记》卷二，第34页。

③ 赵尔巽等撰：《清史稿》卷一〇六，兵二。

④ 《清朝续文献通考》，兵志一。

"戍营"只是略胜于无,到处存在"鞭长莫及之虞"①。海防是直到十九世纪七十年代才比较认真地提上议事日程的。在此之前的外海水师,"仅防备海盗","保商靖盗"②;实际上连这一点也做不到③。这样,东南西北任何一方设有入侵者,清军都无力制止。上面叙述外务、防务中,提到的俄国之能蚕食北边,英国兵船之能在东南沿海的任意游弋,便是事实证明。

清军驻扎概况

地　　点	兵员(万人)	百分比
京师和京畿地面	19.0	21.5
东北地区	4.4	5.0
其他各省*	56.0	63.3
二十八个战略要冲地点	9.1	10.2
	88.5	100.0

资料来源:据翁同爵《皇朝兵制考略》卷一"直省兵额表"和卷二"列朝兵制"有关数字制。

说明:其他各省驻军人数从九千至六万不等。

清军的配置和担任的具体任务,清晰表明了这支军队,只是为清政权卫护安全,而不是为保卫国家的,更不是"为民"、"卫民"的,而是对民实行警备的。

清政府旨在防止部队为少数统兵将领所掌握,在编制上,以营为单位,每营人数不等,少则三四百,多则千人。营设营官,营下设哨官等官;全营就由营官、哨官等统率,再上便无集中统一的领导。在军令上,兵权集中于皇帝。遇有军务,皇帝颁发谕旨,命将出师,从绿营的各营中抽调数十人、一二百人不等,集

---

① 《清史稿》卷一一〇,兵六。
② 同上。
③ 一八三五年以后,"各省水师废弛,惮于出巡,致盗案叠出"。见《清史稿》卷一一〇,兵六。

成千人，二三千人之军，从事征伐。制度是这样。到了嘉道年间，事实上流变成为另一样。

据记载，一遇军务，往往拉杂成军，"将官赴任，召募家丁，随营开粮；军牢、伴当、吹手、轿夫，皆充兵数"；当然，主要还是从绿营的各个营中抽调数十人、几百人临时编制起来的。这样编制成军，"将士各不相习"①，在制度上就存在"临阵最易溃乱"②的因素；就事实说，"虽圣者不能使之一心一气"③；结果每每是聚则乌合，散则瓦解，徒具军形，缺乏战斗实力。

在内治不振的总形势下，吏治败坏的风气同样侵袭到军内；加上制度中本不健全，终致武备急趋废弛。

清政府为照顾八旗的攻战勤劳，佐成大业，给予优厚酬佣，八旗也自以为"从龙有功"，一入关，即"怠于武事"，耽于逸乐，过着养尊处优的生活。当十八世纪末，居官者热衷于"虚縻廉俸"，骄纵于"诸事妄行"；素著美誉的骑射，"驯致生疏"。上行下效，为兵者尽失"勇锐之气"，使整个八旗"军旅隳敝"④。卫戍京师的旗兵，即"巡城披甲"，经常"三五成群，手提鸟笼雀架，终日闲游，甚或相聚赌博"。若遇轮值当班，则"佣人顶替，点缀了事"⑤。分驻各省的八旗兵，"骄横得很；凶悍不法，经常寻衅斗殴"。一八三六年秋，福州驻防旗营寻衅捣毁市上饭铺，捆打平民，激致铺户"畏惧"罢市⑥。一八四六年夏，湖北荆州满营旗兵，在"观划龙舟"中，与民众"争强互殴"，竟至

①　《清实录》，仁宗朝，卷四四，第4页。
②　袁世凯："新建陆军兵略录存"，《上督办军务处禀文》。
③　"与王岷樵、王朴山"；曾国藩：《曾文正公全集》，书札，卷二。
④　《清史稿》，世祖本纪。《清实录》，高宗朝，卷九一七，第17页；卷九一四，第24页；卷一二五，第12页。
⑤　黄爵滋："敬陈六事疏，道光十五年九月初九日"，《黄少司寇奏疏》。
⑥　《清实录》，宣宗朝，卷二八八，第12—14页。

"拆毁"汉人铺户约一百五十家，"弃掷货物"，焚毁房舍，伤毙商人二十余人[1]。这是两个例子。积类似如此大小事件，军民之间的矛盾突出起来，更形成满、汉间的积怨，导致相互疾视，以致敌视。八旗兵事实上变成了清王朝难以解脱的一个沉重的政治包袱。

绿营在建军初期，曾经表现出能征惯战的战斗力，为清王朝在"敉平叛乱"，"绥服四夷"上，作出贡献，从而被倚为国家柱石。经过基本上是和平年代的"盛世"，它日趋腐朽，蜕化成为吃"铁杆钱粮"的寄生集团。还在十八世纪八九十年代，绿营平时已绝少操练；有时例行公事，"操演之法，阵势"，"传自前明，相沿旧样"。校阅时，尚属"可观"；临阵打仗，却"无实用"。进入十九世纪，绿营军风更形疲软。各省军事首领如提镇大员，"将营务委之将备，而将备又复委之千（总）、把（总）。因循玩愒，所谓训练操防，全属有名无实"[2]。例行的"春秋两操"以考核练兵效果的制度，驻在各地的绿营或者不予执行，或者是虚应故事了事。陆军是这样，水师也是这样。它的统巡、总巡、分巡及专汛各员，对于"出洋巡哨"制度，不是怠忽不理，就是差遣"微员擅代"；"弁兵于操驾事宜，全不练习"，从而"不谙水务"，"遇放洋之时，雇佣舵工，名为舟师"，代为驾驶出海。部队内部军营人员的营私舞弊，相习成风。例如，马兵的草料，关支时多有克扣。驿递缺马，营官供马牟利，累得饿得"马皆骨立"，"驱策不前"[3]。

又如，水师的战船例归文员修理，工竣由武员接收；武员向

<hr />

① 《清实录》，宣宗朝，卷四三二，第1—2、7页。

② 王先谦：《东华续录》卷七，第9页。

③ 《清实录》，仁宗朝，卷四四，第4页。

承修的文员索取陋规，一加再加；后者所领修费，不足以供需索和修理费用，双方便勾结营私，承修者对战船"间有稍加修理者，不过涂饰颜色，以彩画为工，其实皆损坏堪虞，难供驾驶"①。还有把战船出租给商人的；福建水师，则有利用战船，往来闽台（湾）间做生意谋利②。

营务官员的冒领军饷，尤习为常事。军饷之冒领，大别之有两种。一是吃空额。后果是"册多虚具"，"有额无兵"；或"粮多冒领"，"有饷无兵"③。绿营实际兵数，至多只及额定兵数的三分之二④。二是克扣军饷。据记载，其时"饷之及兵，十不余五"⑤；也就是说，足兵要被克扣一半。"兵丁所得，仅能存活"；而且，饷银还经常欠发，难得按月支领⑥。营兵出于无奈，不得不兼营副业；营官为常保源源不绝的克扣收益，便听任营兵去别营生理。于是，绿营营兵既有"兼商兼贾"，也有"兼百工技艺"⑦；甚至一反绿营原有禁赌、禁娼任务，反手而"诓赌、窝娼"。

营兵既别营生理，"散居市廛"，在最佳情况下，是"不能按日操练"，"不能一呼即集"；"训练有所不能，禁令有所不能及，心智因之而纷，精力因之而懈"⑧，事实上则使军不成军。

---

① 黄爵滋："查验战船草率筹议赶紧修造疏，道光二十三年三月二十七日"，《黄少司寇奏疏》。《清史稿》，卷一一〇，兵六。

② 《清实录》，宣宗朝，卷三二二，第33—34页。姚莹：《东槎纪事》卷四，第17页。张集馨撰：《道咸宦海见闻录》，第63页。

③ 黄爵滋："综合名实疏，道光十四年四月初一日"，《黄少司寇奏疏》。

④ 参看赵中孚"绿营积弊与所谓名粮问题"，台北《"中央研究院"近代史研究所集刊》第九期，1980年7月。

⑤ 谢章铤：《东南兵事策》。

⑥ 《清实录》，仁宗朝，卷四四，第5页。

⑦ 关于绿营兵兼商贾，为工技艺，早在雍正朝，已有萌生。

⑧ 左宗棠："谨拟减兵加饷就饷练兵折"，《恪靖公奏稿初编》卷三四。

　　清廷对绿营弊端倒也不是不了解；可是，若采取精兵政策，在财政拮据下，无从筹措庞大的遣散费用。问题还不只是这样。绿营营兵及其家属（按一家五口计，数达三百余万），怎么来做好妥善的处置？确也煞费周章。这着若做不好，势必造成极大社会问题①。清廷既拿不出有效的解决办法，它便因循旧章，虽深为焦虑，而乃"徒空国帑，而竭民膏"地豢养着"号有数十万之多"，"不足当数万之用"②的绿营。在财政上、以致社会问题上，清廷又背上了绿营这个包袱。

　　清军的营务废弛状况，在清政府的因循苟且中，更如水之向下，日益增剧。嘉道年间有许多谕旨，揭示了废弛实情，略举一二：

　　　　嘉庆四年正月上谕："武职大员……平居无事，往往令本标兵丁充仆隶厮养之役，或兼习手艺，在署佣工；而于训练、操练，视为具文。属下将弁，相率效尤。而督抚一直不能随时整饬，遂致隶名营伍，步伍茫然。"

　　　　同年五月上谕："各省兵丁月饷原借以养赡家口，不得丝毫摊扣；乃闻各营于差使盘费，俱扣通营兵饷……又提镇等查阅营伍时，亦于饷内摊扣费用。兵丁等养赡无资……营伍废弛。"③

　　　　又："今绿营积习，于一切技艺率以身法架式为先。弓力软弱，取其拽满适观；而放枪时装药下子，任意迟缓，中

---

　　① 赵中孚："绿营积弊与所谓名粮问题"，台北《"中央研究院"近代史研究所集刊》，第九期，1980 年 7 月。
　　② 《清实录》，仁宗朝，卷四四，第 4—5 页。
　　③ 《中枢政考》卷一二。

者十无一二；即阵式杂技，亦不过炫耀观瞻，于讲武毫无实效。"①

官员们也屡有奏陈。有的说："今日之兵……老弱滥充，则兵皆非兵；训练不勤，则又兵不习兵；约束不严，则兵不安兵。"有的说：吃缺冒滥，使"在营兵数寥寥"；"一遇调遣，立形支绌"，临时雇人充数。还有这么说的："军政废弛之弊之尤著者，在于营制不一，操法不齐，器械参差，号令歧异。为将者不习谋略，为兵者半属游惰。平时心志不相孚，临阵而臂指不相使。"

可是，"章奏屡陈，谕旨屡饬，不能稍变锢习"②。痼疾不除，只能日趋恶化。清兵状况，到了道光中、后期，终致不堪问闻。"陆不知击刺，不能乘骑；水则不习驾驶，不熟炮械。将领惟习趋跄应对，办名册。其练兵也，演阵图，习架式，所教皆是花法，如演戏作剧"③。这些还算是正常的、好的。另有一些，营伍直似由一些亡命之徒所组成。例如，在福建漳、泉一带的"悍卒"，"千百械斗为常"；在贵州、四川的"冗兵"，以"勾结盗贼为业"；或伙抢民间、殴毙人命，坐地分赃；或窝匪行劫，无所不为。至于"吸食鸦片，聚开赌场，各省皆然"。"见贼则望风奔溃，贼去则杀民以邀功"④。一遇征调，"将帅莫知营制"，"将士各不相习；依例领军械，锅、帐、锹、斧、枪、矛，皆窳钝不足用。州县发夫驮运载，军将束手乘车马入于公馆。其士卒或步担一矛，倚民家及旅店门，居人惶怖，惟恨其不去"⑤。这

---

① 《中枢政考》卷二〇。
② 曾国藩："议汰兵疏"，《曾文正公全集》，奏稿，卷一。
③ 左宗棠：《恪靖公奏稿初编》卷三四。
④ 曾国藩：《议汰兵疏》，《曾文正公全集》，奏稿，卷一。
⑤ 王闿运：《湘军志》，"营制"。

样一支"战守不足，扰民有余"，"额制之兵无一可御侮者"① 的军队，这样一支"有将不可恃，有兵不可用"② 的军队，既表明了它本身的腐朽不堪，也反映了清王朝的腐朽不堪。军队原是国家机器的支柱，而今如此腐朽，又怎能使其发挥支柱功能！其对人民，"威"既难"建"；"萌"更难"销"；日后太平军兴，不堪一击，单从军事观点看，清军的腐朽不堪，与有密切关系。

（二）动荡衰敝的社会经济

（1）土地、地租和农民

清王朝建立于封建经济基础之上，并以维护、巩固这个基础作为自己的使命。清王朝统治下的中国社会，封建统治阶级拥有最大权势，从社会生产发展中享受最大的利益；地主的地权，比之农民，要稳固得多③；随着岁月的推移，一般来说，减少的少，增加的多。无权无势的人们，主要是农民，终岁耕耘，生产出社会生存所必需的物质资料，却最受凌虐，难以改变所处的境况；一遇意外，如水旱灾害、病丧事故，连已有的微细产业，也无法保持。

当时，土地是财富的象征；而且，谁有更多的土地，谁就更有权势。尽管清王朝并不以土地的过度集中为有利，不是没有认识到设若过于集中，将有碍于政权的巩固；所以，它有时也采取一些防范措施，或作出一些维护小土地所有制和小农经济利益的规定。但是，它既要维护封建制度，也就从根本上决定了它无法制止土地日益集中于封建统治阶级的必然趋势。

---

① 胡林翼："致翁学使祖庚"，《胡文忠公遗集》卷五四。
② 《清实录》，宣宗朝，卷三六三，第31—32页。
③ 章有义：《明清徽州土地关系研究》，第110页。

嘉道年间，耕地面积仍在增加，但增加势头大大弛缓了，远不能与"盛世"期间相比。全国耕地面积，在一六六〇年为五百二十万顷，一七五三年为七百零三万顷；到了十九世纪初，还有一点增加；一八一二年为七百七十万顷。此后到鸦片战争前后十年间，尽管这个省、那个省仍有向清廷题报开垦升科田亩的；可是，多半不实在，往往是一些官员为了邀功、迎合上司所好的虚报。他们玩弄"将升科钱粮，飞洒于现在地亩之中"的手法①，以蒙上害下，实际耕地面积并没有多少增加。就人口说，据统计，各省通共大小男妇人口一七五三年是一亿八千余万；一七六二年超过二亿；一八〇二年接近三亿；一八一二年增至三亿三千余万；一八四〇年更增至约四亿一千三百万。在封建农业经济占主导的社会经济条件下，人口激增，耕地面积不见增多，便成为相对减少，而出现"民间……谋生之途日隘"②的现象。

土地不足的同时，地权的分配更不平允。土地日益集中于封建统治阶级手里。

嘉道年间，官僚、贵族的搜刮所得，多用之于买地置产。协办大学士、管理户部事务的英和，家有田产五万七千余亩。历任大学士、总督等高官的琦善，据外人记载，置有土地二百五十六万亩③。就连他的家人刘某、马某，也有地六百余顷。当过两江总督的孙玉庭，田产三万余亩；当过广东巡抚的百令更多，有地五千余顷。内务府一个小小四品衔的郎中庆玉，拥有田产三万三

①　云南巡抚张亮基奏，咸丰元年六月二十四日；题本，户科，中国第一历史档案馆藏。
②　陈肇："敬陈民生吏治大概情形折"，道光八年，王延熙等辑：《皇朝道咸同光奏议》，第30页。
③　德庇时：《战时与和平后的中国》（J. Davis, China, During the war and since the Peace），第1卷，第41页。

千亩①。颇享"清操素著"、"廉正自爱"②时誉的两江总督陆建
瀛、山西巡抚梁萼涵，同样热衷于买地置产。陆在一八三八年和
他的兄弟析产，继承的水田是一百一十六亩零；一八四九年长江
中游水灾，他乘机以置义田名义，在当年和第二年，连续买进土
地一千二百三十四亩③，超过原有十倍。梁在原籍有田一千余
亩，在寄籍有田五千五百余亩④，寄籍的土地就是在他做大官时
买进的。这些例子说明，官就民族籍别说，无论是满、是汉，就
官秩说，无论是一品大员，还是并非正式职官只是四品衔在宫中
当差的；就立身说，无论是廉洁、还是贪黩（如琦善、英和），
对土地都是能兼并到手，便肆意兼并。

民间的搢绅、豪强，也是这样。颇有一些占有着大量土地，
千亩、数千亩或万亩不等。如直隶静海娄步瀛，有田四千亩以
上；湖南武陵丁炳鲲，田数与之相似⑤。湖南桂阳州邓氏"兄弟
田数百顷"，所畜马"游食田野数十里，不犯人禾"⑥，也就是他
们兄弟俩所有的田亩，达数十方里。在江苏，吴江柳兆薰家，单
计稻田，就有五千亩上下⑦，沈懋德家更多，有田万余亩⑧；长
洲徐佩瑗家，拥有土地六、七千亩。无锡的"豪家巨族，田连阡

---

① 德兴奏，道光二十年二月初七日硃批，题本：法律，卷三八，贪污，一般案
件，中国第一历史档案馆藏。
② 广州将军穆特恩等奏，咸丰三年二月十七日硃批，录副，中国第一历史档案
馆藏。《清实录》，宣宗朝，卷四六九，第4—5页。
③ 河南巡抚陆应穀奏，咸丰三年三月十三日，录副，中国第一历史档案馆藏。
④ 已革前代山西巡抚梁萼涵家产，道光二十八年，题本，内政，中国第一历史
档案馆藏。
⑤ 《京报》，第五、八册。
⑥ 同治《桂阳直隶州志》卷二二，第25页。
⑦ 据柳兆薰《莳庵日记》所记；《太平天国史料专辑》，第98—386页。
⑧ 熊其英等纂：《吴江县续志》卷一九，第5页。

陌，盈千累万"①。如此情况，在南北各省，所在多有。

作为土地自由买卖的孪生现象，是商业资本与地权相结合。尽管土地之利不及商业利润丰厚；而富商大贾，对土地同样追逐成风。因为，从占有土地上可以取得超乎经济的利益。他们把商业资本移注于土地，更加速着地权集中的进程。

例如，四川合川富商潘世幹，原以"数千金起家"，卒"拥资数十万"，转手"买田万余顷"②。以经营进出口贸易著称的广东十三行行商伍浩官，在其五千余万两的巨额家财中，稻田先于住宅、商铺和钱庄而占居首位。另一行商潘茂官（正炜），是仅次于浩官的"资财雄厚的商人"，也把"大量财产投放在土地上"③。湖南衡阳木商刘重伟家，田至万亩④。一八五三年，有一个御史列举他所知道的国中拥资数百万、数千万的豪富凡数十家，其中有浙江慈溪冯云濠两兄弟、冯本怀三兄弟；山西太谷孙、曹、贾三家，平遥侯家，介休张家，榆次许、王两家族；河南张百州叔侄两人；福建尤溪林国华兄弟两人；江西安福蒋澂浦两兄弟，万载宋家等⑤。他们都是以商起家，又都是田连阡陌的大地主。

以上所述，虽有高官大吏，若相对于国家和王室说，都是民间。

国家与王室也与民争地。它们之兼并土地，运用的主要是军事、政治手段，把民田转为官田，如对获罪大官，抄产充公；或

① 李兆洛："蒋氏义庄记"，《养一斋文集》卷九。
② 张森楷等纂：《合川县志》卷四八，第9—11页。
③ 宓亨利：《中国近代历史选篇》（英文），第49页。格林堡：《鸦片战争前中英通商史》，第37页注5。
④ 同治《衡阳县志》卷一一，"货殖"。
⑤ 广西道御史章嗣衡奏，咸丰三年十月十三日，录副，中国第一历史档案馆藏。

在镇压某次民变后，把参加者的田产，作为叛产、绝产充公；以及广设屯田，如在新疆、湘西，除了垦殖荒地，又命令民间"呈出"[①]。此外，也不放过机会，出价购买。内务府属一个小单位——銮仪卫，单在一八四五年一年，就买进土地四十八顷八十七亩零[②]。这只是一个例子。这样，国家和王室所有的各种名目的官田，也有所增加。

农民的土地之向地主转移，并不始自嘉道年代，但在这个年代，这种转移呈现加剧的趋势。据皖南休宁朱姓地主置产簿所登录，从顺治十一年到咸丰七年（一六五四年至一八五七年），此家一直在收购土地。其所有的土地产业（包括田、地、园、山及田皮、山皮）为一百三十八亩，截至一七九四年的一百四十年间，仅只购进五十七点五税亩；而在一七九六年至一八二九年三十余年间所添置的，倒有八十点六税亩，也就是说，朱家的田产，基本是在这三十年里置起来的[③]。山东章丘矜恕堂孟家，在鸦片战争前一百二十年间（一七一八年至一八三八年），前后七次买进土地不过四十六点八六市亩；在鸦片战争后的九年里（一八四二年至一八五〇年），先后十五次买进土地共计一百九十六点七市亩（其中园宅等非耕地占其中的百分之三点三四）[④]。这九年里买进的土地亩数，比在此之前、也就是鸦片战争前一百二十年间买进的，多过四倍多。又，淄川荆树堂毕姓地主，在乾隆末年（十八世纪末），拥有土地一百余市亩；当嘉庆年间（十九世纪初的十余年间），添至三百余市亩；道光末年（一八四〇年

---

① 《清实录》，仁宗朝，卷一三六，第8—10页。

② 《清实录》，宣宗朝，卷四一八，第11—12页。

③ 参看章有义《明清徽州土地关系研究》，第88—90页。业户谋求减少赋说，"税亩"面积比田亩的实际要大些。

④ 参看景苏、罗仑著《清代山东经营地主的社会性质》，第69、82、85等页。

至一八五〇年），更增至九百余市亩①。这也就是说：这一毕姓
地主在五十年间的田产增加到九倍；而绝大部分土地是在最后十
年、也就是在鸦片战争后十年间新买的。有田几千亩、几万亩的
地主毕竟是少数。上述几家那样的地主户，数量最多，广泛存
在。他们添置土地经过情况，具有代表性。

土地在鸦片战争后十年间急剧集中的趋势，在江苏苏州、松
江一带，有突出表现。在十九世纪四十年代初，该地区的田主有
不堪重赋"朘削"，"弃田不顾者"；很多"小户"在"脂膏已竭"
情况下，"苟有恒产，悉售于大户"；当四十年代中，"小户之田，
或契买，或寄粮，犹水之就下，急不可遏"②。再过一些年，形
成了如此局面："大户"所占土地"已将十分之九"，"小户"所
有，"不过十分之一"③。

据江苏无锡《倪氏宗祠置产簿》记载，在十九世纪四十年
代，该祠共买田三十一起，超过一亩的只有两起，其余都在五分
左右。这些土地在交割之后，由原田主佃耕④；说明了这些土地
的卖主原来都是仅有少量土地的自耕农。但出卖土地的，不仅仅
限于陷入破产境地的自耕农，就是小土地出租者以及一些中、小
地主，也有受生计所迫，不得不把所有的土地，忍痛出售的。

出卖土地者多，地价随着下跌，整个长江中、下游各地的土
地价格，在十九世纪前期，呈马鞍形的变动。参看下页表。据安
徽黟县江崇艺堂置产簿的记载，该处每一税亩土地价格，从一八
三〇年至一八三九年间平均银四十一点三两；跌至一八四〇年至
一八四九年间的三十一点九一两；在一八五〇年至一八五一年，

① 参看景苏、罗仑著《清代山东经营地主的社会性质》，第69、82、85等页。
② 柯悟迟：《漏网喁鱼集》，第4、6页。
③ 李概等纂：《李文恭公［星沅］行述》第38—39页。
④ 无锡博物馆展览说明文字。

更跌至银十九点五五两①。这也就是说，十年间地价下跌了百分之四十七点三。

长江中下游各地的地价

年份	银（两）/亩
1791—1800	16.35
1801—1810	17.72
1811—1820	19.69
1821—1830	21.16
1831—1840	22.54
1841—1850	16.10

资料来源：据赵冈、陈锺毅：《明清的地价》，载《大陆杂志》第六〇卷，第五期，1980 年 5 月台北。

土地价格的或贵或贱，在社会经济景气与否的不同条件下，起着不同的作用。当经济景气，农民生活比较好过，可是，由于地价高，成为实现他们置地心愿障碍；待经济疲罢，农民生活苦，连仅有的一点土地也难以保持的情况下，地价落，转给有能力置地者提供了大量购置地产的有利条件。这期间土地的集中益亟，正与地价的下落有关。

土地分配的不均，早在十八世纪中，已经很突出了。由于缺乏确切的统计，如上文已述，大抵富者所有占耕地的百分之七十上下。从这个时候起经过由缓慢而较急剧的集中，富者占有的比例更大了。这种情况各地不一；在某些较小范围的地区内，达到惊人的程度。除了上文已经提到的江苏苏松地区，大户所占土地，将及百分之九十外，在湖南嘉禾，"土地尽为富者所有"②；

---

① 章有义：《明清徽州土地关系研究》，第 214 页。
② 雷飞鹏纂：《嘉禾县志》卷二八，第 8 页。

在云南永北、大姚地方，从十八世纪六十年代起，彝民所有的土地由出典而绝卖，到了十九世纪三四十年，变得彝民"无地可耕"①。据近人调查，太平天国革命前夕，广西东南部的桂平、贵县等县境内土地，地主所有占耕地数量的百分之八十以上②。

土地作为一种生产资料，分配得如此不均，决定了农民卑贱、地主尊荣的社会地位。

在十九世纪前期，农业生产技术没有任何突破性的变革；小农经济易受自然因素影响，在此期间，农田产量起伏不定。在黄河、长江流域诸省农业开发较早的一些地区，甚至呈现凋敝状态。皖南地区具有一定的代表性。力量薄弱的小农经济，在天灾、人祸的冲击下，农业生产若从亩产量看，反而有着或多或少的下降③。天灾的频繁和小农的贫困又互为因果。他们无力抵御自然灾害，小旱、小涝即易成灾。一旦灾害临头，进一步陷他们于难以为生的境地，生产也难以维持，更说不上培育防灾能力。农事经营粗放，产量越来越低④。大体来说，这种现象，从十八世纪中叶起已经开始出现，在十九世纪前期更明显了。这是当时封建经济结构桎梏了生产力发展的恶果。

生产资料的分配决定着社会产品的分配。地主凭借占有的土地，从小农经营产出的产品中，通过地租取得他的一份。在整个十九世纪前期，实物地租形态仍占统治地位。它又有分成租和定额租的区别，而后者通行得较普遍。也存在货币地租形态，但仅占次要地位，而且发展得很缓慢。

地主具有增租意图，但是这个意图能否实现，并非全由他们

---

① 阮元等纂：《云南通志稿》卷五八，食货志二，田赋二。
② 《太平天国革命在广西调查资料》。
③ 章有义：《明清徽州土地关系研究》，页Ⅴ，206。
④ 同上。

主观愿望所能决定的。地主和农民之间阶级力量的对比，农业生产水平和农民交租的能力，起着制衡和限制的作用。这些因素作用的总和，才决定着地租的实际份额①。总的说来，十九世纪前期的地租，随着土地日益集中于地主手里而增加着。这种增加，大体通过两种方式来实现：增加地租的租额，实物的或货币的绝对量；和增加地租率，即以产物中榨取更多的份额，即使就其绝对量说，并不一定增加。

嘉庆年间，各省实物地租就分成租说，一般是对半分；额租因各地农业生产水平的不同而不同，很不一致。若收货币地租，每亩从一百文至三千文不等，而以一千至一千九百文之间为最普遍②。到了道光的最后十年间，实物地租仍是对半分，但存在"多者二十而取十五，少亦二十而取十二三"③的事实。这就高过对半分了。按地租率说，是从百分之五十增加到百分六十或百分之七十五。皖南地区的地租率，随着年成丰歉的不同，是在百分之六十四点七至百分之七十八点七之间④。据近人调查，广西桂平一带地租，在鸦片战争前，一般"百种千租"。战争之后，激增至"百种二千租"，整整增加了一倍，则地租率从百分四十增至百分之八十⑤。

货币地租若原以银为准，在一八三○年之前和之后，由于银价日益贵而日益重。若以制钱为准，呈成倍的增加。在四川，有

① 参看章有义著《明清徽州土地关系研究》，Ⅴ—Ⅵ等页。
② 参看李文治编《中国近代农业史资料》，第一辑，第25页。
③ 陶煦：《租核》，"推原"。
④ 章有义：《明清徽州土地关系研究》，第202页。
⑤ "百种"，指谷种百斤，一般可播四十亩，"千租"，指纳谷千斤。

亩收地租六千文的①。即使与嘉庆年间货币地租的最高额比较，也加了一倍。东北地方向满族王府领垦地亩所交租钱，甚至加得还要多。在东北，领种官田的地租，在办事人等苛勒下，增加一倍多。如奉天"昌图厅所属……十六社佃户，领垦地亩，于嘉庆年间议定章程，每荒地十垧，交纳地租东钱三千六百文"；这时候，王局办事人等藉称银价昂贵，每天勒征实银若干，约合东钱八千零。即使按八千计，也增加一倍多②。

地租额的决定既受多种因素的制约。地主的贪心，便时谋通过不正当的方式，取得尽可能多的收益。取租时使用大斗、大秤之类，增加实际租量，是最广泛采用的一种。甚至有明确规定在租契上的。如有一张租契上写明了租额若干石之余，特别注明，衡器用"河斛"。这个"河斛"，就一担说，较常斛"申一斗六升计算"③。这也就是说要增收百分之十六。

地主除了向佃户收取正租，一般往往加收额外租。额外租的名目不一，租额多寡不等。若仍取上引那张租契为例，其中开列的，计有佃礼，夏收时交麦租一担二斗，小礼，年交麦子一担二斗；其他，租鸡二只、"租草四十捆"。至于土地若与水沟、池塘相连，地主还要责以年交菱角若干斤，鲫鱼若干斤之类。

地主收了租，还要收受各种名目的礼品，除了增加榨取量外，更含有超乎经济的意义；通过送礼和受礼，具体体现两者地位的卑、尊。

不难看出，单就正租租率之高，已经使佃户难以负担；何况

---

　　① 刑部阿勒清阿题，"题本，刑科，土地债务，道光二十三年"，中国第一历史档案馆藏。

　　② 给事中方允镪奏：道光三十年九月三十日，题本，中国第一历史档案馆藏。

　　③ 汤正贵立佃契。转引自苏诚鉴"从一批租佃契约看鸦片战争前夕安徽地区的封建地租剥削"，《安徽日报》1963 年 2 月 9 日。

又有额外之租。他们在地主的盘剥和勒索之下，终岁勤劳，却落得个交了租子剩糠秕的结局；不能不激起他们的抵制。下文将要提到的抗租斗争的频繁发生，即缘此因。

农民只能在一贫如洗境况下苟且生活，濒于连简单再生产也难以维持，这使他们怎么也难以安生。

封建王朝追求的是"国泰民安"。这里的"民"，主要的、占绝大多数的就是农民；农民所追求的也是一个"安"字。只要没有一个会激起他们不安的因素，他们是最不愿意不安的。农民"安"了，国才有可能"泰"得起来。而今，"民"难安生，企求"国泰"，只能是空想。十九世纪前期社会经济状况，从根本上决定了大清帝国难以长期保持社会的祥宁和安康。

(2)"银荒"和货币——生产

中国是产银不多的国家。明代中外互市中白银（包括外国铸币）的大量流入，对国内的商品生产、社会经济的发展，都曾经起过积极作用。康熙二十四年开放海禁，在与海外贸易中，由于一直处于出超地位，白银暨外国银币再度大量流入，并在乾隆朝达到顶峰。从十八世纪开始时起一百余年间，即直到十九世纪初期的一八一七年止，马士（Morse）带着夸张笔调写道："银货像潮水一样地流入中国，并停留在中国。"[1] 可是，到了此后的十年间，中国与欧美的海上正常贸易，虽然还是出超，由于英美等国商人早从十八世纪末开始的违禁贩卖鸦片量在这时的越来越多，开始出现白银转从国内往外流了。

从一八二七年起到一八五〇年，中国与欧美各国的贸易，包括英美商人的走私鸦片，使中国年年入超，相应地，作为支付手段的白银，没有一年不外流；而且，外流的数量增加着。

---

[1]　马士：《中华帝国对外关系史》，第 1 卷，第 201—202 页。

　　在这些年里，究竟外流了多少白银？限于资料，难以准确统计；若根据一些比较可信的零星记载，作番估计，从一八一四年起至一八二七年约达两千四百万元[1]；在三十年代，如上所述，年达七八百万元，总计在一亿元上下，或银七千万两上下。

　　白银的如此外流，导致"内地银两渐形短绌"的"银荒"。

　　为筹谋解决"银荒"问题，封建统治集团曾经有过种种设想。主要的有三种。一是鉴于白银既因入超而外流，主张从解决入超入手。林则徐是代表。除了严禁鸦片走私入口，他认为应发展正常贸易，扩大出口，增加洋银收入，则白银外流问题，自可解决。二则采用行政手段，贬低银的作用；认为，"贵钱贱银"，则"银价自平"。江西巡抚吴文镕是代表。一八四四年，吴建议：对"各省兵饷，文武廉俸，书工役食，祭祀驿站一切坐支之款"，"一概放钱"，"以济银之不足"。他认为，采取这一措施，银价便不会剧烈上涨[2]。御史刘良驹和内阁侍读学士朱嶟等人，也提出类似意见。三则主张增开银矿来解决。关于这点，稍作铺叙。中国虽银产不丰，毕竟还有一些矿藏；直到十八世纪中，矿产尚盛，嗣后转趋衰落。当十九纪初，全国银的年产量，只不过四十余万两；此后，每况愈下。"银荒"的严重，使一些官员们纷纷提出开放矿禁的必要。

　　所有上述三类建议，如禁鸦片走私，扩大出口，颇属对症；贵钱贱银的主张，则既不对症，也解决不了因银贵钱贱所导致的银钱比价反常的问题；而且，有背商品经济发展的规律。清廷经过审议，对前两种方案，认为或存在这种、那种缺陷，或根本不

---

　　① 参看李伯祥等，前引文，《历史研究》1980 年第 5 期。

　　② 转引自军机大臣管理工部事务穆彰阿等奏（户部主稿），道光二十四年五月初二日，《上谕档》，中国第一历史档案馆藏。

能推行，而都没有采行。至于第三种开矿禁、增开银矿的方案，清廷最后认为可行。一八四四年，它"密谕"设有采矿场的云南、四川、广西、贵州四省当局"相度山场"，"鼓励开采"；可是，由于没有辅之以有效措施；直到一八五〇年，"未大臻成效"[①]。其实，根本还说不上有什么"成效"。

清廷无力解决"银荒"问题，只能任银元滔滔外流而日益严重。严重着的"银荒"，冲击着货币制度，并进而对社会经济造成极大的损害。

白银非铸币；在清代，事实上与制钱（铜铸币）共同构成清政府的货币。白银以重量的一两为单位，制钱则以文为单位。清初规定了两者的比价：白银一两合铜钱一千文；只在云南省例外，钱一千二百文作银一两。清政府很注意于维持这个比价的稳定。弘历的下述说法，表明这点："钱为国宝，固宜流通；然必轻重得平，方能无弊。若钱价过贱，物价过亏，奸弊从此而起。"[②] 一旦不得其平，如钱价过贱，政府采取"轻重"、"敛散"措施，即减少制钱的鼓铸量或发放量，或两者兼采并行以实施调节。

清廷的货币制度本身，存在一大缺陷。要想维持银钱比价的稳定，必须控制住银和钱这两个因素。钱的铜料，基本上取自国内，控制在自身。就银说，则是通过海外贸易取得的。长时期间，外商为支付贸易差额而输入的银货（包括外国银币），加上国内所产的，一般说来，与公私铸器、饰物及其他消耗的需要相平衡，或者稍有一些余裕。银不过多、过缺，价格也上落不大。直至一八二〇年，银钱比价相当于法定折合率，虽时有上落；其

---

① 《清实录》，文宗朝，卷十八，第10—11页。
② 王庆云：《石渠余记》卷五，第8页。

波动幅度，大致在百分之二十上下，参看下表。

一七九八至一八二一年银钱市场比价

法定比价＝100

年份	银一两折钱（文）	指数	年份	银一两折钱（文）	指数
1798	1090	109	1808	1040	104
1799	1033	103	1809	1065	107
1800	1080	108	1810	1133	113
1801	1041	104	1811	1085	109
1802	947	95	1812	1094	109
1803	967	97	1813	1090	109
1804	920	92	1814	1102	110
1805	936	94	1816	1177	118
1806	963	96	1817	1217	122
1807	970	97	1821	1275	128

资料来源：参看陈之让"咸丰年代的通货膨胀"，《东亚和非洲研究院通报》(Chen Jerome, The Hsien-fan Inflation, Bulletin of The School of Orientaland African Studis). 第 21 期，1958 年。

从十九世纪二十年代起约三十年间，清廷无能禁绝鸦片走私，从而无力控制白银外流。银荒的日趋严重，致银日贵、钱日贱，银钱比价，日益暌离法定的折合率。一八四六年，清廷改定折价，银一两折钱一千六百文，仍追不上市场上银钱兑换率的实际。银钱比价，由于脱离法定比率，在全国各地形成参差不一。若以指数计，在华南广东，设以嘉庆朝为一百，到道光朝为一百五十一[①]，即银价涨了百分之五十一。在华北农村，以一八二一年银的制钱价为一百，到了一八五○年，是一百七十六点五三，

[①] 参看陈春声"清代广东银钱比价"；《中山大学学报》1986 年第 1 期。

即在三十年间，银的钱价涨了百分之七十六点五（参看下表），比华南涨得还要多。

华北农村银钱比价指数   1821 年＝100

年份	指数	年份	指数	年份	指数
1800	84.5	1818	98.3	1836	117.4
1803	76.3	1821	100.0	1843	130.8
1806	76.1	1824	100.4	1845	159.5
1809	84.1	1827	105.9	1850	176.1
1812	86.3	1830	107.7		
1815	90.0	1833	107.6		

资料来源：严中平等编：《中国近代经济史统计资料选辑》，第36页，表31。

清廷面对银日贵、钱日贱的市场行情，正像考虑怎么来补救白银"日绌"问题一样，也考虑过该采取哪种措施，"以拯时弊"。内外官员除了仍有主张沿用老办法，即暂停钱的鼓铸，或酌减鼓铸数量[1]外，也提出一些新的意见。其中有主张自铸货币，建立本国银本位制的[2]；也有主张增铸当十大钱，"以平银价，以济理财之穷"[3] 的；还有主张虽不摒弃银作为通货来使用，但力求限制它的使用等。所有这些，经朝中议论，认为不便通行，或难以通行，而都未予采行。

到了十九世纪四十年代中，大致与改定银钱比价的同时，清廷在稽征赋税中从银有定数、钱无定价，转以银贵为利，以实增财政收入时起，关于银钱比价失调问题，便不再提起，抱着听之任之的态度，一任其冲击社会经济，重害小民！

---

① 　大学士管理户部潘世恩奏，道光二十一年八月十五日，抄档。

② 　林则徐撰：《林文忠公政书》，甲集，"江苏奏稿"，卷一。

③ 　御史雷以諴变通钱法奏，道光二十二年十一月十八日硃批，中国社会科学院经济研究所藏，抄档。

　　银、钱比价失常，伴生着波动日剧。其影响，首先出现于流通领域。

　　银贵钱贱的经济影响，缺乏全局性的资料。河北宁津县大柳镇一家杂货店的陈年账册，对银钱比价和农产品的物价变动情况，提供了一个值得重视的信息。

　　当时，民间的交易，一般小额买卖通用铜钱，大宗的，则以白银收付。农民和手工业者出售农副产品和手工业品，一般说，数量较少，值价不大，多用制钱计价。大米、蒲席、白毛边纸、酒、铁钉等商品，价格基本稳定，没有多大上落，没有随着银价的上涨而上涨，或者虽然有一些调高，而幅度极少。就制钱对银的价格说，同一期间，则下跌不少。这也就是说，上述产品按制钱计的价格，如果换成银价来折算，即使稍有提高，也不足以补偿银价增长的损失；如果说没有提高，则属下跌了（参看下图）。

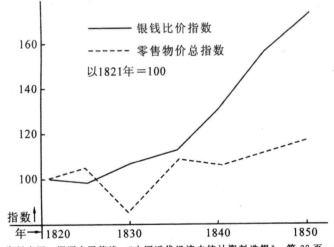

资料来源：据严中平等编：《中国近代经济史统计资料选辑》，第38页，表31改制。

农民和手工业者出售其所产物品，收进来的是制钱；但在某些场合，如农民添置大件农具，手工业者趸购原料，以及交赋纳税，却必须全部或部分用白银来支付。农具、原料按银计的价格，与此前比，即使未变，但就收入的是制钱、支出的需白银，而银的钱价增高的情况下，购进的须吃不少亏。至于粜粮得钱，以钱易银，以银纳粮，时人经过核算说，这么一折腾，当四十年代，农民出谷一石，只当得七斗用，就要损失三分之一。

手工业方面，除了个体经营者，当时占主导地位的是手工业铺坊。他们的处境和农民、手工业者类似。为购进大宗生产原料，往往须用银来支付；当出售产品所得，至少有相当一部分是制钱。他们在此一出一进之间，也大受损害。

银贵钱贱在经济实践中通过流通领域，进而损害着社会生产。

如上所述，农民、手工业者以及手工作坊主的利益，既日受侵蚀，"蚕棉得丰岁，皆不偿本"[①]，"银价日昂，银复难得，农者以庸钱粪直为苦"[②]，这些打击着他们的从业积极性；"凡布帛菽粟以钱市易者，无不受其亏损"[③]；"自谷帛贱于银，而农桑之利夺矣"；"耕织之人少，而谷帛之所出亦少矣"[④]！此时手工作坊不能承乾隆年间较快发展之势有再进一步的发展，反而出现迟滞现象，虽然由多种原因造成，而银贵钱贱，也是其中不能忽视的一个因素。

农民和手工业者这些小生产者经济本是极不稳定。受当时特

---

① 包世臣："致前大司马许太常书"，见《安吴四种》卷二六，第37页。
② 左宗棠："上贺蔗农先生"，《左文襄公书牍》卷一，第35页。
③ 吴嘉宾："钱法议"，《求自得之室文钞》卷四，第15页。
④ 徐潇："务本论，罄辨篇，第三"，见《未灰斋文集》卷三，第4页。

有的金融体制的冲击,更急剧衰落;"饥年偶遇,则逃亡失业之患生"①,沦为失业或复业无望的"游口"。

商业的繁兴与否,反映着整个社会生产、国民经济的盛衰;反过来,又转予社会生产以积极的或消极的影响。农工两业的不振,从根本上决定了商业的难以旺发。其次,商业同样受到银贵钱贱的摧残性的影响。

一般商业行为,总是"趸置论银,而零卖论钱"。上文提到日用各货零售价格按制钱计,在嘉道年间,基本上是稳定的,仅有些微的增加;若用白银为准来计算,反而下跌了。结果出现这样情况:"论银者不加而暗加,论钱者明加而实减。"② 在纳税方面,在卖货得钱、易银完课中出现损失。就当时盐商说,卖盐得钱,易银换课,"每换银一两,足抵昔年二两有余"③。商人在这个"暗加"、"实减"和易银完课中损失的作用下,"商力难支",诸多"裹足不前"④。到四十年代末,长江中游如湖南地方,出现"向之商贾,今变而为穷民;向之小贩,今变而为乞丐"⑤ 的景象。长江下游如江南地方,原是国中经济最发达的地区,也出现了"富商大贾,倒罢一空","凡百贸易,十减五六"⑥ 的不景气现象。在华南广东,由于连年"银价贵","商民病之"⑦。时

---

① 戴絅孙:"请防查荒抚累疏",王延熙等缉:《皇朝道咸同光奏议》,卷二九,第19页。

② 冯桂芬:《显志堂稿》卷一一,第33—34页。

③ 兆那苏图:"酌议变通河东盐务章程疏,道光三十年",王延熙等辑:《皇朝道咸同光奏议》,卷三五上。

④ 冯桂芬:《显志堂稿》卷一一,第34页。

⑤ 骆秉章:"采买淮盐济食分岸输课济饷折",见《骆文忠公奏议》,卷五,第11页。

⑥ 冯桂芬:《显志堂稿》卷一一,第34页。

⑦ 光绪《高州府志》卷五〇,记述三,"事纪"。

人论述商情说：　"商贾不行，生计路绌；推原其故，皆由银贵。"① 说的有一定道理。

银钱比价的波动，而且大幅地时上时下，为一些投机者带来牟利机会。"奸商豪贾"，"窥时操纵"，每乘银价"贱〔时〕收之，贵〔时〕出之"。这些人每每"乘"人们之"急"，"故昂其值"，牟取暴利②。投机者的猖獗，又给予正当营生者以打击。

高利贷资本在工农大众贫困化中，也取得广泛活动的机会。典业当铺，一时畸形兴盛。江南素称富庶，可是在城市、集镇，不单处处有典当铺户，而且生意兴隆。太平天国首义地区的广西浔州地方，当铺充斥墟场。典当盛行，是社会经济衰敝、特别是农村经济残破的一种反映；在它的作用下，反过来又严重地损害着广大劳动群众、特别是农民群众的利益，使残破的农村经济陷入更趋残破的恶性循环之中。

（3）抗粮和抗租

清政府有鉴于各省积欠钱粮为数甚巨，严重影响财政收入；在嘉庆十九年（一八一四年），对地方州县"亏空"钱粮者严定惩罚条例："亏缺〔银〕万〔两〕者斩监候，二万以上者斩决。所亏之数，勒限监追；限内全完贷死，仍永不叙用，逾限不完，斩无赦。"③ 此后，清廷一再命令各省当局，加强征赋取税工作。地方州县迫于功令，征取时，"吏役四出，昼夜追比，鞭扑满堂，血肉狼藉"；而且，"民之完纳愈苦，官之追呼亦愈酷"。当粮户本家无力完纳，州县衙门竟有"锁拿同族之殷室"，"锁"、"押"

---

① 包世臣："致前大司马许太常书"，道光二十六年六月十八日，见《安吴四种》卷二六，第37页。

② 丁履恒："钱币议"，见盛康辑：《皇朝经世文续编》卷五八，第17页。又，胡文炳："上王方伯"，见《楚南鸿爪》，第2—3页。

③ 《清史稿》卷一二一，食货二。

其亲邻①，责其代纳，或作为人质。征收吏役狐假虎威地行动着。他们"恃里差为前异，每一票出，数十成群，昼夜追呼，择殷飞噬；一到乡间，不问该花户完欠多寡，轿马喂养人数供给不计外，需索名色，节外生枝；稍不遂意，则拘至城中，私押数月，威逼刑求"②。还有更残暴无道的，如在贵州，民间对州县官的"浮勒太甚，吏胥因缘为官"，稍泄"怨气"，地方官便"纵勇殃民"。又如在甘肃，地方当局的重征苛敛，"民力既竭窘无以应，则委严酷州县敲骨吸髓以取之；州县刑威竭亦穷无以应，则委凶悍武弁拥兵以胁之。朝指一官曰催征无力而夕黜其名，夕指一堡曰抗而不供而朝屠其地"③。当十九世纪四十年代末，清政府的漕粮、地丁征取量之能差足全额，就是通过这样的"鞭扑""锁押"、"刑求"办法，才实现的。

清廷不敢轻易丢掉"永不加赋"，又纵使地方州县厉行"浮收"和"勒折"；这种做法激起民间极大不满，有人反质道："官以用不足而朘诸民，民不足而将谁朘乎？"④

官府的浮征，损害民间的利益。朝廷和人民的利害矛盾不能不激化起来。官吏的贪鄙、吏役的诈扰，犹如一种引爆剂，把激化着的矛盾，突发成为民间抗官、抗粮的斗争。所谓"大凡愚民滋事，半由地方官激变而成，或因苛派相争，或因浮收启衅，始而乌合，继乃鸱张"⑤。除了"愚民"语含污蔑，其余写的，具有一定道理。

———————

① 曾国藩：《曾文正公全集》，奏稿，卷一，第40页。

② 邹钟："州县积弊疏"，《志远堂文集》卷二，第11—12页。

③ 慕寿祺：《甘、宁、青史略》。

④ 王兆琛："请严禁州县加增钱粮疏"，王延熙等编：《皇朝道咸同光奏议》，卷二七上。

⑤ 浙江道监察御史张灏奏，道光二十二年二月十一日，抄档。

　　人民内部的矛盾，在朝廷加强田赋征取的作用下，也激化着。

　　清廷的田赋，征自耕农，也征自地主。这里只述由于田赋加重所加剧的地主和佃农间的矛盾。地主以田赋增重，转以此为口实，"视佃农苦瘠漠不动心"；在地租上，"恣意征求"①，做着最大可能的压榨。他们谋求能从佃农干瘪的粮袋中挤取佃农的口粮，预计到必致引起佃农的抵制和反抗，便以要交钱粮当令箭，厉声恶色地随带木棍、绳索来逼取。佃农在忍无可忍中，同声相求，终至联络一气，结成群体，展开抗租的斗争。

　　关于抗粮，地方官吏为求避免有碍考绩，一般能隐匿不报便不上报。这种行动一旦闹大，构成"大案"，想不报也隐瞒不了，才形之于官员们上清廷的奏折里。奏折中所记抗粮事件，远不能反映全貌；只不过社会上实际发生的一小部分罢了。但为了便于对比，这里姑以摘引谕旨、奏折而成书的《清实录》、《东华录》两书统计抗粮大案；在嘉道年间（一七九六年至一八五〇年），发生了四十三件；在此前，即从清开国顺治元年到乾隆末年（一六四四年至一七九五年），发生了二十四起。这是说，嘉道年间五十余年所发生的抗粮大案，比此前的一百五十余年所发生的还要多得多。且多一半发生于最后二十年。这些说明，嘉道年间的抗粮案件大大增多起来，并且出现年益加剧的趋势。

　　截至十八世纪末，抗粮每由吏役"比责过严"所激起；在灾荒年份，也有不满于政府不作蠲免所造成的。嘉道年间抗粮的成因，基本上仍是这些；导致抗粮事件的频繁发生，又有一个新的因素：清政府既以银日贵、钱日贱为机会，假不加赋之名而取加赋之实地压榨民间，民既不堪朘削，抗粮斗争便接连发生。正有

------

　　①　王炳燮：《毋自欺室文集》卷六，第35—36页。

如当时说的，"完纳钱粮"，"以钱折银"，"烦费滋多……致启讼端"①。"漕之讧也，起于银贵"②。

自耕农勤劳经年，他们向往的是轻徭薄赋。清廷的苛敛使他们不得安生务农。有诗道："田赋三升民一斗，屠牛那不胜栽禾。"③可是，他们"不栽禾"即没法生活，激而起作抵制，便构成抗粮斗争的基本群众。

有小量土地的少数佃农，却承担着沉重的田赋负担，企望赋之轻减而轻减地租，所以，一有抗粮行动，便也积极参加。就是一时无地的佃农，也盼望有朝一日得到土地能够少交钱粮，当然也踊跃参加抗粮斗争了。

遭受重赋损害的，不只是广大农民群众，也损及地主阶级的中、下阶层的利益。某些地区的中小地主，由于负担过重，或不满于官吏的浮收和大户的转嫁，也有参加抗粮斗争的。

民间抗粮斗争的对象是征收胥吏、地方官员以及州县官府。在中小地主中，有些具有文武生监的功名；他们一方面与官衙多多少少有些联系，另一方面在民间又有一定的号召力，抗粮斗争颇多由他们倡首发起。他们倡首发动抗粮，广大农民积极参加的事例，屡见不鲜。一八四五年，浙江奉化文生张文渊"挟制完粮减价"，乡民"负耒赴城者以数万计"④。这就是一个典型事例。中小地主和（或兼是）文、武生监的倡首之能取得农民的支持，是由于他们的号召符合农民的利益。另一方面，也只有众多农民的加入，他们的倡首号召，才能转为力量，形成为群众性的抗粮斗争。

① 《清实录》，宣宗朝，卷四〇八，第25页。
② 同上。
③ "己亥杂诗，第一百五十三"，《龚自珍全集》。
④ 李前泮等纂：《奉化县志》卷一一，"大事记"。

嘉道年间的抗粮事件，几乎年有发生。这里就曾震惊一时的大案，简述如下。

一八〇〇年，浙江昌化知县张聚奎"派役催粮，征收过刻"，"民人聚集多人拆毁书役住房"①。一八〇七年，浙江平阳县民庄以泣"阻挠花户自纳钱粮"，被捕；其子"庄正甸纠众截夺，殴伤官弁，抢劫粮银"②。一八二〇年，浙江归安县"地棍"吴名扬勾结抗粮，"纠众拒捕"③。一八二八年，山东黄县征收钱粮，把银的折征价，由京钱原三千四百文加至三千六百文，发生"藉粮滋斗"事件④。一八三一年，山东莱阳县知县邓肇嘉在征收钱粮时，高抬银价，该县民人"群赴县堂"，"逞刁喧闹"⑤。一八三二年，山西阳曲县农民赵进义等"控告钱粮"，聚众数百人罢耕，在府署"放炮掷交犁锄"⑥。一八三四年，湖南攸县余、谭两姓"情愿完米，不肯折价"；知县不依，即以"抗漕、阻饷、毁破公堂"相抗争。一八三八年，江苏武进、阳湖书吏征漕苛勒，众粮户"拆毁武进县办公仓厅"，并把阳湖县"私行放宽"的官斛，抢去"哄散"⑦。一八四二年，湖北崇阳钟人杰聚众抗粮，人数最多时达两万，旋"设立帅台"，立"伪号"设"伪职"造反⑧。浙江归安稽祖堂对钱粮"创议短纳"，"各粮户纷纷效

①　《清实录》，仁宗朝，卷六六，第5页。
②　《清实录》，仁宗朝，卷一八四，第6页。
③　《清实录》，宣宗朝，卷九，第10页。
④　《清实录》，宣宗朝，卷一四二，第26页；卷一四九，第9页；卷一六四，第14页。
⑤　《清实录》，宣宗朝，卷一九三，第2、24页。
⑥　《清实录》，宣宗朝，卷二一三，第26页。
⑦　《清实录》，宣宗朝，卷三〇四，第29页。
⑧　《清实录》，宣宗朝，卷三六五，第12页；卷三六四，第15页；卷三六六，第22、24页。

尤";进而聚集多人,"哄堂、抗粮、戕害兵役、地保"①。一八四三年湖南耒阳文生蒋庆云兄弟"聚众千余抗粮",到第二年,段、阳两姓"纠众至千人","设局敛费,阻截粮户","持械攻城,拒伤官兵"②。在台湾嘉义,官府要求折征,民间不愿;武生郭崇高、洪协等人,"聚众数千"反对,"汹汹欲变"③。一八四五年,浙江奉化知县增加钱粮粮价,由粮银原每两加耗折钱一千八百八十文增至二千三百九十文,又"议增"三十文,在张名渊为首倡率下,"聚众阻闹,挟制完粮减价",并"殴辱委员"。第二年县漕书向"粮户"索钱,"酿成巨案"④。一八四六年,江苏昭文县漕书薛正安"收漕时,恣意讹索",金得顺等欲缓交漕粮,纠众至薛家"滋闹",旋至县喧嚷,挤坏大堂暖阁栅栏,署县带役亲捕,复纠众抗拒⑤。镇洋县(时属太仓州辖)乡民集数千人抗粮,"执农器","势不可撄"⑥。一八四七年,为交钱粮,江西临川民聚城下,"嚁咴";明年,乐川等邑"相继以漕事哗","贵溪尤甚"⑦。一八四九年,河南涉县花户,以武生李长青为首,纠众欠漕,拒捕伤官⑧。安徽青阳"乡民藉口被水","抗不

---

① 《清实录》,宣宗朝,卷三六四,第19页;卷三八一,第15页;卷三八八,第24页;卷三九一,第20、31页。

② 《清实录》,宣宗朝,卷三九六,第12页;卷四○六,第4页;卷四○七,第8页;湖广总督裕泰奏,道光二十三年八月十七日朱批,录副,中国第一历史档案馆藏。

③ 《清实录》,宣宗朝,卷四○三,第26页;军机大臣穆彰阿会刑部奏,道光二十五年九月二十五日;录副,中国第一历史档案馆藏。

④ 《清实录》,宣宗朝,卷四二一,第14、15、17页;卷四二二,第10页。

⑤ 《清实录》,宣宗朝,卷四三五,第10—11页。柯悟迟:《漏网喁鱼集》,第7页。

⑥ 《苟全近录》,第22页。

⑦ "蒋公墓志铭",闵尔昌辑:《碑传集补》卷一六。

⑧ 《清实录》,宣宗朝,卷四七四,第19页。

完粮，恃众滋闹"①，江苏句容县民于"该县征粮之际，纠众阻挠，抗拒伤官"②。一八五〇年，江西卢陵县杨雪堂"聚众抗粮"，拆毁征粮局，"持械拒伤官役"③。湖北通城"刁徒"王尚志等聚众抗粮，伤官殴差；湖广总督派员往拿，"犹敢负固不服，拒捕伤人"④。陕西渭南县民以加赋聚数千人，"环城而哗"⑤。因山东堂邑令苛敛虐民，万余人围"邑城""闹漕"⑥。还有广东东莞"合邑士子"，闻一抗粮生员自杀，"印长红通贴罢考"⑦，以示抗议等等。

所有上述大案，表明在十九世纪前期，抗粮斗争的日益加剧趋势；在最初的二十年中，发案少，规模也小，斗争对象的层次也低。二十年代是个转折的年代。三十、四十年代的二十年间，发案多，规模大，斗争也激烈。所有案件，很少不是由于征收过刻引起的；可是，民间稍有异议，辄遭缉捕的对待。如此只许州县浮征、胥吏苛索，却不许民间抗议的做法，使原来的经济斗争，骤形激化向着政治斗争转变。

所有这些案件的为首者，当抗粮斗争一被镇压，没有一个是不遭到残酷惩处的。只要动及县衙、县官，总被"尽法惩处"：绞决、绞监候、斩枭。然而民不畏死，奈何以死惧之！广大农民群众以致地主阶级的中小阶层与封建政府的对抗，愈演愈烈，便势成必然。

---

① 《清实录》，宣宗朝，卷四七四，第23页。
② 《清实录》，宣宗朝，卷四七五，第23页。
③ 《清实录》，文宗朝，卷六，第7页。
④ 《清实录》，文宗朝，卷三七，第6页。
⑤ 曹允源：《淮南杂著》卷二，第42页。
⑥ "潘焕龙传"，《清史列传》卷七三，第22页。
⑦ 《清实录》，文宗朝，卷三〇，第22页。"长红"，红纸的大字报。

农民对地主作经济斗争的内容和形式，随着封建社会发展阶段的不同而不同；最迟到晚明，地主勒租，佃户抗租，已经成为经常的斗争形式。

清朝直至其"盛世"末季前，农民个别、分散进行抗租的行为虽连绵不绝，但形成群众性的，曾一度有所低落。到了"盛世"末季，情况出现变化。一七九四年秋，乾隆一件谕旨中云："各省顽佃，平日已不免有抗租情事。"① 引起乾隆帝注意的"顽佃"抗租，正是抗租形将重趋高涨的一个征兆。

抗租的内容和争取达到的目的，除了直截地抗交地租外，更多的是以此作为一种手段，以求能够达到减交地租，反对增租和额外剥削的目的；其中还有极少数，进而存有"霸田"的用心。

个别农民对个别地主展开零星的抗租斗争，到处都有，经常发生；采取的方式，也是各就其宜，多种多样。例如，当地主凶催地租时，佃户自己不理会，让其"悍妻"或其他亲邻"拼闹"，硬是不交或少交。也有软的一手，地主逼租，佃户"拒交"；在租谷中搀瘪〔谷〕拌土〔粒〕，强其接受；在分成租的场合下，有些佃户考虑到自己反正一无所有，去哪里务农都一样，先把春麦收了，待到秋稻成熟，迅捷收割，"泥门"远走②。如此等等，不一而足。

农民基于共同利益，对地主采取集体抗租，形成群众斗争，构成农民反对地主的阶级斗争。

地主收租，是得到封建官府的保护的。或者说，正赖有官府的保护，地主才能从佃户收取地租。清朝律例明确规定："奸顽佃户，拖欠租课，欺慢田主者，照例责治；所欠之租，照数追给

① 《清实录》，高宗朝，卷一四六〇，第10页。
② "江苏淮安府山阳县……严禁……霸田抗租"碑，江苏扬州史公祠藏。

田主。"① 农民抗租斗争的矛头针对的是地主；客观上也是对有关律例的一种挑战。有时，农民为求能够实现自己的目标，寄希望于官府的干预，但几乎得不到后者的支持；更多的，是给予呵斥，企图使之慑伏；甚至使用暴力压制，也不在少数。相反，地主对农民抗租，"鸣官禀究"，州县衙门很少有不积极干预，压制农民的。官衙动用暴力，抗租行为势必成为大案。构成大案的抗租，在形势所迫下，其斗争矛头，绝少有不兼对地方官府的。

嘉庆朝前期，抗租斗争主要发生于江西、江苏、浙江、福建等东南一隅，到后期及道光年间，发生的地区扩大了。除了上述省份，安徽、湖北、湖南和广东、广西，直隶既都有发生，内蒙古等少数民族聚居地区，也开始出现这种现象。十九世纪二十年代前，抗租大案还比较稀落，经三十年代的缓慢增长，到了四十年代，急剧增加。这十年间发生的抗租大案件数，几乎与前此四十余年间（一七九六年至一八三九年）所发生的相当。抗租行动的增加，标志着农民的觉醒。

抗租方式，除了"结党聚众"相抗，还有伴之以"讹诈抢夺"的。如一八二五年浙江余姚东北乡佃农联合同心，"抗租不还"；业户催租，佃户持器械，向殷实富户"掳掠"。对盘剥苛刻的地主，则"聚众拆毁"其家屋，以行惩儆。又如一八四○年冬，浙江秀水佃户拒交地租，并拆毁恶霸地主的房屋。

抗租行动所要实现的目标，总的趋势是提高着，从反对正租外的无偿使役，或反对禽、鱼、冬牲等额外小租起，进而对已定正租提出异议，"勒令"业户减让，或反对增租、夺佃。还有一些所谓"刁佃"，挟持"良佃"不许还租，而谋"永不还租"。

————

① 雍正三年制定，见光绪《大清会典事例》卷八○九，"刑部，威力制缚人"。

"地租的占有是土地所有权由以实现的经济形态"①。抗租斗争发展到以永不交租为目标，已不只是反对苛重的剥削，而是反对地租制度的本身，否定地主对土地的所有权了。抗租发展到这个地步，已经越出抗租范畴而转向夺地斗争。

十九世纪四十年代，抗租斗争如火如荼地展开着，特别是在浙江、江苏两省。

浙江北部的杭、嘉、湖和东部宁、绍这五个府属和毗邻的江苏的苏州、松江，太仓两府一州，几乎年年都有抗租大案。如一八四一年，浙江秀水佃户虞阿南、倪福元等"会齐"各庄佃户决议："每租米一石，只准还租六斗"；如"业主不依"，则"齐心抗欠"②；延续到第二年，虞阿南等又"胁众"千余人，并号召邻圩戽水于田、钉栅于滨，拦截催租船只的进路③。山阴等县，也接连发生"刁佃"·抗租抢夺之事④。

一八四二年，苏州、松江两府农民向地方衙门请愿，要求"酌减"租额，遭到"查禁"；昭文农民在徐二蛮等倡率下，径行"勒令"业户减让⑤。华亭、娄县涌现出的群众领袖马洪州等，首先利用庙会宣传抗租的必要性；接着在县内各村串联，组织群众，公议勒令地主减轻租额；并商定了行动计划："以鸣锣为号，务须齐集"；先对当地官僚地主徐、倪两家勒令减让；如两家不允从，便以"打毁〔器皿〕唬吓，使各畏惧，但不伤人"。在行动中，他们除了把倪某换为文生冯某作为斗争对象外，一切都按

---

① 马克思：《资本论》第3卷，第714页。
② 闽浙总督刘韵珂奏，道光二十三年二月二十九日朱批，军机处录副奏折，中国第一历史档案馆藏。
③ 浙江巡抚管遹奏，道光二十三年九月十六日朱批，中国第一历史档案馆藏。
④ 《清实录》，宣宗朝，卷三六四，第19页。
⑤ 李星沅撰：《李文恭公遗集》，奏议，卷一二，第19页。

计划进行。他们在自己的行动取得预期效果后，紧接着"逼令"徐、冯两家，"出具让租若干字据"，使往"各处粘贴"，以扩大影响①。

一八四四年，浙江余姚佃户胡阿八等，展开行动，抱定"抗租不还"宗旨，决定若"业户催租"，便持械对抗。连续几年间，他们除"结群毁富门"外②，对平日收租苛刻的地主，并一再给予严厉的打击。

一八四五年前后，太仓州滨海县乡民，连续展开斗争，"勒令各业户"减收地租③，并以打毁地主房屋相震慑。一八四六年，昭文县东乡一带佃农在张荣荣等倡率下，"写贴揭帖"，"挟制各业户减价收租"；地主置之不理，佃户集众打毁业户三十六家房屋④，以行儆戒。

其他各省，包括台湾（时属福建辖）在内，也连年发生规模大小不一、激烈程度不等的抗租斗争。其中最引人注目的，一是湘西苗民抗交屯田的"屯租"，一是蒙古科尔沁旗王庄佃户的抗交地租。

湘西凤凰、永绥、乾州、保靖、古丈坪四厅一县苗族聚居地区，有大量屯田，"召佃耕种纳租"，以资军食⑤。这个租，与民田的地租相比较轻，与钱粮相比较则倍重。一八四四年，乾州苗民石观保被官府污蔑为"痞苗"，"伙众挟制"，抗交屯租；由于"附从无多"，未达目的。石持续地行动，由一八四六年的"伙党

---

① 江苏巡抚孙善宝等奏，道光二十三年八月二十七日　批，军机处录副奏折，中国第一历史档案馆藏。

② 《清实录》，宣宗朝，卷四一七，第 25 页。

③ 《清实录》，宣宗朝，卷四三四。第 28 页；柯悟迟：《漏网喁鱼集》，第 8—9 页。

④ 李星沅撰：《李文恭公遗集》，奏议，卷一二，第 51、55 页。

⑤ 《苗疆屯防实录》卷七，第 9 页，扬州古旧书店据原稿本，复印油印本。

渐盛"，到一八四七年已"聚众千人"，便采取"烧毁仓廒"的暴力行动；终于迫使清政府作出一些让步："新旧佃欠，分别豁免"，并减让屯租租额百分之十①。

蒙古一些王公地主，在哲里木盟科尔沁左翼后旗昌图额尔厅地方，一再加重剥削。蒙汉佃户在吴保泰等人倡导下，于一八四九年采取"抗欠地租"、"延不交还"②的方法相还击，当时未达到预期目的，到了一八五二年，为抵制王公地主与地方官府勾结下的武装镇压，佃户们把抗租行为转化为武装暴动。

农民针对地主的抗租斗争，由于地方官府横暴干预，衍变成为对官府的暴力对抗，在这十年里也屡有发生。

一八四二年，江苏苏州地方当局欲用暴力，镇压抗租农民。抗租农民得讯，"焚烧运丁船只"③。一八四五年，常熟佃户欲达到减租目的，聚众抗租。江苏巡抚孙善宝闻讯，"不胜骇异"，奏报朝廷，取得"认真查拿，不可姑息"的指示。地方当局立即回复："如此风断不可长，亟宜严加惩创，"同时出动重兵千名"往捕"。抗租农民闻讯，"集聚数千"，"各执农器"相抵制，坚持了达三个多月之久，终使地方当局生防"别滋事端"，"海捕"了事④。这是两个著例。

上述例子，表明了农民在斗争实践中意识到阶级的团结力量是与封建政府作斗争的有力武器；也暴露了封建统治当局虽气势汹汹，而实际上却虚弱得很。

<hr>

① 《清实录》，宣宗朝，卷四五〇，第12—13、41页；卷四五一，第6页。但湘良纂：《湖南苗防屯政考》，卷首，第56页；卷九，第45页。

② 《清实录》，文宗朝，卷三三，第5页。

③ 江苏巡抚孙善宝奏，道光二十三年八月二十七日硃批，录副，中国第一历史档案馆藏。

④ 同上。

抗租、抗粮这两种斗争密切相关，又互有影响；前者可以推动后者的展开，后者也可以促成前者的发生。两者的同时并发，每每陷地方当局于坐卧不安。

这两种斗争的性质，原始都是经济的；即使采取大规模的暴力行动，也未必存有造反含义。可是，封建统治者对人民的合理要求、农民的愿望，动辄出动兵丁，实施残暴镇压；于是逼成"民反"。除了被镇压了下去的，颇有一些抗租抗粮斗争，转化成为暴动、起义。

抗粮、抗租和暴动起义，其间并无不可逾越的鸿沟；由经济斗争而转化为政治斗争，毋宁说，又是阶级斗争发展的必然。

广大农民群众于十九世纪四十年代在抗粮、抗租中的表现，有计划、有组织，又富有斗争艺术，在在表明他们几经历练已经达到了高度的斗争水平。

（4）流民和"盗风"

清廷的国民经济主体系以小农经济作为中心支柱的。清政府的加赋、勒捐以及其他科敛，银贵钱贱的消极经济影响，以至一八四〇年英国侵略中国所造成的经济损害，所有这些的绝大部分，无不通过地租，利润和赋税等社会财富的分配和再分配的杠杆，直接、间接地加在小农身上。力量单薄的小农，经不住如许沉重负荷，大批的破产。

手工业者与小农的境遇相似。

不仅小农、手工业者，就是小土地所有者，直至一些中小地主，在同样的社会，政治、经济条件制约下，也多有没落下来的。

阻碍着生产力发展的既存的土地关系，无力消化大量破产的、半破产的，失业或无业可入的人口，出现了"野多旷土"，"人多剩力"的不正常现象。构成"剩力"的人们，日子稍久，

"往往流为惰窳"，蜕变成为"浮口"，或作"游口"、"游食者"。

"浮口"原系难以绝对避免的社会现象；即使在清鼎盛期也存在着，只是数量不多。到了这个"盛世"末季，居民中由于"失南亩之利，故失业者多"① 的情况下，"浮口"问题，开始成为统治者引为"殊益焦劳"的问题。

嘉道年间，"浮口"数量之多，"更甚于昔"②。当十九世纪二三十年代，在东南地方，"每省不下二十万人"；到了一八五〇年，"数百家之聚"，有"浮口""数十人不等，习以为常"。当然不排除一家有一人以上的"浮口"，但仍不妨这么说，几乎每十家就有游食者一人，或一家。"乡里如此，城邑可知"③。透露了城邑的"浮口"数，也许比乡里——农村更严重。这时候的南北各省"浮口"总数，若与二十年前比较，有人估算，增加十倍④，从而成为严重的社会问题。

清政府对已经形成为严重社会问题的"浮口"，由于无力解决，索性连"焦劳"也不再"焦劳"了，转变为撒手不管，要"浮口""自为觅食谋生"。

"浮口"之所以为"浮口"，正是一些居民受当时社会、政治、经济环境的制约，从正常生业中被排挤出来才形成的。如今整个环境未变，"浮口"作为一个整体，又怎能再消融于正常的生业之中？为了"觅食谋生"，政府既不予照顾，"浮口"只能由自地采取各种手段来实现，"攘夺之患生"。

在幅员广阔的中国，自然灾害在所难免。政治风气的疲沓和吏治的腐败，影响所及，削弱了抢险、防灾能力，又增重着天灾

① 陈观酉等纂：《赣州府志》，卷二〇，第5页。
② 汤成烈："治赋篇"，盛康辑：《皇朝经世文续编》，户政。
③ 王植：《抚皖奏议》，第61—62页。
④ 同上。

的危害。整个嘉道年间，水、旱、蝗、雹连年不息。全国各行省一千五百个县中，就道光最后十年说，平均每年都有约三分之一的县[1]，遭到轻重不等的各种自然灾害。

全国江河中最大的数黄河、长江，一旦出事，往往不是遭灾地区局部受损失，而是影响到全国社会生产经济的全局。嘉道年间，特别是在四十年代，黄河、长江在"天时之不能抢护者十之一二，人事之缓于补救者十恒六七"[2]的情况下，出现了"旱虐连年"，"水灾累岁"。如一八四一年起连续三年，黄河中游三次决口。一八四一年的灾情是，"黄流横决"，几淹河南"省城（开封）重地"；"下游州县被淹"，"直注〔江苏〕洪泽"[3]。从开封到山东近千里沿河两岸，旁及苏北，处处大水泛滥。由于"黄河漫水灌入亳州涡河，复由鹿邑归并于淮"[4]，整个皖北，几成泽国。一八四六年至一八五〇年间，又连年大旱。一八四七年，黄河流域的旱灾之在河南，"几及全省"[5]。长江在同一期间也一再出现特大水灾。特别是一八四八、一八四九两年在中游连续两次决口，使中下游各省某些连片州县，"几成巨浸"[6]。

其他局部地区，也屡有各种灾害和决口泛滥等情发生。例如，京畿的永定河从十八世纪末年起，屡发大水；一八〇一年，其"下游被淹者九十余州县"，流离失所者以百万计，死者无数；

---

① 据《清史稿》，卷五十四、五十八—七十五。本部十八省有一千二百六十三县，直隶州、直隶厅、散州、散厅共二百五十一个县，共计一千五百一十四个县。但州、县、厅数并非固定不变，时有增减。

② 湖南布政使黄贡珍奏，道光三十年八月二十二日，抄档。

③ 《清实录》，宣宗朝，卷三五五，第26—27，29—30页。

④ 同上。

⑤ 《清实录》，宣宗朝，卷四五五，第16页。

⑥ 《清实录》，宣宗朝，卷四五九，第2—3页。韩弼元：《翠岩室诗钞》，"悯灾黎"，转引自周邨《太平军在扬州》，第13页注17。

此后数十年间，一再出现河水泛滥的灾害。一八〇八年，京杭运河江苏段泛滥成灾。一八一〇年，江南高家堰、山盱两厅堤坝决口。一八一三年，河南、山东、河北旱灾。一八一九年，淮河决口，造成运河干涸。一八二三年，运河、淮河决口；直隶、江苏、浙江等省，均患水灾。一八二四年，淮河又决口。一八二七、一八二八年，江苏、浙江、安徽水灾。华中汉水在一八三〇年前后，几乎年年闹灾。西北的甘肃，水、旱、雹、蝗，交相发生，或兼生并发，连年不绝。华南的两广地方，情况类似，或"旱魃为虐"，或大水为患；或瘟疫流行，或蝗灾甚烈；或雨雹，或大风雨，或地震，不一而足。所有这些种类的灾害，在所述地区的这里、那里，几乎年年发生，只是严重程度或有差别，被灾地区有广狭不同罢了。

灾害一成，各地居民除了丧生的，更大量的是沦为有家难归、无家可归而游离本土的灾民；为数动辄数十万、成百万。单计一八四九年长江大水，遭灾者"几于鸿嗷半天下"①！

"浮口"、灾民，衍变成为流民，除了在省境内部、省际之间，流动来去外，到了四十年代，更经常远道"阑入京师地面"。他们这一行动本身，含有请愿意味，还怀有希望，亟盼清廷对他们的困窘处境，能有所援手。可是，等待他们的，不是"拦截"于京师之外，就是"递解回籍"②！

流民越积越多，对清廷漠然待之的态度的不满也越深，也越来越失望。他们生活于死亡线，在"自为觅食"中，接受"悍猾

---

① 曾国藩："致诸弟，道光二十九年七月十五日"，《曾文正公家书》，第100页。

② 《清实录》，宣宗朝，卷三三五，第29—30页；卷三三九，第7—8页；卷三五七，第20页；卷四七〇，第21页。直隶总督讷尔经额奏，道光二十三年十月十四日，道光二十六年九月十七日等件，中国第一历史档案馆藏。

之徒"的组织，少则百余，多则千余，集聚成群，或"强讨恶索"，或"恃众横行"。他们原本就是社会经济动荡的产物，所以他们的行动进一步使这个动荡的社会成为目可见、耳可闻，尽可触摸得知的现象和事实。

例如，嘉庆中，陕西小王涧饥民执持"旗帜刀矛"，"抢掠粮食"①。在浙江杭州、嘉兴、湖州和江苏苏州、常州等地，每到秋冬之季，从江北淮安、徐州一带过来的流民，于"所过乡村，坐索饭食……视同行业"②。陕西、湖北、四川交界的南山老林、巴山老林一带棚户，一遇旱涝，人们便以"吃大户"为口号，结群掠食，"无所畏忌"③。道光年间，顺天府属遇大水，各村"匪徒"，"向富户强借粮石"；大名府属的饥民"结伙叠抢，拒伤事主"；通州各村庄"失业饥民，聚集多人，赴铺户勒借钱谷"④。一八三〇年夏，广西浔州地方以"得雨稍迟"，"刁民""于殷实之家，抢夺谷米"。桂林、平乐以及其他府县，"闻风效尤"，各乡每起数十人或数百人不等。他们"鸣锣聚众"，有组织地行动，每"出具揭帖，某日抢某村某家"，不只"外村闻风而来"，外县以至外省"游民"也结群参加。在五、六两月，"各处报抢，殆无虚日"⑤。到了这一年年底，在全州、兴安、灵川等县，民间"纠众联谋，唆令富家佃户，将田租揹留屯积，据为己有"，并"逞凶械斗，凌虐威胁"⑥。一八四一年，浙江余姚"匪徒"要求赈济，"拥入〔县〕仓内凶闹"⑦。一八四一年前后，陕西以连年

① 《清实录》，仁宗朝，卷二八九，第11页。
② 《清实录》，仁宗朝，卷二九一。
③ 《清实录》，宣宗朝，卷一〇，第20页。
④ 《清实录》，宣宗朝，卷五九，第22页；卷九八，第6页。
⑤ 《清实录》，宣宗朝，卷一七九，第37页。
⑥ 同上。
⑦ 《清实录》，宣宗朝，卷三六四，第19页。

灾歉，民间劫掠四起。一八四七年，在河北、山东连界地区，"灾民啸聚"，"不逞之徒乘机勾结"，"公然执持枪械，扰害行旅，到处抢劫"。一八四九年江苏苏州饥民集聚阊门，"白昼抢掠"大户；常州饥民"纠约千余人"，"拥至城内绅士余姓家，以求赈为名，抢劫财物粮食"①。同年七月，在嘉定，"城中打米店"，"乡间抢大户"，"无日不然"②。江西的德化、湖北的黄梅等地，一再发生"游民结伙同行"，"横索钱文，攘窃财物"③事件。

"流民"成帮结伙，渐而至执持刀械，为求自卫，与官府对敌，从而又在全国规模内形成所谓"盗风甚炽"的局面。

畿辅地方，习称"首善之区"；统治势力最强，对治安也为统治者所最关心。当十九世纪四十年代地方当局粉饰太平，在月月例报"民气恬熙"、"地方安静"④声中，顺天、河间、冀州三府所属"宵小之徒，肆行无忌"⑤。大名府属界连山东、河南各县，成为"盗贼出没之所"，每以二三百人为一群，分头出动，并在各地设有据点，"排列鸟枪，击柝夜巡，以防官兵查拿"⑥。河南、山东素称畿辅屏藩，情况相似。河南各州县"盗贼"或"装扮兵役，白昼吓诈"；或"持刀执械，黄夜劫掠"；他们"不单行劫一家一户，并有强抢集镇情事"⑦。山东的衮州、沂州、曹州、东昌、泰安五府和临清、济宁两州，"盗贼公行，肆无忌

①　《清实录》，宣宗朝，卷四七〇，第20页；卷四七一，第21页。
②　王汝润：《馥芬居日记》，《清代日记汇抄》，第184、185页。
③　《清实录》，文宗朝，卷六，第7页；卷二四，第3页。
④　见琦善（道光二十年一月至七月）和讷尔经额（道光二十年八月至三十年十二月）每月例报折，抄档。
⑤　《清实录》，宣宗朝，卷三三五，第17页。
⑥　《清实录》，宣宗朝，卷四一六，第9—10、20—21页；卷四四七，第14—15页。
⑦　《清实录》，宣宗朝，卷三三五，第15页；卷三八一，第15页；卷四〇二，第23—24页。

惮”，领头的自号“黑王”、“四爷”、“顺义王”、“顺天王”等等，拥有长矛、鸟枪、抬炮，肆行劫掠，“挫辱官弁”[1]。这些“盗贼”中有的在所经过的村镇，一方面向富有者“勒献财帛”，或向当铺“借”取银钱；另一方面又把所得的“钱货米粮，累重之物飞洒道旁”，让沿路贫民收取，名曰“放赈”[2]。道光二十六年，一八四六年前后，陕西的渭南、富平、大荔、蒲城一带，“刁匪出没径途”，劫掠四起，“不独兵役避其凶锋，即州县营员亦不免望而却步”[3]。

在长江流域，四川、湖南、湖北、江西、安徽各地，“匪徒结党成群，几乎所在皆有”[4]；江苏的海州、徐州各地，千百为群的盐枭和山东、河南的村村寨寨的“捻”众，串联一起，在地方营汛“讳匿延搁”下，“土匪窃发”，对官兵一再发生“持械拒捕重情”[5]。江浙交界之处，“匪徒盘踞”，“肆行劫夺”；太湖上的“湖匪”，“乘机伺劫”。浙江的宁波、绍兴等府各县，抢劫巨案，层见叠出[6]，台州、温州两府沿海一带，“盗贼结伙四出”。他们以贩卖为名，实则“专劫典当、大户以及过路巨商”；所获赃数，“动辄盈千累万”，“一经得财，即行窜归”，“沿途扮作客商，无人敢向盘诘”[7]。福建的兴化府、泉州府、永春州、漳州

---

① 江南道监察御史毛鸿宾奏，道光二十一年十月十八日，抄档。

② 《清实录》，宣宗朝，卷三八三，第3—4页；卷四四八，第17—19、25页。

③ 林则徐：《林文忠公政书》，丙集，“陕甘奏稿”，第5页。

④ 抄奉特旨交办事件，咸丰元年十二月十八日，录副，中国第一历史档案馆藏。

⑤ 《清实录》，宣宗朝，卷三七七，第26页；卷三七九，第27—28页。

⑥ 《清实录》，宣宗朝，卷四〇三，第16页；卷四〇二，第36—37页；卷四一七，第25页。

⑦ 《清实录》，宣宗朝，卷四六〇，第19—20页。

府各属，劫掠之案，层见迭出。

西南地区更不平靖。举云南说，该省矿业从嘉庆年间急剧衰落时起，素来依矿为生的劳动群众——主要是本省和从川、湖、两广前来充作矿夫的人，以及其他商贾、负贩、百工众伎，多半失业；他们与当地破产的农民、手工业者结合一起，行劫以维持生存；某些多山府县，充满了"亦民亦匪"、"民匪难分"①的民众。

华南两广地方，"盗风大炽"。广东的"土匪"成群，"盗犯"横行，为首者在当时多为众所知名，不只行劫民间，并伙抢职官公物。广州府属一带，"土匪劫掠为生，结党聚众数万余人"。这些人"出没无常"，地方官府，亦不敢奈何，他们"兵多即远避，兵少即横行"，更有甚者，在活动地区，公开"设厂征税"②。香山县城内外，单计道光二十四年（一八四四年）冬起不过半年间，"报劫者不下数千案"。佛冈厅属大庙地方，地僻山深，道光二十九年（一八四九年）邓南保等纠众至五百余人，据为基地，准备南下广州，"劫掠仓库钱粮及在城殷商富民"③。有的活跃于西江之上，被称为"艇匪"，潜入梧州及浔江流域行动，又被广西当局加了个"外匪"的名称。广西地方从十九世纪三十年代起，民间"谋生无计"，早已"十室九空，冻馁难堪"，"会盗诸匪繁多"④。清

---

① 林则徐：《林文忠公政书》丙集，"云贵奏稿"，卷八，第6页。云贵总督林则徐、云南巡抚程矞采奏，道光二十九年三月十六日硃批，录副，中国第一历史档案馆藏。

② 《清实录》，宣宗朝，卷四六〇，第19—20页。

③ 两广总督徐广缙等为拿获英德县首匪邓南保等奏，道光二十九年四月九日，录副，中国第一历史档案馆藏。

④ 两广总督阮元奏，道光元年三月三日，录副，中国第一历史档案馆藏。半窝居士："粤寇起事纪实"，太平天国历史博物馆编：《太平天国史料丛编简辑》，第1册，第3页。

廷在鸦片战争时在两广所募壮勇，于战后轻率遣散，不作妥善安排，致大多数人沦于无业可就的困境，流落为匪，或愤激为匪。他们借"外匪"的声势，自己作为"内匪"，甘充眼线，使全省"盗风滋炽"①。本地居民中"不足存活"者，在"外匪"、"内匪"的联合行动下，也群相入伙。不只如此，"凡原日农民，亦哄然舍耒耜相从"。他们集数十人、上百人成一股，行迹几乎遍及广西全省。他们"每到一处，文武员弁望风先遁，有不及脱逃者，则被掳勒赎"。他们"白昼公行劫掠"，"来往横行"，常将"所过地方的富户、典当铺户的银物，尽数劫掠，以俵散于其党"，"饱则扬去，村落为墟"，进而"四路焚掠"，抵抗官兵，以致发展到采取围攻县城的行动②。

西北的新疆，各族贫民、饥民，为了活命，乞食滋事案件也接连发生。清廷无能养民，对之，却蔑称为"饥匪"，猛加镇压。结果，"饥匪""越来越多"，行动也越来越变本加厉了③。

东北地区，在清廷一向视为"龙兴"根本重地，向以"淳朴"引为骄傲。到十九世纪四十年代末，在今辽宁的新民、锦州、承德、海城、岫岩等地，"马贼"蜂起。他们骑马，持大刀、鸟枪，或数人、或数十人不等，结成一伙，展开行动。

到了道光末年，"盗风甚炽"已到了难以复加的程度。截至道光三十年（一八五〇年）这一年，江苏、直隶、山东的"邪教"，以"盗匪"为生业，贵州有大夥抢劫；晋、豫、皖、鄂、陕、川、赣、湘、浙等省水陆交界之区，盗贼公行，而最多且甚

① 严正基："论粤西贼情兵事始末"，《皇朝经世文续编》卷八一。
② 罗惇衍：《罗文恪遗集》卷上，第8页。龙启瑞：《经德堂文集》卷六，第4—5页。
③ 《清实录》，宣宗朝，卷四一七、四一八，有关各条。

者，莫如两广①，特别是在广西。广西"土匪""遍地如毛"，
"党类尤不胜穷"。全省十一府一直隶州，"无贼者不过三府"。许
多地方的民众是"民"是"匪"，形迹难辨；在"兵少匪多"的
局面下，调兵镇压，"顾此失彼"，"仓皇失措"，"屡遇屡溃"②。

如此"甚炽"的"盗风"，体现了社会危机的严重；更表明
社会机制开始濒于崩解，政权机构已经丧失维护秩序的能力。

嘉道年间，清廷已是"盛世"末季的预势，内政无所作为，
吏治腐败，外务措置乖方，丧权辱国，造成社会矛盾丛杂，民族
矛盾激化，国家貌似治世，实是一个"气象日隘"、"乱亦竟不远
矣"的"衰世"③。

"衰世"关系着清王朝的安危，更关系着国家的存亡和人民
大众的祸福。统治阶级在野者中有识之士，以忧国忧民之心，发
出了改革的呼声。他们中有的援引历史事实，论证因时变革的必
要。如恽敬所论："五霸更三王者也，七雄更五霸者也，秦并四
海，一切皆排除之，又更七雄者也。"④ 龚自珍语尤激越，"自古
及今，法无不改，势无不积，事例无不变迁，风气无不移易"；
"一祖之法无不敝，千夫之议无不靡，与其赠来者以劲改革，孰
若自改革"⑤？魏源类似，说："天下无数百年不敝之法……无不
除弊而能兴利之法，"又明确指出："变古愈甚，便民愈甚"⑥。
不过，上述这些，表达了对现状的不满，认识到必须改革，却究

---

① 参看侍读学士董瀛山奏，道光三十年四月初四日，录副，中国第一历史档案馆藏。又梁同新奏，道光三十年，丁仁长等纂：《番禺县志》卷一九，第 17 页。

② 姚莹：《中复堂遗稿》，卷五，第 7—8 页。龙启瑞：《经德堂文集》，卷六，第 5—6 页。

③ 龚自珍语。见《龚自珍全集》"乙丙之际著议第九"。

④ 恽敬："三代因革论"，《大云山房文集》。

⑤ 龚自珍："乙丙之际著议，第七"，《龚自珍全集》。

⑥ 《魏源集》，"默觚下，治篇，五"。

嫌失之空泛，缺乏实质内容。他们之中尽管在个别问题上，也有提出一些具有进步意义的好的想法与主张，但没有一个能够就整个政治经济提出比较全面的调整、改革的设想。

　　贫富不均和土地兼并，是被关注国是者注重的一个大问题。龚自珍更明确指出：若不解决这个问题，势必导致"丧天下"。在这个问题上，有人提出变革的方案，只是所提出解决办法，都不是能够有效地解决实际问题。在这个问题上，有主张"限田"的。如汤鹏、吴铤。前者认为，"限民田则均贫富，均贫富则抑兼并，抑兼并则鲜流亡，如是者国无贫"①；言外之意，就可以消弭社会矛盾于无形。后者认为若对现存土地制度采取限田改革，则"斯民皆知务本，而不思逐末"，游民减少，"为农者多"，则财用可足②。龚自珍别有所见，提出《农宗》论，其实际内容，系以封建等级关系为前提，长子继承为基础，把封建宗法组织和小土地分配制度结合在一起，希图以此方案，变革现存的土地所有权制度③。所有这些都是以维护封建地主对农民的剥削关系和封建社会的统治秩序的。"限田"的主张反映了受着大地主兼并威胁的中小地主，力谋维护自己利益的意志。龚自珍的方案，按宗法系统分配土地，在农村建立更严格的封建宗法秩序，并力图永远维护封建的自然经济的存在。龚对其时政治、社会的一系列批判思想，出类拔萃；但就其经济思想，特别是土地改革方案说，却毫无新意，崇古返旧。

　　封建统治阶级中的有识人士中如上所述之佼佼者，也没有一个能够提出真正能够解决国是的有效方案，表明了这个阶级已经

<hr>

① 汤鹏："医贫"，《浮丘子》卷一〇。
② 吴铤："因时论十，田制"，盛康：《皇朝经世文续编》卷三五。
③ 参看《农宗》和《农宗答问第一、二、三、四、五》，《龚自珍全集》。

丧失了管理国家，组织社会生活的能力。

人民大众——其核心是农民，在封建统治阶级的压迫剥削下，对清廷的统治，早已心怀怨望。受社会条件的限制，他们不可能像地主士子那样形之于文以表达自己的改革见解。只是在切身利益遭到损害，刺激着他们以实际行动来表示他们的意志。当清廷于嘉庆元年（一七九六年）正月戊申举行内禅大典的同一天，白莲教起义了，他们展开了与清王朝争天夺国的斗争，发出了推翻清政权的第一个讯号。它坚持了十年才被镇压，抗清斗争一时趋于低潮；挨到道光二十二年（一八四二年），在清王朝与英国签订丧权辱国的《南京条约》的同一年，湖北崇阳由天地会人、监生钟人杰以抗粮为契机倡首起义，成为清政府镇压白莲教起义后规模最大的暴动起义。全国各地"民变"事件，嗣后接连发生。如白莲教、天理教发动斗争于华北各省，捻党活动于河南、山东、安徽一带，斋教散布于湖南、江西、浙江、福建各地，天地会势力遍及于华南和长江流域。反清暴动规模有大有小，总次数超过百数，涉及地区极其广泛，而以湖南暨其与粤、桂两省交界地区所发生的最为频繁。这些"民变"，在愈演愈烈中，其性质也从抗击恶官污吏，攻城杀官，以泄积忿，急速向着"原非专为报仇"，而是"疾民间贫富不均，官府无视民间疾苦"①，因而称王、改元，否定清王朝的存在价值。太平天国有明确的政治目标，变革旧社会，推翻清王朝，倡导建立一个符合皇帝意志的人人丰衣足食的地上天国，终成为中国封建社会按照自己发展道路向前发展的最后一次伟大斗争，体现出了历史的必然性。

---

① 《清实录》，宣宗朝，卷四七四，第2—5页；卷四七五，第15—16、24—25页。湖广总督裕泰奏折，道光三十年六月二十二日硃批。刑部尚书阿勒清阿奏折及附件，李沅发："供单"，录副，中国第一历史档案馆藏。

鸦片战争对中国经济的
破坏和社会动荡的加剧[*]

在鸦片战争期间，英国侵略军在广东、福建、浙江、江苏四省境内肆意进行破坏、抢劫和勒索；战争结束时，又敲诈了大量赔款。这些，都对中国经济造成了极大的破坏。

一　战时英军的破坏、抢劫、勒索和战争赔款

这次战争前，英国鸦片贩子在中国沿海早就泊有全副武装的鸦片走私船。一八三九年三月，英国驻华代表、商务监督义律（C. Elliot）命令英商缴出鸦片后，随即退居澳门，组织鸦片走私船队，多次进行武装挑衅。

一八三九年十月十八日，英国外交大臣巴麦尊（H. J. T. Palmerston）训令义律，称即将派遣海军封锁珠江和白河。十一月四日，他又在给义律的训令里说，英国发动战争的目的，是对

---

　　[*]　此文录自人民出版社一九八〇年出版，严中平主编《中国近代经济史，1840—1894》上册，第二章第一节。收入本集时文字略有改动。

"不列颠君主所派官员个人所受的暴行，从而也就是对不列颠君主所受的侮辱要求道歉；其次，对于以暴力囚禁不列颠人民而以其生命勒索去的赎金必须要求偿还；由于被中国政府当作赎金收取去的特种物品不能归还回来，陛下政府必须坚持那种物品所值的价值应由中国政府给还；要中国政府偿还行商所欠某些不列颠商人的债务；为索取补偿而派遣远征军到中国，将支出庞大的开销，中国政府必须支付其一部分"①。英国的这些要求，后来都据《江宁条约》而得到了。

一八三九年十一月四日，巴麦尊致英国海军部的咨文里提出英军的战略方针："占领中国沿海的某处岛屿，以之作为供应与行动基地"；"相信舟山群岛的一个岛，似乎很合乎这样的要求"；"立刻对中国沿海的某些场所实行严格的封锁"，"有理由相信监视四个或五个主要地点就够了，例如珠江、厦门、台湾、舟山群岛附近沿海、黄河口、白河"。"海军司令同时应该捕捉或扣留一切找得到的悬挂中国旗帜的商船，不管是政府的或其臣民的，都是一样。""这些行动的目的是双重的：首先，是以截断沿海贸易来困扰中国政府；其次，尽可能多多掌握中国人的财产，用以保证中国政府答应（我方）提出来的要求。起初可能有大量的商船落人陛下巡逻艇之手，接着为了避免被捕捉，其余船只就会留在港内，帝国所有沿海省份都会痛切感受贸易停顿的影响的。"②英军在华的前期行动方针，就是根据这个训令进行的。后来，英国政府又训令英军深入长江，进军南京，从而英军又在长江沿岸执行同样的行动方针。

---

①　严中平编译：《英国鸦片贩子策划鸦片战争的幕后活动》，《近代史资料》1958年第4期，第56—57页。

②　同上书，第58—59页。

　　巴麦尊训令英国皇家海军，"尽可能多多掌握中国人的财产，用以保证中国政府答应（我方）提出来的要求"。这是出自外交大臣之手的正式文件的提法，当然并不妨碍英国人将"尽可能多多掌握中国人的财产"装进私人的腰包。人们不会忘记盎格鲁-撒克逊人是具有悠久海盗传统的民族。一八四一年五月三十日，英国海军大臣明多勋爵（Lord Minto）在发给英国侵华军海军司令巴加（W. Parker）爵士的送别信中说：希望在他们旧雨重逢时，巴加"多少总比现在富裕些；大致三年以后，料想你就会满载从中国抢得的东西回到我们身边来的"。① 以如此身份的人物向如此身份的将领发出如此这般的送别词，不难想象英国侵略军到了中国，将会怎样对待中国平民的财产！

　　从一八四〇年六月二十一日起，所谓"东方远征军"的英军舰队陆续到达中国海面。海陆军分别归伯麦（Bremer）和布耳利（Burrell）指挥。六月二十二日，伯麦宣布，从二十八日起封锁珠江海口；另遣一个小分队北犯。七月五日，英军陷定海，同月二十八日封锁甬江口至长江口沿海。同年八月底，英军到达大沽口外，随即进行封锁。从此，中国的绝大部分领海，便都在英军的封锁掳掠之中。

　　英国最初战略，是对中国北部施加压力，迫使清政府屈服。所以它的舰队在封锁珠江口后，即行北上，攻占定海，作为基地。英军在定海洗劫官库。② 它的水兵，"成群结队，或数十人，或百余人，凡各乡各岙，无不遍历；遇衣服银两、牲口食物，任意抢劫；稍或抵拒，即被剑击枪打"。③ 八月中，英国舰队出现

---

　　① 费力谟尔：《舰队司令巴加传》（A. Philimore, *The Life of Admiral of the Fleet, Sir William Parker*），第 2 卷，第 427 页。

　　② 中国史学会主编：《鸦片战争》（以下简作《鸦片战争》）第 5 册，第 316 页。

　　③ 《鸦片战争》第 3 册，第 341 页。

于天津大沽口外。直隶总督琦善奉旨相机办理，前往大沽与英方全权代表英军总司令懿律（G. Elliot）会晤，琦善劝其回粤办理。当时定海英军大批病倒。挨到九月中，懿律南返广东。十二月初，中英双方开始谈判。懿律旋因病离去，改由义律负责，并在十七日"索赔洋银六百万元"；[①] 一八四一年二月十三日，义律宣布与琦善达成初步协议，即所谓《穿鼻草约》，包括割让香港、官宪以平等地位交往和广州开市贸易等项。[②] 但英国政府对这个协议不予承认。二月二十七日，英军攻占虎门；四月中旬，兵临广州城郊。在这里，英军"打破门扇，抢夺耕牛，搜索衣物，淫辱妇女，发掘坟墓，祸及枯骨"；[③] 向来与外国商人进行贸易的广州十三行，则被抢掠一空。清靖逆将军奕山派商人伍绍荣与广州知府余保纯为代表，前往英军营地，要求停战。四月二十六日，双方达成协议（即《安善章程》），奕山除同意于六日内率部退至离广州城六十英里以外的地方、广州不设防等条件外，又应允赔偿军费六百万元（折银四百二十万两）；[④] 另赔偿所谓英商"损失"六十六万九千六百一十五元。[⑤]

　　一八四一年五月上旬，英军陆续从广州、虎门退出，转行北犯；在沿海、沿江每攻破一个中国城邑，于破仓取粮之外，掳掠一切金银财货。英军究竟掳掠多少财物，详细数目只有他们自己知道。这里简列一些事例如下。

　　一八四一年八月底，英军一部分占领厦门，掳得"价值大约两万元的金银条"[⑥]。另一部分于十月陷镇海，把铸炮所的二百

---

　　① 佐佐木正哉编：《鸦片战争的研究·资料篇》（日文），第 37、43、81—82 页。

　　② 同上。

　　③ 《鸦片战争》第 3 册，第 32—33 页。

　　④ 刘长华：《鸦片战争史料》；《鸦片战争》第 3 册，第 149 页；第 5 册，第 223 页；佐佐木正哉编：《鸦片战争的研究·资料篇》，第 107、108 页。

　　⑤ 宾汉：《英军在华作战记》，《鸦片战争》第 5 册，第 235—236 页。

　　⑥ 《鸦片战争》第 5 册，第 316 页。

吨存铜，全都装到运输船上①。按时价银一两换铜四斤计，这些铜值银十万两，约合十五万元。英军溯甬江占领宁波，"每日搜取人家财物"②，对"可供两年之用的仓库存谷和价值十七万元的白银，以及丝绸无数，掳为己有"③；"市肆积钱数万缗，银数万两，尽取之"；"掠大户"，"资累巨万"；"墙根地窟，靡有孑遗"④。总之，"一城皆空"⑤。他们到郊区，"四出骚扰，烧毁房屋，抄掠银钱……强夺牲畜……一切耕种买卖，皆不能做"⑥。他们到了余姚，也"大掠而去"⑦。十二月三日，英军人慈溪，恣意焚掠；"张贴伪示"，"勒令慈溪殷户付给银四十万两"（未给）⑧。一八四二年四月，英军在退出宁波前夕，索犒军银一百二十万元⑨，有确数可计的至少付给了二十五万元⑩。五月中，英军占乍浦，"杀掠之惨，积齿塞路；或弃尸河中，水为不流。其最可惨者，尤莫如妇女"⑪。

一八四二年六月上旬，英军占吴淞，"抢掠商船"⑫。六月十

---

① 《鸦片战争》第5册，第316页；卫三畏：《中国总论》卷二，第527页。

② 《夷务始末》，道光朝，第1565页。

③ 《鸦片战争》第5册，第316页。

④ 《鸦片战争》第4册，第406页。据署名"战地军官"在《去年在中国》一书中说，英军对其掳掠行为，自我美称为"奖品采办团"（Prize Agents），在"武装保护"下，进行抢夺。单举被抬走的制钱，即价值十六万元（参见邓嗣禹《鸦片战争期间英国人的军纪问题》，黄培、陶晋生编：《邓嗣禹先生学术论文选集》，第317页）。

⑤ 黄钧宰：《金壶七墨》卷二，第9页。

⑥ 佐佐木正哉编：《鸦片战争的研究·资料篇》，第302页。

⑦ 《鸦片战争》第4册，第422页。

⑧ 中国社会科学院经济研究所藏，清代档案抄件（以下简称"清代抄档"）：慈溪县知县王武学禀报，转引自《浙江巡抚刘韵珂片》，道光二十二年二月十七日。

⑨ 《鸦片战争》第6册，第68页。

⑩ 清代抄档：《两广总督革职留任祁埧片》，道光二十四年正月二十三日。

⑪ 朱翔清：《埋忧集》卷一〇，《乍浦之变》，转引自丁名楠等著《帝国主义侵华史》卷一，第47页。

⑫ 清代抄档：《德珠布兴伦奏》，道光二十二年六月初九。

九日，英军占上海，大掠四天；又出卖"护照"，进行搜刮。在
该城四郊，"持械破门……每入室翻箱倒箧，凡一切银钱首饰，
细而软者，虽微必攫"①。七月五日，英国侵略军海军司令巴加、
陆军司令郭恩（H. Gougn）照会江南提督、苏松兵备道，勒索
赎城费一百万元（实给五十万元）②；另一方面，英军向浏河居
民索牛一百头、鸡一千只、鹅一百只、鸡蛋一万个，并蔬菜等
物③。过常熟白茆港，英军向居民勒索银十万元（未给）④；七月
二十一日英军至镇江，劫取官库所藏纹银六七万元⑤，向当地居
民索黄牛二百头、鸡一千只、鸭二百只、火腿一百只、鸡鸭蛋一
百石、果三百石、菜四百石；并"向殷〔实〕户宅逐次搜索"；
或者对"本地人出城者"，搜身数次，"如有物件，即便夺去"⑥。
其杀戮破坏之惨，致镇江城里"妇女尸满道上，无不散发赤体"；
"无市不空，无家不破"；"重垣峻宇，尽成瓦砾场"。搜索"城内
店铺典〔当〕，富家现银，不下千余万，城内为之一空"⑦。英军
撤出镇江时，把"瓜洲至仪征之盐艘巨舶，焚烧一空，火光百余
里"；⑧"其各商之籍隶镇江者家产资财，半遭掳劫"；⑨又拦劫漕
船。八月一日，英军胁迫扬州绅商交银一百万元，作为不攻扬州
的交换条件，实际被诈去五十万元。⑩ 八月四日，英军前锋迫南

---

① 《鸦片战争》第 3 册，第 131 页。

② 《鸦片战争》第 5 册，第 451、465 页；佐佐木正哉编：《鸦片战争的研究·
资料篇》，第 223 页。

③ 《鸦片战争》第 3 册，第 99、100 页。

④ 同上。

⑤ 欧脱罗尼：《中国战争》，第 423 页。

⑥ 《鸦片战争》第 3 册，第 162 页。

⑦ 同上。

⑧ 《鸦片战争》第 6 册，第 132 页。

⑨ 清代抄档：《大学士管理户部事务潘世恩奏》，道光二十三年二月十六日。

⑩ 《鸦片战争》第 4 册，637 页；第 6 册，第 76 页等。

京，勒索赎城银三百万元。两江总督牛鉴被迫应允先行筹措交银五分之一，即六十万元。①

一八四二年八月二十九日，中英间签订《江宁条约》，其中规定清政府向英国赔偿军费一千二百万元，"价补"被缴鸦片烟价六百万元，支付广州行商所欠债务三百万元，共计二千一百万元。

据一八四一年五月英国外交大臣巴麦尊致英国驻中国全权代表璞鼎查（H. Pottinger）训令估计，这次"远征"中国的军费不少于一百万英镑。② 按当时每元合四先令十便士折算，③ 约合四百一十三万七千九百三十一元。英国实际勒索到手的先后两次赔款，共计一千八百万元，估计是军费的四点三五倍。《江宁条约》中赔款项的所谓"商欠"，指的是广州经营进出口贸易的行商所欠英国商人的债款。在鸦片战争前，外国商人、特别是英国东印度公司为便于对广州行商实施经济控制，常用商利放款，使中国商人成为外商的债务人。这里的"行欠"，具体指的是一八三六年破产的兴泰行商人所欠英商的二百二十六万余元，和一八三七年破产的天宝行商人所欠英商的约一百万元。这些都是商行私人的积欠，和清政府无关；且早经中、英有关商人协议解决，分期偿还，并在一八三八年十一月至一八三九年二月间，归还过三次；只因战争爆发，才中止支付。如今英国政府竟推翻原定协议，增加利息，强制清政府接受，作为赔款中的一项。至于所谓补偿鸦片烟价，则是把清政府合法没收和销毁了的走私毒品，也作价索赔，订入国际条约，堪称国际关系史上的空前丑闻。

《江宁条约》第六条规定："自道光二十一年六月十五日〔即一八四一年八月一日〕以后，英国在各城收过银两之数，按数扣除。"实际上，英军在各地勒索的银两，只扣除了在上海、扬州

---

① 《鸦片战争》第5册，第468、469、470、477、480—481页等。
② 马士：《中华帝国对外关系史》第1卷，第343—344页。
③ 同上。

和宁波三笔中的银一百二十五万元抵作赔款；英军在各地劫掠官库各项，都没有算在抵付赔款数之内。

《江宁条约》签订后，英军南下，广州人民激于义愤，于一八四二年十一月火烧十三行，延及英、美商人。英方又行索赔。次年五月二十六日［道光二十三年四月二十七日］被索去银三十一万四千零七十七点七五元；其中赔英商六万七千三百九十七点二五元，余下的二十四万六千六百九十点五零元赔给美商。[①]

英军在各地劫掠的财物，难以数计。单就镇江一地说，英人自己就承认"大为可观"。[②] 英军军人讳言掳掠，把所得财货，说作是"缴获"（Captured）的、"找到"（Found by）的，并称之为"合法的战利品"、自己"采办"得来的"奖赏金"（Prize Money），而大量落入侵华海陆军人的手里。这些财货经变卖后，有一部分在这次侵华战争结束后上交英国国库；在英国国会文件中，沿称"奖赏金"的名目，开列了一张长长的单子。单就在厦门、舟山、镇海、宁波四地掳掠所得，扣去上面已经提到的，即值六万英镑，约合银二十四万八千二百七十六元[③]。

① 佐佐木正哉编：《鸦片战争的研究·资料篇》，第239—240页。
② "在［镇江］政府的官库中，我们只发现价值六万元的纹银。当时凡是携带财物出城而被认为掳获品的，都由我们扣留下来。由这批财物出售所得的现银，加上库存六万元……就大为可观了。"柏纳德：《"复仇神"号轮船航运作战记》，第三十五章，中国科学院上海历史研究所筹备委员会编：《鸦片战争末期英军在长江下游的侵略罪行》，第101页。
③ 一八四一年八月在厦门劫得的银元暨其他银器，变卖值九百二十二英镑；同年十月在舟山劫取的财物，变卖值八千零四十九英镑；同月在镇海劫取的社仓谷、粮储、油等，变卖值一万四千七百六十英镑；同月在宁波劫取的铜钟三口，重十二吨，加上其他零星物件，变卖值三万五千八百零六点三英镑；加上一八四二年七月在镇江掳掠的金银首饰尚未售出的部分，合计作六万英镑。按当时汇率，折合银二十四万八千二百七十六元。见"英国国会文件"（British Parliamentary Paper XXXI，448），转引自邓嗣禹《鸦片战争期间英国人的军纪问题》，见黄培、陶晋生编：《邓嗣禹先生学术论文选集》，第317页。

一八四〇年七月至一八四三年四月赔款、掳劫和勒索

单位：元

项目	年 月	依据文书或地点	数 额	备 注
赔 款	1841.5	广州，停战协定	6000000	
	1841.5	广州	669615	赔外商损失，其中包括西班牙籍船费41243元
	1842.8	南京，江宁条约	21000000	
	1843.4	广州	314077.75	其中赔美商的部分为246680.5元
掳 劫	1841.8	厦门	20000	
	1841.10	镇海	150000	黄铜200吨折合
	1841.10	宁波	170000	现金和纹银折合
	1841.10	宁波	160000	制钱折合
		厦门、舟山、镇海	248276	掳劫物的变卖值
勒 索	1841.10	宁波	(250000)	
	1842.7	上海	(500000)	
	1842.7	镇江	65000	六七万元折中计
	1842.7	镇江	(500000)	强迫扬州绅商交出
总 计			28796963.75	

说明：细目中数字加有括号者，在赔款中扣除，未计入"总计"。

总计军事赔款、鸦片烟价、商欠、抢劫和勒索各项之有数可查的，列如上表。赔款、掳劫和勒索的直接结果，使中国的白银大量外流，至少达银二千八百八十万元，或折银二千余万两。

鸦片战争期间，英军的破坏和掳掠，直接对中国平民造成巨大的生命财产损失。其军事行动的影响所及，也对中国的经济生活，造成了极大的破坏。据当时文献记载，从一八四〇年"六月以后，英逆夷船在洋游弋"，追逐劫掠商船，"海洋不靖"；尔后，封锁的海域日益扩大，由华南珠江口经华东的闽江口、长江口直

至渤海湾，"南北商船……观望不前"，"宁波、乍浦、上海等处……商贾难以互通"，"南北各省""赴浙商船，因之甚少"，"赴苏商船，亦皆闻风裹足"。总之，整个东南沿海的贸易，几乎全部停顿，致商民、水手，大量失业。如浙江沿海，"半系捕鱼为业，煮海为生之户"。商渔船只，多经定海出海，英国侵略军"占据定城，各船已裹足不前"①，舟山渔场的"渔船不得出海"②，严重地影响了浙江的渔业、盐业。英军入长江后，向来从四川、湖南、湖北、江西等省运至长江下游各商，多"畏避"歇业；镇江失守后，南京戒严，使"江路梗塞，凡南北一切商船，并竹木簰筏，俱成绝路"。芜湖关"以每年之旺月，直成无税之空关"。

　　遭到英军侵扰的中国地方，广大居民，转徙流离，耕耘失业，正常的社会经济生活遭到破坏，给中国经济带来了难以估计的损害。一八四二年战争结束后，有人记上海情况说："自防堵后，百用腾贵，米价每石六千"；"本年洋人入扰，邑人之远飏，无论乡人亦不知其底极。洋人至时，正农功吃紧际也，亦概弃而不治；去后仍然。"有人说："患定后，人各复初……若云复元气，固根本，则必连稔三载，庶家给户足耳！"其实这只不过是一个良好愿望。中国在鸦片战争中，用度浩繁，上下交困。广东、福建、浙江、江苏四省沿海、沿江各地广大居民遭到战争的打击，或被抢掠一空，或"失业废时"弄得"民穷财尽，殆不可支"。③ 其他各省在清军征调所过，为保障供给，尽力输将，"民之贫者愈窘，民之富者亦贫"，④ 绝不是三年所能恢复元气的，

① 清代抄档：《浙江巡抚刘韵珂奏》，道光二十年十二月十四日。
② 《清实录》，宣宗朝，卷三六二，第20页。
③ 《鸦片战争》第6册，第77页。
④ 吕贤基：《吕忠节公奏议》（简称《奏议》）卷一，第1—2页。

而是"国脉自此伤也"。①

一八四一年四月二十七日在广州，英军迫奕山赔偿六百万银元，奕山以期限迫促，紧急张罗，先由行商交出二百万元，其余四百万元，由广东藩司、盐运、海关三库垫支。② 奕山奏明，这笔垫支款项，由行商在今后四年内，"在生意估价行用内，按数摊出"，"全数归补"。③ 另赔偿英、美商人损失两笔（六十六万九千六百一十五元和三十一万四千零七十七点七五元），但不知此款自何而出，估计也取自行商。

按照《江宁条约》规定，赔款在签约时立即交银六百万元为第一期，余额由清政府从一八四三年六月起至一八四五年十二月每半年一次，分六期共七次交清。若未能如期交足规定的数额，加年息百分之五。英国以交清赔款作为撤军条件，即交清首期六百万元，英军退出南京、京口等处江面，并从镇海的招宝山撤军。定海的舟山和厦门的鼓浪屿，则待赔款全数交清并五口开港后，方行撤退。

清政府偿付第一期六百万元（折银四百二十六万两），除了扣除英国侵略军在战争期间向扬州、上海两地勒索到手的各五十万元，共折银七十万两外，分从（一）运库提用银五十四万两，（二）部拨和山东解拨江苏军需银中提取银六十五万两，（三）江宁藩库和江安粮道及龙江关库共提取银五十万两，（四）苏州藩库和浒墅关库提用银四十五万两，和（五）浙江、安徽两省运各

---

① 董宗远奏中语，见《鸦片战争》第6册，第77页。

又，本段及上一段中引语未加注者，均转引彭泽益《十九世纪后半期的中国财政与经济》（简称《财政与经济》），第18—19页。

② 《鸦片战争》第5册，第235—236页；第6册，第42页；亨特：《广东番鬼录》，第45—46页。

③ 《夷务始末》，道光朝，卷二九，第29页。

库共提用银一百四十一万两，凑足付给。^① 上述第一笔系从商捐项下动支，第二笔归军需案内报销，其余三笔，清政府责成各省地方官府设法使商民捐输来充数。但遭到民间的抵制，地方当局认为"剿夷之银可劝捐，而赂夷之银不可劝捐"^②。一时从民间的"捐输"所得，只银一百八十二万两。这期赔款实际出自官库的是一百一十九万银两。一八四三年六月应交付第二期赔款为三百万元，清政府迫使广东行商认缴，作为抵还赔款中的"商欠"部分。^③ 同年十二月间应交第三期赔款银三百万元，除去扣还英军前在浙江向宁波士民索取的二十五万元外，由广东地方当局从藩关各库筹拨付给。^④ 一八四四年六月应交付第四期赔款银二百五十万元，仍由广东地方筹措。同年十二月应交付第五期赔款银二百五十万元和一八四五年六月、十二月应交付的第六与第七两期赔款各二百万元，则都从粤海关税银中提取支付。

综上所述，鸦片战争一役，英国从中国榨去赔款银二千八百万元，折合银一千九百六十万两。这笔巨款，直接取自商民的，约计一千五百一十万元，占总数的百分之五十四；余下的一千二百九十万元，取自官库，占百分之四十六。

英国以赔款之名所实施的赤裸裸的暴力掠夺，除了直接取自

---

① 洋银每元含银七钱二分，且成色不足，签约过后，双方即"议定以库纹七钱"折算。可是交付赔款时，英方节外生枝，以洋银市价增昂，"藉口索增"，"酌定每元以纹银七钱一分折"。清政府百计张罗，付给四百二十五万银两，以"大约足数"了结。见清代抄档《伊里布等片》，道光二十二年九月二十九日。

② 夏燮：《中西纪事》，卷九，附录，刘韵珂：《致金陵三帅书》。

③ 第二期交付赔款三百万元，由怡和行伍绍荣缴一百万元，行商公所缴一百三十四万元，孚泰行易元昌、广利行卢继光等九家，合缴六十六万元。此外，由于"尾数逾期四日"，加息二百零九元。

④ 广东地方当局从藩库存款和寄存粤海关税款及运库可动拨银两中共集款一百二十八点七万两，从广东盐课中提取拨补广东兵饷银五十五万两，又从粤海关新征税银中提用八点八万两。

商民，而取自官库的又何尝不都是敛之于民！

二 银贵钱贱的严重化及其对社会经济的破坏作用

清代币制，银两和铜钱（或称制钱）并用。小额买卖通用铜钱，大宗交易以纹银收支；完粮纳税，银、钱搭配。清初规定银与钱的法定比价为银一两合制钱一千文（云南例外，钱一千二百文作银一两）。这个比价一直维持到十九世纪二十年代。此后，外商以鸦片抵补贸易逆差，使白银大量外流。据时人黄爵滋估计，每岁外流银两数，从一八二三年前的"数百万两"，经一八二三年至一八三一年间"一千七八百万两"、一八三一年至一八三四年间的"二千余万两"、一八三四年至一八三八年间达"三千余万两"。这还只是单计广东地区说的。此外，福建、浙江、山东、天津各海口所外流的白银，还没有计算在内，"合之亦数千万两"。[1] 银价因白银大量外流而上升，钱价大幅度地下跌，到一八四〇年鸦片战争爆发时，每银一两，易制钱一千六百有零，与法定比价相较，涨了百分之六十！

鸦片战争期间，鸦片仍有走私进口。从战争结束至一八五〇年间，贸易情况发生变化，鸦片走私进口量"续有增益"，但同时期中丝茶出口"激增"。出现了在前五年白银外流仍多；到了后五年日趋减少，而渐趋向平衡。在这十年里，白银每年外流究有多少？据林则徐估算："岁去五千万有数可稽，其以洋银人者不及一也"[2]，则该在四千五百万两上下。到了十九世纪五十年

---

[1] 《鸦片战争》第1册，第463页。按另一估计，鸦片战争前夕，中国的白银流出，每年不在一千万两以下（严中平等编：《中国近代经济史统计资料选辑》，第28页），黄爵滋的估计似偏高。

[2] 吴应麒：《林文忠公年谱》，第191页。

代初叶以后，随着出口丝茶的增长，对外收支平衡才有所好转。

上述由贸易逆差而外流的白银，还没有包括西北陆路贸易和边境贸易上的纹银"出边"量；其数究有多少，无从查考，估计也不少。

中国产银原本不旺。在一八〇〇年前后，年产银不过四十四万两。鸦片战争过后，每年在采厂数，虽仍有二三十处，但"地宝之泄日甚"，"矿砂有时或竭"，产量更趋衰萎。清政府鉴于国内存银日少，银源日竭，在一八四四年几次密谕云南、贵州、广西、四川等省督抚，鼓励民间"自为开采"。一八四八年，清政府再次谕令各省督抚，"如有（银矿）苗旺之区，酌量开采，断不准畏难苟安"。尽管在云南楚雄府属龙潭地方新开一些银厂和碖硐，但截至一八五〇年，都未"大臻成效"。①

清银货的流通量，据当时一个外国人估计，约合五亿银元。②为支付赔款、平衡国际贸易逆差而大量输出的结果所造成的"银荒"越来越严重。一八四七年，英国下议院特别委员会调查对华贸易所获得的印象是，在中国，"现银差不多全部流出〔去〕了"。③白银越缺，银价越贵，制钱越贱。下页表是根据河北省宁津县大柳镇一家杂货店的账册所统计的银钱比价。

当时还不存在全国的统一市场。银钱比价的变动，在各省市场上，反应不一。除了云南、贵州较稳定，在一八四五年前后，维持在"每银一两均易制钱一千六百数十文"④外，其他各省的

----

① 参见彭泽益《财政与经济》，第26—27页。
② 马丁：《中国》（R. M. Martin: *China*），第1卷，第176页。
③ 姚贤镐编：《中国近代对外贸易史资料，1840—1895》（简称《外贸史资料》）第1册，第518页。
④ 清代抄档：《贵州巡抚乔用迁奏》，道光二十六年十月十一日，《云贵总督李星沅奏》，道光二十七年二月十二日。

银价都在上升，钱价都在下跌。例如，结束鸦片战争的一八四二年，山东银一两换制钱一千四/五百文不等，陕西换钱一千四百八十文，福建换钱一千五百九十文，江西换钱一千六百文，湖北换钱一千六百二十六文，浙江换钱一千六/七百文。一八四五年，"京中纹银每两易制钱几及二千文，外省则每两易制钱二千二/三百文不等"。① 一八四六年，在陕西，银每两换制钱一千二百文至一千八百文不等；在山西，换一七千百文至二千数十文不等；甘肃将及二千文，在山东，银一两换制钱二千一至二千二百文，河南则在二千二百文至二千三百文之间。一八四七年，在广西银一两换制钱数由前数年的一千六百文有零骤增至一千九百文至二千一百文。② 到了一八五○年前后，福建、湖南、江西和江苏等省的市价，平均每银一两，也换制钱二千文左右。广东高州更突出，在十九世纪五十年代末，"连岁银价每两换制钱二千六百文"。③ 有人概说，这十年间，银的钱价，"按昔钱价平时盖倍之，较贵时几及三倍"。④

银、钱比价的大幅度波动，对国家财政和国民经济都带来不利的影响。财政收入主要出自田赋。"以银准粟，昔之一两，今之三两"，从民间征取银一两，实竭民间"三两之力"；"民安得不贫"？民既日贫，导致征收困难，"逋欠则年多一年，亏短则任

① 刘良驹：《请饬定银钱划一疏》，盛康编：《皇朝经世文续编》卷五八，户政三，钱币上。
② 中国第一历史档案馆藏，军机处录副奏折（以下简称一史馆藏，录副奏折）；《广西巡抚郑祖琛奏》，道光二十七年七月二十三日。
③ 陈兰彬等纂：《高州府志》卷五○，纪述三，"咸丰元年"条。
④ 康熙末年，银一两换钱"自八百数十文递减至七百数十文"。王庆云：《石渠余记》卷五，第9、10页。

一八三四年至一八五〇年华北农村银钱比价

1834/1836 年＝100

年份	银 1 两兑制钱数	银钱比价指数
1834	1356	
1835	1420	﹜100
1836	1487	
1840	1644	116
1841	1547	109
1842	1572	111
1843	1656	117
1844	1724	121
1845	2025	142
1846	2208	155
1847	2167	152
1848	2299	162
1849	2355	166
1850	2230	157

资料来源：据严中平等编：《中国近代经济史统计资料选辑》，第37页的表30改制。

多一任"；[1] 诛求无已，则激成事端。就支出说，"常以三两而供一两之用"。[2] 财政支出大宗之一的兵饷，弁兵所得的是价格日益趋跌的制钱；而武官却又掌握着价格日益上涨的白银，上下其手以牟利。这就加深官兵之间的矛盾，酿成军心不稳。处此财政困局下，统治集团中人对银贵钱贱问题，一再发出"官民交困"、"兵民交困"、"官困而民益困"的叹声。

清廷官员对银贵钱贱的原因，说法不一；因而，他们设想的

① 冯桂芬：《显志堂稿》卷一一，第23—24、33—34页。
② 同上。

补救方案也不同。如户部认定制钱之日贱是由于制钱日多，主张暂停鼓铸；或对鼓铸中的"卯额"，"量为酌减"。① 可是，一些地方奉令"停炉"之后，"银价未能平减"，② 甚或"银价益贵，钱价益贱"。③ 有人既认为"近来银价之昂……实由于现银之少"，在增开银矿、增加产量无望后，便设想采取某种措施"以佐银之用"，"以济银之穷"。于是，或主张铸大钱，当十、当五十以至当五百、当千的大钱，与制钱并行；或主张发行钞票；或主张参用黄金，"以金一两，当银若干两，准米若干石"。④ 一八四二年，山东道监察御史雷以諴就建议增铸当十大钱，"以平银价，以济理财之穷"；⑤ 广西巡抚梁章钜建议铸当千、当五百大钱。安徽巡抚王植和礼部给事中江鸿升先后在一八四六、一八四八两年也分别提出类似建议。⑥ 一八四四年，江西巡抚吴文熔则主张采取"贵钱贱银"的措施，具体办法是，对"各省应行征解、坐支之款"，如兵饷、文武官廉俸，书工役食、祭祀驿站等费，"由各省藩库按照市价折算，一概放钱以济银不足"⑦。一八四五、一八四六两年，御史刘良驹、内阁侍读学士朱嶟等人，先后提出类似主张。所有这些建议，由清廷发布谕旨，着各省督抚就各该地方实际，复陈意见。终以议论不一，没有采行，银贵钱贱的形势继续恶化。

---

① 清代抄档：《大学士管理户部事务潘世恩奏》，道光二十一年八月十五日。

② 清代抄档：《江苏巡抚程矞采奏》，道光二十二年二月初八日。

③ 清代抄档：《直隶总督讷尔经额奏》，道光二十一年正月初五日。

④ 清代抄档：《浙江巡抚梁宝常奏》，道光二十六年七月十三日。

⑤ 清代抄档：《山东道监察御史雷以諴奏》，道光二十二年十一月十八日硃批。

⑥ 清代抄档：《安徽巡抚王植奏》，道光二十六年八月二十二日硃批，《礼部给事中江鸿升奏》，道光二十八年十一月初十日硃批。

⑦ 中国第一历史档案馆藏，上谕档（以下简称"一史馆藏，上谕档"）：《军机大臣管理工部事务穆彰阿等奏》（户部主稿），道光二十四年五月初二日。

　　其时，农产品和手工业产品的零售价格，以制钱计算。这类价格，并未随银价的提高而上涨，或上升极微。农产品的零售价，则有下跌。手工业品（蒲席、白毛边纸、酒、铁钉等等），在整个十九世纪四十年代，价格相当平稳；直到一八四五年，才稍见上涨，若与战前比较，也只涨了百分之二；一八五〇年，涨了百分之二十。在一八三四年至一八五〇年间设以一八三四年至一八三六年为百分之一百，银的钱价和农业、手工业零售价的指数如下表。指数表明白银对农业和手工业产品的购买力，急剧上升，一八四三年涨了百分之十七，至一八五〇年涨了百分之五十七。农产品和手工业制品的白银价格，则大幅度下跌。

一八三四年至一八五〇年银的钱价和手工业、农产品零售价指数

1834—1836 年＝100

年	银的钱价	农产品零售价	手工业品零售价
1834—1836	100	100	100
1843	117	82	100
1844	121	84	99
1845	142	83	102
1850	157	94	120

　　资料来源：据严中平等编：《中国近代经济史统计资料选辑》，第38页的表31改制。

　　农民出售农副产品，手工业者出售手工业品，一般都收进制钱；但他们在某些场合，例如交纳赋税、交付租银、添置大件农具，却必须支出白银，或以钱折银。他们在如此一收一支中，便遭到严重损失。就农民说，在商品经济比较发达的江南地区，农业小生产者在"银荒"中，"毕岁勤动，低估以售之，所得之钱，

不可输赋"。[①]"蚕棉得丰岁，皆不偿本"；[②]"银积于上，钱滞于下"，凡"布帛菽粟以钱市易者，无不受其亏损"；[③]"自谷帛贱于银，而农桑之利夺矣。"农桑之利既夺，"耕织之人少，而谷帛之所出亦少矣"。[④] 一八四五年，有人说，湖南有些地区，虽"岁事丰稔，高下一律"，但是因为"银价日昂，钱复难得，农者以庸钱粪直为苦"，形成"丰岁之荒"。[⑤] 一八五一年，在湖南宁乡，"石谷值银四钱或三钱，银一两易制钱二千，漕折则石米当输银七两三四钱不等，民大困"。[⑥] 有记载，四川某些地区在一八五○年前后，虽"连年丰稔"，但"谷贱伤农，每岁所得，不敷工本"。[⑦] 在其他各省农村，或多或少都有类似现象。当时有人说："古人有言，谷贵伤民，谷贱伤农。今之为农，贵贱皆伤。竭终岁之力作，先供富民之租税，而后给己食，不足则称贷。……谷入即粜以偿所贷。当其粜时常贱；当其籴时常贵，无所往而不困。……丰年犹可，一遇水旱，则相率而之沟壑，否则为盗贼。"[⑧]

个体手工业者的处境与农民近似。他们把自己所生产的产品作为商品出卖，同时买进所需要的全部生产资料和消费资料。买进时往往是大宗的，须用银两支付；出卖时相反，由于多半是小量的，收到的是制钱。在银两日益升值而制钱日益贬值，产品的

---

① 求自强斋主人编：《皇朝经济文编》卷五，第36页。

② 包世臣：《安吴四种》卷二六，第37页。

③ 吴嘉宾：《求自得之室文钞》卷四，第15页。

④ 徐鼒：《未灰斋文集》卷三，第4页。

⑤ 左宗棠：《左文襄公全集》（以下简称左宗棠：《全集》），书牍，卷一，第35页。

⑥ 佚名：《宁乡县志事纪编》，"咸丰元年"条。

⑦ 清代抄档：《许乃普、荷彤云奏》，咸丰三年十一月初十日。

⑧ 吴嘉宾：《求自得之室文钞》卷七，第22页。

出售价格又总赶不上银钱比价变动的情况下，他们的利益也遭到很大损害。湖南湘阴某山区数千丁口中的百分之八九十都是"贫苦力作，或造纸为业"的手工业者，终岁劳作，仅能"薯芋充粮"。① 个体手工业者在当时手工业生产中仍占着主要地位。他们的生计遭到严重影响，意味着手工业生产的衰败。

手工业铺坊也同样大受损害。至于受雇于这些铺坊的工匠，每年工价约得制钱十千文。按法定比价计算，一年工钱可换银十两；而在银价日昂情况下，"银每两值二千"，佣工一年只得银五两，② 即减少了一半。于是手工工匠和作坊老板之间的矛盾便激化起来。当时地方官员处理他们的矛盾，往往采取稍稍增高年度"辛工钱"谋求缓解。但是提高"辛工钱"又总附加以"永久不加"、"毋许勒索"的条件。例如一八四四年，浙江嘉兴地方官府调解制香铺坊业主和雇工（当时称"作司"）的纠纷就是如此。③ 在银价年年增涨的条件下，"永久不加"的制钱工价，当然只能使工匠的境遇每况愈下，虽"终岁勤劳，未尝温饱"④ 了。

总之，农民和手工业者受银贵钱贱的冲击，都日益贫困化，以致破产。

银贵钱贱也冲击了商业。农工业生产的萎缩，首先从根本上削弱了商业活动。在社会需求方面，物价增长幅度虽然跟不上银价的上涨幅度，但毕竟"百物随银腾贵，尤为闾阎切肤之痛"。广大人民压缩消费，自然也削弱了商业的基础。

例如食盐，在银价昂贵的条件下，"民间买盐用钱，商人赴

① 左宗棠：《全集》，书牍，卷一，第 45 页。

② 吴嘉宾：《求自得之室文钞》卷四，第 11 页。

③ 《嘉兴县正堂朱勒石永禁碑》，道光二十九年闰四月，《历史研究》1955 年第 2 期。

④ 中国史学会主编：《太平天国》（以下简称《太平天国》）第 3 册，第 294 页。

场领盐、纳课用银，银价加往日一倍"。对此，盐商提高盐价以转嫁损失。如长芦盐，在鸦片战争前，根据距离产地近远的不同，官定价格每斤制钱十六文至二十四文不等。到十九世纪四十年代中期，盐商暗中抬价，实际价格每斤已增至二十三文至三十四文，甚至六十文至七十文，即一般涨价百分之四十二点五，个别的涨至三点二五倍。盐商在易银完课时，在"每换银一两"所需之钱"足抵昔年二两有余"，盐价暗中抬高总难及一倍，因而"本重利轻"，致"商力疲困"，"纷纷思退"。在此同时，盐枭随之猖獗，更使官盐"滞销"，盐商"倒罢"。盐商是封建社会一大商业集团，他们的"倒罢"，意味着封建性商业资本势力经不起银贵钱贱的冲击而趋向衰落。[①]

就一般商业而论，民间贸易，往往"趸置论银，而零卖论钱"。在银贵钱贱情况下，"论银者不加而暗加，论钱者明加而实减"，影响所及，商贾便因"利薄"而"裹足不前"。[②] 如散布于城乡各地的小商小贩，向来是"业微业，利微利"，"役手足，供口腹"，贩卖"盐米布帛，取便日用"，在批发价格和零售价格间赚取一些差额。在社会经济衰萎，一般购买力萎缩的情况下，获利的可能性也随之减少。他们本小利薄，生计日益贫困，甚至失业。江南原是中国商品经济最发达的地区之一，在十九世纪四十年代中期，有人泛论商情说："商贾不行，生计路绌；推原其故，皆由银贵。"[③] 到了四十年代末叶，出现"富商大贾"，"倒罢一空"，"凡百贸易，十减五六"[④] 的现象。湖南因商业衰落，"向

---

① 参见彭泽益《财政与经济》，第 35 页。
② 冯桂芬：《显志堂稿》卷一一，第 33—34 页。
③ 包世臣：《安吴四种》卷二六，第 37 页。
④ 冯桂芬：《显志堂稿》卷一一，第 33—34 页。

之商贾，今变而为穷民；向之小贩，今变而为乞丐"。① 可见，无论大商、小贩都遭到程度不等的打击。

银钱比价的波动，又为奸商豪贾制造"窥时操纵"的机会。他们"乘其〔银〕贱收之，贵时出之"的投机行为，随着银之日贵、钱之日贱和银钱市价的剧烈波动，更形加剧。还有高利贷者，在人民群众普遍贫困化的过程中，不仅提高放款利率，还要求以足色、足量银两清偿债务。例如湖南长沙的当铺，"出银不过九四、九五，每两必轻三分、二分；进银则要十分足色，每两必重秤三分、二分；利率名虽加三，实则加四、加五"。② 在百业萧条中，典当业由于盘剥狠，利润高而一业独秀。江南素称富庶，可是在城市、集镇，处处都有典当铺户。太平天国首义地区的广西桂平一带，当铺充斥墟场，在广大农村盛行高利剥削。③ 高利贷的盛行，是城乡经济衰败的反映。它们的活动，又严重损害了广大劳动群众的经济利益。

三 赋役加征、天灾、土地兼并和社会动荡

清政府在鸦片战争中的军需消耗、战后赔款的支付，都取之于加征赋役。赋役加重、银贵钱贱，加之天灾，都造成财富的再分配，都加速劳动人民的贫困化。其结果，集中表现为地主阶级对土地的兼并；进而激化着政府和人民、地主和农民之间的矛盾，以致社会极度动荡。

---

① 骆秉章：《骆文忠公奏议》（以下简称骆秉章：《奏议》）卷五，第11页。
② 张延珂等纂：《长沙县志》卷一九，第35页。
③ 广西壮族自治区通志馆编：《太平天国革命在广西调查资料汇编》第1辑，第1章。

（一）赋役加征和社会矛盾的激化

截至一八四〇年，清政府财政收入的主要来源是地丁、漕粮、关税、盐课四项；此外有些杂赋，收数甚微。丁粮税课四项称为"正供"，都有定额，共为银四千四五百万两。由于每年总有一些水旱成灾地方，地丁年须"豁免十之二三"，实际岁入，罕有超过银四千万两。岁支王公百官俸银、廪食、兵饷、杂支等项，不到银四千万两。[①] 河工、赈灾、军费等等，在清代财政上名为"例外支出"，仰给于卖官鬻爵，即靠所谓"捐例"收入和动拨财政结余来补苴解决。

清廷的财政结余，有过库存银高达八千余万两的年份（乾隆四十二年，公元一七七七年），此后为补济种种"例外支出"，特别是十八世纪初嘉庆初年的大量军费开支，使库储大为减少。截至鸦片战争爆发的当年，库存银只有一千零三十五万两。

在鸦片战争一役中，清政府的巨额"例外支出"，一是军费，二是赔款，所耗军费无确数。多的说是七千万银两，少的说是一千万两。[②] 若折中计之，则为银四千万两。这一笔，相当于常年一年的全部岁入。赔款情况已详上文。这笔支出，相当于常年一年岁出的半数。

同一期间，丁、漕、税、课四项征收量都有减少。"正供"收入减少，"例外"支出剧增，致使财政收支陷入困境。

在英国武装进犯下，清政府仓皇应战，在第一年所耗经费，便使国库存银骤减，到一八四一年结算，只有六百八十万两，较

---

① 《清史稿》卷二一三，《列传·王庆云》；一史馆藏，录副奏折：《翰林院侍讲汪振基奏》，咸丰三年十二月初九日。

② 魏源：《魏源集》，第 205 页；《清史稿·食货志·六》。

一八四〇年减少了百分之三十五。这次战争结束的第二年（一八四三年），再减到仅剩银二百九十万两；与一八四一年比较又减少了百分之五十七。或者说，经过这次战争，国库存银约耗去四分之三。在整个十九世纪四十年代，财政情况一直不佳，库储也一直困窘。截至一八四八年三月二十日（道光二十八年二月十六日），户部上奏告急，"银库仅存银一百二十三万九千余两，比较历年甚形支绌"。① 到一八五〇年底（阴历十月三十日；阳历十二月三日）结算，库存银只一百八十七万余两，即使把当时起解在途、已拨未解的共二百二十五万余两加在一起，也不过四百一十二万余两。② 银库存银的减少，是财政窘迫的一种反映。怎么来补救？这在整个四十年代构成清政府的一大难关。

　　清政府为整顿财政，曾设想出种种方案。如一八四三年署盛京将军禧恩提议，"征收商税，以裕课帑"。他说："富商大贾，坐拥丰资，操其奇赢，以攫厚利，竟无应输之课，殊不足以昭平允"。他认为征收商税，"既不失政体，亦不累及闾阎，而于修备大有裨益"。③ 也有人主张就原有的财政收支，进行改革的。但也有人说，"徒议变盐之章程，裁漕运之浮费，节河工之岁修"，"不过纸上空谈，难期实济"；而主张"盐归地丁"，"计户征课"，漕粮实行折征，河工不再加工堤防，而重疏导，④ 但也都未见实行。最后，决心"与其正赋之外别费经营，何若于正赋之中核实

　　① 清代抄档：《大学士管理户部潘世恩奏》，道光二十八年二月二十三日。

　　② 《管理户部卓秉恬密折》，道光三十年十一月十七日，中国人民银行总行参事室金融史料组编：《中国货币史资料》第1辑，第171页。

　　③ 一史馆藏，录副奏折：《理藩院侍郎、署盛京将军禧恩奏》，道光二十三年六月十三日硃批。

　　④ 清代抄档：《布彦泰片》，道光三十年十二月初九日。

筹划";① 付诸实施是就正赋各项加强搜刮。

捐输是临时筹措经费的例行办法，年入大致也有四百万两。鸦片战争后，清政府推广捐例，滥卖官爵，以求能筹措得更多的收入。

在一八四三年至一八五〇年的八年间，清政府推广捐例，除照旧由户部经手外，又准各省分别采行，报部议叙。捐资则有以钱折银的，也有以米合银的，几经折合，"捐资半而得官倍之"，而捐输实收数量，则是另一回事。除各省捐银自行动用，并不造册奏报，无可考察外，户部的收数已大不如前了，总计八年合计约七百二十万两。② 当时人说："开捐……无非挹彼注兹之法。今则无可挹，何有注?"③ 这就是说，民间普遍穷困，有力捐输者减少了。另一方面，捐纳者的人数却大有增加（六万七千余人）。这种捐输名曰"乐捐"，实与勒索无异，而不论乐捐与否，一旦捐纳，便寄希望于补上实缺，以"官阶为利薮"，"及其补官之日"，便"朘削多方"。④ 据说，道光皇帝提及开捐一事，"未尝不咨嗟太息，憾官途之滥杂，悔取财之非计"。⑤ 这个"非计"的"取财"办法，促使吏治更加腐败。

盐课、关税同为两项大宗财政收入来源。银贵、钱贱，使两项收入，同受影响。就盐说，"课出于商，商出于盐，盐售于民"。盐商在银贵钱贱的形势之下，力求转嫁损失而私提盐价，

---

① 一史馆藏，录副奏折：《大学士管理户部卓秉恬等奏》，道光三十年四月十一日。

② 许大龄：《清代捐纳制度》，第58页。参见汤家龙《道光朝捐监之统计》，《社会科学杂志》，卷二，第4期，1931年12月。

③ 冯桂芬：《显志堂稿》，卷一一，第32页。

④ 吕贤基：《奏议》卷一，第39页。

⑤ 曾国藩：《曾文正公全集》（以下简称曾国藩：《全集》），奏稿，卷一，第25页。

或于盐中搀和泥沙杂质。官盐既质劣价高，私盐随之充斥。于是出现官盐滞销，盐课短绌现象。① 过去盐课岁额七百四十余万两，此时，"实征常不及五百万两"，② 还不到额征量的七成。至于关税，须以商力丰厚为条件。战后，商业衰萎，各常关"动以年歉货少为词，任意亏短"。③

财政收入中的最大项是地丁和钱漕，或统称田赋。其额征量占常年收入的百分之七十。在关税、盐课以及捐输各项收入有减无增的情况下，清政府便着重在田赋中寻求增加岁收的出路。康熙曾有"永不加赋"的上谕，道光不敢公然否定这一"祖制"，转而加重"浮收"。

地丁税率，大致说，各直省上则地每亩科银二钱三四分，中则、下则地为一厘数毫。其中少数地方如甘肃，亩科银有只二毫的。④ 地丁例征银两。根据一六五七年的定例，可按银七钱三分的比例交纳。事实上，民间用钱折银交纳者多，达百分之七十五上下。⑤ 清政府征收田赋，截至乾隆初年，"尚少浮收之弊"，"其后诸弊丛生"。⑥ 如漕粮征本色米，征收者或就斛面浮收，或竟折扣计算；如征折色银，地方州县规定较市价为高的米价，勒索民间银两；或更折合比市价为多的钱数，勒交钱文。地丁在征收者若勒缴钱文时，也每每提高银的钱价，以多收钱文。各省地方当局执行清廷加强征取的政令，也为了便于从中营私，在增征

---

① 清代抄档：《两江总督、管理盐政陆建瀛奏》，道光三十年二月二十日。

② 《清史稿》卷二一三，《列传·王庆云》。

③ 清代抄档：《江南道监察御史福昌奏》，咸丰二年十月二十八日。

④ 王延熙等编：《皇朝道咸同光奏议》，卷三六（上），第1—2页。

⑤ "各直省百姓，以钱完赋，无虑十之七八"（《江西巡抚吴文熔片》，道光二十四年四月）。又，"民之以钱输赋者，通天下无虑十之七八"（《侍读学士朱嶟贵钱济银折》，道光二十六年）。均见清代抄档。

⑥ 《清史稿》卷一二一，《食货·二》。

田赋上，普遍采取的办法有二：一是利用银有定数，钱无定额，借口"制钱笨重，难于起解"，或银钱比价，"按之市价，不免赔累"，违反民间惯例，也违反户部定例，拒收制钱，勒征白银；二是藉银价昂贵为词，任意增加折银的钱数。一八四〇年，军机大臣穆彰阿称通过这种手法的实征量，能"倍取于民"。① 一八五〇年，曾国藩说："朝廷自守岁取之常，而小民暗加一倍之赋。"② 其实，所谓"倍取"，只是最小数字。清政府遂得"不居加赋之名，阴得加赋之利"。③

一八四〇年至一八五三年银钱比价和田赋银一两折价

单位：（制钱）文

年份	比价（银一两换制钱数）		田赋（银一两折制钱数）		
	法定	市场行情	折征	相当法定比价（%）	相当市场行情（%）
1840	1000	1500—1600	2900	290	193—181
1843	1000	1500—1600	4000—5000	400—500	290①
1845	1000	2200—2300	3300	330	147②
1846	1600	1900	2825	177	149
1853	1600	2000	2800—2900	125	143

资料来源：郑光祖：《醒世一斑录》，杂述；刘良驹：《请饬定银钱划一章程疏》，盛康编：《皇朝经世文续编》，卷五八，户政三、钱币上；李星沅：《筹议搭放银钱章程》，《李文恭公奏议》，卷十，苏抚；包世臣：《复桂苏州第二书》，《安吴四种》，卷七，下，中衢一勺；冯桂芬：《用钱不废银议》，《显志堂稿》，卷一一；柯悟迟：《漏网喁鱼集》，《耆英奏折》，《史料旬刊》，第35期。

说明：①以赋银一两折征数的折中计。②以银钱市场行情的折中计。

　　例如，就长江流域情况说。在安徽，"私收折价至十数倍"；在江西，赋银一两，"勒折至七八两之多"；在湖北，吏胥下乡征粮，

---

　　① 《穆彰阿折》，道光二十年二月初一日。又，御史李维翰在道光三十年四月初二日折中有类似说法，均见一史馆藏，录副奏折。

　　② 曾国藩：《全集》卷一，第41页。

　　③ 汤成烈：《治赋篇·四》，葛士浚编：《皇朝经世文续编》卷三四，户政。

"每逢粮少者，银一两勒钱七八千、十千不等，粮多者勒钱五六千不等"；① 在湖南，地丁征银一两，民间有费至数两者。在江苏的苏州、松江一带，最高可达法定比价的三倍至四倍；就是和市场比价相较，也高出百分之四十三至几乎二倍不等。参看上表。

在华北地区，山东州县征收粮赋，既不遵定例收银，又借口银价昂贵，不顾银钱行市实际，"今年加一百，明年加二百，日加日多，靡有底止。"② 在华南，广西民间易银完粮，"有纳银一两，规取制钱至十余千者"。③ 在西南地区云南府属，"任意私折"，粮每石加银二三两不等。④ 这里粮价，每石常在银一两上下，浮收量达赋额的二倍或三倍。贵州田赋向来征实，"皆收米"。鸦片战争前夕，有"改纳银"的，"石米一金"。到十九世纪四十年代，有"于一金外复收石米者"；"有石米之外又征银二两、三两以至数两者。"⑤ 这样，既征米，又征银，银又加增，实际征收之重，与华北和长江流域各省比较，不相上下。

漕粮也有类似情况。漕粮征米，限于江苏、浙江、江西、安徽、湖南、湖北、河南、山东诸省。按户部则例，漕米改折，如在江苏，米每石折银一两至一两二钱。⑥ 战后，长江中、下游各地粮价，虽因地区和季节而不同，但通扯计之，大致米一石值银一两左右；用制钱计算，约在二千文内外。⑦ 各省以漕粮折征现银、制钱，并不以米粮市价为准，虽各地相差很大，但有一点是相同的，都大大超

---

① 《太平天国》第3册，第15页。

② 王延熙等编：《皇朝道咸同光奏议》卷二七，第20页。

③ 莫炳奎等纂：《邕宁县志》卷一四，第5页。

④ 李蔚文等续纂：《呈贡县志》卷六，田赋。

⑤ 凌惕安：《贵州咸同军事史》（以下简称《军事史》），第8册，第5编，第4页。

⑥ 李星沅：《李文恭公遗集》（简称《遗集》）卷二○。

⑦ 冯桂芬：《显志堂稿》卷一一，第30页。

过米粮市价。如中游地区的湖南，漕米一石，有费至数石者。① 湖北漕米本色除水脚外，每石加米七八斗至石余不等；折色，每石连耗米水脚，收银四五两或钱九千、十千不等。② 在下游的浙江乌程（今并于吴兴），一八四三年漕粮折钱，每石实收六千四百七十八文。③ 按诸行情，足足增征二倍多。在江西，漕米一石折钱五千、六千不等。④ 江苏各地加征尤重。在一八四二年，"每米一石，收米至三石内外，折钱至十千上下"。一八四六年，在"连年丰稔，上米一石价银七八钱"的行情下，"而民户折漕重者至银六两"。⑤ 漕米一石折征量，按米市常价，相当于市价的四石；若按该年特廉的米价，竟相当于八石！后人论述，这些地方漕粮一石的实际负担额，重征至三倍至八倍，甚至于十倍不等云。⑥

浮收勒折，早成田赋征收中的痼症。"州县明开浮勒之端"，"吏胥暗启讹索之渐"。征收者在浮收勒折中分肥，上则道府，中则同寅幕友，下至佐贰生监，则公同分肥，谓之"陋规"或"漕规"。吏胥下乡征粮，轿马纷纷，"以帮费为名，捐款为词"，任意勒索。如长江中下游各地，征收胥吏，对计征单位，若"一亩有零"，"无论一分一厘，皆并作二亩"；征额零数，如"米一升有零"，"无论一合一勺，皆并作二升"；而又在"遇合收升"、"正银见厘收分"外，索水脚钱每石四五千，收银费每两五钱不

----

① 骆秉章：《奏议》卷八，第13页；童秀春纂：《续修宁乡县志》卷一〇，赋役、新章。

② 胡林翼：《胡文忠公遗集》（以下简称《遗集》）卷八五，第21页。

③ 南京太平天国博物馆藏吴煦档案：《乌程县收支账册》，道光二十三年马任账。

④ 中国科学院历史研究所第三所编：《太平天国资料》，第76页。

⑤ 包世臣：《安吴四种》卷二六，第37页。

⑥ 臼井佐知子：《太平天国前苏州府、松江府的赋税问题》，《社会经济史学》（日文），卷四七，第2号。

等。① 计量时，或用大斛，或借口成色不好，"七折八扣"；既有
"淋尖"、"踢脚"和斛外抛洒等弊，又有水脚费、验米费、筛选
费等等加派。其弊窦之多，"虽神仙不可测识"!② 有人估计，经
过地方官员的"浮勒"和经手吏胥的舞弊，民间的额外负担，竟
至数倍、十倍，甚至"数十倍于正供"。③ 在浙江诸暨县，书役
作弊，另有一套。百姓按照旧规，每两加耗三钱二分，拒不收
受，故意使之超越征收限期，然后前往乡间横肆勒索，加上"夫
马饭食等项规价"，"小户往往因欠银二三钱，完钱至千余文"。④
这种情况，不只出现在长江流域，在其他非征漕地区也都存在。
例如广东，"常有正供银米不过几厘、几合，而所勒至有钱数千、
银十数元者"。⑤ 在贵州，"钱粮之重，不在正供，而在格外"。⑥
如绥阳县在鸦片战争后的十年间，几乎隔年就添加一种新的附捐
名目。⑦ 征收中的"浮勒"和舞弊，同样都有"踢脚"、"淋尖"，
只是叫法不同，分别称作"踢斛"、"零尖"，还有所谓"样盘"、
"蹦戥"等名目。单举"蹦戥"一项，征收者给业户一张串票，
征银数不论是一两、二两，还是只有一钱、二钱，都须加纳银二
钱至五钱不等，是为"蹦戥"。这是以串票的张数而不是以征额
为准的额外"浮收"，设若一张串票征银额只有一钱，加纳的
"蹦戥"银最少也达银二钱。那么，这个"格外"便是"正
供"的两倍了。这些正赋以外的"浮勒"，越是小业户遭受越
重。

① 刘谦纂：《醴陵县志》卷八，人物志、人物传，四，刘之辉。
② 冯桂芬：《显志堂稿》卷五，第37页。
③ 胡林翼：《遗集》卷二三；骆秉章《奏稿》卷八。
④ 《清实录》，宣宗朝，卷三四一，第32—33页。
⑤ 陈澧纂：《香山县志》卷二二。
⑥ 胡林翼：《遗集》卷五八，官黔书牍。
⑦ 参见李培枝等纂《绥阳县志》卷四，编制，又，食货，田赋。

　　清政府的加重征取量，不单全国各省不同，即同一省内，也各地不同。时人做过总的估计，道光朝的后十年（一八四一年至一八五〇年）和前二十年（一八二一年至一八四〇年）相比，增加到两倍，与嘉庆年间（一七九六年至一八二〇年）相比，增加到三倍，大致符合实际。

　　自从摊丁入地起，田赋按田亩均摊。征收中，清政府历来"宽于富户，而苛于平民"。乾、嘉以来，显宦豪绅，往往凭借权势，勾结官吏，规避应纳的田赋。他们被称为"大户"。一般中、小庶民地主和自耕农，则称为"小户"。地方官吏把"大户"所规避的赋额，转嫁给"小户"。于是，"大户"和"小户"交纳田赋轻重的差别，"迥乎天壤"。"同一百亩之家，有不完一文者，有完至数十千者。"① 还有"连阡累陌，从不知完赋为何事者"。②

　　在江苏，征收钱漕的官吏，每"以大户之短交，取偿于小户"，③ 即所谓"剜小户之肉，补大户之疮"。常见的情况是"小户"所缴，超过"大户"的几倍，以至一二十倍。冯桂芬说："绅户多折银，最少者约一石二三斗当一石，多者递增，最多者倍之。民户最弱者折银约三四石当一石。"④ 柯悟迟说："大户只完正额，不纳附加，或仅纳零头"；以一亩为准，在"大户"，"将票米总算扯"，"不过四五十文"；若是"小户"，"每亩必要一千零"。⑤ 取此两数相比，相差二十以至二十余倍。征漕情况相似。

　　浙江绅户与民户，同样有"重轻之别"；"民户以偏重为

　　① 冯桂芬：《显志堂稿》卷一〇，第1页。
　　② 盛康编：《皇朝经世文续编》卷三六，赋役三。
　　③ 《清实录》，宣宗朝，卷四三五，第9—10页。
　　④ 冯桂芬：《显志堂稿》卷一〇，第1页。
　　⑤ 柯悟迟：《漏网喁鱼集》，第5页。

苦。"① 豪绅富户，罕有按额完粮的。他们不是把持包揽，多收少纳，就是捏称灾歉，以图蠲免。州县官于是"不能不取盈于乡曲之小户，以为挹此注彼之谋"。②

长江中游各省情况类似。如江西兵米，通常大户完本色，小户完折色；本色额米一石约一石六斗，合市价三千文；折色则纳钱六千六百文，较大户加重一倍。湖口一带，将地丁在三四钱以下的畸零小户，单立名目称"小钱粮"，加以恣意苛索。③ 泰和一些族大、丁繁的家族，"积欠钱漕，动至盈千累万。差役不敢临门"，地方官亲行"催征坐守"，他们或"以一纸限状搪塞，或完些许了了"。地方官府若派"差勇拘拿"，他们便"抗官殴署，拒捕夺犯"。地方官对这些大户无可奈何，转而对"小户"加强压榨，藉谋补偿。湖南"大户仅完正额"，或正额也不完足，小户则被"任意诛求"。湖北的情况，通常是"大户粮多而纳少，小户粮少而输多"。包揽钱粮的绅监被称为"蝗虫"者，"其零取于小户者重，其整交于官仓者微"。"蝗虫"越多，钱粮亏短也越多。官府"以小户之有余，暗为取偿"。结果，"大户折色之价日减，小户折色之价日增"。④

在上述一些地方，"小户"苦于田赋苛重，有把田赋寄于"大户"名下者；"大户包揽小户，小户附托大户"。⑤ 出现"大户"日多，"小户"日少的现象。"小户"既日少，则供州县官吏取偿以补"大户"短纳的"小户"，负担便更重。

---

① 左宗棠：《全集》，奏疏，卷八，第30—31页。
② 王延熙编：《皇朝道咸同光奏议》卷二七。
③ 曾国藩：《全集》，批牍，卷六，第38—39页。
④ 胡林翼：《遗集》卷二三。
⑤ 《清实录》，宣宗朝，卷四三五，第9—10页。

直隶的"刁健者习成包抗，良善者每受苦累"。① 甘肃的"富者巧为买嘱〔征粮者〕，则钱粮日减；贫者不遂贪欲，则钱粮日增"；还有"彼种无粮之地，此交无地之粮"的。年复一年，"官豪之欺隐愈多，而乡愚之赔累愈甚"。②

总之，田赋负担不均，是全国各地的普遍现象。所以有人总结说，"纳米之人，有善有恶，有强有弱。弱者、善者完纳正米之外，有大样米、小样米、尖米各名色，有九折、八折、七折各扣头，又有书差之茶饭钱、串票钱各花项。约纳一石正粮，而所费加倍；若夫强而恶者，串通粮户，包米上仓，不惟正米之外不容加折，即应纳之粮亦不足色足数"。③ 所谓"强而恶者"和"弱而善者"，也就是"大户"和"小户"，或"绅户"和"民户"。

田赋事实上并不以土地的多少、肥瘠作为稽征的准则，形成以业户的"贵贱强弱为多寡"。④ 而且，这个或"多"或"寡"，不单是"绅"与"民"不一样，即使同是"绅"、同是"民"，此"绅"与彼"绅"、此"民"与彼"民"，"亦不一律"。⑤ 在此种不一律中有一点是肯定的："大户愈占便宜，小户愈多苛刻。"⑥

田赋的征收对象是地主和自耕农。清政府加重田赋的实征量，损害了地主和自耕农的利益。一般交纳地丁系以银为准。在银贵钱贱的情况下，上文已述，白银对工农产品的购买力急剧上升，农业和手工产品的白银价格大幅度下跌。土地的占有者为交纳地丁，必须把价格大幅度下跌的农产品去换来价格急剧上升的白银，即使赋税税率在名义上并未增加，实际负担却已提高。在一八四

① 龚巩祚：《地丁正名》，见自求强斋主人编：《皇朝经济文编》卷三九。
② 左宗棠：《全集》，奏稿，卷三八。
③ 清代抄档：《内阁侍读学士董瀛山折》，道光二十八年九月二十九日。
④ 冯桂芬：《显志堂稿》卷一〇，第1页。
⑤ 同上。
⑥ 李概等纂：《李文恭公行述》，第38页。

三年至一八五〇年间，单以此而增加的幅度大致从百分之三十四到百分之六十五。① 何况，清政府采取转以银贵钱贱为利的对策，加重实际的征收量，致群"以办漕折饷为苦"。② 试以江苏的苏、松地区为例。地租每亩实收，"牵算不过八斗"；地主交纳田赋，须"输其六"，净得只有二斗，而须交纳的六斗，征收时"收本色者少，收折色者多"，又加上米的银价下跌，致"昔日卖米三斗输一亩之课而有余，今日卖米六斗输一亩之课而不足"。③ 地主的利益受到损害。不过，"赋从租出"，地主便尽最大可能地提高押租、折租，"盘剥日甚"，加重对佃户的地租剥削。如在嘉庆年间，各省实物地租率一般都在百分之五十左右；货币地租每亩从一百文至三千文不等，以一千文至一千九百文为最普遍。④ 鸦片战争后的十年间，一般说虽仍是对半分租，实则往往过之。苏南的实物地租率，"多者二十而取十五，少亦二十而取十二三"。⑤ 这就是说，租率上升至百分之六十至百分之七十五。据近人调查，广西桂平一带地租在鸦片战争前一般"百种千租"；战后十年间，激增至"百种二千租"，⑥ 即加了一倍！"百种"者，指谷种一百斤，一般可播田十亩，亩产谷二三百斤。"千租"者，指纳租谷一千斤。即使以亩产三百斤计，"百种二千租"，剥削率也相似，达百分之六十六点六。设若亩产量折中按二百五十斤计，则剥削率高达百分之八十。货币地租方面，凡银租都因银贵钱贱而加重剥削；就是钱租，也显有上升。东北地方领垦荒地，向官府交纳地租实增一

---

① 参见彭泽益《财政与经济》，第43页。
② 左宗棠：《全集》，书牍，卷一，第35页。
③ 曾国藩：《全集》，奏稿，卷一，第40—41页。
④ 参见李文治《中国近代农业史资料》第1辑，第25页。
⑤ 陶煦：《租核》，推原。
⑥ 《太平天国革命在广西调查资料汇编》第1辑，第1章。

倍多;[①] 突出的如在奉天,有亩租交制钱六千文的。[②] 地主的赋税重负便转嫁在佃农身上。自耕农无从转嫁,则陷入困境。他们在重赋之下,"有以所得不敷完纳钱漕,弃田不顾者";更多的是"终岁原垄","妇孺杂作",即使年值丰收,也"不免冻馁";一遇水旱灾荒,被迫"相继流亡"。[③]

十八世纪初,清政府执行摊丁入地的政策,按丁供役的差徭,本已科入丁银;然而,在一些地区,仍有遗存,年年履行供差义务。如在华南广西容县,凡修茸城垣、公署、刑狱,即"派民供役";上司过境,亦"勒派民夫,多至千数百名"。[④] 在永安(今蒙化),无论是押解犯人、护送饷鞘,还是盘仓、递文、修茸城墙、衙署以及地方官出巡,都向民间滥征无偿劳役。[⑤] 在云南,官府每有需索,里正之流即"驱夫供役","杠抬迎送",轮派长途奔波。[⑥] 贵州与之大同小异。在西北地区,当时有人说:"差徭之病民,莫甚于西北各行省,而陕西为尤甚。"[⑦] 当时陕西每年需供之差,不单有非常的"兵差",还有经常的"流差"。[⑧] 民间为此不只"岁糜无数之赀,人滋不测之弊",而且贪官恶吏

---

① "奉天昌图厅……佃户领垦地亩,于嘉庆年间……奏奉谕旨,每荒地十亩,作为一天,每天交纳地租……计合东钱三千六百文。……近来王局办事人等,藉称银价昂贵,每天勒征实银五钱五分,按照东钱约合八千零,较之定制,已逾倍外"。《给事中方允铼奏》,道光三十年九月十三日,题本,财政,二十、地租,道光三十年,一史馆藏。

② 《奉天府尹惠丰题》,题本,刑科,土地债务,道光二十三年,一史馆藏。

③ 《耆英奏折》,《史料旬刊》第 35 期,第 291 页;左宗棠:《全集》,书牍,卷一,第 35 页。

④ 封祝唐等纂:《容县志》卷二八,第 5—6 页。

⑤ 《太平天国革命在广西资料汇编》,第 1 辑,第 1 章。

⑥ 唐炯等纂:《续云南志稿》卷一七五,艺文志,诗,二,第 32、39 页。

⑦ 宋伯鲁等纂:《陕西省通志稿》卷三〇,差徭,第 1 页。

⑧ "兵差"不全是供应军事需要,包括地方行政紧要公事所派之差;"流差"是地方行政所派之差。

"盘踞苛索","不可究诘"。① 一旦派差令下,"役车载道,摊派频仍;官吏借此开销,书役从而讹索"。如乘骑虽有定数,长随和办差书役之流,便"乘间讹索"。在本官的纵容下,其家人则借势逞强浮开冒领,"欲不餍不止"。有需车数辆,乘骑数匹,而竟征调至数十辆、百余辆、数十倍乘骑的。"小民"不只"舍其农务",而且还须自备口粮、草料,"先期守候,苦不堪言"!② "民间岁输差钱不下一百余万串"。③ 设以一点六串合银一两计,所输差钱,足足相当全省地丁额征银(一百五十五万两)④ 的百分之四十。民间"脂膏竭矣",官吏"追呼如故"!

　　总体来说,清政府在赋役上厉行加征,严重侵害了劳动人民的经济利益,从而激起了他们对封建朝廷的不满。当时有人对政府运用各种手法增加田赋实征量,愤慨质问:"官以用不足而朘诸民,民不足而将谁朘乎?"力役上的徭繁吏横,更使民间闻讯色变,竟有以"早死相祝"者。田赋的畸重畸轻,负担在"大户"、"小户"上的利害矛盾,有一部分存在于地主阶级的不同阶层之间,本质上乃是地主阶级和农民群众的矛盾,只是通过清王朝的封建统治和农民群众之间矛盾的形式表现出来。而地主为转嫁负担,"视佃农苦瘠漠不动心,残忍刻薄,恣意征求",⑤ 严重危害农民的利益,更激化着地主与农民的矛盾。

(二) 天灾、土地兼并和社会动荡

　　中国的国民经济体系是建立在小农经济基础之上的。鸦片战争对中国经济所造成的危害,不论是英军的破坏、劫掠和勒索,

① 宋伯鲁等纂:《续陕西省通志稿》卷三〇,差徭,第1页。
② 《陕西省通志稿》卷二〇,田赋,第4页;卷三〇,差徭,第1、2页。
③ 同上。
④ 同上。
⑤ 王炳燮:《毋自欺室文集》卷六,第35、36页。

或是清政府的加赋、勒捐、科敛、骚扰，以及银贵钱贱所造成的经济影响，其绝大部分都是通过地租、赋税、利润等等财富分配和再分配的经济杠杆，直接、间接地落到小农身上，导致他们成群地破产；一遇天灾，则更使土地加速集中、失业队伍急剧扩大和社会动荡不宁。

1. 天灾、土地兼并和失业流民的增加

水、旱、雹、震等天灾，在所难免。清立国二百余年间，年年有之，只是严重程度不一和受灾地区广狭有别。鸦片战争后，清廷以财政拮据，命令尽可能地撙节河工经费，①原本不强的防灾、抢险、救灾能力，亦无法加强。当时有人论述黄河水患说："天时之不能抢护者十只二三，人事之缓于补救者十恒六七。"②灾荒一旦形成，清政府更在赈济中出现重重弊窦，使天灾成为民间的更大灾难。

在整个十九世纪四十年代，天灾频仍而严重。受灾区域，在黄河流域，有河北、河南、山东、山西、陕西、甘肃六省；在长江流域，有湖南、湖北、江西、安徽、江苏、浙江六省；在珠江流域，有广东、广西两省；此外，如福建、台湾、云南、贵州也年年都有局部灾害。就灾害种类说，既有水、旱、风、雹，还有地震以及其他等等。就一地说，各种灾害，或并发、或交替发生；就一年说，则在这里、那里参差发生。在这些年中天灾之尤较严重的，有一八四一年起连续三年黄河中游决口；迅即形成"黄流横决"，几淹河南"省城重地"；"下游州县被淹"，"直注〔江苏〕洪泽"。③从开封至山东近千里沿河两岸，旁及苏北，处

① 《清实录》，宣宗朝，卷三九一，第10页。
② 清代抄档：《湖南布政使黄赞珍奏》，道光三十年八月二十二日。
③ 《清实录》，宣宗朝，卷三五五，第26—27、29—30页；卷四四五，第16页。

处大水；由于"黄河漫水灌入亳州涡河，复由鹿邑归并入淮"，①整个皖北，几成泽国。一八四六年至一八五〇年间，黄河、长江两流域各省，"旱虐连年，水灾累岁"；特别是一八四七年，黄河流域的旱灾，"几及〔河南〕全省"；② 一八四八、一八四九两年长江中游连续决口，湖北、安徽、江苏、浙江等省遭灾之重，为这些地区在此前百年间所未有。它如一八四八年洪泽湖漫溢，苏北的高邮、泰州、宝应、兴化、东台、盐城六州县境，"几成巨浸"。③ 黄河上游的甘肃，在整个四十年代，几乎无一年没有自然灾害。④ 珠江流域两广各地，也连年水、旱、蝗灾不绝。综计本部十八省一千五百余州县⑤中，每年平均超过三分之一的县份，即五百余县受灾；其中灾情严重需要政府赈济的，就一八四七年至一八四九年这三年说，平均每年达到一百二十县，约占全国州县数的十二分之一。

这些年间水旱灾害频仍，除了气候异常外，吏治腐败是个重要原因。举防灾的河工说，这本是一项重要政事，年拨大量经费，设有专职——河道总督负责。林则徐早在一八三一年受任河东河道总督时就已指出："河工尤以杜弊为亟。"⑥ 以"修防第一要件"的物料而论，据林则徐"挨次履勘"所见，"秫秸每垛长

---

① 《清实录》，宣宗朝，卷三五五，第26—27、29—30页；卷四四五，第16页。
② 同上。
③ 《清实录》，宣宗朝，卷四五九，第2—3页；韩弼元：《翠岩宝诗钞》，《悯灾黎》，转引自周邨《太平军在扬州》，第13页，注17。
④ 张国常纂：《重修皋兰县志》，卷一四，灾异，第9—12页。
⑤ 据《清史稿》，卷五四、五八至七五。本部十八省有一千二百六十三县，直隶州、直隶厅、散州、散厅共二百五十一个，共计一千五百五十四个。但州、县、厅数并非固定不变，时有增减。
⑥ 林则徐：《林文忠公政书》（简称《政书》），甲集，东河奏稿，卷一，第2页。

至六丈，宽至一丈五尺"，"头一层在堤上者谓之'门垛'，其余则为'滩垛'为'底厂'。大抵门垛近在目前，多属完整；'滩垛'、'底厂'则为掩藏之薮。……其显然架井虚空朽黑霉烂者，固无难一望而知。更有理旧翻新，名曰'并垛'；以新盖旧，名曰'戴帽'。中填碎料杂草，以衬高宽，旁插短节秸根，以掩空洞"。总之，"积弊更仆难数"。① 在备料上积弊如此，河防、抢险等所有工序上，莫不都有弊窦。在黄河东段如此，其他河道的河工也大抵类此。在十九世纪三十年代初已是这样，到了四十年代更弊窦丛生。"河工习气，服食起居，务求精美，一切用度浩繁"。河工经费年年拨，数亦不少，却"半属糜费"。② 在防灾、抗灾工事中既如此营私舞弊，偷工减料，汛期一到，就难免灾害；洪水滔滔，人为鱼鳖！

一八四六年至一八五○年直省受灾蠲免赈济县数

年份	县数				在直省总县数中比重（％）			
	总数	缓征	免征	赈济	总计	缓征	免征	赈济
1846	527	398	101	28	35.13	26.53	6.73	1.87
1847	826	504	153	129	55.07	33.60	10.20	11.27
1848	621	368	139	114	41.40	24.53	9.27	7.60
1849	551	264	180	107	36.73	17.60	12.00	7.13
1850	501	393	89	19	33.40	26.20	5.93	1.27

资料来源：据汤象龙《咸丰朝的货币》附表改制，载《中国近代经济史研究集刊》，卷二，第1期，1933年1月。

"荒政"中原有备荒制度，在全国各地广泛设置"常平仓"以应急需。在这个期间，各省州、县常平仓所存稻谷，经常被各

---

① 《政书》，甲集，东河奏稿，卷一，第12页。

② 清代抄档：《湖南布政使黄贡珍奏》，道光三十年八月二十二日。

该地方官员私行变卖，"任意侵挪"，弥补各自州县亏空；"捏造册籍"，不是"以无为有"，便是"折银代价"，"有名无实"。[1]偶遇偏灾，便无从措手。"上司按籍而稽，谓有仓谷可以碾米，责之州县；州县猝不能办，只凭一纸空文，饰词申复。"只好是"有动碾之名，而无平粜之实"。[2]赈济中的积弊，形成"视办灾为利薮"[3]的恶政，"藉捐赈为名，浮冒侵吞"。[4]"官则肥己营私，吏则中饱滋弊"。[5]等而下之的胥役豪棍，也朋比为奸，串同侵渔。[6]在救灾工作中发放赈粮，这些人有在赈粮中搀和糠秕，短缺升斗，中饱私囊的；有将乡绅的家丁、佃户混入丁册，冒领赈粮的；有将本已亡故的流民、乞丐入册分肥的；有将衙署皂隶、步快列名影射的；有公然传单，纠约分赃，并设立"灾头"以及"管账"、"包厨"等名目吞没赈粮的；还有强索赈票，不许办赈委员检查户口的。办赈中设置粥厂，灾民"延颈待哺"，办事官员却不顾灾民死活，"从容局外"，托名钩稽，"自便己私"；而粥厂往往又不按规定"四乡分设"，致四野灾民，难以"相率就食"；群集少数几处，"更有拥挤践踏"以致出现伤生事故。经手粥厂的书役，克减米麦，多搀生水，习为故事，为减省柴炭，并有书役以"石灰入米，任其糜烂"，"致饥民食之，多生疾病，以致僵卧道路"者；[7]如此等等，不一而足。

---

① 《清实录》，宣宗朝，卷四五九，第22—23页。

② 王延熙编：《皇朝道咸同光奏议》卷三二，第8—9页。

③ 《上谕》，转引自《军机大臣穆彰阿等奏》，道光二十六年十一月初一日，题本内政，道光二十六年，一史馆藏。

④ 《清实录》，宣宗朝，卷四七〇，第21页；卷四七二，第7—8页；卷四六三，第7页。

⑤ 同上。

⑥ 同上。

⑦ 吕贤基：《奏议》卷一，第22—26页。

在社会经济衰敝，民鲜盖藏的情况下，遇上破坏性极大的天灾，被灾者有求于官，希望能有以赈济之。可是，在玩愒殃民的荒政支配下，每每造成极其悲惨的景象。如一八四一至一八四三年间，河南、安徽、山东遭灾致命者数以百万计。一八四七年河南一省，灾民遍野；一八四八年估计，饥民不下三四十万，沿黄河一带，"人皆相食"①。广西桂平大旱，"屠人鬻于市"。② 一八四八年长江大水，"亿万灾黎，嗷嗷待哺"；③ 转徙流离，饥寒交迫。一八四九年，水灾更重，遭灾者"几于鸿嗷半天下"；④ 到了一八五〇年，"饥而兼疫……饿殍载涂，有目不忍睹者"。⑤ 有人路过安徽桃、宿，眼见灾民东下，"乱发残衣，飞扬道路"；经过处，"余肢断体，零落沟渠，犬吸血以相争，鸟啄睛而不去。呜呼伤已"！"邳、宿而西，河北灾民，携筐背釜，襁负南行者，络绎不绝"数达五十万人。⑥ 灾荒造成饥民，饥民转成流民。他们除了在本省成千上万地不断流徙，其"阑入京师地面"的，或意图进入京师的，尽管一再遭到各地地方官府递解回籍，或拦截阻止，仍年年不绝。⑦ 据记载，一八四三年的九个月里，有四十二起，一八四四年有二十七起，一八四五年有三十九起，一八四六年一至九月有二百起；每起人数，越来越多，从不过二三十人、五六十人增至一百余人、数百人不等。

---

① 《丛编简辑》第 6 册，第 440 页。

② 程大璋等纂：《桂平县志》卷三三，纪事。

③ 《清实录》，宣宗朝，卷四五九，第 16—17 页。

④ 曾国藩：《曾文正公家书》，第 100 页。

⑤ 张延珂等纂：《长沙县志》卷三三，第 11 页。

⑥ 黄钧宰：《金壶七墨》卷八，第 8 页。

⑦ 《清实录》，宣宗朝，卷三三五，第 29—30 页；卷三三九，第 7—8 页；卷三五七，第 20 页；卷四七〇，第 21 页。《直隶总督讷尔经额奏》，道光二十三年十月十四日，道光二十六年九月十七日等件，一史馆藏。

流民到处流动，构成社会的不安因素。

在鸦片战争前，中国的地权分配，已集中得相当严重了。截至一八四〇年，全国耕地税亩面积约七亿五千万亩。皇室所有和各种名目的庄田，约八千三百万亩，在耕地总数中占百分之十一。其他大官僚和民间大地主占有土地量也颇为惊人。截至道光中，如曾历任大学士、总督高官的琦善一家，占地二百五十六万余亩；[①] 协办大学士英和田产五万七千亩；内务府一个四品衔郎中庆玉家拥有三万三千亩。[②] 民间巨富一家所占土地，也有成千上万亩的。如直隶静海娄步瀛、湖南武陵丁炳鲲[③]等家，各有田四千亩以上。江苏吴江沈懋德有田万余亩。[④] 这次战争过后，不仅许多自耕农迅速陷入破产的境况，就是小土地出租者和中、小地主，也多有败落下来的。这些人被生计所迫，不得不把仅有的少量土地忍痛出售，于是缙绅、豪强、富商大贾和高利贷者大显身手，利用这一兼并土地的绝好机会，更加快了土地集中的过程。

山东章丘县有一家称为矜恕堂的孟姓地主，在鸦片战争前的一百二十年间（一七一八年至一八三八年），前后七次买进的土地不过四十六点八六市亩；而在鸦片战争后的九年里（一八四二年至一八五〇年），先后十五次买进土地共计一百九十六点七市亩（其中园宅等非耕地占百分之三点三四）。[⑤] 这九年里买进的土地比在此前一百二十年间买进的多三倍多。又，该省淄川县有

① 德庇时：《战时与和平后的中国》卷一，第41页。
② 《德兴奏》，道光二十年二月七日砵批，题本，法律，卷三八，贪污、一般案件，一史馆藏。
③ 《京报》，第5、8册。
④ 熊其英等纂：《吴江县续志》卷一九，第5页。
⑤ 参见景甦、罗仑《清代山东经营地主的社会性质》，第69、82、85页等。

一家称为荆树堂的毕姓地主，在乾隆末年（十八世纪末）拥有土地一百余市亩；当嘉庆年间（一八一〇年前后）添至三百余市亩；到道光末年（一八四〇年至一八五〇年）更增至九百余市亩。① 也就是说：这家地主在五十年间的田产增加了九倍；而绝大部分土地是在最后十年、也就是在鸦片战争后十年间新买的。江苏的苏、松地区突出地表现出了战后十年间土地急剧集中的趋势。在十九世纪四十年代初，该地区的田主有不堪重赋"腹削"，"弃田不顾者"；很多"小户"在"脂膏已竭"的情况下，"苟有恒产，悉售于大户"；当四十年代中，"小户之田，或契买，或寄粮，犹水之就下，急不可遏"。② 不几年，便形成了如此局面，"大户"所占土地，"已将十分之九"，"小户"所有，"不过十分之一"。③

据江苏无锡倪氏宗祠置产簿记载，在四十年代，该祠共买田三十一起，超过一亩的只有两起，其余都在五分左右。这些土地在交割之后，由原田主佃耕。④ 这个事实说明这些土地的卖主原来都是自耕农。但出卖土地的，不仅仅只是陷入破产境地的自耕农，就是小土地出租者以及一些中、小地主，也多有受生计所迫，不得不把自己仅有的少量土地忍痛出售。由于卖田者多，造成地价下跌。整个长江中、下游各地的土地价格，十余年间，平均每亩从银二十多两跌至二十两以下。⑤ 据安徽黟县江崇艺堂置产簿的记载，该处每一税亩土地价格，在一八三〇年至一八三九年间是银四十一点三两；在一八四〇年至一八四九年间跌至银三

① 同上。
② 柯悟迟：《漏网喁鱼集》，第4、6页。
③ 李概等纂：《李文恭公行述》，第38—39页。
④ 无锡博物馆收藏展品。
⑤ 赵冈、陈钟毅：《明清的地价》，载《大陆杂志》，第六〇卷，第5期。

十一点九一两；在一八五〇年至一八五一年间，更跌至十九点五五两。① 也就是说，二十余年间地价下跌了百分之五十二点七。地价的下跌，显然给有力购置地产者提供了有利条件。

这里有官僚兼并土地的两个例子。曾任两江总督的陆建瀛，在一八三八年和他的兄弟析产时，继承水田一百一十六亩零。一八四九年，长江中游水灾，他在两年内就买进了一千二百三十四亩作为"义田"。② 十九世纪四十年代初，山西巡抚梁尊涵，在原籍有田一千余亩，在寄籍却有田五千五百余亩。③ 寄籍的土地，都是他在山西巡抚任上新置的。陆、梁两人增置土地的情况，都是在他们获罪抄家时揭发出来的。而两人即使在获罪审理之时，还被评为持身"清操素著"、"廉正自爱"的人物。④ 不知那些并不素著清操而自爱者，又该兼并多少土地！？

这里还有富商兼并土地的几个例子。四川富顺李振亨，"业盐致富"，"置腴沃数千亩"。⑤ 合川富商潘世干以"数千金起家"，"拥资数十万"，转手"买田百余顷"。⑥ 以经营进出口贸易著称的广东十三行行商中，多有兼置大量土地的。如怡和行伍家，在其五千余万两的巨额家财中，稻田比重高于住宅、商铺和钱庄而占居首位。同孚行潘家是仅次于伍家的"资财雄厚的商人"，也把"大量财产投放在土地上"。⑦ 一八五三年，有一个御

---

① 章有义：《明清徽州土地关系研究》，第88—90页。地主惯于瞒税逃税，税亩比实际田亩大。
② 一史馆藏，录副奏折：《河南巡抚陆应毂奏》，咸丰三年三月十三日。
③ 《已革前任山西巡抚梁尊涵家产》，题本，内政，道光二十八年，一史馆藏。
④ 一史馆藏，录副奏折：《广州将军穆特恩等奏》，咸丰三年二月十七日硃批；《清实录》，宣宗朝，卷四六九，第4—5页。
⑤ 卢庆家等纂：《富顺县志》卷一二，第53页。
⑥ 张森楷纂：《民国新修合川县志》卷四八，第9—11页。
⑦ 格林堡：《鸦片战争前中英通商史》（中译本），第37页，注5。

史列举他所知道的拥资数百万、数千万的豪富凡数十家，其中有浙江慈溪冯云濠两兄弟、冯本怀三兄弟；山西太谷孙、曹、贾三家，平遥侯家，介休张家，榆次许、王两家族；江西万载宋家，安福蒋澄浦两兄弟；河南张百川叔侄两人；福建尤溪林国华兄弟两人等；[①] 他们都是以商起家，又是田连阡陌的大地主。

土地被有力者兼并，除了贵族、官僚之家能占田万亩、数万亩外，庶民地主一家置地千亩、数千亩、万亩的在南北各直省，也到处都有。如在湖南，桂阳州邓氏家族，"兄弟田数百顷"，"以富雄一方"，所畜马匹，"游食田野数十里，不犯人禾"。[②] 在江苏，长洲徐佩瑗，拥有土地六七千亩；吴江柳兆薰的稻田也有五千亩上下。[③]

土地分配不均情况，与其前相比，有加无已。在湖南，耕地的百分之五六十，"归于富者"。某些县份如嘉禾，"土地尽为富者所有"。[④] 据近人调查，太平天国革命前夕，广西东南部的桂平、贵县等县境内土地高度集中，百分之八十以上的土地为地主所有。[⑤] 主要生产资料的土地的分配既如此不均，决定了"富者益富、贫者益贫"。

土地的集中化既然是在大批农民和小土地所有者以致中、小地主的破产、没落为前提而加速进行，伴随出现的便是失去产业人口——"浮口"或"游食者"人数的急剧增加。所谓"失南亩之利，故失业者多"。[⑥] 这种情况在十九世纪四十年代中，已经

---

① 一史馆藏，录副奏折：《广西道御史章嗣衡奏》，咸丰三年十月十三日。
② 王闿运等纂：《桂阳直隶州志》卷二二，第25页。
③ 《太平天国史料专辑》，第98—386页。
④ 雷飞鹏纂：《嘉禾县图志》卷二八，第8页。
⑤ 《太平天国革命在广西调查资料》。
⑥ 陈观西等纂：《赣州府志》卷二〇，第5页。

构成一个社会问题。如有人记江西赣州府属情况说："今之浮口，患更甚于昔。"① 有人记东南情况，"游民激增，每省不下二十万人"。② 到了一八五〇年，有记述说："然今日之患，则莫甚于游食者多"，"数百家之聚，数十人不等习以为常"；"乡里如此，城邑可知。"若与其前二十年时相比，"浮口"足足增加十倍。③

2. "盗匪"和社会动荡

大量流民谋求生存，相互串联，形成集体行动；或以乞食为名，强讨硬索；或恃众横行，流为盗匪，造成社会的大动荡。

畿辅之地习称"首善之区"，统治势力最强，其治安也为统治者所最关心。在整个十九世纪四十年代，先后任直隶总督的琦善和讷尔经额历年每月例行奏报"地方安静"、"民气恬熙"；④ 实际情况则是另一回事。有记载，顺天、河间、冀州三府所属州县，"宵小之徒，肆行无忌"，"著名贼匪，扰害居民"；又有记载，深州的饶阳、武强等处，情况类似；⑤ 大名府属各县，界连山东、河南，成为"盗贼出没之所"；盗贼每以二三百人为一群，分头出动；并设有据点，"排列鸟枪，击柝夜巡，以防官兵查拿"。⑥ 在上述各地，另有"盐枭结伙，百数十人、或二三百人不等，用驴驮载私盐，执持枪炮器械，强行售卖"。若有地方官查拿，施放枪炮，既用以拒捕，兼作讯号，使其他盐枭群伙"闻

<hr>

① 陈观酉等纂：《赣州府志》卷二〇，第5页。
② 盛康编：《皇朝经世文续编》卷三四。
③ 王植：《抚皖奏议》，第61—62页。
④ 清代抄档：琦善（道光二十年一月至七月）和讷尔经额（道光二十年八月至三十年十二月）的每月奏折。
⑤ 《清实录》，宣宗朝，卷三五三，第17页；潘福颐编：《东华续录》卷二，"道光三十年四月壬午"条。
⑥ 《清实录》，宣宗朝，卷四一六，第9—10、第20—21页；卷四一七，第14—15页。

声往助"。①

河南、山东各州县，素称畿辅藩篱，情况相似。河南"盗贼"或"装扮兵役，白昼吓诈"；或"执持刀械，黄夜劫掠"。不单劫掠一家一户；更有甚者，强抢集镇。② 滑县、封丘等地"盗贼"，多者四五百人为一股，少者亦六七十人。冀、鲁、豫连界地方，在一八四七年，"灾民啸聚"，"不逞之徒乘机勾结"，公然执枪持械，扰害行旅，到处抢劫。③ 山东的兖州、沂州、曹州、东昌、泰安五府和临清、济宁两州，"盗贼公行，肆无忌惮"，有"捻"、"掖"、"枭"、"幅"名目，其头目"有顺义王、顺天王、黑王、四爷之号"，穿戴"红顶、蓝顶，并有花翎、黄马褂"，其器械则"长矛、鸟枪、抬炮俱备"，肆行劫掠，"挫辱官弁"。④ 有些在所经过的村镇，一方面向富有者勒献财帛，强借当铺银钱；另一方面又把"钱货米粮，飞洒道旁"，任令贫民拾取，名曰"放赈"。因此，"各乡旷野之处"，每有被官府称作"奸民"的当地土著，"售卖食物，名为接济行旅"，实以粮食相供应。⑤ "盗贼劫夺行旅"，"辄云，令知县赔汝"，"山东一省，半成糜烂"。⑥

长江流域的四川、湖南、湖北、江西、安徽各地，"匪徒结党成群，几于所在皆有"。⑦ 如湖北黄梅、江西德化，都有"游

---

① 《清实录》，宣宗朝，卷四一六，第9—10、第20—21页；卷四一七，第14—15页。

② 《清实录》，宣宗朝，卷三五五，第15页；卷三八一，第15页；卷四〇二，第23—24页。

③ 清代抄档：《江南道监察御史张廷瑞奏》，道光二十七年九月初八日硃批。

④ 清代抄档：《江南道监察御史毛鸿宾奏》，道光二十一年十月十八日。

⑤ 《清实录》，宣宗朝，卷三八三，第3—4页；卷四四八，第17—19、25页。

⑥ 清代抄档：《江西道监察御史王东槐奏》，道光二十七年十月十二日。

⑦ 一史馆藏，录副奏折：《抄奉特旨交办事件》，咸丰元年十二月十八日。

民结伙同行，横索钱米，攘窃财物"。① 江苏苏北各地，盐枭千百为群，与山东、河南的捻众串联一起，在地方营汛"讳匿延搁"下，"盗风日炽"，"竟有持械拒捕重情"。② 江、浙交界处，"匪徒盘踞"，"肆行劫夺"；"太湖土匪，乘间伺劫"。③ 浙江绍兴府仅一八四五年上半年就发生重大抢劫案"多至百有余起"。④ 开化、慈溪、萧山各地抢劫巨案，层见迭出。⑤ 台州、温州两府沿海一带，"盗贼结伙四出。托贩灯草、皮条为名，专劫典当、大户及过路巨商，赃数动辄盈千累万"，"一经得财，即行窜归，沿途扮作客商，无人敢向盘诘"。⑥

西南地区更不平靖。云南矿业（铜、铅、锡）旺时，吸引三江、两湖、川广各地富商大贾前往投资，集聚本省贫民和川、湖、两粤力作苦工之人充当矿夫（或作"砂丁"）；其他商贾负贩，百工众技，也不远千里往聚矿场。到了矿业衰落时，依矿为生者大量失业。他们与破产农民、手工业者汇聚一起，致某些多山府、县充斥"亦民亦匪"、"民匪难分"的游民。地方官害怕"贼"势，不敢认真缉拿；老百姓遭"贼"抢劫，若告官，既受差役索诈，又有受"贼"报复之虞，日久乃形成"贼不畏官官畏贼，民虽被贼莫鸣官"⑦ 之势。

在华南，有人说："今日盗贼之多……劫案迭出，几乎无处

---

① 《清实录》，文宗朝，卷六，第7页；卷二四，第3页。

② 《清实录》，宣宗朝，卷四○三，第16页；卷四○二，第36—37页；卷四一七，第25页。

③ 同上。

④ 同上。

⑤ 《清实录》，宣宗朝，卷四○九，第2—3页；卷四六○，第19—20页。

⑥ 同上。

⑦ 林则徐：《政书》，丙集，云贵奏稿，卷八，第6页。

不然。而最多且甚者，莫如两广。"① 此地除去和其他各省出于同样的经济灾难，致使人民贫困化而外，还有其特殊的原因。这就是鸦片战争后，清政府遣散了战争时招募的壮勇（士兵），出现大批的无业游民，流为盗匪。例如广东，鸦片战争一过，就"盗风大炽"。广州府属一带，"土匪劫掠为生，结党聚众，数万余人"；"其著名积匪，如香山、新会、顺德等处，姓名皆历历可数"；南海、番禺、东莞、三水等县，"皆有盗贼巢穴"。他们"出没无常"，"地方文武，不肯实力查拿"。② 香山县城内外，单计一八四四年尾至一八四五年春夏之交半年时间里，"报劫者不下数千案"；连香山司巡检鲁某，也被俘去，被"剃须勒赎"。③与清远、英德、阳山各县连界的佛冈厅属大庙地方，地僻山深，"各村庄富民甚多"，一八四九年，邓南保等纠众至五百余人，"恃强索诈"，并商定行动计划，"如不允从，即行劫掠"，并拟乘该年英国人"欲进省城"的机会，进广州"劫掠仓库钱粮及在城殷富商民"。④ 所有这些盗匪中，多杂有被遣散的壮勇。由于广东地方当局的镇压，其中不少人被迫溯西江拥进广西。广西地方在这些年中本已"十室九空，冻馁难堪"，加上从广东的大批拥入者，更使广西"盗匪猖獗"，"日甚一日"；连"原日农民，亦哄然舍耒耜相从"，一时股数甚多，几遍全省；"每到一处，文武员弁望风先遁，有不及脱逃者，则被掳勒赎"。"匪"等白昼公行劫掠，来往横行，"常将其地富户、货店之银物尽数劫掠以俵散

---

① 史澄等纂：《番禺县志》卷一九，第 17 页。

② 《清实录》，宣宗朝，卷四一三，第 8 页；卷四一八，第 20—21 页。

③ 同上。

④ 一史馆藏，录副奏折：《两广总督徐广缙等为拿获英德县首匪邓南保等奏》，道光二十九年四月九日。

于其党"；"饱则飏去，村落为墟。"①

总而言之，鸦片战争结束后南北各省在社会经济形势恶化中，普遍出现社会大动荡。

四　吏治腐败和抗租、抗粮斗争的高涨

鸦片战争时，广东民间流传一个说法："官怕洋鬼，洋鬼怕百姓。"它生动地反映了"清王朝的声威一遇到不列颠的枪炮就扫地以尽，天朝帝国万世长存的迷信受到了致命的打击"。② 既然为官府所畏惧的洋人还畏惧老百姓，那么老百姓就更无所畏惧了。这种精神上的解放，鼓舞了人们自发地进行反压迫、反剥削的斗争。当时有人指出："大凡愚民滋事，半由地方官激变而成，或因苛派相争，或因浮收起衅；始而乌合，继乃鸱张。"③ 这就是说，许多吏治的腐败乃是引起"滋事"的导火线。

清政府吏治的腐败，表现在许多方面，前面已对赋役征派、河工作弊等等方面有所叙说，下面再作为一个突出问题，稍加论列。

（一）吏治腐败

清立国之初，以中央、地方大员的职责在于安民、兴利、除弊，力求树立"惩贪"、"以清廉为本"的吏治风尚④。到了两百年后的鸦片战争前后，官场风气早已"以畏葸为慎，以柔靡为

---

① 罗惇衍：《罗文恪公遗集》卷上，第 8 页；龙启瑞：《经德堂文集》卷六，第 1—5 页。

② 《马克思恩格斯全集》第 9 卷，第 110 页。

③ 清代抄档：《浙江道监察御史张灏奏》，道光二十二年二月十一日。

④ 王庆云：《石渠余纪》，吏治，卷二，第 12—13 页。

恭"，"守成者多，有为者少"；京官通病，一"退缩"，二"琐屑"；外官通病，一"敷衍"，二"颟顸"；"章奏粉饰，而语无归宿"；通国"十余年间，九卿无一人陈时政之得失，司道无一人析言地方之利病，相率缄默"。① 有人历述当官的精神状态和一般习气，"或假详慎之名，以开诿卸；或饰持重之意，以蹈萎靡；或畏阻于当前；或回避于事后；或图小效而为粉饰；或处大事而少担当。总之，事无大小，幸无纠察，则悠忽以便取安；迨奉严谕，始张皇以求塞责"。② "中外臣工，皆有牢不可破之积习，滔滔皆是，不谋而合。养尊处优，弥缝讳饰，瞻徇依违，规避迁就，封疆之积习也。藩司但课钱粮，不讲吏治之优劣；臬司但稽案牍，不顾地方之利病；监司但问节寿，不问属吏之贤否，此司道之积习也。上媚大吏，下悦同僚，苟且偷安，侵凌脧削，恣为奸滥，罔上营私，府、厅、州、县之积习也。克扣粮饷，巧取陋规，贪借空名，视为利薮。不谙营阵，不讲战守，不修器械，不事教演，无事则坐享安荣，有警则闻风胆落，行伍之积习也。其在京大小官员……岂无一二矫矫自好之士，而时宜不合，往往困顿终身。遂使人人动色相戒。"③ 州县官贪污舞弊尤为恶化。有人说，"古之州、县，未必皆廉明正直……今之为州县者，未必皆贪酷暴虐，无如上司婪索，书吏刁诈"，"设有非分之事，总可馈送；上司既受其贿，不得不包涵"。④ 而最高当局的道光皇帝，对此则加以宽纵；从上到下，整个封建官僚机器已腐朽败坏不堪。

最接近人民的官僚是州县官，所谓"天下者州县之所积也"，州县官应最为亲民；封建政府和人民的关系，直接表现为州县官

---

① 曾国藩：《全集》，奏稿，卷一，第7—8、12页。

② 王延熙编：《皇朝道咸同光奏议》卷二一，第6—7页。

③ 一史馆藏，录副奏折：残折。

④ 柯悟迟：《漏网喁鱼集》，第26—27页。

与人民的关系。

州县官的本职，原广泛及于禁暴、安民、农桑、学校、征课、治安等等方面，概括言之，是"抚"与"征"。他们的首要职责落在"征"上，即催科赋役。这既与国家财政收入有关，也与他们的个人利益（政治上的考绩，经济上的营私）有关的事情。实际上他们往往"不理民事，不问疾苦，动辄与民为难"。[①]一贪二酷，成为常例。每值征粮，"州县以粮书为爪牙"，"粮书以黎庶为鱼肉"[②]；"民之完纳愈苦，官之追呼亦愈酷。"有人说："吏役四出，昼夜追比，鞭扑满堂，血肉狼藉"，"鱼肉百姓，巧诛横索；""或本家不能完，则锁拿同族之殷实者，而责之代纳；甚或锁其亲戚，押其邻里。"[③] 还有更残酷的。有"州县浮勒太甚，吏胥因缘为奸"，民间稍有怨言，地方官便"纵勇扰民"。

作为"抚"民之官的州县官，遇有民事纠纷，理该秉公处理。可是，其时贿赂公行，刑以贿免；奸吏舞弊，蠹役诈赃，甚或结党营私，擅作威福；并滥用非刑，押毙无辜，不一而足。就维持治安的捕务说，州县为求不碍自己的考绩，讳饰盗案；不只"缉捕不力，反或挟嫌诬害善良"[④]。设若迫于命令，不得不作追捕，每每"先期出示"；"比至其地"，则明知故纵，捏称"盗遁"。然后，"官吏则焚烧附近之民房示威"，"差役则讹索事主之财物，满载而后归"。[⑤] 终至发展成"州县吏役，纵匪殃民"[⑥]，且习为常事。

---

① 《耆英奏》，道光二十三年，《史料旬刊》第35期，第291页。

② 胡林翼：《遗集》卷八五，抚鄂批札，第1页。

③ 曾国藩：《全集》，奏稿，卷一，第42页。

④ 《清实录》，宣宗朝，卷三三二，第16—17页。

⑤ 曾国藩：《全集》，奏稿，卷一，第43页。

⑥ 《清实录》，宣宗朝，卷四四八，第4—5页。

（二）抗租、抗粮斗争的高涨

农民的抗租斗争，从十九世纪三十年代起，开始出现日渐高涨的趋势。到了四十年代，由于地主的加重租额和农民的觉醒，南北各省的抗租斗争蓬勃开展，尤其是集体的抗租斗争大为增加。单以《清实录》所载的计算，这十年间大规模的集体行动次数，就与此前四十年（一八〇〇年至一八三九年）的次数相当。

在这十年里，浙西的杭州、嘉兴、湖州三府，浙东的绍兴、宁波二府，和江苏的苏州、松江、太仓二府一州，几乎每年都有抗租大案。一八四〇年冬，浙江秀水佃户拒交地租，对素来"盘剥佃户苛刻"的地主沈某，聚众拆毁其住家房屋；[①] 次年，镇西乡人"虞阿南倡议抗租"，"胁众"千余人，并号召邻圩戽水于田，钉栅于滨，拦截催租船只的进路。[②] 同年，山阴等县有所谓"刁佃""抗租抢夺之事"；杭州、湖州两府属，也接连发生借灾"聚众抗租"、"讹诈抢夺"的事件。[③] 一八四四年，余姚的佃户胡阿八等发动抗租，"业户催租"便持械对抗；到了一八四八年，他们更"结群毁富门"，对于平日收租苛刻的地主，给以严厉的打击。其邻县慈溪的佃户，一再响应，采取类似行动。[④]

一八四二年，江苏苏、松两府农民向地方当局请愿"酌减"租额，遭到"查禁"，便径自"勒令"业户减让租额。其中昭文县由徐二蛮等首倡，"聚众"焚烧运丁船只，并打毁业户多家。[⑤]

---

① 一史馆藏，录副奏折：《闽浙总督刘韵珂奏》，道光二十三年二月二十九日硃批。

② 一史馆藏，录副奏折：《浙江巡抚管遹奏》，道光二十三年九月十六日硃批。

③ 《清实录》，宣宗朝，卷三六四，第19页；卷四一七，第25页。

④ 同上。

⑤ 李星沅：《遗集》，奏议，卷一二，第59页。

一八四五年前后，太仓州滨海县乡民连续展开斗争，"勒令各业户"减收地租，并以打毁地主房屋相威慑。① 一八四六年，昭文东乡一带佃农，因地主抬价收租，"心怀不甘"，在佃户张荣荣等倡导下，写揭帖，"挟制各业户减价收租"。地主置之不理，佃户集众打毁业户房屋三十六家。②

其他各省，包括台湾在内，也连年发生大小不一、激烈程度不同的抗租斗争。其中最引人注目的，一是湘西苗民抗交屯田的"屯租"；二是蒙古科尔沁旗佃户的抗欠地租。

湘西凤凰、永绥、乾州、保靖、古丈坪四厅一县是苗族聚居地区。在嘉庆初年置有大量屯田，"召佃耕种纳租"，以资军食。③ 屯租比民业佃租为轻，与钱粮相比则倍重。鸦片战争后，广大苗民群众境况日益恶化，无力完纳屯租的一年比一年增多。到了一八四四年，在乾州有被官府污蔑为"痞苗"的石观保等人，"伙众挟制"，抗交屯租；不过当年由于"附众无多"，未能取得胜利。一八四六年冬，石观保"伙党渐盛"，一年后已"聚众千人"，"烧毁仓廒"，终于迫使清政府作出一些让步，许"新旧佃欠，分别豁免"，并减让屯租额百分之十。④

一八四九年，蒙古哲里木盟科尔沁左翼后旗昌图额尔厅的蒙、汉佃户不堪蒙古王公地主的加重剥削，在吴保泰等人倡导之下，"抗欠地租"，"延不交纳"；⑤ 到一八五二年，蒙古王公地主

---

① 《清实录》，宣宗朝，卷四三四，第28页；柯悟迟：《漏网喁鱼集》，第8—9页。

② 李星沅：《遗集》，奏议，卷一二，第51、55页。

③ 《苗疆屯防实录》，卷七，第9页，扬州古旧书店据原稿本复印油印本。

④ 《清实录》，宣宗朝，卷四五〇，第12—13、41页；卷四五一，第6页；但良纂：《湖南苗防屯政考》，卷首，第56页；卷九，第45页。

⑤ 《清实录》，文宗朝，卷三三，第5页。

与官府相勾结，企图用暴力镇压；抗租佃户随即针锋相对地转化为武装暴动。

抗租的斗争对象本只是收租的地主，由于官府一再"派差缉拿"，群众便把矛头指向官府。如一八四五年江苏昭文佃户贴出布告，"勒令各业户减收麦租"；地方官派差捕人，农民便鸣锣集众拒捕。[①] 也在这一年，常熟佃户向官府请愿，要求减租不遂，便捣毁县署。当时江苏巡抚李星沅调兵近千名进行弹压，农民乃集数千人手执农器，抗拒三个多月。[②]

在十九世纪四十年代前期，苏浙各地佃农抗租的目的仅在减轻租额，一般要求减轻百分之四十至百分之五十。例如一八四一年浙江的秀水佃户虞阿南、倪福元等"会齐"各庄佃户决议，"每租米一石，只准还谷六斗"，如"业户不依"，则"齐心抗欠"。[③] 一八四二年，江苏华亭佃农展开抗租斗争，"欲令业户让租一半"。

这些年间的抗租斗争，还表明佃农具有较高的斗争艺术。他们的斗争有组织、有计划，有理、有节。例如，一八四二年，江苏华亭、娄县就涌现出马洪洲等群众领袖。他们首先利用庙会宣传抗租的必要性，接着便在县属各村串联，组织群众，公议决定勒令地主答应减轻租额；并商定了行动计划，"以鸣锣为号，务须齐集"。他们选定以官僚地主徐行、倪楷两家为"先行勒让"的对象；若不从，便以"打毁〔器皿〕唬吓，使各畏惧"，但不伤人。在行动中，他们除把目标倪楷换为文生冯某作为斗争对象

---

① 《清实录》，宣宗朝，卷四三四，第28页；李星沅：《遗集》，奏议，卷一二，第50、51页。

② 柯悟迟：《漏网喁鱼集》，第8—10页。

③ 一史馆藏，录副奏折：《浙江巡抚管通奏》，道光二十三年九月十六日硃批。

外，一切都照预定步骤进行。他们的行动取得预期效果后，紧接着"逼令"徐、冯两家，"出具让租若干字据"，使往"各处粘贴"，① 以扩大影响。

佃户群众在实践中提高了斗争艺术，使官府"不胜骇异"。地方官用暴力镇压，群众便"焚烧运丁船只"以相对抗。清廷曾命令对他们"认真查拿，不可姑息"；江苏地方当局也认为"此风断不可长，亟宜严加惩创"。但是，他们面对手执农具严阵以待的农民群众，亦无可奈何，虽"调兵往捕"，又怕"别滋事端"，而不敢贸然行动。② 这些情况说明了佃农既意识到阶级的团结力量是和封建政府作斗争的有力武器，又暴露了封建统治力量的虚弱。

在鸦片战争后十年间，田赋征收定额虽未提高，但"银钱转折"，或"银谷转折"，却使农民的实际负担提高了。加上地方州县的苛敛、吏胥的讹索，而且动辄滥用国家机器实施暴力强制，抗粮斗争也急剧高涨。在某些地区，银贵一度成为发生抗粮斗争的直接导火线。例如湖南的郴州（一八四一年）、耒阳（一八四四年），浙江的奉化（一八四四年）、石门（一八四七年），福建的台湾（一八四四年），江西的临川（一八四七年）、乐川、贵溪（一八四八年）等地较大规模的抗粮斗争，直接起因都是折征过重。时人说："漕之讧也，起于银贵。"③ 说得有一定道理。

遭受重赋损害的，不只是广大农民群众，也包括中下层的地主分子，有些具有文武生监功名，是农村中的头面人物，有一定

①　一史馆藏，录副奏折：《浙江巡抚管遹奏》，道光二十三年九月十六日硃批。
②　同上。
③　《清实录》，宣宗朝，卷四〇八，第25页。

的号召力。广大农民往往积极支持他们的倡议，一八四五年，浙江奉化文生张文渊"挟制完粮减价"，乡民负耒赴城者"以数万计"，① 就是一个典型。

在整个十九世纪四十年代，抗粮斗争在南北各省此起彼伏，绵延不绝。其著者如一八四〇年，江苏丹阳乡民以"完粮折价"过重，聚众抗官毁署，拒交钱粮。② 一八四一年，江西新喻监生万国彩"纠众"闹漕抗官。③ 一八四二年，山东潍县，"乡民因纳粮与县吏争哄"；江苏川沙、南汇、奉贤三县，乡民"纠约"，"恃众挟制"各该县地方官，以遭到鸦片战争战火的意外损失，要求免征，或减轻征额；④ 湖北崇阳，诸生钟人杰等聚众达二万人，"抗粮不完"；⑤ 浙江缙云胡喜芹等"拥众"挟制地方官发布减价完粮告示；⑥ 归安稽祖堂等人"诱胁乡民，哄堂抗粮"，"戕害兵役，殴毙地保"，阻止各村完粮，"各粮户纷纷效尤"。⑦ 一八四三年，有所谓稽祖堂案的"逸犯"，恃众抗粮，迫使官府"停征"⑧，湖南耒阳，有文生蒋庆云、蒋文葛兄弟聚众千余抗粮，护理道台高某遣家丁带民壮"密拿"，"民壮被伤"，"家丁被

———————

　① 《清实录》，宣宗朝，卷四二一，第14页；卷四二八，第16页；张美翊等纂：《奉化县志》，卷一一，大事记。

　② 《清实录》，宣宗朝，卷三三九，第9—10页；卷三四〇，第3—4页。

　③ 《清实录》，宣宗朝，卷三四九，第20—21页。

　④ 《耆英奏》，道光二十三年正月二十日朱批，一史馆藏。

　⑤ 《清实录》，宣宗朝，卷三六四，第12页；卷三六五，第15页；卷三六六，第22、24页；卷三七〇，第16页；卷三七九，第24页；卷三八一，第15—16、21页。

　⑥ 同上。

　⑦ 同上。

　⑧ 《清实录》，宣宗朝，卷三八八，第24—25页；卷三九一，第22—23、31—32页；卷三九四，第12页。

掳"①；江西安仁，有"棍徒"高某等，"聚众抗漕，拒捕伤官"。② 一八四四年，耒阳段、阳两姓，抗粮不完；"痞棍"阳大鹏"纠众至千人之多"，"夺犯攻城"，"拒伤官兵"，"哄堂塞署，挟制减粮"；"凡充户书、粮差、里差者"，都被抄抢一空。③ 在台湾嘉义，武生郭崇高和洪协等人，"聚众数千"，反对折征，"汹汹欲变"。④

封建统治集团面对抗粮大案接连发生，在一八四五年，有人提议对银钱转折问题，定个统一章程，以防止纠纷迭起。可是，于次年制定的章程，更远远脱离实际，因此，抗粮斗争仍继续展开。除了上文已述浙江奉化张文渊倡首向县官要求"完粮减价"，聚众上万，滋闹县城事件外⑤，一八四六年，又有河南新乡县民希图减少纳粮钱文，粘贴匿名揭帖，"聚众哄堂，致伤官长"；⑥江苏昭文县的金德顺等反对征收漕粮，"恣意讹索"，纠众直入县署，"将法堂、内室尽毁"，又毁漕书薛三家。⑦ 镇洋县也发生捣毁漕书住屋的类似案件。江苏当局旋派兵勇前往镇压，乡民"集数千人，皆执兵器"抵拒，"势甚狂悖"，"锋不可撄"；省当局只得使"弁勇返棹，官亦回城"。⑧

---

① 《清实录》，宣宗朝，卷三九六，第12页；一史馆藏，录副奏折：《湖广总督裕泰奏》，道光二十三年八月十七日硃批。

② 《清实录》，宣宗朝，卷四〇三，第6—7页。

③ 《清实录》，宣宗朝，卷四〇六，第4—5页。

④ 《清实录》，宣宗朝，卷四〇三，第26页；一史馆藏，题本：《军机大臣穆彰阿会刑部奏》，道光二十五年九月二十五日。

⑤ 《清实录》，宣宗朝，卷四二一，第14—15、17页；卷四二二，第10页，卷四二八，第16页。

⑥ 同上。

⑦ 《清实录》，宣宗朝，卷四三五，第10—11页；柯悟迟：《漏网喁鱼集》，第7页。

⑧ 《苟全近录》，第22页。

一八四七年，在浙江石门、江西临川、山东堂邑等地都有抗粮、闹漕的事件。一八四八年，江西乐川、贵溪等县，"相继以漕事哗，贵溪尤甚"。①一八四九年，河南涉县以武生李长青为首，"花户等〔抗〕欠漕粮"，拒捕伤官；②安徽青阳章位南等，"恃众哄闹"，"抗不完纳"当年新赋银米。③江苏句容监生唐崇增等在征粮时，倡为"完七缓三"之说，纠众不完粮，"抗拒伤官"。④一八五〇年，江西卢陵县"刁徒"杨习堂等聚众拆毁乡征粮局，"拒伤兵役"；⑤湖北通城"刁徒"王尚志等聚众抗粮，伤官殴差；湖广总督派员往拿，"犹敢负固不服，拒捕伤人"；⑥陕西渭南县民"以加赋聚数千人，环城而哗"；⑦福建武平"官征钱粮，民多怀疑不肯纳"，"盗贼乘之煽动滋乱"；⑧山东堂邑因县令"苛敛虐民"，万余人围城"闹漕"；⑨还有广东东莞因一抗粮生员自杀后，"合邑士子"抗议，即"印长红通帖罢考"。⑩

抗租和抗粮这两种斗争密切相关。前者可以推动后者的发生，后者也会带动前者的展开。整个十九世纪四十年代在苏南、浙西一带接连发生的抗租抗粮斗争，就表明这点。其中一八四二年的苏州、松江两府的华亭、娄县、南汇、奉贤、昭文五县，抗

---

① 闵尔昌辑：《碑传集补》，王柏心：《蒋公墓志铭》卷一六，第12页。
② 《清实录》，宣宗朝，卷四七四，第19、23页。
③ 同上。
④ 《清实录》，宣宗朝，卷四七五，第23、24页；一史馆藏，录副奏折：《两江总督陆建瀛等片》，道光二十九年十一月二十一日硃批。
⑤ 《清实录》，文宗朝，卷六，第7页；卷三七，第26页。
⑥ 同上。
⑦ 曹允源：《淮南杂著》卷二，第42页。
⑧ 闵尔昌辑：《碑传集补》卷三二，陈应奎传。
⑨ 《潘焕龙传》，《清史列传》卷七三，第22页。
⑩ 《清实录》，文宗朝，卷三〇，第22页。"长红"，与大字报相似。

粮和抗租互相影响,交互发生尤是一个典型。^①这两种斗争开始
时,并非完全拒纳官赋、私租,只要求减轻一些租额、革除赋税
中的弊端而已。民间的暴力行动,只是企图实现合理的要求,对
封建官府并不就存意造反。可是,封建统治当局不仅拒绝人民的
合理要求;而且动辄派兵镇压,以为非如此"不足以惩刁顽"^②,
使矛盾激化,不少抗租、抗粮的经济斗争,便变质成为直接反对
地方政权的政治斗争。

与此同时,为要求赈灾、反对勒捐,而激成闹署抗官的事
件,也频繁发生。如一八四二年,浙江余姚县"匪徒",以呈请
赈济为名,"拥入〔官〕仓内汹闹";^③桐乡、安吉乡民"纠众肆
闹","毁署伤官",抢去库银。河南河内、修武、武陟、安阳、
汤阴、封丘、浚县等县百姓,反对"派科勒捐","聚众上堂,凌
辱官长"。^④一八四三年,浙江桐乡灾民滋闹地方官署;湖南武
冈州"痞棍"曾如炷,"阻米出境","纠众戕官"。一八四四年,
广西昭平"盗匪"抢劫饷船。一八四六年,浙江奉化民间反对县
里书役向粮户私索票钱,"酿成巨案";河南新乡县民贾学彦等
"粘贴匿名揭帖",要求减纳钱粮,进而"聚众哄堂","伤官长";
江苏昭文县在"地棍"金得顺等倡率下,反对官府"滋意讹索",
毁县署"大堂暖阁",并纠众拒捕。一八四九年,江苏苏州饥民
聚集于阊门,"白昼抢掠"俞、周、高三姓大户;常州府饥民数
百人赴府报灾,然后"纠约千余人拥至城内绅士余姓家",以

① 一史馆藏,录副奏折:《江苏巡抚程矞采奏》,道光二十二年十一月二十五
日。
② 一史馆藏,录副奏折:《安徽巡抚曹植奏》,道光二十九年十一月二十七日朱
批。
③ 《清实录》,宣宗朝,卷三六四,第19页;卷三六八,第28页。
④ 同上。

"求赈"为词，抢劫财物粮食。一八五〇年，江苏句容"刁民"在该县开仓征粮之际，"纠众阻挠，抗拒伤官"；[①] 江西德化等地、湖北黄梅一带，都"有游民结伴同行，横索钱米，攘窃财物"。[②] 所有这些，只是见于官书中的一些记载。所谓"匪徒"的"凶闹"官仓、"盗匪"的抢劫饷船、饥民的各种骚扰等，无非是民间反压迫、反剥削的各种不同的形式罢了。

（三）暴动和起义

抗租抗粮，以及各地因这种那种原因所触发的吃大户、抗讹索、阻米出境等，此起彼伏，整个社会动荡不宁。在这种形势下，民间不顾官府"禁邪教"的法令，破坏"严保甲、整乡约"的措施，秘密习教、结社的活动，广泛展开。

清廷屡次命令各省督抚严缉各该省教匪，要求"净绝根株"，而"教"的名目却越来越多，"匪"的队伍也越来越大。一八四二年，湖北崇阳钟人杰倡首的抗粮斗争，迅即分头纠众"达数万人"，"拒捕捆官"，攻占通城，自立为"钟勤王"，成为清政府镇压白莲教起义后规模最大的暴动。从这时起，全国各地接连发生暴动事件。如白莲教、天理教发动斗争于华北各省，捻党活动于河南、山东、安徽一带，斋教散布在湖南、江西、浙江、福建各地，天地会势力更遍及长江流域和华南各地。单据《东华录》记载，在十九世纪四十年代，大大小小的各种反清暴动，达一百一十余次；涉及的地区，有湖北、湖南、四川、山东、江苏、广东、广西、福建（包括台湾）等省；而以在湖南各地发生的最为

---

① 《清实录》，宣宗朝，卷三九三，第 3、7、11 页；卷四二五，第 6 页；卷四二八，第 16 页；卷三四五，第 10 页；卷四七〇，第 20 页；卷四七一，第 12 页；卷四七五，第 23 页。

② 《清实录》，文宗朝，卷六，第 7 页，卷二四，第 3 页。

频繁。到四十年代末，湖南新宁县先有瑶民雷再浩与汉民李辉、陈名机在黄陂岗地方纠党结会，与广西全州瑶民萧灿等遥相呼应，暴动起事；继有李沅发组织的"把子会"，以"劫富济贫"相号召，反对绅户"勒索重利"，宣布要"替天行道"，杀死代理知县万某，攻占县城，活动于湘、桂两省交界山区。① 广西地方更是极不平靖。全省"领府十一"，而所谓被"匪徒"蹂躏之区，"已近十之七"。而且，"地方大吏，苦于兵力有限，经费无多，顾此失彼，仓皇失措"。② 当时，有人提心吊胆，担心"一夫狂呼"③即揭竿而起事件的发生；也有人喻时世"如人满身疮毒，脓血所至，随即溃烂……势必有不可收拾之一日"。④ 在社会经济形势的急剧恶化下，大规模的起义革命，已处在一触即发状态。

五　少数民族地区民族矛盾的激化

中国广土众民，各个地区社会经济的发展极不平衡。经济上比较落后的少数民族聚居地区，也和汉族聚居地区一样，受到战后银贵钱贱的破坏影响和官赋、私租加重剥削的危害。而这些地区，又有民族压迫的特殊问题。民族矛盾和经济矛盾交织在一起，使民族间矛盾也急剧激化。

中国少数民族很多，集中聚居地区的情况也各有差别。这里

---

① 《清实录》，宣宗朝，卷四七四，第2—5、15—16、24—25页；《湖广总督裕泰奏》，道光三十年六月二十二日硃批，《刑部尚书阿勒清阿奏及附件，〔李源发〕供单》，一史馆藏，题本。

② 龙启瑞：《经德堂文集》卷六，第5—6页。

③ 左宗棠：《全集》，书牍，卷一，第35页。

④ 龙启瑞：《经德堂文集》卷六，第5—6页。

主要只述回、苗两族为主的少数民族，以及新疆的情况。满贵族在入主关内之前，与蒙族结成联盟，建立了统一的清帝国之后，标榜全国人民"皆我赤子"，一视同仁；但其实却执行以满族为主，联蒙制汉，或联蒙汉以制其他少数民族的民族歧视政策。

清廷对回族的歧视毫不掩饰。《大清律例》规定："盗犯已行"罪，汉人犯者赃在银五十两以上，处以徒刑；银一百两以上，处以流刑；若是回民，则"结伙三人以上"，"不计赃数"，"发云贵、两广极边烟瘴充军"。[①] 还有这样的案例："回杀汉者，抵死"，"汉杀回者，令偿殓葬银二十四两"了事。[②] 如此歧视，由来已久。这样的律条在经济比较稳定，阶级矛盾不怎么尖锐时，尚可相安，到了经济衰退、阶级矛盾尖锐时，便易激起变故。

汉、回之间礼俗互异，相互轻侮，经常因细故、积误而形成矛盾。这类误会、矛盾若被豪强所操纵利用，便"贪横构衅"，发生械斗。地方当局又以"暗中挑拨"，"意图两伤"[③] 为得计；到了不得不处理这些事件时，辄"以强弱为曲直"，谁强就袒护谁。一般说来，汉较回强，在处理时，地方当局便总以袒护汉族为多。

回民在全国各地错杂相居，形成大分散、小集中的状态。在云南、陕西、甘肃三省，回民居住比较集中。如一八五〇年前后，云南人口七百余万，"汉民占十之三四，回民占十之一二"，其他被称为"夷"或"彝"的十余个少数民族共占十之五六。[④]

---

① 参见《大清律例增修统纂集成》，卷二四，第16页；祝庆祺编：《刑案汇览》，卷一六，第12页；吴坛：《大清律例通考》，卷二四，第29页。

② 杨毓秀等编：《平回志》卷三，志，甘肃一，第三；白寿彝编：《回民起义》，第3册，第107页。

③ 李丙元：《永昌保山县汉回互斗及杜文秀实行革命之缘起》，《回民起义》，第1册；林则徐《全集》，丙，云贵奏稿，卷一〇，第20—21页。

④ 《钦定平定云南回匪方略》（以下简称《云南方略》），卷一九。

回民在诸少数民族中独占多数，与汉民约成一与二之比。[①] 陕西"汉回错处"，[②] 甘肃"自省垣及所属府、厅、州、县，大半参居回民"。[③] 但总的说来，汉民多于回民。回民的宗教团结坚强，并有清真寺公费，缓急可资通融。在这些省份，敢于反抗、并有能力反抗民族歧视的，首推势众心齐的回族。所以当民族矛盾激化时，采取最激烈的形式——武装斗争的多半是回民。而一旦发生暴力行动，回族内部的统治阶层为了转移劳动群众的目标，就惯于煽动民族情绪和宗教狂热，以致不分是非曲直，仇杀异常酷烈。

十八世纪初，清政府在云南确立自己的统治后，禁止汉族与少数民族之间典当和买卖土地；到了十九世纪中，这个禁令已成具文。汉民利用土司"图得价银"的弱点，经常廉价兼并彝民土地。凡彝民向汉民以土地作抵的典当、债务，汉官多回护汉民，以过期不赎为词，把彝民田地断归汉民。通过这类方式，彝民的土地日益被汉民兼并。到十九世纪二十年代，个别地区如永北厅北胜土司管辖地，土地已典出十之三四、十之七八不等，致彝民"无田可耕"。[④] 一八四八年，云南地方当局解决永昌汉、回仇杀案，严令保山（永昌府驻地）回民将产业全数售与汉民，"腴田"多被汉族豪强所占有。[⑤] 回民既怨官府，又仇汉民。

在云南，矿业（包括铜、银、铅等的采掘与冶炼）和农业一样，同是重要的经济支柱。经营者主要是回、汉两族人民中有资

---

① "滇省夷人……十居其七；汉民不过二分，回民仅止一分"，《云贵总督张亮基奏》，《云南方略》卷九。

② 杨毓秀等编：《平回志》，卷一，志，陕西，上，第一；卷三，志，甘肃，一，第三。

③ 同上。

④ 王崧等纂：《云南通志稿》卷五八，食货志，二，田赋，二。

⑤ 咸丰五年十月二十四日，《云南方略》卷一《陕西道监察御史陈庆松奏》。

力的人物。云南矿业到嘉庆时已趋衰落，至道光朝更每况愈下。
矿业的不景气，激化了矿业投资人物之间的矛盾。这种矛盾若发
生在不同民族间，即回汉之间，他们往往各自煽动本族群众"分
朋树党"，发生激烈械斗。在一八四〇年前，所谓"汉回构隙"，
"争利斗狠"的事件，已屡有发生。一八四五年，保山地方汉、
回之间因争矿利发生了一次大规模的械斗，该省其他地方回民也
相继响应。到了一八四七年更演变成为循环仇杀。林则徐受任云
贵总督处理此案，"调兵一万有奇，用饷四十万"，① 镇压回民，
惩处汉民，并命令双方具结互保，才算把仇杀压制了下去。在处
理善后中，清廷虽然宣布原则："但当别其为良为匪，不必歧以
为汉为回"；"汉回同体，执法持平。"② 但事实上处处"护汉抑
回"；又把所有当地回民数千人"驱逐徼外"，强制迁往自然条件
恶劣的潞江西岸的官乃山落户。清政府原想借弹压手段和隔离措
施以减少双方仇杀，事实则恰恰相反，"仇衅愈结愈深"。他们既
失"故业"，"其稍有刚气者"，便经常在"沿边滋扰"，从曲靖至
永昌上下二千余里间，"每思乘机报复"。③ 至于由此而形成的汉
回两个兄弟民族间的隔阂的影响尤甚，直至民国末年，还没有完
全消失。④

　　在陕西，汉、回之间，"间衅数开，结党寻仇，械斗劫杀，
往往而有"。⑤ 在甘肃，"自来回、汉杂居，动相仇杀"。⑥ 地方官

----

① 林则徐：《全集》，丙，云贵奏稿，卷四，第7页。
② 《回民起义》，第1册，第26页。
③ 《云南方略》卷一；刘毓珂纂修：《永昌府志》卷二八，大事记，"道光二十
八年正月"条。
④ 参见吴乾就《云南回族的历史和现状》，《云南省历史研究所研究集刊》1982
年第1期，第154页。
⑤ 杨毓秀等编：《平回志》卷三，志，陕西，上，第一。
⑥ 曾毓瑜撰：《征西纪略》卷一。

吏通常采取弥缝调和办法来解决，"不复论其情之曲直，但计其势之强弱"，"每多偏蔽汉民"。[①] 这样，回民积怨日久，先与汉人拼命，渐而至于与官府为敌。

苗民以聚居在贵州的为最多。当时所称之苗，不只限于苗族一族，[②] 还包括今之称为水、回、侗、瑶、彝、布依等少数民族。在贵州，苗族集中聚居的地区叫"苗疆"，约占全省面积的一半，与贵州毗邻的湖南西部凤凰、乾州、永绥、古丈坪、保靖等厅、县苗族聚居区，也别称"苗疆"。一七二六年，清政府在"苗疆"实施"改土归流"的政策，但事实上是与土司进行妥协，形成"土流并存"的局面；并"挑选精壮"，在贵州的苗疆里，"且屯且戍，以此弹压苗民"，[③] 实行军事封建的专制统治。单在古州、八寨、台拱、丹江、清江五厅，即分设一百二十堡，在湘西苗疆的兵力部署是，沿边环计七百余里内，苗寨二千余处，"共设营、汛官兵一万零四百七十员名屯备"，又建置汛堡、屯卡、碉楼、哨台、炮台、关厢、关门共一千一百七十二座，[④] 以资警备。清政府委派"流官"，掌握府、厅、州、县的地方政权，而基层政权仍控制在少数民族首领"土司"手里。"凡有催科、差徭及缉拿、拘捕事，俱责成土司。"[⑤]

清政府歧视、钳制苗民，制造汉、苗隔阂，以便操纵。例如在雷山、剑河等六厅，规定杂居比例为"汉三苗七"，以利"强

---

① 杨毓秀等编：《平回志》卷一，志，陕西，上，第一。
② 苗，在清代文献上，有作为对苗族的专称，也有作为对贵州以至整个西南少数民族的泛称；也有在其他少数民族族名下加一苗字的，如"侗苗""仲家苗""水家苗"等。对苗族本身，又有各种不同称谓，如"红苗"、"黑苗"、"花苗"等等。本文中的苗，主要专指苗族，也包括苗族聚居地区的其他少数民族。
③ 任可澄等纂：《贵州通志》，前事志，卷三七。
④ 《苗疆屯防实录》卷一；《屯防纪略》，卷三，屯防纪略。
⑤ 艾应芳纂：《独山县志》卷二二，宦绩，第36页。

弱相制"。① 同时，又禁止汉、苗人民自由往来。汉人不准私入苗地，苗民也不得私往汉人集居地区；连赶场（集市贸易）也有限制，必须由寨长"押苗人以同来，复押之以同往"。此外，严禁汉苗通婚，违者"从重处治"。② 一八二六年重申这些禁令，不许汉人"私入苗寨，勾引滋扰"。③

苗等各少数民族人民在"土流并存"的统治下，深受两位一体的压迫和榨取，即同知、通判等流官通过土司、通事等土官搜括民财，土官依仗流官（包括屯军的千总、把总）维护其世袭的统治权益。"每〔流〕官派一夫，土司辄取数夫，勒令折价；或指称误差，横加讹索"；"官用民夫一次，民间受累无穷"；④ "官取于民者十之三，土司、通事、差役取于苗者十之七。"⑤ 土官对各该族人民，"侵其田土，役其子女"，不只"苛派临而身家难保"，而且使之"受辱难堪"，"非刑搕索之，家倾乃已"。⑥

贵州"跬步皆山，田土硗薄"，自然环境较为恶劣，田地较少。一七三七年，清政府在古州、八寨、台拱、丹江、清江五厅置屯军八千九百三十九户，每户授给土地上等的六亩、中等的八亩、下等的十亩，附近山地不限。⑦ 一八○○年前后，铜仁、石砚苗地置屯军，每军百名，设百户一、总旗二。屯军每名授水田四亩，百户六亩，总旗五亩。除山地，仅屯田即达三十万亩，相

---

① 《清实录》，高宗朝，卷九九，第23页。
② 《清实录》，高宗朝，卷六〇七，第36页。
③ 《上谕》，见凌惕安《军事史》，第2册，第1编，第85页。
④ 《贵州通志》，前事志，卷二七，第17页。
⑤ 胡林翼：《论东路事宜启》，《遗集》卷五八，宦黔书牍。
⑥ 《贵州通志》，前事志，卷二三。
⑦ 《贵州通志》，前事志，卷三七；罗绕典：《黔南职方纪略》卷六，第10—11页。

当于全省"实在成熟田"的四分之一,[①] 超过"苗疆"耕地的一半。所有屯田,官文书中都记作"苗民呈缴",或"情愿"让出以养兵;其实,没有一亩不是由军、政当局凭暴力从苗族人民手里夺取来的。这些夺来的屯田,虽有上、中、下三等之分,实际"悉皆膏腴"。[②]

苗民并未因统治者加强统治而停止反抗;他们一再采取暴动形式,反抗清王朝的军事封建专制统治,形成所谓"苗变"。就其规模较大的说,据《贵州通志》"前事志"记载,在一七三七年至一八四〇年的一百余年间,不下十余次,也就是平均十年一次。这些"苗变",无一例外地都被清政府镇压了。每次"苗变"参加者有许多被杀的变成"绝户",幸存的被称作"叛苗",他们的土地几乎无一例外都被收作官有或充作屯田。还有屯军头目,督促屯军开垦的"山岗畸零隙地",[③] 事实上很少不是公然霸占各族群众早经开垦的熟地。随着屯田面积的不断扩大,到十九世纪四十年代,苗民劳苦大众保留在手的土地,都是屯军所不取的"山头地角,水易湿而旱易干"的畸零贫瘠之地。[④]

上述屯田,到了十九世纪五十年代,已半为汉族地主分子所侵占,所谓"今日之食屯者,半是刁生劣监"。[⑤]

清廷尽管采取民族隔离政策,禁止彼此间相互来往,实际上是无法完全禁止的。据记载,一八二六年,进入"苗疆"的汉人

---

　　① 雍正二年(一七二四)贵州田地数为一百零七万四千三百四十四亩(梁方仲编:《中国历代户口、田地、田赋统计》,乙表 61)。这里以此数为主要依据并考虑往后年份增添了一些成熟田来计算的。

　　② 罗绕典:《黔南职方纪略》卷六,第 11 页。

　　③ 《清实录》,高宗朝,卷四一八,第 1—2 页。

　　④ 李承栋纂:《黄平县志》卷七,武备,第 34—35 页。

　　⑤ 胡林翼:《遗集》卷五八,宦黔书牍,第 1—2 页。

客民，已有七万一千四百九十五户。① 这些汉人大致有两类，一是"奸商"、高利贷者，二是劳动群众。前一类人"百计欺绐"苗民，不择手段地盘剥侵占。例如，他们或酿酒、磨豆腐、宰猪售肉，有意赊给苗民，日积月累，"变抵田产数十百金"，进而把苗民的"田产妻孥"，尽攫为己有。② 高利贷者出借钱物，月利率超过三分。青黄不接时，利息更重。借谷一石，一月之内须还至二石、三石不等；在这些"客民"、高利贷者的盘剥下，苗民匮乏不堪。③ 还有一些人，通过代交钱粮方式，最后竟把苗民土地讹为己有。④ 一八三九年年初，清廷虽也查禁客民、流民盘剥苗人，但收效甚微。这样，在兴义，田地"悉为客有"；在修文，苗民"悉为佃户"。⑤

因利害冲突而形成的所谓"汉苗不和"，实质上乃是以民族矛盾形式所表现的阶级矛盾。

在少数民族内部，也有贫富的分化。到十九世纪四十年代，也出现了或占地千余亩、或土地遍布数十寨、或产量达千挑（计量单位）的大地主，而与穷苦苗民形成了阶级的对立。

苗民承租屯田或承租本族和汉族地主的土地，一般都对半分租。看来似乎并不特别苛刻；可是，在土质贫瘠、生产水平很低

---

① 凌惕安：《军事史》第 2 册，第 52 页。

② 胡林翼：《遗集》卷五八，宦黔书牍，第 1—2、7 页。

③ 同上。

④ "诸苗……不敢亲见官府，其田粮辄请汉民之猾者代之输而倍偿其数。谓代输者为田主，而代者反谓有田者为佃丁。传及子孙，忘其原始，汉民辄索租于诸蛮。诸蛮曰：我田也，尔安得租？代输者即执县粮单为据，曰：我田也，尔安得抗租？于是讼不解，官不能辨为谁氏之田，大抵左祖民而抑诸蛮獠人"（黄钧宰：《金壶七墨》）。

⑤ 贺熙龄：《复陈汉苗土司各情疏》，转引自侯哲安、杨有耕、翁家烈《太平天国革命时期的贵州各族农民大起义》，太平天国史学术讨论会（1979 年）论文。

的苗族聚居地区，却是很苛刻的。佃农保留的租余部分，常不足以糊口。承种土司土地的苗民，还须提供力役和礼品。土司凭借握有统治权力，以"退佃"为手段，"辄虐使其苗"，责令"岁上牛、羊、鸡、猪，以为年例年租"，并"多方科派之"。[①] 苗族大众生机，更濒临绝境。

清初规定，"苗疆"的一部分地方"粮特从轻"，另一些地方"永予免收"。随着时日的推移，这些规定都成具文。官府巧立名目，对免征者进行"采买"。而"采买"并无一定办法或限额，其榨取之重，比征银有过之而无不及。至于"从轻"者，更日益从重。更有甚者，苗民迫于"催比"，有"挖出亲尸"捡取殉葬银器，抵交赋税的。[②]

"苗疆"还有一种传统的贡赋叫做"鸡粮"。到一八四○年前后，官府把"鸡粮"的鸡，先折成银价，再折成钱价，所谓一只鸡的鸡价，有竟至须"纳钱数千"的，[③] 超过同一时期苏州、常州一带白米一石的价格。可见贡赋之重！对于没有土地的苗家，则须纳"烟户钱"，更是一种巧取豪夺。

苗民等各族大众在官赋、私租、高利贷等种种苛敛压榨下，"终岁勤劳，竭其物力仅足输官，无余粟以自赡"；"终日采芒为食，不得一粟入口。"[④] 这样，他们不仅无法维持简单再生产，就连劳动者自身的再生产也难以维持。

苗族劳动人民在如此重压之下，忍无可忍，奋起反抗。他们

　　① 贺熙龄：《复陈汉苗土司各情疏》，转引自侯哲安、杨有耕、翁家烈《太平天国革命时期的贵州各族农民大起义》，太平天国史学术讨论会（1979年）论文。
　　② 韩超：《苗变记事》，第1页，《振绮堂丛书初集》。
　　③ 邓善燮：《条陈苗疆善后事宜十五事》，"鸡粮者，原其始不过苗民向化，自愿于收成后各献一鸡，以输奉上之忱"；凌惕安：《军事史》，第8册，第5编，第8页。
　　④ 胡林翼：《遗集》卷五三，宦黔书牍，第1—2、7页。

说："为良则畏盗，而又畏官畏差，为盗则一无所畏。"他们说："为盗而死，忍饥而死，等死耳！犯法可以赊死，忍饥则将立毙。"① 所有这些表明，苗等各族人民为争取生存权利，已经准备起而作一番拼死的斗争。

新疆地区是少数民族聚居较多的一个地方。在这里，居住着维吾尔族和哈萨克、塔吉克、柯尔克孜、汉、满、回、蒙等十几个民族。十八世纪中，清政府统一新疆后，为巩固边圉，于一七六二年（乾隆二十七年）设将军府加强对新疆的治理。清廷在伊犁派驻总统伊犁将军为全疆最高军政长官，又在乌鲁木齐、喀什噶尔等十一城②分设办事大臣、驻防大臣、领队大臣等职。在民事上，清廷制定"因俗施治"的原则，在汉族聚居地区设置州、县等行政管理机构；在厄鲁特蒙古及吐鲁番、哈密等维吾尔聚居地区实行原有的札萨克制，由总理回务札萨克郡王、协理图撒拉克齐世袭管辖；在南疆地区，改革传统的伯克制，③ 变世袭为清廷随时升补简放。伯克准内地官制，"官秩自三品以下至七品不等"；不给官俸，代之以分配定量土地和种地人的制度。④ 最高

---

① 胡林翼：《遗集》卷五八，宦黔书牍，第 1 页。

② 十一城的西四城指喀什噶尔、叶尔羌、英吉沙尔、和阗，东四城指阿克苏、库车、今都善、乌什和东路的三城，哈密、吐鲁番、哈喇沙尔。

③ 伯克，回语音译，意即官长。它是一个总名。据《清史稿》，共有三十二种（见卷一一七，志九十二，职官四）。最高级别的是"掌综回务"的阿奇木伯克，级别最低的是"承办挖铜事务"的密斯伯克。在其他官书如《西域图志》、《回疆则例》列有三十一种；《回疆志》中作二十七种，《西域同文志》中作二十六种。伯克职名在上述各书有互见者，也有仅见于一书者，若去其重复，总计共三十五种。

④ 《清史稿》卷七六，志五十一。地理二十三，新疆。

帕特玛，突厥语中重量单位的音译。它的重量，不同时期与不同地方，都略有差异。法定折合率，每一帕特玛合官石五石三斗（王庆云：《石渠余记》卷四，纪屯田，第 17 页）。播撒一帕特玛种子量的亩田，约合二十六点五亩（参见包尔汉《论阿克柏政权》，《历史研究》1958 年第 3 期）。

级的阿奇木伯克为三品，"每员给二百帕特玛子种地亩，种地人百名"；① 其下至七品的各级伯克，以次递减。"种地人"又作"小回子"，或音译作"燕齐"、"烟齐"、"延齐"，从屯田余丁中拨给。他们在耕种之余，兼为伯克家服役，"如奴仆"。② 清廷授给各级伯克的土地和"种地人"的定额，如下表。

各品伯克使用土地和种地人数量

官阶	土　地		种地人
	按子种计（单位：帕特玛）	亩	（单位：人）
三品	200	10600	100
四品	150	7950	50
五品	100	5300	30
六品	50	2650	15
七品	30	1590	8

资料来源：据《钦定皇舆西域图志》卷三〇，"官制"。

新疆地旷人稀，清廷占有大量官田和屯田。③ 各级伯克占有的"养廉田"也不少。举南疆的库尔勒、轮台、库车、沙雅尔、赛里木、拜城、阿克苏、乌什、喀什噶尔、英吉沙尔、叶尔羌及和阗等十二个地区为例，最初实设各级伯克二百五十七人，除了其中从事村落行政、征集粮税及管理水利灌溉如明伯克、密喇布

---

① 《清史稿》卷七六，志五十一。地理二十三，新疆。

② 《西域闻见录》，卷七。

③ 一七六〇年（乾隆二十五年），清廷决定在新疆"招民开垦纳粮"，屯垦事务开始推行。一七七二年（乾隆三十七年），清廷采纳陕甘总督文绶奏陈"屯田五事"的主张，更推动了民垦的发展。屯田分"兵屯"（包括流放犯人垦殖的"遣屯"）与"民屯"两大类；而民屯又分三种，一是维吾尔等族人民开垦的"回屯"，二是内地无业贫民移殖开垦的"户屯"，三是招集内地商贾入疆屯垦的"商屯"。"兵屯"与"民屯"性质有别。兵屯的土地属于官府，按期轮换兵丁，牛只、农具、子种由官府无偿发给，收获全部交官，由武职官员管理，是封建国家所有制。民屯从升科年起，土地属垦者所有，牛只、农具、子种，由官府借给，分年偿还，收获物按额定赋税率——"每亩实纳银五分"交官，由地方官管理。是封建制度下的个体所有制。

伯克等七十四人不授予养廉田外，共授给"养廉田"达四十万亩和"种地人"三千二百八十八人。当时这些地区耕地总计约一百五十万亩，有五万九千户。[①]伯克的一百八十三家（假定1家只有一人任伯克）仅占总户数的百分之零点三一，而享有收益的土地却达到耕地总量的百分之二十六点六七。伯克作为个人来说，对土地并不享有所有权；而作为总体，实际上在耕地总量中占有了这么大比重的"养廉田"，把当地土地高度集中于自己手里，特别是在五品以上的高级伯克手里。[②]

伯克在政治上掌握行政权力，在经济上享有大量土地的收益权，并被优免了赋役，又得使唤、奴役"种地人"，实是享有特权的封建领主，使新疆的封建农奴制具有自己的特色。

清廷本来禁止伯克额外侵占土地以及"逾额"和"私役"种地人。但伯克凭借执掌民政的权势和地位，既"逾额"，又"私役"。鸦片战争后十年间，伯克经常"挟势占种官地"、"役回种地"。[③]一八四六年，清政府查明库车阿奇木伯克皮鲁斯一人额外占种的官田和民地达四万二千八百六十三亩，超过定额的四倍多；私役和变相私役的种地人一百九十八名，[④]比额定人数几乎增加1倍。可见伯克作为封建领主的势力在膨胀。

从一七五〇年至一八五〇年的百年间，新疆农业上的直接生产者——农民，大体分为五类：（一）自耕农，（二）耕种官田的佃农，（三）耕种屯田的兵（包括"遣犯"）和民，（四）为伯克

---

① 《大清一统志》，西域图志。

② 五品以上的高级伯克二十八人，在养廉田总量中占有约百分之四十；其余伯克一百五十五人，在养廉田总数中占百分之六十。参见佐口透著，凌颂纯译：《十八—十九世纪新疆社会史研究》，第152—153页。

③ 一史馆藏，上谕档：道光二十六年。

④ 同上。

耕种的"种地人",(五)在世袭的王公土地上耕种的农民。① 这五类农民中,第一、二两类是个体农民,第三类的兵屯基本上是"国家佃农",第四、五两类的基本属性是农奴。譬如"种地人",就是使用自己的农具,为伯克,并在伯克或其代理人的监督与指挥下从事农业生产的。他们对生产并没有积极性。例如兵屯之兵,"虽任耰锄之役","不期收获之丰","只图塞责"罢了。② 到十九世纪五十年代,新疆各族人民推举迈买铁里和尼雅孜两人为代表,向伊犁将军札拉芬泰请愿,要求革退伯克、裁撤燕齐、退还私占官田等五项要求,表明新疆人民已不堪忍受封建农奴制度的剥削,要求改革这一制度。

一七五九年,清政府对新疆民田田赋,沿袭旧制,额定十分取一;对官田,则责成耕种者分半入官,③ 随着岁时的推移,实征额日益加重;在鸦片战争后十年间,在库车一带,已是额征粮石的二倍。又从十八世纪初起,与内地征收常制的地丁合一、"按亩出赋"不同,在新疆实行"按丁索赋"。这样,"富户丁少赋役或轻;贫户丁多则赋役反重"。如此情况,连封建统治集团成员也说:"事理失平,莫此为甚。"④

新疆各族人民负担着无休无止的徭役和额外的摊派勒索。除了将军府和本地郡王、伯克所需人力、物力,统用摊派解决外;郡王、伯克们又常借公用名目,滥行派差,横行征敛。他们(一般限于四品以上)按例轮班进京时,除向属下摊派旅途及献礼所需的牛、羊、油、面粉,以及运送物资的畜力之外,总是借机无偿攫取大量土特产品,供他们进玉门关后大干交易营私活动。一

---

① 参见佐口透《十八—十九世纪新疆社会史研究》,第233页。
② 刘锦棠:《刘襄勤公奏稿》卷七,第16—17页。
③ 参见《乾隆户部则例》卷一八,田赋、田地赋贡。
④ 左宗棠:《全集》,奏稿,卷五三,第34页。

八五二年七月，清政府查明叶尔羌三品阿奇木伯克爱玛特藉年班进京，"讹索路费"，就曾迫使"各回庄共摊元宝千锭……羊羔皮二千张"。[①] 伯克渔敛之苛之滥，使广大群众无法安生，每遇回庄出现征敛者，"回子惧怕，有全行逃散"者。[②]

南疆各地大、小衙门的编制中原有应差工匠。伯克使之有额无匠，借以侵吞额设工匠的津贴和口粮；遇有工务，便向民间额外派役。还有其他名目繁多的陋规。如在奇台，新官上任"派照粮"；旧官卸任"派帮粮"。在其他各地，伯克也普遍派"红钱"，名为"克列克里克"，又有"色里克"的名目。这些，都"钱无定数"。[③] 还有根本没有名目、没有定章的，任伯克想派多少，就规定多少、收取多少。伯克的擅作威福，滥肆苛敛，造成广大群众无法安生。

新疆岁需饷银三百数十万两，[④] 全赖内地各省接济。鸦片战争后十余年间，此项协饷时有时无。新疆当局乃就地加重征索。清政府派驻新疆的大员，多出自宫廷禁卫的武将。他们对"民政未能周知，吏事素少历练"，听任各伯克自行其是。凡将军府有所征派，伯克便"倚势作威"，"借端需索"，"大约官取其一"，阿奇木伯克等"取其二"。伯克"敲比无虚日"，民间交纳稍有迟滞，辄遭"滥行枷责"；由于他们系以官的名义勒派征取的，以致民间"只知怨官，不知怨伯克"，从而扩大着清政府与各族群众的矛盾。加之"语言不通，文字不晓"，伯克从中"传语恐吓"，"颠倒混淆"，更使各族群众"视官府若寇仇"。此外，少数

---

① 《清实录》，文宗朝，卷六五，第17页；卷三二一，第35—36页。

② 同上。

③ 《各城大小衙门陋规》，转引自蔡锦松《论一八五七年新疆库车农民起义》，《新疆大学学报》（社会科学版）1980年第3期。

④ 左宗棠：《全集》，奏稿，卷五三，第340页。

王公、伯克也有分离思想；稍有风吹草动，即蓄意制造或扩大民族矛盾，进行分裂活动。

将军和伯克的搜括，加剧了新疆各族人民的贫困破产，到四十年代，已形成遍地是"贫民"、"饥民"和"无业回子"（指维吾尔等少数民族失业群众的流民群）的局面。他们一再掀起抗徭、抗粮、抗差等斗争，要求变革以伯克为标志的封建农奴制度。在社会秩序动荡下，连营兵也经常纠众乞饷、围官索饷，使当地的社会秩序更增动荡不宁。

总起来说，少数民族地区民族矛盾的激化和经济矛盾交织一起，到了十九世纪中，已经到了只要有某种事故，就足以触发剧烈的动乱了。

各族人民大起义期间的政经形势[*]
（一八五一至一八七四）

自从一八四〇年发生鸦片战争后，不过十年即在广西爆发了太平天国革命。^① 接着，又先后爆发了北"捻"南"会"和苗、回等各族人民大起义。这次大起义浪潮几遍及西藏以外的全国各省，历时二十四年。直到一八七四年，大规模的起义军才被最后镇压下去。^② 这次起义浪潮是中国封建社会按照自己的道路向前发展的一次伟大斗争。势力最为强大的太平天国革命是被中外反

---

* 此文为《清代全史》第八卷绪论，辽宁人民出版社一九九三年版。题目系新加。

① 太平天国的金田起义，究竟发生于何日，史学界尚有不同看法，一般认为发生于一八五一年一月十一日，也有认为发生于更早的几个月。还有认为"金田起义包括了洪秀全通知各地会众汇集金田以后所进行的一系列活动和斗争，是指发生于一段时期内的事，而不是指发生于某一天的事，因而不可能指明某一天是金田起义日"（参见王庆成著《太平天国的历史和思想》，第66页）。这里取一般说法，作一八五一年初。

② 大起义最后被镇压的是云南回民起义。清政府以一八七二年攻下大理作为平定年份；实际上起义的回民余部在李国纶的率领之下，据腾冲与清军对抗，最后被镇压系在一八七四年四月。在一八七四年，新疆尚处在一片动乱之中；但最初是以农民为主的反清起义，从一八六七年阿古柏设立政权起，起义性质发生了变化，不包括在大起义之内。

革命的武装力量联合镇压下去的，外国支持清政府所兴办的新式军火工业，对镇压其他起义也发挥了很大的作用。我们可以说，起义是由外国侵略者的直接间接掠夺所触发的，又是被中外反动势力所联合绞杀的。这是中国开始沦为半殖民地后震撼全国的第一次重大政治动荡，对于中国的经济发展前景具有极大的影响和作用。

一　当国执政者昧于国内外形势，治国乖方，使国家两失振兴机会

历史总是在变动不居中延续下来的。历史上具有转折性意义的关键年代、关键阶段，无论是怎样的转化，经常出现在动荡剧烈的岁月。这样的岁月，一般说，既充满危机，又富含机会；若是危机会延续，若为机会每瞬息即逝。一个国家的前途，一个王朝的命运，究竟是遇危机而沉沦，还是抓住机会，由革新而振兴，就看当国执政者面对变局，能否善于应变、驭变、用变了；是否善于因革损益而制定出一个能够适应世界局势的发展和本国根本利益的国策，倒不一定是成文的、系统的；而且有强有力的政治中心付诸实践。大清王朝在这个阶段的当国执政者的行事，对上述问题作出的答案，被史事验证，却是否定的。

中国在清代从乾隆末（十八世纪末）起，"衰世"景象已经触摸可及。建立在工农相结合的小农经济呈现衰落现象；生产资料和社会财富的分配不公趋向加剧；社会上民众"生活不易"，"浮口"（即失业者）增多，流民增加；以及"盗风日炽"，民间抗租、抗粮斗争的频繁发生等等，在在传导出人们对现状的不满已经到了难以忍受下去的讯息；也表明他们对既定的社会经济秩序，要求有所兴革、有所调整、有所突破的愿望。国家的外部环

境也日益严峻着。明正德十年（一五一五），葡萄牙殖民主义者漂洋过海东来，一度登陆南海一小岛——屯门，标志着中国和西方行将结成一种新的联系的开端。经过两个多世纪的缓慢发展，到十八世纪末，英国遣使中国，不单单要求通商，而且觊觎得一小岛。从这时起的二十余年里，它一再遣使相求，并屡以兵船游弋中国海上相恫吓、威胁。在北边，俄国继其大肆东向开拓疆土起，不单早与中国疆域相邻接，而且屡有蚕食活动，骚扰边隅，进而图谋"假道"黑龙江。这些事实表明：中国在那时已经处于新起的世界强国所形成的南北夹峙或海陆窥伺的态势之中。

中国的政治重心在朝廷，在"乾纲独断"的皇帝手里。操此"乾纲"的无论是嘉庆帝还是道光帝的行事信条，都把"祖制"捧若禁物，"天下无巨细，一束之不可破之例"。上行下效，"一时人才循循规矩准绳之中，无有敢才智自雄，锋芒自逞者"（龚自珍语）。对内政，"九卿无一人陈时政之得失，司道无一人析言地方之利病"；一旦有事，"相与袖手，一筹莫展而已"（曾国藩语）。对外务，既昧于世界形势的演变，一无了解还不屑于了解；无知而自大，对"叩关"而来的新兴西方国家，仍视若"蛮夷"，"轻慢"之，"不加考究"（魏源语）；可又别无处置的长策。如对外国兵船侵犯领海情节，认定实属"不成事体"，但除了"晓喻"制止并严令各省堵截外，也拿不出其他有效方策。所以，在道光中（十九世纪三十年代），忧国有识之士（如龚自珍），已痛切预言："乱竟不远矣；"并仰天吁求，"我劝天公重抖擞，不拘一格降人材"！

清政府在内政、外交两方面的政策措施，多处失当，于是道光二十年（一八四〇）乃在西方挑起的对中国第一次侵略战争（鸦片战争）中遭到败绩。清政府不能卫国保民，使自己的威信扫地；也使国家、民族深蒙凌辱。英国以其野蛮的，血火交织的暴力加诸中国，客观上却也为中国内部封建制度的解体和为中国适应世界潮流而发展，提供了一种推动力。关键在于怎么对待。中国人民之中就有因战败而震醒，明确意识到一个新的年代行将到来，并认定中华民族为求生存发展，必须在观念上有所变革，不能再囿于成见陈识，行动上也该这样，不容再作茧自缚而亟须自求振兴了。魏源就是个中杰出代表。在鸦片战争过后所编撰的《海国图志》中，他提出"师夷之长技以制夷"的具有远瞻性的主张，并提出"善师四夷"论。他主张要放眼世界，首先得承认"夷"也有"长技"，其次，应该广泛地向凡有"长技"的无论哪个"夷"来学习；更重要的，则是必须"善师"。其潜在之意，就是自己要有主张，应以本国的国情——精神的、物质的现状和潜力——为本，向外国或西方作有效的学习，为中华文化增添新的血液，为中华民族增强潜力，以期不为"夷""所制"，而使祖国和中华民族在世界上能够取得与其文化、历史相称的位次和尊严。

当权者在国家遭到创深痛剧之余，理该奋起以自赎，悉心倾听民间心声和谋国议论并引而发之；实际表现却全不是这样，而是麻木不仁。他们既失去了大清朝初年努力吸取汉文化以补己不足的精神，更抛弃了在中国早已有之的"卧薪尝胆"的古训。他们既把《海国图志》弃若敝屣（它在东邻日本被视若宝书，一再翻印），而且将战争过后继续探索西方先进技术的行为呵斥为"糊涂之至"（道光帝朱批）。另一方面，举朝又把民族之耻的《江宁条约》（南京条约）当作真能保障"万年和平"的护符。掌权的仍是"无耻者多"，"知耻者少"（龚自珍语）。如此遇变不"惊"，还能说得上什么驭变、用变，把攸关清王朝存亡和国家命运的挑战，持作振衰起敝的机会!? 于是，机会错失了，危机延续着。

　　清王朝因袭苟且一二十年，先受到太平天国为主的人民大起义的惩创，继又遭到第二次鸦片战争的打击，才如梦初醒，意识到中国再也不能自外于国际社会了。认识到"华夷混一局势已成，我辈岂能强分畛界"。准备应变了！是该"变"了。而"世界的中国"该怎么自处？清王朝一出手便铸成大错。

　　中国在与西方的接触中，既打了败仗，一时被迫受屈妥协，倒不是一定不可作为一种对策的，贵在于更该知耻、明耻，作出"还我尊严"的安排。而清王朝呢？如上所述，既把第一次鸦片战争过后接受的条约当作保障"万年和平"的护符，又在第二次鸦片战争中，窃喜外敌"志在贸易"并"无利我土地之心"，而甘心接受此时正在形成着的不平等条约体制，并在其束缚下过生活。设以不平等条约的签订作为使中国半殖民化的标志，那么这也就是说：清政府竟愿接受"中国在世界"中处于半殖民地地位的安排，而且准备使之处于这样的安排，即力求保持这样的所谓"和局"。

　　清政府自我把"中国在世界"中作了如上定位并取作前提，来重整大清王朝的威信，认识到无论是为对内，还是对外，都必须"稍变祖宗之成法"，制定所谓"自图振兴"，或简作"自强"的国策。其最终目标，说是要"为国家奠万世不拔之基"。

　　要干这么一番宏伟的事业，没有一种理论、没有一个指导思想将寸步难行。从当权执政者中一部分人，即习称洋务派者在仓促投入"变"中的言论或行动中的体现、所形成的理念，以及用与之关系密切且具有影响的人物如冯桂芬所概括的话来说是，"以中国伦常名教为本，辅以诸国富强之术"——也就是日后经衍变而概括成为的"中学为体，西学为用"或简作"中体西用"取作了这个"变"的指导思想。上述的"本"或"体"，具体言之，指的是中国的"文武制度"，也就是经济、社会、政治等等的基本制度；拟取以为用的唯限于"西学"的"术"，其内涵随着时日的演进而不断调整、增益着。就这一历史阶段，主要指的是坚船、利炮、机器设备以及与之相关的最基本的科学技术知识。他们颇为自负，也极自信地认为："中国文武制度，事事远出西人之上，独火器万不能及"（李鸿章语）。为"自强"而"变"，就是本着这个主旨来展开。

中华文化数千年绵延不绝而保有旺盛生命力，原与它在历史的长河中一向能容纳其他民族的优秀文化，充作自己的新鲜血液有关。此时清廷掌权执政者在学习其他民族的优秀之处上，硬性划出一条该学和不该学的界限。这既与我中华民族的优良传统有悖，也落后于当日开明人士的思想水平。如当年有人道："法苟不善，虽古先，吾斥之；法苟善，虽蛮貊，吾师之。"（冯桂芬语）附带指出，约略同时，日本明治政府给派往欧美考察的使节团指示是，"凡是可予我国有益之事，概当研究熟览"，以便结合自己的传统予以融合。试与比较，清廷之举措相形见绌。

"稍变祖宗成法"之"变"，从进入同治朝（十九世纪六十年代）就开始躁动起来；大举开展则是在太平天国革命失败之后，清政府在镇压了太平天国、尔后又相继平定了其他义军等"动乱"之后，盲目陶醉于自己的"本"或"体"的有用性；面对兵燹后的残破局面，只许把有助于加强、巩固这个"本"或"体"的西学，而力谋一切复辟旧制、旧状。这样，当对战胜太平天国一有了信心，便不认真反思所以"滋反"、"致抗"的根本原因，更不对以近亿计的生命和难以数计的赀财为代价所换来的局面作出一些顺应形势的调整和变革，仍一意孤行，重建已成历史反动的封建土地制度，甚至对西学中的可"用"者，当有人提出调整农业经营方式，仿制农耕机器，引用先进器械技术等等也根本听不进去而严厉排斥。这样，不单把已被冲击得七零八落的封建土地所有制又用强力复辟了起来，而且使地主土地所有制之下的小农经济在整个国民经济中仍占着统治的地位。

国家不是抽象的概念，它首先是统治阶级用来实现它本阶级利益的工具。清廷当国执政者在"自强"名义下之有所为和有所不为，说是为国家的根本利益，实际表明只是以狭隘的王朝统治利益为出发点的。它所采取的某些政策措施和一些建设，固然对强化国家机器能起些作用，一时确也起了不少的作用，以至一度出现所谓"中兴"的征象。可是，就对国家的独立、进步和发展而言，却不能这么说了。这是当年的"中兴"终难久长；或者说"中兴"只是一时呈现的假象的根本原因之所在。至于说"自强"名目下有所为的那些设施，是为国家奠"万年不拔之基"，更是直同梦呓！

有道是，一个人的"行动的目的是预期的，但是行动实际产生的结果并不是预期的"（恩格斯语）。这一阶段"自图振兴"或"自强"名义下所进行的经济实践出乎执政者的"预期"，却也势必、实际也正多少促进着商品经济的发展、近代工业体系的建立，以至对传统的思想、文化、观念的冲击。清廷这时的一代大政还能给人值得记忆的，只是这些。

二　西方资本主义列强用血火交织的暴力把中国推向准殖民地的行列

一八一五年，英国以在拿破仑战争中取得胜利为标志，在世界上成为霸主。它自恃其日益繁荣的经济和兴盛的权势，在全球规模内，掀起在海外展拓领土的殖民新浪潮。在此后的二十余年，它以"世界作坊"自豪，捎着"自由贸易"的旗子，跑遍世界，企图把世界各国，包括中国，尽变成它的商品市场；在可以施展殖民统治的国家（或地区），便横加占领，作为它的"海外领地"，或殖民地。后来英国人认为拓置殖民地对英国并不一定就是最有利的策略。一八五二年，英国政界权贵迪斯累里（B. Disraeli）说："殖民地是吊在我们颈上的石磨。"他是一个"很倾向于帝国主义的英国政府要人"（列宁语），如此语句出自如此人物的口，显然不是在说英国准备非殖民地化了，而只意味着为了大英帝国的最大利益并不一定以设置海外领地——殖民地为最有利。一切得看具体情况来作出具体的抉择。

中国以其文化、历史的悠久和地理上的形胜地位，自从成为一个国家起，一直宛似一个世界地独自运转着。它的人口众多，幅员辽阔，并且人民富有反抗精神，酷爱自由而不能忍受任何黑暗势力的侵略；但是，这个时候中国的统治集团，却是平庸的、软弱的、而且是衰弱的。据此，英国既认识到中国是一个难以征服、变成它的一个殖民地的国家；同时却又是一个容易被打败的国家——所谓"大清帝国这只大船必将沉落下去，它的强和大，只不过表现于体积和表象"，英国乃把中国视若自己的现成的牺牲品。

英国从它既定的世界战略出发，针对中国的情况，谋定打开中国的市场，能悉如己意地来推销它的工业产品和搜刮中国的原料，制定了一系列具体的政策和策略。

首先，鉴于其他资本主义国家如法国等一些国家对中国也心存觊觎，但还欠缺实力，英国乃率先宣布自己的政策："女王政府不想享有专有的对华贸易特权"，用此以求在自己行动时能够减少可能发生的阻力，并进而与之结成以自己为盟主的事实同盟，更利于共同增强对中国的压力。

其次，英国利用所拥有的军事优势，以战争手段占领它所看中的地方；过后，又取舍由我地对曾占领的土地作番抉择，或实行永久占领，或立即撤兵，或定期撤兵以造它的政治威势。它对想占领并已占领的地方，并不看成是吊在自己脖子上的"石磨"了，转而捧作"女王王冠上的宝石"，如对香港，以显荣耀及大英帝国的存在，兼是对清政府炫示政治威势。

再次，英国主要用战争手段、战争威胁，兼以政治讹诈或利诱，迫使清政府让予一系列的特权；继则在已经取得的特权的掩饰下，用实际行动进一步破坏中国的主权；尔后再用战争或战争威胁迫使清政府把非法破坏中国主权的实际行动合法化或变成条约特权。另一方面，它对其他资本主义国家暗中支持，怂恿它们与清政府签订条约，攫取新的特权；然后又以最惠国条款共同分享从清政府迫取的特权，从而使所有条约构成体系，且日益苛细和严密化。西方资本主义列强以此体系为依据，既在中国取得了便利于商品侵略的各种特权，又在通商口岸及后来名之曰"租界"的据点上无视中国法权，俨然以征服者、统治者的特殊身份和地位进行活动；还有权在中国江、海领水停泊军舰，可随时实施"炮舰政策"以行要挟，资本主义列强取此体制作为其"规范"中国行动的"大法"！

最后，列强施加政治影响，务期在中国出现一个能按照它们的意愿和利益行事的政府。英国的策略最初是单纯采用暴力、战争来实现。如在十九世纪四十年代末，用阿礼国的话来说，便是"制造纠纷"，为再次发动战争找借口；也准备另择对手，如在五十年代初，太平天国势力到达长江流域时宣称所谓"中立政策"，一再与太平天国拉关系，妄图使之转为己用。待到认定太平天国如果成功势将对它们不利，便转而倾向清政府。随着清政府逐渐驯化，即转变策略给予支持，以求能最符合于英国暨其他资本主义列强的共同利益。

清政府本身平庸、懦弱，当最初遭到英国暴力打击时，不敢发动和依靠人民力量对付侵略，迫于战败作出特权让许，其中也包括某些由于昧于国际形势，缺乏主权意识而作出主动的让许；虽则如此，基本上出于无奈，是被动的屈服。当人民发动起义相抗争，清廷胆战心惊，没有片刻犹豫地寻找外力以求维持自己的生命。一八五三年太平军占领南京、一八六一年攻下宁波逼近上海并呈现有可能沿海北上的态势；驰骋于华北的捻军势力此时又不断扩大并直接威胁京津地区，清廷对资本主义列强的态度乃迅由避免对外多有接触和被动屈服，作着向主动投靠的转变。英国为首的资本主义列强也正有如上所述的动向，双方乃一拍即合。在此形势下，清政府终于以咸丰十一年（一八六一）北京宫廷政变为标志，倒向投靠了。英国为首的资本主义列强与相呼应，对清政府的政策同以此年为标志，从单纯的打击转而为积极的支持，唯恐不能将它扶住。有如当日英国某一权贵指出：摆在英国面前的"一个新问题，不是由于中国的强大，而是由于中国的衰弱了"[1]。这个"中国"实际指的是当年清王朝。

从这个总的政策原则出发，英国又随时、因事来调整它的策略和措施。

例如，英国资产者在十九世纪五十年代末（咸丰末）鼓噪叫嚣，要求其本国政府执行"猛进"政策，压清政府务须作出尽符合其所要求的让与。过不久，英国的贸易、外交两部，几经商讨，终在一八六二年（同治元年）得出结论："如果满足商人们的要求，就会导致中国政府的倾覆；而这种结局是英国要用一切代价来阻止其发生的。"[2]

---

① 转引自沙琴《中英商务和外交》（A. J. Sargent）："*Anglo-Chinese Commerce and Diplomacy*"，第145页。

② 英国贸易部致外交部函，1862年2月15日，转引自伯尔考维茨，江载华、陈衍译：《中国通与英国外交部》，第28—29页。

又如，执行英国殖民侵略政策的急先锋阿礼国在升任英国驻华公使后，向内阁寄去一个机密报告，其中写到："对于英国来说，保全中华帝国使其不致瓦解，才是最合乎自己的……长远的利益。"要想做到这一点，"唯一可行的是所谓'宽容政策'以及逐渐的改革"，让清廷"感觉自己是自由的"，不是受列强和它们的外交及领事人员的"令人愤慨的干预"[①]下行动的。英国内阁采纳了这个政策建议，转发指示：英国政府认定，对中国使用"缓和而持续的压力，这比强暴的行动和言词更有用"，也就是更符合英国的利益。

清廷在英国的政策策略的影响与作用下，在涉外，特别是对英国有关的事务上，在嗣后一段时间内，确实往往在自己错觉为"自由的，不受列强的令人愤慨的干预下"行动着。

资本主义列强利用条约体制束缚着中国，使得中国这一主权独立的国家实际处于国不成国的状态；又挟制这么一个政府执掌中国的国务，从而实际主导着中国的行进方向。中国因此终被置于准殖民地的行列。

马克思说：西方资本主义列强之对中国，"从头到尾都是侮辱"。这是当年的事实。

三　太平天国重建垂危祖国的试探

西方资本主义列强对封建中国的暴力袭击，除了激化着中国社会内部固有的矛盾，又新添中国的东方和资本主义的西方之间的利害冲突。民族危机和社会危机互为因果地加重着，使文明古

---

① 阿礼国致史丹雷机密报告，1868年1月1日，转引自伯尔考维茨《中国通与英国外交部》，第56—57页。

国遭到前所未有的挑战。掌权执政的王朝既毫无作为，广大人民群众以农民为中坚谋求历史性的突破，乃揭竿而起，形成以太平天国革命为中心的全国各族人民大起义，并建立了农民政权，颁布了《天朝田亩制度》。洪秀全等领导的太平天国农民起义所制订的《天朝田亩制度》的核心内容，是以公平和均匀作为思想原则，彻底改组社会经济生活，把祖国重建为一个"新天新地"的新国家。但是，作为农民意志的体现，所设想出的方案，只能是把千百年来所习惯的农业、手工业相结合的经济体制当作理想体制，并且谋求使之永恒化。这种设想既与早已有了商品经济的发展和存在资本主义萌芽的中国社会经济现实有悖，又与世界发展大势背道而驰；设若付诸实践，势必产生客观结果与主观愿望完全相反的结果。太平天国终归于失败了。它以其失败的结局表明，中国农民有心而无能力真正实现国家的独立、社会的进步和经济的发展；而亟待后起的先进阶级、政治集团能够适应历史发展的要求和社会生活的客观法则，继续探索开创国家的前途。

四　财政变迁折射出社会经济演变的某些侧面

国家财政的本质是政府凭借公权力从社会产品中无偿取得的一定份额，用以保障政权的巩固和存在，并实现它的职能，促成国家的运转。它受社会经济的制约，又反作用于社会经济的运行。

财政制度由管理和收支两方面构成。在清代财政管理体制里，中央财政和地方财政并无严格区分。皇帝掌握绝对大权，户部作为办事机构以皇帝的名义统管全国的岁入、岁出，检查、监督全国各地稽征的赋税。

财政的收入，来源几乎全属税课。所有税课，按原分类有四大项：田赋、盐课、关税和杂赋。

杂赋有广狭两义：广义的，"地丁之外取于民者皆为杂赋"。这里的杂赋是狭义的，内容"杂"，包括课、租、税、贡四种。所谓"课"，包括芦课、矿课、渔课、茶课等等；所谓"租"，有旗田租、学田租、草场地租、屯租等等；所谓"贡"，指的是甘肃、四川、广西、贵州等省少数民族聚居地区或土司辖地向清廷进贡的马匹、皮毛、药材等"方物"之赋；至于"税"，则有契税、当税、牙税、牛驴税、木筏税等等。杂赋的具体名目不少，除了征取实物的，其征银两的数量都有限。

田赋包括两大项：地丁和漕粮，统属于农业税。"杂赋"中的"芦课"系"濒江新涨之洲田所完之课"，也是农业税；所有的"租"，只是田赋的一种特殊形式。"盐课"包括两部分，一征自灶地、灶丁、盐井、盐锅等的"灶课"，具有生产税性质；一征自盐商的"引税"，是种专营的商业税。关又作常关，所征之税名关税，或常关税或内地关税。虽然个别的关是设在海口的，如粤海关。它是对过往商品征收的流通税（某些榷关兼征起脚、落地等税）。"杂赋"除了上文已有所记，还有一些是手工业税、渔业税、不动产交易税、执照税等等。

若把清代岁入四大项，改按税赋的性质重新分类，且简化列如下表（不包括实物税、贡赋之类）：

清代岁入项目表

生产税	农业税（包括"地丁"、"杂赋"中的"租"的全部和"课"中的芦课等项）
	矿业、手工业和渔业税（包括"盐课"的灶课和"杂赋"中的矿课、渔课，以及油坊、酒作税等）
商业税	不动产交易税（"杂赋"中的田房契税等）
	营业及执照税（包括"盐课"中的引课；"杂赋"中的茶课、当税、牙税等）
	商品流通税（包括"关税"及对各种商品、市集落地税等）

岁出主要项目，据清官书记载，有十二大类：祭祀、仪宪、俸食、科场、饷乾、驿站、廪膳、赏恤、修缮、采办、织造和公廉。对这些且依据支用实际归并成六类：

其一，皇室经费。包括列入"采办"（供应皇室、内廷的各种物料）、"织造"（专供皇室用的绫罗绸缎所需工料、水脚等费）类中的支出，以及隐在"饷乾"、"公廉"和"祭祀"（祭祀陵寝）中的一些费用。

其二，行政费用。包括文武百官俸禄和补贴的"俸食"和"公廉"，"祭祀"中拨作祭祀坛庙的经费，维持文报传递系统和修缮衙署等分别列入"驿站"、"修缮"中的一部分，以及刊刻时宪书工价、岁贡"仪宪"等项。

其三，军政费用。包括官兵俸饷和本色米豆、马匹饲料等实物或折价的"饷乾"；维持军情传递在"驿站"中的一部分，和列入"修缮"项中的修缮营房费用等。

其四，学校、考试经费。包括举行文武乡会试的"科场"和给予各府州县生员廪粮银的"廪膳"。

其五，赈抚、赏恤经费。包括各省府州衙门用于孝子、贞女节烈和寿登百岁男女建立旌表牌坊和各地养济院、普济堂、育婴堂经费的"赏恤"。

其六，公共工程。主要是支作各省培、修河湖堤堰以及整修海塘，包括在"修缮"中的一部分。

清政府本量入为出原则，务期收支相抵，略有盈余，但在如此大国，每年在这里或那里总会出现轻重不等的灾害，发生规模大小不一的动乱。为资防治，所需经费，名曰"例外"，向来采取"推广捐例"的措施，取得所谓"例外"的收入来解决。这种"例外"，除了特大的灾害、动乱需要筹措特大量的经费外，由于小的灾害与动乱几乎年年有，而与经常的收入和支出没有多大差别。就这一部分的岁入税，年年数量差不多，约银三百万两上下，被称为"现行常例"。

经常加"例外"，在"处常安顺之时"，保障着国家机器的运转，维护着政治、社会秩序的稳定，便被视为臻于"地方安静"、"民气恬熙"或国泰民安的修治。

这里试按上述的分类，到本阶段时常年岁入、岁出量，据清《会典》所记，列如下表。

财政收支概况

单位：银万两

岁　　入		岁　　出	
田赋	3000	皇室经费	200
盐课	600	行政经费	800
关税	450	军政经费	2200
杂赋	200	考试学校经费	50
		赈抚赏恤经费	200
		公共工程经费	400
		余额	400
总计	4250		4250

说明：1. 实物部分都未计入；2. 受史料限制，岁入各项数字仍采原分类数字，岁出部分则尽可能地作番估计性的细析而分别列于该列入的项目之内；3. "现行常例"的收或支，都未计入。

上表表明，田赋是岁入中的最大宗，所谓"国家经费强半赖此"。盐课次之；关税更次之，占税入总额还不到十分之一。岁出中以军政经费为最大宗，有"费天下正供之半"之说；如果把它和行政经费、皇室经费加在一起，在岁出总量中所占份额超过百分之九十。财政收支的如此构成，清晰表明它是以农业经济为基础，专为保障国家机器的运转、巩固清王朝的统治服务的。

土地税是清代财政的最重要的支柱。它的税率不以土地的产量或收入为准，也不以土地的价格为准，而是根据土地的面积、参考各地气候和土地肥瘠的不同，确定不同的税率，即级差税率，分三等九则来征收。它的税率一不能随着土地价格或生产力的升降而增减，再须受"永不加赋"这个"祖制"的制约，三受耕地面积长期间增加不多而短时期间又骤难增加的限制，从而使征取总额长期固定化。盐在当时几乎全供食用，是必需品而且食又有一定的限度。盐课随着人口的增加，出现着稳定的微增长，构成所谓"溢课"。它如关税，由于商品经济成长缓慢，徘徊在同一水平线上，在长时期中增加不多；杂赋情况类似。所以，岁入总量在田赋起决定作用下，是一个有着微增长的常数。

岁出情况类似，各项支出按定额年年照支；即使情况有变化，"常经"不变，采取非法的或法外的手段来解决，于是岁出也有常额，整个财政制度在运行中呈现"静止型"状态并构成特点。

这个制度从这个阶段前历时近百年的运行中作长程观察，岁入总趋势难有增加，而且间有减少；岁出则反是，尽管增加得不多，却有增加的趋向。这样"财政日绌"、"左支右绌"经常成为进入这一阶段时职司财政官员的诉苦语，反映出了清初规定的"祖制"在这个阶段前夕，虽勉强运行着，但已经亟须改革。接着，国中遍地动乱，把整个制度推向极度的混乱，使之濒于崩溃状态。同治三年（一八六四）太平天国革命失败后，清政府对平定内乱有了信心，理当在"废墟"的基础上，作番从头收拾的改革。可是，在复辟旧制的总国策下，却力谋恢复旧状，更没有想到进行一番赋税的改革，只迁就混乱中形成的情状，形成一种新的局面。这个局面，并基本上决定了直至清末的基本财政格局。

这个新的财政格局，单就岁入说，其总量在这一阶段之末若与同阶段之初比较，增加了几乎一点五倍。这个扩大，并不是社会经济发展的相应结果，而只是社会经济因极大萎缩而尚未完全恢复中的产物。所增之数，主要来自征敛的加重和取之于流通领域。田赋收入虽然一时尚未恢复旧貌，依旧是一项最重要的财源，说明整个财政仍旧构筑在农业经济的基础之上的。来自流通领域的税目，主要是两项，关税和厘金，前者呈现有所增加的现象，后者则异乎寻常地旺发，直线上升着。两者相加，在这一阶段末，与田赋收入量等；社会经济结构虽然依旧，但商品经济已有了较大的成长。财政收入的这种构成和变动，既是社会经济畸形运行的一种反映，也表明清廷采取的是增加工商业者的负担来补济军政开支这样一种不利于社会经济发展的赋税政策。

十九世纪中叶清政府镇压人民大起义
对社会经济的破坏[*]

一八五一年初在广西爆发的太平天国革命，是清王朝统治下中国政治、经济、社会总危机的产物。在这次革命的作用和影响中，南"会"、北"捻"，和苗、回等各民族人民相继奋起反抗清政府，这些活动彼此虽互无联系，然也终汇成以农民为中坚的中国各族人民大起义。这次大起义，持续至一八七四年，历时二十四年^②；参与人数以千万计，行动所至遍及除了西藏的全国所有省区。清王朝为维持自己的统治，借助于西方侵略势力的支持，实行残酷镇压，并且对全国人民厉行敲骨吸髓的压榨以筹措经费，到处征丁以及随之而来的兵灾和长期战争，对整个社会经济又造成了巨大的破坏。

---

* 此文原题《十九世纪中清政府的反革命战争对社会经济的破坏》，原载《中国社会经济史研究》1986 年第 4 期。收入本集时，文字略有改动。

② 太平天国革命，一般认为发生于一八五一年一月十一日。大起义中最后被镇压的是云南回民起义。清政府以一八七二年攻下大理作为平定年分；事实上，起义回民余部据腾冲与清军对抗，一直坚持到一八七四年四月。这时，新疆虽然尚处在一片战乱之中，但主要是为了消灭阿古柏的入侵势力，不予计入。所以，这里把大起义的期间定为一八五一至一八七四年。

一　征兵的经济影响和兵灾

早在十九世纪初叶，清政府的常备军"绿营"，已是一支"平乱则不足，扰民则有余"的军队。到世纪中农民大起义前夕，引用曾用藩的话来说，这支军队，一般以"千百械斗为常"；在贵州、四川的"绿营"兵则"以勾结盗贼为业"；普遍吸食鸦片，聚开赌场，"各省皆然"。"大抵无事则游手恣睢，有事则雇无赖之人代充"；临阵"望风奔溃"，又每"杀民以邀功"①。太平军首义广西时，"绿营"一遇调发，"将帅莫知营制"，"将士各不相习，依例领军械、锅、帐，锹、斧、枪、矛皆窳钝不足用"；"州县发夫驮运载，军将拱手乘车马入于公馆；其士卒或步担一矛，依民家及旅店门，居人惶怖，惟恨其不去。……负贩往来营门，隘杂哗嚣，十军而九"②。这样腐朽的军队，遇到太平军，便一触即溃。因此，战争爆发后，清政府便大量招募丁壮，编成"练"、"勇"，补充营伍。大批丁壮弃耕从军，对社会生产事业，产生了很大影响。

（一）清政府在这次国内战争期间，究竟征集了多少丁壮？已是无从统计。征丁成军的经济影响，且举两个地方的情况，借作具体的说明。

在长时间里，清政府的主要镇压对象是太平军和捻军；其次则是陕、甘、新疆回民、云贵回民、苗民等。镇压太平军的主要武装是湘军和淮军。镇压捻军的主力是僧格林沁绕带的蒙古骑

---

① 曾国藩：《曾文正公全集》，（以下简作曾国藩《全集》），"奏稿"，卷一，第25页。

② 王闿运：《湘军志》卷一五，"营制"，第1页。

兵。镇压西北回民起义的，除了湘军外，还有不少蒙古骑兵。湘军和蒙古骑兵，分别以湖南和蒙古作为兵源基地。

一八五四年湘军最初成军时，仅有一万七千人；往后不断扩充，经过十年，到攻占太平天国天京（南京）前夕，单曾国藩直接指挥的就有十几万人；若加上在湖南、湖北、四川、福建、江苏、浙江、广东、广西各省不归曾国藩直接指挥的湘军、"老"湘军、楚军等各名目的部队，总计至少达二十万人，或"数十万人"[1]。在这十年间，湘军被太平军击毙和溃散的人数也不少。单举一八五八年三河战役说，李续宾所统湘军全部被歼，其"有名可纪者九千余人"[2]。一时湖南湘潭县属，"几于处处招魂，家家怨别"[3]。累年累次战役累计，死者至少也有二十万人。

当时湖南总人口略过二千万，假定男、女各半，男性丁壮在男性人口中又占半数，则被征在军以及已被击毙的该省壮丁四十万人，约占全省男丁的百分之四，或全省男性壮丁的百分之八。这么大量丁壮被编入伍，当然要严重危害社会生产事业，所谓"使一方之民，尽废农工之业以趋于兵，欲无危得乎"[4]？

一八六一年，湖南巡抚毛鸿宾奏陈"招勇流弊"称，由于一再招勇征丁，"目前湖南农工两途，已觉事多人少"，若不及时作些节制，势必"不使田野荒芜不止"[5]。

蒙古地区一向是清政府的一个重要兵源基地，还在满人入关以前的一六三五年（天聪元年）就规定了蒙古居民在六十岁以

---

① 毛鸿宾：《毛尚书奏稿》卷四，第20页。

② 方玉润：《星烈日记》，转引自太平天国历史博物馆编《太平天国史料丛编简辑》（以下简作《丛编简辑》）第3册，第123页。曾国藩在所撰"湘乡忠义碑"中，作"死者殆六千人"，见黄楷盛纂《湘乡县志》卷三，"建置二，祠庙"。

③ 曾国藩：《全集》，"书札"卷八，第14页。

④ 《郭嵩焘日记》（一），第483页。

⑤ 毛鸿宾：《毛尚书奏稿》卷四，第20页。

下、十八岁以上，"俱照例编审"①，从事"征明"。嗣后，征取"兵差"一直照此例办理。太平天国革命爆发后，清政府加紧在蒙古征调兵丁；特别是在从一八五三年中太平军遣师北伐起的两年内，征调尤为频繁。一八五三年五月一个月里，清政府先着华山泰统领察哈尔蒙古官兵四千名驻防京师，并挑选壮马五千匹，赴直隶、山西备用；接着，令其"再挑臕壮马五千匹"，"迅解来京"；又命令内蒙古东三盟（哲里木、昭乌达和卓索图）王公选派蒙古劲兵、臕壮马匹，往热河木兰围场扎营，以备调拨，清廷刚"赏收"锡林郭勒盟苏尼特旗札萨克郡王齐昭札布捐输军马三千匹，接着，传谕再就马匹中"择其臕壮者"护送热河②。同年冬，清政府起用哲里木盟科尔沁郡王僧格林沁为参赞大臣，"酌拨哲里木盟马队一千名，热河兵五百名"，等归其调遣③。一八五四年，清政府命山西巡抚恒春咨绥远将军盛壔带兵千名，赴山西防堵。一八五五年夏，清政府调绥远城土默特官兵千名，赴河南归英桂调遣④；等等。待僧格林沁受命镇压捻军，其所率蒙古骑兵以科尔沁旗为中心的一些盟、旗作为兵源基地。随左宗棠"西征"的蒙古兵，主要来自锡林郭勒等盟及喀尔喀诸部落。蒙古本属地旷人稀的牧区，经一再征丁、派马，牧区的人、畜都大为减少，导致该区人民"困苦已极"⑤。到七十年代初，锡林郭勒等盟及喀尔喀诸部落紧急呼吁缓征丁马；在一个奏折中称：历年征兵，已造成"游牧者寥寥"，再也"不能凑集"，只能"老弱

---

① 《清实录》，太宗朝，卷二二，第21页。

② 《东华录》，（咸丰朝），卷二三，第34、39、43、45页。

③ 《文宗圣训》，卷三九，"简兵、二"，卷四十，"简兵、三"。

④ 《文宗圣训》，卷三九，"简兵、二"，卷四十，"简兵、三"。

⑤ 安定奏："成禄营驼只变通购办由，同治十年十一月二十四日"军机处录副奏折，中国第一历史档案馆藏（以下简作"一史馆藏"）。

凑数"，到处呈现"民力已竭"景象。这就是滥肆征丁派马的结果。①

除了征兵成军，清政府自于一八五二年命令各省普遍组织团练起；数年间，这种以封建宗法制度为依托的武装组织，"几遍十八省"②。团练的编制，举广西为例，大体如下：省设团练局，省局之下各府、厅、州、县均设总局；总局之下四乡设大团，圩、镇设小团。团丁来源，除鳏寡单丁免派外，家出一丁，准许雇人代替；年龄一般是二十以上、五十以下。团练也有以宗族关系来编制的。如在湖南蓝山，到一八五四年底，"四境俱已立团。大姓自为一团，零户数村一团，山民僻远数十家一团，俱以营伍部署之"。③全国究有多少团练组织（或作"乡团"）、多少团丁，都无从计数。据记载，湖北各州县团练，或数千、或数万人不等。安徽类似。浙江新登县各乡，统而计之，凡五六万人；湖南平江四乡成立团局一百四十七处，设每局有团丁百人，则将近一万五千人。如果按这些县平均扯算，乘以十八省约一千五百州县，总计团丁约达二千万人上下。作为团丁的年富力强的精壮，既脱产或半脱产，原来的"农夫牧竖"，便罕有不都变成"游手无著"者的。④

（二）大量军队编组既成，带给民间的是兵灾。

清政府驱赶军队开往战争前线，这些军队在沿途很少有不滥行需索、到处滋扰的。它们除了按例向过路各地要求供应油、盐、柴、米、粮秣、伕役等等而外，总伴之以"格外之苛求"，

---

① 《清朝续文献通考》，卷二〇九，兵八；卷二一五，兵一四。

② 李鸿章：《李文忠公全集》（以下简作李鸿章；《全集》，奏稿，卷三十八，第18页。

③ 雷飞鹏等纂：《蓝山县图志》卷七，"事纪·中"，咸丰四年条。

④ 《清朝续文献通考》卷二一六，兵一六。

一时有"兵过如洗"①之说。一八五一年，大学士赛尚阿率都统巴清德、达洪阿从北京驰往广西镇压太平军，一路骚扰，如经过湖南祁阳时，"一卒需舆夫两名，骑卒需夫一名，肆扰特甚"；"巴、达尤悍戾，视知县如犬豕，供给丰，犹不餍"。这支"京军军贱者乃人儋一矛，其衣被履笠胥民伕肩远，稍贵者无论矣。军万人，役夫乃不啻数万"。这一事例，可以取作典型。②

河南地处中原，清政府为镇压太平军，北兵南调，路所必经，为镇压捻军，大军又麇集于此；在长时期中，兵差成为河南人民头上的沉重负担。当时人说："目下征调各路弁兵，冀图攻剿。讵知官兵之扰害，更甚于贼。逐日口粮若干，到处车马若干，少不如意，鞭挞立至。"③该省在一八六〇年备办的"勇粮运费，较正供多至倍蓰"④。

在镇压西北起义回民期间，陕西成为官军前沿兵站基地。民间供应兵差，困苦不堪。三原人民致陕抚刘蓉一件公禀，叙述了当时实情：三原"地当孔道，平居流差已是纷沓"；这时"过境兵络绎不绝"，"尽力供给，罗掘已空"。"差官到局，打骂滋闹，直至持刀砍伤绅士"。"运载麦炭及麺房骡头，均被拉差"。"及到各县，又多勒支，……兵勇占夺，损失畜头，致令一切驮运，无不裹足；而城市麦炭面斤，亦骤然昂贵至四、五倍不等"。乡间穷民，偶有牛车逃难进城，一并拉顾"。"幸值夏雨，可以播种秋苗，而牛已支差；及牛归，而又过时矣"!⑤

---

① 兵科给事中袁甲三奏，咸丰三年正月十九日；军机处录副奏摺，一史馆藏。
② 李馥纂修：《祁阳县志》卷二，"事略志"，咸丰元年条；卷六，"官师志·任瑛"。
③ "瑛兰坡藏名人尺牍"，中国史学会主编：《捻军》，(以下简作《捻军》)，第5册，第168页。
④ 《清朝续文献通考》卷二一五，兵十四。
⑤ "上刘抚帅公禀，丁卯"，转引自《捻军》第6册，第207—208页。

　　兵差的沉重财物负担，和严重扰乱社会秩序、危害生产，不只是发生在河南、陕西两省；凡有兵差之地，几乎无不如此。

　　清军责供军差，又每每伴之以公然的劫掠。在直隶，"各军云集，兵勇骚扰颇甚"①。翁同龢说，"仆人曹喜……归省，行至涿州南，见难民遍野，露处号呼；而官兵抢掠之酷又倍于贼，万口同声，似非无据"②。李鸿章率部在冀、豫间镇压捻军，"兵无纪律，所过村庄，往往搜刮财物，人皆苦之"③。在给曾国藩的一封信里李鸿章说："直境柴草维艰，兵与贼皆取资于民，千里无寨，所过已如梳篦"，"故民仇兵甚于仇贼"④。畿辅之地尚且如此，其它地方就更惨了。如镇压陕回起义的清军将领穆图善，对所部在行进途中的"杀掠奸淫……一概徇庇纵容"；"由北山行走，一路……甚于盗贼"⑤。在三原，"兵勇出入城中，塞街填巷，讹诈诬骗，无日不有"；甚至佣菜卖果之人，亦被强取，不与钱文，一有辨说，即行殴打嚷骂，并抢去已卖之钱"；逼得"货铺旅店，大半关门"。官兵"结群成伙，分赴乡村，拆毁椽木，抢拉牲头，道路行人亦多被其劫夺，或更致受重伤"⑥。镇压云南回民起义的清军总兵张名泰部在所过之处，"搜刮殆尽"⑦。其它各支也无不"敲磕善良，毒害城乡"，致民间"困苦流离，毫无生计"，甚至还有"乘机啸聚，椎埋剽劫"，"贪财

①　左宗棠：《左文襄公书牍》，（以下页简作《左宗棠书牍》，"家书"，卷下，第6页。
②　《翁文恭公日记》，同治七年二月初八日，第八册，戊辰，第11页。
③　《大名县志》，转引自《捻军》第3册，第361页。
④　李鸿章：《全集》，"明僚函稿"，卷八，第14页。
⑤　《平定关陇纪略》，（以下简作《关陇纪略》）卷四，第10页。
⑥　"上刘抚帅公禀，丁卯"，转引自《捻军》第6册，第206页。
⑦　杨琼：《滇中琐记》，第3—4页。

利”，“多肆杀戮”的①。私家记载，“贼之打劫，尚分物之贵贱、人之贫富。官兵……之打劫，值钱者不待言，贱至破衣、铁钉、女鞋，亦收去，富者姑勿论，穷至三升、两升者亦不留。呜呼！”② 当官的也没法讳饰。有的说：“军兴十年，兵习济以勇，……淫掠或倍贼，民苦其来”，“甚者，旌麾所过，村落为墟”③。有的说：“苟且趋污以虐取于百姓”，“兵之扰民，作践太久”④。曾国藩盛赞蒙古骑兵“无美不备”，而“稍惜其扰民”⑤。他的这个“稍惜”，竟不知饱含了多少民间血泪！

（三）清军在一个地方驻防，那个地方就遭祸殃！

豫胜营李世忠部驻守安徽全椒，“专为清壁清野之计”，糟蹋得“数十里无人烟，耕种者百人内三四人而已”；“城外附郭处，常有狼群来往”；“斗米价一千数百文，物价皆贵，饿死者盈路，人相食”⑥。“西征”统帅左宗棠在一件奏折中说：“陕甘用兵颇多，为时又久，乱后荒瘠殊常，购粮不易，各军每于人烟稍密、种植稍多地方，随时安扎营垒。始犹藉称保护庄稼，给钱办粮；继则捐派民间，不给价值，甚且搜刮殆尽，民不敢争，以致转徙流离”⑦。又说：“臣以直省征军粮食，从无责令民间供办之事；而甘肃各军，则习以为常，每营每日勒民间供给一千斤或八百斤。以清水县一县而论，养总兵敖天印一营，每日须捐粮一千

---

① 全汉青：“梯月马公行状”，转引自白寿彝编《回民起义》第2册，第413、415页。

② 无名氏：《贼复至纪略》，转引自李有明整理“蓝朝鼎起义军在敖安”，《近代史资料》，1982年第4期，第7页。

③ 唐训方：《徒征图记》，转引自《捻军》第3册，第274、277页。

④ 曾国藩：《全集》，“书札”，卷三〇，第12页。

⑤ 王定安：《湘军记》卷二〇，第6页。

⑥ 同治《续修全椒县志》（抄本）卷一〇，杂类志。

⑦ 《关陇纪略》卷一三，第12页。

斤，每年须三十六万斤，视额征丁粮，奚止数倍。甘肃州县地方素称瘠苦，百姓何以堪此！闻敖天印性情惨刻异常，每征此军粮，竟创造非刑，以银箝夹粮户鼻孔，牵之以走。必待展转哀号，勒缴足数，而后释去。其勇丁之骚扰万状，又不待言。"①

团练的危害虽不像兵勇袭来时的骤而暴，可是隐而普遍。团丁中有不少原是"习于械斗，杀人夺货"的亡命之徒，他们既经编练成团，有棍棒，有刀矛，更各怀私欲，残民以逞，公然攘夺，劫掠戕杀，成为无处不在的祸害。

其时，全国各地，除西藏以外，没有一处不程度不等地频频征丁成军，从而使各地在不同程度上出现了"种艺既乏壮丁，耕垦并少牛马"的景象；社会经济濒于停滞状态，加上兵灾的侵蚀，终使民间匮乏不堪！

二 民间的惨重牺牲

人民生命在内战之中，直接、间接遭到惨重牺牲。此中固然也有一些伤生于起义者的刀、矛之下，但各地起义军的镇压对象，基本上是压迫和剥削他们的官僚、缙绅、地主、富豪；对一般人民是力戒滥杀的。举太平军为例。它以"奸官必诛，妖吏必诛，此外，皆为赤子"作为行动原则；在从广西北上湖南征程中，"所过非官吏不妄杀"②；进军至武昌，东王杨秀清传令："官兵不留，百姓勿伤"③。武昌城破后，"遇害者数万人"是"自巡抚至典吏员弁绅民"之流人物；民户固有千数百户阖家死亡，但

---

① 《关陇纪略》卷六，第27—28页。
② 王闿运纂：《桂阳直隶州志》卷一七，"人物·褒忠传"，谢希韩条。
③ 东王杨秀清"诰谕'甲寅年四月'，转引自《太平天国文书汇编》，第114页。

其中很多是自杀的，即所谓"殉节"。① 此后，太平军每占领一地，除了镇压负隅顽抗的清军官兵，基本上遵守"不许妄杀良民一人"的纪律。英国上海领事馆翻译密迪乐（M. T. Meadows）在五十年代中写的一件报告中说："关于他们（太平军）残杀自己同胞的传说，不仅是夸张的，而且是大肆夸张的"，"他们正在尽力保护那些村庄和没有城墙的城镇，保护所有愿意留下来悄悄归顺太平军统治的人"② 在剧烈的军事斗争中，出于各种原因，杀戮波及"良民"也是难以避免的。如有一说，一八六〇年太平军攻克无锡时，黄和锦上表洪秀全："共杀男妇老幼'妖民'十九万七千八百余口"。③ 又有记载，一八六一年太平军攻克杭州时，杀居民十四万余人。④ 上述两说虽不免都有夸张，但未严格遵行"凡未助妖之人；均须恩赦"⑤ 的诏令，有不少"良民"当作"妖"被枉杀，该是事实。

一些地方武装的方针正好相反。这种武装原是由官僚、缙绅、地主、富豪编组起来，用以维护压迫、剥削制度的工具。他们既不积极支持起义军，也不反对起义军，因之对一般居民也产生阶级仇恨。而他们所统率的士兵，虽多出身于劳动人民，其小私有者的贪财欲望，多乘军事行动的机会大事膨胀，大批地枉杀无辜。有人称：湘军系"以戮民为义"的一支军队；一地"一经湘军之所谓克复，借搜缉逋匪为名，无良莠皆膏之于

---

① 王葆心：《再续汉口丛谈》，第 47 页。

② 《蓝皮书》，1862 年，第 56 页，转引自塞克斯编《太平天国问题通信》，见北京太平天国历史研究会《太平天国史译丛》第一辑，第 65 页。

③ 顾思瀚辑：《竹素园丛谈》卷一，第 16 页。

④ 佚名：《东南纪略》，转引自中国史学会主编《太平天国》第 5 册，第 232 页。

⑤ 天王诰旨[1861 年]，见韩明译："太平天国文书译稿"，转引自南京大学历史系太平天国史研究室编《太平天国史新探》，第 336 页。

锋刃"①。江西据说是一个民情"从逆如归"的省份。李元度率湘军进入江西，曾国藩嘱咐他"无惑于妄伤良民恐损阴骘之说"。还说，"斩刈草菅，使民之畏我远过于畏贼，大局或有转机"②。曾国藩又教其袍弟曾国荃，"断无以多杀为悔之理"③。在这样的统帅率领之下的湘军特别残忍。在攻陷安徽宁国府城时，湘军"大呼直入，一律斩薙无遗"。攻陷安庆时，"诛戮殆尽，并无一名漏网，浮尸蔽长江；曾国藩还说，"差快人心"④ 清军的其它部队，也不比湘军仁慈。镇压捻军的官军，"专以杀戮为功"；破一圩、一寨，便把圩、寨中人，"诛戮不留遗种"⑤。"遍地尸横，一无漏网"⑥。在镇压陕、甘回民起义中，多隆阿督副都统穆⑦图善在陕西大荔攻破了回民聚居的羌白堡，"堡中老弱妇女，哭声震天，尽屠杀无遗⑧。左宗棠受命镇压起义，在"进剿"各股回民义军过程中，采取所谓"先抚后杀"的策略，每克一城，屠戮辄以千计。一八七三年，官军既占领肃州（今酒泉），左宗棠向清廷奏称："安肃道史念祖、署肃州知州李宗笏入城，环视尸骸枕藉，即老弱妇女，亦颇不免"⑨。实际是屠城，却以"亦颇不免"一笔轻轻带过。官军在镇压起义回民时，也镇压"匪"。这个所谓"匪"，是指一些汉族人。据左宗棠的奏折中解释，这个

① 蔡尚思、方行编：《谭嗣同全集》，第345页。
② 曾国藩：《全集》，"书札"，卷五，第42页。
③ 《曾文正公家书》，家书三，第66页。
④ 《曾文正公家书》，家书三，第72页。
⑤ 任重光："上毛钦帅平贼议"，见《捻军》第6册，第196页。
⑥ "上〔河南巡抚〕张之万禀，同治三年十一月初九日"，姜麓："归德府军务探根"，《近代史资料》1982年第4期。
⑦ 杨毓秀编纂：《平回志》卷三，转引自《回民起义》第3册，第68页。
⑧ 左宗棠：《左文襄公奏稿》（以下简作"左宗棠：《奏稿》"）卷四四，第8页。
⑨ 左宗棠：《奏稿》，卷三三，第11页。

"匪"，又可分成两类：一是在动乱中无家可归流而为匪的"匪"，又一是"因官军诛求无厌，无所控诉，激而为匪的"匪"①。这样，这个"匪"，便多是不堪压榨剥削，愤起反抗的穷苦汉族老百姓。据《平定关陇纪略》，总计清军在镇压回民起义中仅在交战中击毙的起义军，至少达三十八万八千余人②，而所杀无辜，或且过之。

清军镇压贵州苗民起义时，诛剃无已，"劫杀满道"；手段更加残酷，每用"生坑"③即活埋！镇压云南回民起义的官军告人说，杀人必至杀得精疲力竭方止④。

进入六十年代，一些西方国家除了源源供应清政府以"洋枪"、"洋炮"帮同清军残杀中国人民外，还对中国人民进行直接的残杀。配合清军镇压起义军的这些外籍军人，也都犯下了屠杀中国人民的罪行。例如一八六二年三月，外国军人在上海附近闵行帮同清军镇压太平军时，就滥肆烧杀，镇上街道房屋，"烧成一片焦土"，许多地方尸积如山⑤，其中绝大多数被杀者都是平民老百姓。

民族仇杀的根源是阶级斗争。回民义军把汉族人民当作残杀

---

① 《平定关陇纪略》中辑集的奏折中多有关于"阵斩"、"击毙"的数字，其中有作"三、四千"、"二、三百"、或"百数"，"千数"的。对这些数字，分别作为"三千五"、"二百五"、或"一百三十"、"一千三百"计。这里的三十八万余的数字，就是据该《纪略》中所记数字累计得出。至于记作如"横尸十里"、"毙杀无算"等等，则概未计入。

② 凌惕安编：《咸同贵州军事史》（以下简作《贵州军事史》）第6册，第3编，第75—76页。

③ 见柯乐洪《克莱赛纪行》（A. R. Colquhoun, Across Chryse）卷一，第263页，转引自王树槐著《咸同云南回民事变》，第238页。

④ 塞克斯致《西伯丁自由报》编辑，1862年6月21日，转引自北京太平天国历史研究会编《太平天国史译丛》第1辑，第58页。

⑤ 《曾文正公家书》，家书三，第72页。

对象的限本原因，在于清朝统治者实行民族压迫、民族歧视政策和挑拨民族仇恨。西北回民起义中，在陕、甘、新疆各省民族间的残杀，一时相当严重。相互的仇杀，导致出现"汉祸既惨，回亦无归"[①] 的景象。西南少数民族起义中，如贵州苗、汉之间的残杀，使"山岭谷地，土石皆赤"。

一般说，大的战争之后，必有大疫。实际上，在内战激烈展开的年代，疫疬已不时广为流行。如一八六一年前后，江西彭泽到安徽东流一带，由于"连年战斗，尸骸腐朽，蒸郁积为瘟气，……肿头烂足而死者十有八九，多道毙"[②]。举云南一省为例。据记载，一八九八年昆明"疫疬大作，病饥饿死者日从城上弃之，不计其数"[③]。一八六一年腾越地方"刀兵之余，时疫流行，吾民几无噍类"[④]。次年，永昌府"瘟疫大行，尸骸遍野"[⑤]。一八六三年至一八六四年间，江川县属，"死以兵戈者少，疫亡者多"[⑥]。一八六七年，景东"瘟疫流行，饥馑备至，已不成世界"[⑦]。一八七三年路南大疫，"生民几无孑遗"[⑧]。如此记载，不一而足。

老百姓饿死的也不少，又有种种原团：或避乱荒山僻处，饥饿而死；或处在围城之中，粮绝而死；还有在粮荒粮价奇贵下，无力买粮，而活活饿死。第一种情况在战乱期间，到处都有发

---

① 左宗棠：《左文襄公书牍》，"家书"，卷下，第 3 页。
② 邓文滨撰：《醒睡录》初集二，"迁徙须防乱后瘟"。
③ 张中孚：《碌云纪事稿》，转引自《回民起义》第 2 册，第 434 页。
④ 曹琨：《腾越杜乱纪实》，转引自《回民起义》第 2 册，第 225 页。
⑤ 刘毓珂纂：《永昌府志》卷二八，第 27 页。
⑥ 邓文滨撰：《醒睡录》初集二，"迁徙须防乱后瘟"。张中孚并举同治二年十二月情况为例，病死者四百余，降亡者仅七十余。
⑦ 周汝钊等纂：《景东县志稿》卷二一，第 15 页。
⑧ 马标等纂：《路南县志》卷三，第 4 页。

生；只因分散零星，多不被注意。第二种情况，如一八五七年云南昆明起义回民所围，数月不解，城中人多饿死。一八六一年冬太平军围杭州，城中"草根、榆皮皆尽"，"计一月饿死者不下十余万人"①。最后一种情况如在一八六五至一八六六年间，甘肃的皋兰大饥，粮价从"每市斗小麦一石，价银一百六、七十两"②，急剧涨至斗粟"值银三十七、八两"，致"人相食，死者无算"③。

直接，间接由内战丧生者人数巨万，这里作一番估计。

长江中、下游各省，特别是其中皖、赣、浙、苏四省，死于战祸者为数最多。例如，在江苏的江宁府属，内战后土著生存下来的，只有"十之四、五"。苏州一府人丁，一八三〇年为三百四十一万二千六百九十四人；到一八六五年只有一百二十八万八千一百四十五人④。三十五年间不仅未见增加，反面减少二百多万，即减少了百分之六十三。溧阳在太平天国革命爆发前，有男女四十余万人；到一八六五年，册报实在男女"不满四万"⑤。句容人口，经过内乱，遗存者不到十分之三。金坛"合境遗黎不满三万，较全盛时仅百分之二、三矣"⑥。战后镇江居民，"靡有孑遗"⑦，一说只有穷民数百人⑧。青浦等县，"户口散亡多矣"，

① 《关陇纪略》卷三，第29页。
② 佚名：《寇难琐记》，转引自南京大学历史系太平天国研究室编《江浙豫皖太平天国史料选编》，第199—191页。
③ 张国常纂：《皋兰县志》卷一四，志五，"灾异"，第6页。
④ 梁方仲编著：《中国历代户口，田地、田赋统计》，第436页。
⑤ 冯煦等纂：《溧阳县续志》卷一六，第14页。
⑥ 冯煦等纂：《金坛县志》，费宗骙"序"。
⑦ 张玉藻等纂：《丹徒县志》卷七，"丹徒粤寇兵事纪略，上"。
⑧ 美商琼记洋行行东约翰·何德三世（John Heard Ⅱ）日记，转引自郝延平《中国近代沿海商业的不稳定性》，见《食货》复刊，卷七，第7、8合期，1977年台北。

"居民转徙，十室九空"。一八三〇年无锡有人三十四万，一八六五年只有七万二千零。"宜兴一带有十里无人烟者"[1]。有人估计：单计苏南（常、镇、江、苏、松五府和太仓一州），丧失人口约达一千七百二十万人[2]。当然，此中也含有相当一部分是流徙外地的。

浙江人口也大为减少。一八六四年左宗棠入浙时说："人民死于兵燹，死于饥饿，死于疾疫，盖几靡有孑遗。"[3] 杭州人口，从八十万减至数万，新登县"民口本十万有奇，至此仅万人"[4]；德清"孑遗之民，不过十之二三"[5]，长兴人口的变动亦同。永康"阖邑之众"，"损十之七"[6]。严州府属战后人烟稀少；"遂安人存十之七，桐庐、寿昌人存十之五，淳安、建德人存十之四，分水人存十之二"[7]。整个嘉兴府在一八三八年总计五十四万一千三百八十六户，二百九十三万三千七百六十四人；每户平均五点四人；一八七三年户数和人口数，分别减至二十五万三千四百四十七户和九十五万三千零五十三人，平均每户三点七人[8]。嘉兴一府七县中人口减得最多的是嘉兴、秀水，其次是嘉善、平湖、海盐。一八七三年与一八三八年相比，户数减少了百分之五

① 冯桂芬："垦荒议"，见冯氏《校邠庐抗议》，第115页。

② 王业键：《太平叛乱对江苏南部人口的影响》，（yeh-Chien Wang. "The Impact of the Taipiag Rebellion on Population in South Kiangsu"，Papers on China，Vol. 19（1965），第149--151页。

③ 左宗棠《书牍》，"家书"，卷上，第34页。

④ 徐士瀛等纂：《新登县志》卷一九，"新城咸同间兵事"。

⑤ 吴翯皋等纂：《德清县新志》卷一一，艺文志，二，第17—18页。

⑥ 李汝为等纂：《永康县志》卷一一，"祥异志"，"永康咸、同寇乱纪略"，第36页。

⑦ 戴槃：《两浙宦游纪略》，"严陵纪略"，第23页。

⑧ 梁方仲编：前引书，第450—451页。

十三点二，丁口数减少得更多，达百分之六十七点六①。

安徽南部的徽州、宁国、池州、太平和广德四府一州，其民死于兵疫饥饿者十之八九，存者无几"②。其中徽、宁两府，"孑遗之民，存什一于千百"，"积骸成莽，人类将尽"。③ 据口碑流传，湘军进旌德时，挨村洗劫残杀，见男人说是"长毛"、"逢人便杀"；一八五三年，该县城乡人口约三十万，一八六三年清军"克复"，最后只剩下十八人！④ 黟县户口统计，至一八六七年户数为一万九千零九十七户，口数十五万五千四百四十五口；若与半个多世纪前的一八一〇年比较，减少一万三千六百三十五户和九万一千零三十三口。⑤ "皖北三河运漕一带，有百里无人烟者。"⑥ 有人估计，清军与太平军作战中，"皖民之（被）掳杀、流亡死伤以百万计"⑦。清军在皖北进剿捻军，杀良冒功，滥行残杀。如蒙城、亳州是捻军的起源中心，清军因此"痛憾蒙、亳"，不分青红皂白地"剿洗"，以绝所渭"祸种"。捻军成员固多谈杀戮，平民遭枉杀的更是不计其数。

江西"大乱之后，十室九空"，"绝户不少"；居民之丧生者，当亦不少。

据官方统计，一八五一年江苏人口为四千四百三十万人，浙江为三千零十一万人；一八六五年，江苏仅遗一千九百二十万

---

① 参看许遥光等纂《嘉兴府志》卷二〇，第8—28页，"户数"、"丁数"。
② 胡传："上皖南道袁爽秋视察"，《台湾日记与禀启》第1册：第140页。
③ 沈葆祯：《沈文肃公政书》，奏折，卷七。
④ "太平天国时清军蹂躏旌德时的一些传说"，见《安徽史学工作通讯》总第3期。
⑤ 吴克俊等纂：《黟县四志》卷九，户口又，一八六七年的户与口竟成一比八点三之比，原因在于很多"小口"（即孤儿）、"女口"，无家可归，成为"附口"。
⑥ 冯桂芬："垦荒议"，见冯氏《校邠邻抗议》，第115页。
⑦ 王定安：《湘军志》卷六，第1页。

人，浙江六百三十八万人①。即使不计十余年中的自然增殖，两省人口也剧减四千八百八十三万人。考虑到有流徙外方以及战争刚过，地方府县册报不全的事实，就以四千八百八十三万人折半计之，丧生者也达二千四百四十万人，超过内战前人口的三分之一。安徽、江西两省所受战争影响都不亚于江、浙。一八五一年，安徽和江西两省人口分别为三千七百六十三万人和二千四百五十二万人②，共计六千二百余万；经战乱丧生，假设也以三分之一计，该是两千万余人。长江中、下游流域单计皖、赣、苏、浙四省人民在内战中丧生的，就上所计，该是四千五百万人③。

太平军从广西北上后，该省一直处在扰攘动乱之中。这次革命失败后，该省当局奏报：在动乱中死亡者达五、六百万人。广东在五十年代中发生三合会起义。清地方当局镇压三合会并滥行残杀，据外人估计，超过一百万人④。

捻军的活动地区，除苏北、皖北、鄂北一带，纵横于河南、山东，以至河北、陕西等广大华北平原。山东的曹州、济南、青州、沂州和河南的开封、归德、陈州、许昌、汝州、光州等府县，"小民饥饿转徙而死及被掳杀者，不知凡几"⑤。整个华北平原人口丧生者不计其数，但由于缺乏资料，无从总计。

西南的云南、贵州和西北的陕西、甘肃，是苗回等各族人民

---

① 严中平等编：《中国近代经济史统计资料选辑》，第366页。

② 同上。

③ 外国学者对太平天国期间丧生者数，估计为二、三千万。华裔美籍学者何炳棣，认为这些估计数字偏低。参看邓嗣禹《太平叛乱和西方列强》，Teng Ssn yu：The Taiping Reiellion and the Western Powers），第411页。

④ 参看谢诺等著（英译本）：《中国从鸦片战争到辛亥革命》，(Chesnaux, Jean ct al; China from the Ooium War to the 1911 Revolution; TV. by nne Desteny)，第149页；斯卡思：《在华十二年》，(J. Scarth, Twelve years in China)，第220页。

⑤ 周世澄："淮军平捻记"，转引自《捻军》第1册，第225页。

激烈展开起义斗争的地区。这些起义被镇压后，当地人口骤减；特别是苗回等少数民族的人口减得尤多。一八七六年，据贵州巡抚黎培敬奏称：该省人口减少五百万人，"存者不及从前（即动乱前）十分之一"；又一说："死于兵疫者几四百九十万众"[①]。结果是苗民精壮殆尽，汉人死亡几半。云南在动乱中，"民之死于战阵，死于饥寒者，不可胜数"。一八七三年据云南省当局奏称："各属自遭兵燹，百姓死亡过半"，"通省百姓户口，不过十分之五"[②]。如果按云南人口在一八五五年为七百五十万人[③]计算，则至少有三百七十五万人死于非命。

一八六五年，左宗棠奉命"西征"时说，关陇人民已是"死亡过半"[④]，说明伤亡的严重。

陕西回民丁口原有七、八十万，起义失败后遗存的不到十分之一[⑤]。此外，强制迁往甘肃的平凉、会宁、静宁、安定等地定居的有六、七万人[⑥]。根据这些作一框算，回民死者达六十万人。汉民死的也不少。西安、同州、凤翔三府和乾州一厅，"百余年来，休养生息，鸡犬相闻，至道、咸时，户口称盛极焉"，

---

① 任何澄等纂：《贵州通志》，"前事志"，卷三九，第25页，转引自《贵州军事史》第8册，第5编，第37页。

② 云贵总督刘岳昭、云南巡抚岑毓英合奏，同治十二年闰六月初十日收。《平定云南方略》卷四九，第43页。全省丧失者数，中外载籍中又有作"十分损七，不减数百万之众"；或作减少八分之五，以及乱后人口仅为乱前五分之一的。参看王树槐著《咸同云南回民事变》，第316页。

③ 严中平编：《中国近代经济史统计资料选辑》，第367页。

④ 左宗棠：《书牍》，"家书"，卷六，第75页。

⑤ 《新疆图志》，奏议二，第4页。又，据马兆麟"瑞记书稿摘要，第十三本"；陕西回民"丁口近百万"，起义失败后"只遗十分之一"，引自《回民起义》第2册，第279页。

⑥ 左宗棠：《全集》，"奏稿"，卷四四，第52页。

而战乱中，汉民被"杀伤几五十余万"①，特别是西安府的泾阳和同州府的大荔两县，丧生的尤多。如一八四一年，泾阳有烟户三万，人口十九万，到了一八六四年，减至一万二千户和七万余人②。烟户和人口，分别减少了五分之三上下。一八四三年，大荔人口二十万三千一百一十六人，一八七四年只有七万二千六百七十九人，减少约三分之二③。绥德州在一八四三年总人口十一万余人，在一八六七至一八六九年间"兵乱死亡，约达万口"④。延安府的保安县乱前有人口五万一千余人，一八六七年经"招抚"，仅有一百七十余人⑤；减少的人口中固有流徙外方的，但绝大多数是直接、间接死于兵乱之中。

甘肃回民原有三百万，经战乱减少了三分之二，仅存一百万人。非回族的，主要是汉族人民死亡的也不少，至少与之相等。如肃州城中汉民原有三万余人，回民起义被镇压后，"民人存者，不过十之三、四"，仅有老羸男妇千一百余口，安西"民人存者"，"不过十之三、四"。⑥固原州城原有数万户汉民，经"屠戮"，"仅存百四十七户，数百里烟火寂然"；灵州"汉民屠戮罄尽"。宁夏地方，"靡存孑遗"。⑦

在陕、甘回民起义中，假定非回族人民丧生者与丧生的回民数等，则在这次动乱中，回汉等族人民丧生约五百二十万人。

在新疆，最初维吾尔、回等族人民发动起义时，天山北路

<hr />

① 宋伯晋等纂：《陕西省通志稿》卷三一，户口，第1页。又有西、同、凤三府死亡者十居六七，"几于靡有孑遗"的记载；同书，卷二八，田赋三，第1页。

② 宋伯鲁纂：《泾旧县志》卷三，贡赋志，户口。

③ 《陕西省通志稿》卷三一，户口，第6页。

④ 同上书，卷三一，户口，第16、17页。

⑤ 同上。

⑥ 左宗棠：《全集》，"奏稿"，卷四四，第43页。

⑦ 《关陇纪略》卷一○，第13页；卷一，第58页。

"户口伤亡最多"。接着，起义变成当地封建上层互攘权位的混战，以及阿古柏从中亚安集延的入侵、白彦虎的劫杀，全疆各族人民，都深遭祸害。最后，清军在进攻中，人民又付出惨重牺牲。一八七八年，据左宗棠奏陈：乌鲁木齐、吉昌、阜康、绥来、奇台和济木萨县丞所属暨呼图巡检所属居民，即使已经过大力招垦，而现有户数只相当于原有户数的百分之二十七点五[①]。

农民大起义中直接、间接丧生者估计   单位：万人

主要起义队伍	省 区	人 数
太平天国	江西、安徽、江苏、浙江	4 500[①]
捻 军[②]		?
三合会	广东	100
三 合 会 等	广 西	550
苗民起义	贵州	500
回民起义	云 南	375
回民起义	陕西、甘肃	520
回民起义	新疆	?
共 计		6 545

说明：①江苏、安徽两省丧生者中有一小部分系在捻军活动地区丧生的。

②捻军活动地区丧生的，除有一小部分记入安徽、江苏两省丧生者数中，其余不明。

在农民大起义期间，对全国人民直接、间接因战乱丧生的作一粗略统计，至少达六千五百余万人（参看上表）。如果加上肯定有大量丧生却无从数计如在华北、新疆等地的数字，总计该达七千万人上下。

人力组成其对社会生产力的最重要部分；不言而喻，人民的大量丧生，意味着社会生产力遭到了极大的削弱和破坏。

---

① 参看《陕甘新方略》卷三〇六，第13页。

三　战争的直接破坏

清政府在镇压各支起义队伍时，为断绝后者的供应，命令各军实力奉行"坚壁清野之法"，厉行破坏。① 经过一次战役，无论是打了胜仗，吃了败仗，还是兵变哗溃，又每伴之以恣意掳掠、焚杀，再加深一层破坏。②。

清军镇压行动所及的地方和持续时间，大致如下：湖南四年，湖北五年，江西、安徽和江苏各十二年，浙江五年，广西十来年，广东六年，云南十八年，贵州十三年，新疆十三年；此外，四川、河南、陕西、甘肃、山西、山东、直隶等省，多则七八年，少则二三年，此中云南、贵州、甘肃、新疆基本上是全省都陷入战乱之中。其余省份，则是大小不等的部分地区，曾经是混乱地方和内战战场。当起义队伍一一被镇压，上述地区，无一不残破不堪；局部地区，更是一片废墟。

长江中下游原是人口稠密、经济较发达的一个地区。这个地

――――――

　　① 上谕，咸丰三年正月十二日，转引自兵科给事中袁甲三折，咸丰三年正月十九日，军机处录副奏折，一史馆藏。
　　② 李圭的《思痛记》记："官军败贼及克贼所踞城池后，其烧杀劫夺之惨，实较贼为尤甚"。"官军一面，则溃败后之虏掠，或能战胜后之焚烧，尤属目不忍睹"。一八五三年冬，官军江北大营所部攻下太平军控制下的扬州，主帅钦差大臣琦善"严令闭城，纵令所部弁兵搜刮银钱衣物；当典铺户，……搜洗一空。妇女附身衣着，……兵丁剥取净尽。马载骡负，充溢街巷，七昼夜不绝于道"。然后，"琦善兵丁从而火之。烟炎迷空，黯蔽天日"。"民命炸营，哭声相续"。（已革侍讲学士晋康奏，咸丰十二月十四日，军机处录付奏折一史馆藏）。这是一个典型。这也是一八六四年湘军攻下南京时肆意杀掠的先声。又，无锡有人记："吾邑克复，……城内之流尚存十之七，官兵进城火其半，仅存十之二三"（翁霮镇辑：《师竹楼随笔》卷二，"自述"）。一八七四年，左宗棠统率下的毅字营兵勇在陕西的三原，泾阳间哗溃，使原是"人物殷阜，商贾辐辏"的泾阳，"从此凋残"，一蹶未再振（刘懋官等纂：《泾阳县志》卷七，"兵事志·防汛"）。如是记载，不胜枚举。

区是太平军与清军反复争夺的地区，因而遭到严重破坏。如江苏南部，素以农业发达、商业繁盛著称，在地稠人密的条件下，形成了"半里一村，三里一镇，炊烟相望，鸡犬相闻"的景观。太平天国失败后，这里成为"一望平芜，荆榛塞路"；有数里无居民者，有二三十里无居民者"。苏、常两府所属各县的"著名市镇，全成焦土，孔道左右，蹂躏尤甚"；"连阡累陌，一片荆榛"，"虽穷乡僻壤，亦复人烟寥落"。① 松江、太仓一府一州的抛荒土地，几占耕地的三分之二。江宁、镇江、常州等府县，"村市平毁，人物凋耗"，"田地山场，大半荒弃"；六合"邑里萧条，邨墟零落"；② 句容"户口凋零"，"田地山场大半荒弃"；③ 溧水、溧阳等县，情况类似④。就江宁府说，据赋役册籍，原额田六万三千九百二十二顷八十余亩；一八六四年，垦熟田地降至只有二万九千二百三十三顷四十一亩零，抛荒的超过原熟田地的一半。⑤ 高淳县一八四七年统计，田地、山荡等七千三百九十顷有余，直到一八八〇年，荒废的各种土地，总计还有三千二百三十八顷有余。⑥ 抛荒比重之大，超过江宁。苏北的徐州、淮安等府县，曾是捻军活动地区；清军镇压捻军后，一片破败景象。如萧县，"阖邑残破无完堵"；⑦ 如沛县，"村落尽成灰烬"⑧。截至七十年代初，江苏抛荒土地，仍有"凡数百万亩"。⑨

①　李鸿章：《全集》，"奏稿"，卷三，第44，58页。
②　《六合县志》，转引自《捻军》第3册，第315页。
③　张绍棠等纂：《句容县志》卷二，第1页；卷六，第4页。
④　丁维城等纂：《溧水县志》卷二，"舆地志"，第52页。
⑤　汪士铎等纂：《江宁府续志》，卷八，第5页。
⑥　吴寿宽修：《高淳县志》卷五。
⑦　《续萧县志》，转引自《捻军》第3册，第288页。
⑧　《沛县志》，转引自《捻军》第3册，第237页。
⑨　强汝询：《求益斋文集》卷三，"海防议"。

浙江"夙称饶富",经过战争,"膏腴之地,尽成荒瘠","凋瘵已甚"![1] 全省"田土荒芜,弥望白骨黄茅,炊烟断绝","民间田器毁弃殆尽,耕牛百无一存,谷、豆、杂粮、种子,无从购觅"。[2] 省会杭州及其附近地区,"数里一见人,十室九无屋;……荒村断鸡犬,官道走麋鹿"。[3] 杭州府属临安、新登、于潜、昌化和湖州府属的长兴、武康、孝丰、安吉各县,处处"室庐尽成灰烬,田野久已荒芜";往往数十里不见人烟。[4] 浙中很多府县,如金华、兰溪,土地肥沃,特别是后者曾是繁盛的中心,内战后到处残破,大道上长满野草。[5] 永康"村墟寒落,鸣吠无闻",很多村镇变成废墟;[6] 义乌、武义、浦江类似。一八六六年,浙江全省荒地达十一万二千顷。举湖州府为例,"土著不足","遍地蒿莱",多是"荒产"。直到一八七〇年,除了所属德清情况不详外,该府乌程等六县,原熟加新垦,还比不上荒芜未种的土地多。而这又是新垦地"比上年各加倍蓰、数倍之多"以后的数字。[7] 据此,可以看出在一八六四至一八七〇年间浙江省荒芜未种土地还要多得多。

---

① 护理浙江巡抚布政使蒋益澧折,同治三年十一月廿九日,一史馆藏,录付奏折。

② 左宗棠:《全集》"奏稿",卷四,第31页。

③ 薛时雨:"入杭城,同治三年",见《藤香馆诗钞》卷下。

④ 左宗棠:《全集》,"奏稿",卷一一,第44页。

⑤ 《李希霍芬存函,1870—1872》(*Baron Richofen, letters 1870—1872*),第74—76页。

⑥ 李汝为等纂:《永康县志》卷一一,"祥异志","永康咸同寇乱纪略",第37页。

⑦ 宗源瀚:"禀稿",见《颐清馆闻过集》,《守湖篇》,卷一一。

一八七〇年湖州府属各县田地山荡荒比例　　　单位：顷

	原熟新垦	荒芜未种	荒地相当于熟地的百分比
乌　程	4 312	6 721	150
归　安	5 200	4 205	81
长　兴	3 921	10 075	257
武　康	2 104	3 172	151
安　吉	960	7 012	730
孝　丰	1 603	6 029	376
德　清	？	？	—
总　计	18 100	37 214	206

资料来源：据宗源瀚"禀稿"改制，见《颐清馆闻过集》，"守湖稿"。

江西也"凋敝异常"①，特别是沿长江一带，数百里间，不闻鸡犬声"②。

安徽通省破坏严重，而最严重的是皖南；其次是皖北滁、全、来、天、盱等属和淮北的凤、颍、泗等属，沿江的安、池、太、庐和六各属，相对说来算是最轻的。从安庆往皖北的宿、亳一带，"千余里间，人民失业，田庐荡然"。田地荒芜，耕种无人；"终日不过行人，百里不见炊烟"。③从东流至江西彭泽，"沿江数百里，人烟寥落"。凤阳、定远等县，"环视数百里内，蒿莱弥望，炊烟几绝。④从霍山、六安往河南的光山、固始，和从英山往鄂东，沿路田野，杂生草木，"长如拱把"；行人在大路上须

---

①　刘坤一：《刘忠诚公遗集》卷一。

②　周馥："亡室吴夫人传"，转引自简又文撰《太平天国典制通考》，第753页。

③　曾国藩：《全集》，"奏稿"，卷二一，第77页；卷二〇，第23页。

④　唐训方：《唐中丞遗集》，"条教"，第6页。

"辟荆而走"。① 从凤、颍东至江苏的徐、泗，西北至河南的归、陈各府属，"旷土闲田，比比皆是"，"几于千里废耕"。②

华北平原曾经"被兵"地区，同样"村落邱墟"。山东、河南各省"田亩荒芜"、"庐井零落"，"民之颠连而无告者，所在皆是"。③ 就是京师附近的"畿内"各地，也是"邑里萧索"、"凋敝不堪"。豫东与安徽毗邻地带，"东西三百余里，南北二百余里，皆无人烟"。④

太平军首义省份的广西，当六十、七十年代之际，全省"工商失业，田地荒芜"；"庐舍为墟"，"百姓流离转徙，不安其生"；地方十分凋敝。桂林府属永福至思恩府属沿江的五、六百里间，官马大道两旁，"绝少人烟，遍生榛莽"。⑤

贵州、云南、陕西、甘肃的苗、回等族起义被镇压后，地方残破程度，同样严重。

在贵州，统省"地鲜完善，民尽流离"。⑥ 在黔东北的遵义、绥阳、湄潭、余庆、龙泉（凤岗）地方，"往往竟日无人烟，田土大都黄茅白骨充塞"，"耕种者十不一二"。⑦ 思南、铜仁府属各县，"榛莽成林"。⑧ 黔东各地，"村市瓦砾，田亩荒芜"。苗族聚居地区绝大部分的苗寨被夷平了；仅存的一些也只是丁弱寨小，难以自存的寨子。贵州社会经济本不发达，经过十余年的动乱，

---

① 邓文滨：《醒睡录》卷三，"人相食"，第26—27页；"百钱三斤人"，第27—28页。
② 曾国藩：《全集》，"奏稿"，卷二一，第77页；卷二〇，第23页。
③ 葛士达：《平捻善后策》，转引自《捻军》第1册，第405页。
④ 伊耕云等：《豫军纪略》，转引自《捻军》第2册，第301页。
⑤ 刘长佑：《刘武慎公遗书》，卷二四，上，"札谕"，第20—21页。
⑥ 《贵州军事史》第8册，第五编，第18页。
⑦ 《贵州通志》"前事志"，卷三七，第24、25页。
⑧ 《贵州军事史》，第8册，第5编，页7。

更倒退若干世纪，陷与"草昧无异。"①过了六十多年，直到二十世纪三十年代，尚未尽复元气②。

云南在各族人民起义被镇压后，"疮痍遍地，凋敝情形，不堪言状"。有人记道：登山四望，"村落邱墟"，"满目荒凉"③。英人吉尔（WmGile）于一八七七年经云南前往缅甸，只见一片荒凉，府城半为废墟；永昌府属算是恢复较快的地区，仍有四分之三的地方杂草丛生。④ 一八七八年地方官奏报："旧荒知故，新旷转多"。一八八二年，英人阿乐洪从广西进云南，到临安，还是满眼残壁，一片残破景象。景东平原的很多村落，成为一片废墟。其北的蒙化一带，残破情况，更有过之而无不及。⑤ 清政府在克复地区，只要民间还有耕种，总迫不及待地征取田赋。田赋的征收成数，在一定程度上反映出一地的破坏、荒芜程度。若以此为准，云南全省遭到破坏最严重的是顺宁、大理、云南、普洱、临安诸府和蒙化、镇沅两厅所属各地。⑥ 直到一八九一年，省城昆明仍是"一片瓦砾"。⑦ 全省物产，原以农、矿两业为主，战时及战后，农不归农，特别是滇西一带，尤其严重。矿业方面，官逃丁没，峒废山封。在一八五八至一八七四年的十七年间，没有炼出过一斤铜，也没有炼出过一斤铅。经营一百余年的

---

① 《贵州通志》"前事志"，卷三九，第25页等页。

② 《贵州军事史》，第8册，第5编，页37。

③ 甘雨润：《补过斋遗集》，卷二。

④ 吉尔：《金沙江》（Wm, Giee, The Rive; of Goede Sand）卷二，第303、311、315、336、337页。

⑤ 柯乐洪著：前引书，第2卷，第135—136、179、279页，转引自王树槐著，前引书，第242—43页。临安领州三：石屏、阿迷、宁州；辖县五：建水、河西、通海、蒙自、习峨，设治建水。人民国废。

⑥ 参看王树槐著，前引书，第331—332页。

⑦ 张涛：《滇乱纪略》，转引自《回民起义》第1册，第277页。

采矿业，全被废弃。

在陕西、甘肃两省，当回民起义被镇压后，"地方凋敝，甚于东南"。① "死者既暴骨如莽，生者复转徙之他"；"千里萧条、弥望焦土"。②

一八六五年，陕西巡抚刘蓉奏陈陕西情况：中部，"西[安]、同[州]、凤[翔]三府地最沃饶。……向日绣壤相错之地，树木丛生，桠杈成拱"；今则"或行数十里，不见一椽一屋一瓦之覆，炊烟尽绝，豺獾夜嗥。气象殆非人境"。③ 如三原本是一个富庶县分，在乱后，县属原"五百余村，仅存东里菜、王二堡，余则屋宇尽成灰烬，田园尽为荆榛"。"犁耙耡锤之器"尽毁，"牛马骡驴之畜"俱失，"水渠无不堵塞"，"庄房无不残破"，"耕作之资全无"。④ 西南汉中府一带原来也是该省的富庶之区；经过战乱，"郡城内屋宇尚不足十分之二"。"其余一片草莱，荒凉满目。"⑤ 陕北延安、榆林两府和绥德、鄜州（富县）两直隶州，"地本瘠苦、土著甚少。从前耕种多系山西、四川侨寓之民，兵燹频仍，大半逃归祖籍，是以数百里有无人烟之处"。⑥ 至于怀远（横山）、定边、甘泉、延川等州县，或全境"居民寥寥"，或只在"附城数里之地"有人耕种，"余则蓬蒿满目"。⑦ 陕西统省七府、五直隶州，绝大多数遭到了战争的严重破坏，全省土

---

① 陕西巡抚刘典奏，同治八年六月，见《陕西省通志稿》卷一七八，纪事十二，第1页。

② 《关陇纪略》，"序"。

③ 转引自简又文撰《太平天国典制通考》中，第754页。

④ "三原县详文"，同治二年，见《陕西省通志稿》卷三〇，田赋五，第5页。

⑤ 何忠万："答张毅贻书"，聂崇岐《捻军资料别集》，第69页。

⑥ 陕西巡抚刘典奏，同治八年，见《陕西省通志稿》卷二八，田赋三，第6页。

⑦ 《贵州军事史》第8册，第5编，第7页。

地，大部废耕。

甘肃"变乱十余年，被祸惨烈，甲于天下"。[①] 该省原来"耕与牧交资"之区，经过动乱，"牛羊尽矣"![②] "回产既无人耕牧，汉产亦多荒芜"。[③] "甘、凉、肃素称腴地，频年戎马，……死亡既多，川原耕种不过十之三、四；其旱地更无过问者"。[④] 统省景貌，"千里荒芜"；特别是陇东的平凉、庆阳、固原、泾州一带，"祸害之惨"和"萧条残破"程度，尤为"天下所无"![⑤] 甘肃残破如此，终清之世，人民元气都未能得到完全恢复。宁夏的金积堡是甘回起义的最重要的根据地。这一地区遭到破坏的程度，集中地反映出宁夏当时被破坏的程度。这里位于黄河东岸的西套平原南端，有秦渠、汉渠并流，灌溉渠田数万顷，因而附近村落林立。当起义爆发时，金积堡之东有堡塞四百五十个，之西有一百二十个。清军攻占金积堡后，大肆残杀，不许重建堡塞和渠道，一大片地区顿成荒漠。[⑥]

新疆地方幅员辽阔；除了戈壁，膏腴之田遍及天山南北两路。南疆的塔里木河及其上游喀什河、叶尔羌河、和田河一带，农业繁盛，即使在动乱时期，人民依然耕作，荒芜尚少。阿古柏负隅顽抗，毁堤决河，致良田淹没，农民流离。举叶尔羌河决堤后果为例。"数百里间田庐湮没，城堡坍塌；而玛喇尔巴什地

---

① 《新疆图志》，奏议，卷二，第4页。

② 《关陇纪略》卷一三下，第3页。

③ 左宗棠：《书牍》，"家书上"，第75页。

④ 左宗棠：《全集》，"奏稿"，卷四四，第43页。

⑤ 左宗棠：《全集》，"奏稿"，卷三一，第37页。

⑥ 一八七三年，该地设宁灵厅。有称清官军"在金积堡杀了五万人"（参看库罗帕特金著，中国社会科学院近代史研究所翻译室译：《喀什噶尔》，第140页）。直至一九四〇年，当地人口仅约四万人（参看葛绥成：《最新中外地名辞典》，"金积"录）。

方，……因处低洼，……竟成泽国”。[①] 喀什、叶尔羌、英吉沙尔、和田诸城，破坏殆尽。山北从乾隆年代以来、大兴屯垦，沟渠纵横，田地辟治。[②] 在动乱中，所有水渠失修，多被破坏，事定后，“渠多壅废”，致“地皆荒芜”，“鞠为茂草”；[③] 特别是在奇台、济木萨（阜康）、喀喇沙尔、乌鲁木齐、昌吉、绥来（玛纳斯）等地一带。境内有不少地区，水草丰饶，牲畜充牣，向设有马、驼、牛、羊诸牧厂（场）。天山北路本来牧业繁盛，动乱前，牧厂畜群达数万头。动乱中，“官厂荡然无存”；动乱后，只留得“数百匹”。[④] 矿业方面，在十九世纪之初，在“官本商资竭力兴作”之下，经半个多世纪的经营，“金、铜、铅、铁、煤厂，纷布林立”，动乱中全遭破坏。如塔城喀图山金矿，“承平之时列厂千区，矿丁数万”，在动乱中，遭到“摽掠”，矿夫四散，年久积水漂没，厂基遂废。如孚远水西沟铁矿，在动乱前，曾是区内铁的盛产区之一；经过动乱，“熸灰为烬”，“墟落萧条”。[⑤] 北疆商品经济已相当发达。早在乾隆时，乌鲁木齐东西袤延八里，市廛迤逦相属，肩摩毂击，有“小苏杭”之称。经过动乱，“满城已同平地”，汉城城中“仅剩残垣”[⑥]，“疮痍满目，无百金之贾，无千贯之肆；自城南望见城北，榛芜苍莽[⑦]。这是一个典型。伊犁的惠远城，本是边境贸易的一个中心；经过动乱，“旧时都会之地，夷为灰烬"，“商旅裹足”。新疆特产向来经玉门关大量东入

① 刘锦棠：《刘襄勤公奏稿》卷二，第 53 页。

② 参看曾向吾《中国经营西域史》，第 387 页。

③ 《新疆图志》，奏议二，第 24 页；奏议五，第 27 页。

④ 《新疆图志》，实业一，第 11—13 页。

⑤ 参看《新疆图志》，实业二，第 1、5、6、8、11 页。

⑥ 《陕、甘、新方略》卷三〇三，第 20 页，汉城即迪化，满城即巩宁，在迪化城西北八里。

⑦ 《新疆图志》，实业二，第 14 页。

内地，内地的绸缎、茶叶、纸张、磁器、漆器和竹木器具，西行出关，输往新疆。动乱平定时，"玉门以西官道行千里，不见人烟"。商旅几绝。农、工、矿、商各业，都凋敝不堪。[①] 有人说，从十八世纪中以来百余年间，新疆的民间屯垦成绩，几乎完全消失。经过动乱，政府组织军垦和内地农民络绎不绝前往垦殖，一直过了约四十年，即到一九一五年，才算恢复到一百二十年前即一七九五年的垦地水平，从中也可以想见当时破坏的严重。

新疆开垦的土地　　　　　　　　　　单位：万亩

年　　份	数　　量
1759	1055
1885	1027
1915	1050

资料来源：据温斯："新疆的垦殖"（H. J. Wiens, Cultivation Development and Expansion in china's coloniae Realm in central ASia）附表改制。载《亚洲研究》（The Jurn al of Asia studies）卷二十六，第 1 期，1966 年。

说明：原单位为英亩，按零点一六五英亩＝一市亩，折成为亩。

简言之，清政府对人民大起义采取的暴力镇压行动，导致国土残破，无论黄、淮、长江流域，还是云贵、西北高原，处处劫灰遍地；社会生产极度凋零；国家社会经济秩序濒于崩溃；全国人民蒙受重大灾难，付出惨重牺牲。不仅如此，也极大地消耗了既有财富，致国家元气，终陷于"虚耗至极"的危境。

---

① 参看曾问吾著《中国经营西域史》，第 342、387、401 页。

《帝国主义与中国铁路，1847—1949》日文版序及目录

序[*]

拙著《帝国主义与中国铁路》，承早稻田大学依田憙家教授的好意，译成日文，以便于日本学者的审阅；我个人既感到高兴，更对依田教授表示十分感谢的心忱。北村正光先生接受此书译稿，由龙溪书舍出版，使日本的学者得获阅读的可能化为现实，借此一并表示谢意！

今当日文版刊行之际，且让我对日本读者，简述三点：

拙著形成经过 我原无著述如现著般一书的想法；只是，当1950年代中，在从事编辑中国近代铁路史资料的工作中，对所接触到的史料，偶有所思，随手记下；待所集史料之属于1911年前的部分编成《资料》于1962年出版后，对散记于零纸的札

---

* 日本学者依田憙家将《帝国主义与中国铁路》（上海人民出版社一九八〇年第一版）译为日本文，由龙溪书舍出版，一九八七年在东京出版。收入本集时，序的行文稍有一些改动。

记作番整理，始有或再加工夫成一著作的打算。尔后在继续搜集史料中，心有所动，更有意识地随手记下，或写成大事记之类。待到 1960 年代末下放于"五七干校"，在 1971—1972 年间充当炊事员期间，于烧火、煮饭之余，利用可能利用的时间，把此时已发还给我的所谓"材料"——包括资料，笔记等等，在重加整理中，才有予以著述成书的动作。尽管当时限于条件，完全缺乏补充史料，广阅前人论著等的可能；一想到人民哺育了我，应该将自己仅有的所"知"所"识"反哺人民，以及对自己今后究将干什么行当难以把握，更有感"多少事，从来急"，才促成我要抓紧完成大致如拙著现状的稿件的决心。归结成一句：拙著存心颇早，中经长期停顿，最后经突击似的抓紧，才得形成。拙著中所利用的史料及所述一些看法、见解，基本上是在 1960 年代形成的。现付印出版，已缺全盘反思时间，待有机会再作补充修正。

感觉到了但一时又无能弥补的缺失　在拙著"导言"中，我对书题所含主旨，作了两点概括：（一）资本帝国主义列强剧烈争夺中国铁路路权的经过，是它们加紧侵略、压迫中国过程的一个方面；（二）资本帝国主义列强勾结中国当年当国执政者控制经营中国铁路，对中国近代社会的半殖民地、半封建化起了加速作用。与此相照应，根据有关史料，分成上、下两篇来撰述。稿成付印出版后，再一看，认为该分三篇，即把下篇中最后一章有关铁路运输对社会经济的作用和影响该扩充另成一篇；可是考虑到自己的主观的、客观的条件，且其时已另有任务；即使要做这一著工作，已是有心无力，只能寄希望于未来和与有同志者。

对拙著的自我评价　窃以为还是一本比较认真而有用的著作。相对地说，上篇较下篇充实些，上篇中对有关史事的叙述，自认为作了比较务实的反映。即使行文中兼有评论，对之，人或有异议、反对，但对所引史料，还是可资利用的。也有遗憾事，就自己已经感觉到的是：所述国民政府执政年代的史事，若与其前之北洋政府、清政府执政时期史事所述的作比较，远逊翔实。又虽然总的来说史述较全面，但仍多一些不应漏记而漏记的。譬如，早于 1863 年怡和洋行等 23 家在沪洋行请筑上海至苏州间铁路前的 1858—1859 年间，已有美商琼记洋行向清政府试过要求让予建筑上海、苏州间铁路，至少给予一百年经营特权的活动。这就是一例。我想：自己还没有认识到的问题，应会更多。这是有待完善的。下篇各章是在自己颇费踌躇中撰述成的；其中最后一章，缺乏应有的充分的经济分析，希望能有机会弥补这个缺憾。

最后，借此表示自己的一个愿望。近百年间的中国铁路史事，不仅仅是铁路运输问题，还广泛涉及政治、军事、经济和中外关系、远东国际关系等方面。从 19 世纪末起半个世纪里，中日两国涉及铁路的问题很多、很复杂。今天的课题不是算陈年老账，而是面对历史事实，对之作番务实分析；辨明历史是非，吸取必要的经验和教训。同一史事的利害影响，对有关的不同国家、民族，往往存在差别；从而对这一史事的评价也会有差异以至正好相反。对涉及两国的、多国的重大史事，窃有所思，若能由两国或多国的研究者合作、共事地求索，也许最为理想。

1986 年 5 月 10 日

于中国社会科学院经济研究所

目录（摘要）

结束语

欧美国家企图在中国建筑铁路 和清政府决定创设铁路*

英国为首的欧、美资本主义国家通过战争手段从一八四二年起，强迫中国订立一系列不平等条约，把中国变为它们的商品市场。之后五、六十年代，英国进一步决定在中国建筑铁路以利于扩大对华的商品侵略。进入六十年代，英国一些工商团体为此大肆制造舆论，一再要求其政府采取某种有效行动。英国以及美、法、德等国在华商人和这些国家驻华使领人员，也活动频繁，或发号施令般建议清政府将铁路放在"应学应办"之列，或等待机会把铁路作为一项条约特权，迫使清政府应允让予。他们还目无中国领土主权，或潜入内地踏勘线路，或擅在通商口岸私建铁路。由于中国人民的抵制，这类活动的恶性发展才被制止。

清朝封建统治集团面对国内人民大众掀起的反封建斗争的熊熊火焰，为了维护自己的统治，在十九世纪六十年代初，确定了所谓"防民甚于防寇"的政策原则。清朝封建统治集团中从这时

---

* 此为《帝国主义与中国铁路，1847—1949》上编第一章，上海人民出版社1980年版。此次收入本集时，标题、行文略有改动。

起日见显赫的主要当权派——洋务派，提出"自强"、"求富"的口号，内以蛊惑人心，显示它还具有善治国家能力，对外则求能够博取西方资本主义列强对它的信任和支持。众所周知，洋务派的"自强"、"求富"活动，是从创办新式军用工业开始的，到七十年代又以铁路能够兼致"富"、"强"的一种物质技术设施；并在西方资本主义列强侵凌日亟的形势下，为求增强国家安全和首先出于军事防御目的倾向于把建筑铁路作为一项国家政策。

西方资本主义列强继暴力迫使清政府屈服，转而极力予扶持，使之转为己用。洋务派在"自强"、"求富"口号掩护下勾结外国资本主义势力，引用一些西洋"物质文明"的产物，客观上也正符合它们在华开辟市场并保障其安全的需要，深得西方侵略者的欣赏；乃积极支持清朝封建统治集团洋务派"筹办"、"试办"铁路，并趁机扩大渗入自己在华的势力。在资本主义经济从自由竞争向着垄断阶段过渡的十九世纪八十年代，列强对于在中国建筑铁路更谋有所突破。它们除了在中法战争中浑水摸鱼般攫取了一些投资铁路的权益，并加紧活动，企图敷设从域外进入中国西北和西南边疆地区的铁路。这种局面延续到九十年代，演变成为对中国铁路权益有似战争般剧烈的利权掠夺战。

第一节　英美殖民主义分子早期觊觎修筑铁路的活动和英国对华铁路侵略政策的确立，一八四七至一八六〇年

一八四二年第一次鸦片战争结束后不久，英、美殖民主义分子公然无视中国领土主权，觊觎在中国建筑铁路。一八四七年英国海军军官戈登在私自勘察台湾基隆煤田时，鼓吹在基隆港与矿

区之间敷设一条铁路，以便运煤。① 一八五四年，美国海军军官裴理遣人私自勘察同一矿区，道出类似的设想。② 他们的直接动机，都是为了便于航行至中国的船只、特别是海军舰艇能够就地取得燃料的补给。就目前所见到的史料，这是西方资本主义侵略势力企图在中国建筑铁路的最早的两次活动，虽然这些线路最后并未成事实。

一八五八年，中、英两国正在谈判结束第二次鸦片战争时，英国一个退役军官名叫斯不莱其人写信给英国外交大臣马尔斯伯利说："不要忘了"从孟加拉湾通至云南的商路。他详拟计划，从缅甸仰光起，沿萨尔温江到大考渡口，经江洪（通称车里，今云南景洪）到思茅，修筑一条铁路。他认为这条铁路必将成为英国对华贸易的"捷径"。斯不莱在建议中强调指出，这将是"一件伟大的国家工作"。③ 英国政府其时正集中精力强迫清政府从中国东南沿海地带向内地作进一步的开放；其具体表现之一，就是继五口通商之后要求中国在沿海和长江沿岸增开通商口岸。因此，马尔斯伯利从策略上考虑，认为斯不莱的计划尚缺乏现实性，提出此项要求的时机尚不成熟；但仍赞许斯不莱的设想和肯定他的建议。

约略与此同时，上海美商琼记洋行则取得美国先后任驻华公使列威廉和华若瀚的支持，向清政府一再上递备忘录，要求让予修建上海、苏州间铁路，给予"至少一百年"的专利，作了一次明知不会批准、事实上也未予批准的尝试。④

---

① 参看《中国丛报》（英文）1848 年第 18 卷，第 391—392 页。
② 参看霍克斯《美国裴理舰队东航记》（英文），第 2 卷，第 158 页。
③ 伯尔考维茨著，江载华、陈衍等译：《中国通与英国外交部》，第 140 页。原注："〔英国〕外交部档案原稿"，第 17 组，第 470 卷，1858 年 11 月 17 日。
④ 洛克伯特：《琼记洋行》（英文），第 77—78 页。

过了两年，英法联军侵略中国的战争已经停止但和平尚未恢复之际，英国订约专使额尔金从香港前往天津途经上海时，向英国商人声称，在彻底破除"进入中国内地的屏障"为英国贸易打开"一个新世界"方面，英国的"武力和外交业经完成了它们对于这个工作所能作出的合法的影响"。他鼓动说，最后完成"进入中国内地"的工作，"只不过刚刚开始"，而暗示下一步应该在物质技术方面进行活动。①额尔金此言虽未明指活动的具体内容，但英国商人在其鼓动下展开的活动表明，建筑铁路正是其中一个重要项目。

英国外交大臣马尔斯伯利一八五八年原则上肯定在中国修筑铁路应该作为英国开辟中国市场的"国家工作"；英国订约专使额尔金一八六〇年在上海向英商指出今后行动的方针，在在表明英国以在中国敷设铁路作为"开拓"其市场这一侵略政策的确立。嗣后，这个政策不单是英国、而且也为其它资本—帝国主义强国在中国同样采行的政策。

第二节　资本主义列强企图攫取修筑中国铁路权益的活动，一八六〇至一八七六年

一八五八至一八六〇年间，《天津条约》、《北京条约》等一系列不平等条约的订定，标志着外国侵略势力压迫中国的特权体制已经基本具备。一八六一年清廷发生政变，奕诉以议政王名义组成新政府后，更不惜出让民族利益，以乞求西方资本主义国家

---

①　伯尔考维茨著，江载华、陈衍等译：《中国通与英国外交部》，第19—20页。原注："〔英国〕外交部档案原稿"，第17组，第287卷；参见《额尔金伯爵书信日记集》，第240页。

的支持。在此情况下，英国、法国、美国等国在华公私人员纷纷
活动，在迳谋中国修筑铁路的企图未逞之后，转而要求清政府把
修筑铁路作为一项条约权益作出让予。不过，他们很快察觉到当
时清政府不可能答应的苦衷；认为若在中国修筑铁路，有可能立
即引起中国剧烈的社会动荡，危及清王朝的统治；并在有关国家
认为该采取所谓"等待"策略，故一度放松曾经加给清政府的
压力。

一　英法美等列强图谋在中国修筑铁路的活动

英国资产阶级除了已有的海上航道，在十九世纪六十年代为
了增辟新的对华通商路线，其国内几个重要工商团体，如曼彻斯
特、哈德斐尔德、格拉斯哥、利兹、利物浦、哈里法克斯等市的
工商团体，十余年来一再向英国国会和政府提出备忘录、呈递请
愿书，力陈中国西南地区是英国对华贸易很有希望的市场，要求
从缅甸起修建一条铁路伸展到云南。上文提到的斯不莱建议的路
线即屡被提起，只是并不拘泥于这一线路。它们凭着地图规划路
线，认为只要能够把缅甸仰光和云南南部的思茅连接起来，不论
哪条线路都可以。① 英国传媒如《泰晤士报》、《伦敦中国电讯
报》等等，则连篇累牍地鼓吹这样一条铁路将是打开中国的"后
门"、进入中国广袤内地的"捷径"。

一八六三年，英国工程师威廉斯上书英国政府，要求从速建
筑从仰光到车里（景洪）的铁路，以利商务。② 英国政府批准了
他的计划。威廉斯受命组织探路队，于一八六七年春从仰光出
发，直至下缅甸东北边境，在靠近中国边境地区进行窥伺和

---

① 参看兰姆《不列颠和中国的中亚细亚》（英文），第125页。

② ［英国］《蓝皮书·拟议联络仰光与中国西部间交通线路文件集》（英文），第
258页。

试探。

同年六月，印度英国殖民当局为了避免同法国发生冲突，向英国政府提议停测缅甸仰光—车里线，改测缅甸八莫—腾越（今云南腾冲）线；① 于是，英国政府同意改测这一线路。

法国当时除了在越南加紧殖民侵略活动外，为了使自己的势力能够抢先进入中国云南乃至整个西南地区，也在谋划修筑一条同向的线路即从越南通往云南的铁路。一八六六年，法国殖民主义分子安邺率领一支探险队先以进行湄公河"探险"为名，闯至云南大理，在被阻止前进折返后，转而认为法国在驻军越南的前提下，若再有一条铁路通往云南，英国"将无奈我（法国）何"。

英国原已把法国看作其在对华贸易中的潜在竞争对手。法国的活动刺激它再度加紧有关建筑缅甸、云南间铁路的活动。英国一些工商团体抱怨政府决而不行、行而不力；由哈德斐尔德、利物浦两市商会上书英国外交部称："法国商业最近（在中国）的活跃和发展，以及法国和英国的制造商在中立市场日益增长的竞争，"使他们深信"现在比任何时候更需要鼓励和提供英国工业产品以新的市场"。② 它们献策在滇缅间修筑铁路，"以新辟的道路和交通来代替旧时的战争和并吞领土的政策"。③ 利物浦的"东印度和中国协会"还以主旨相同的建议书递交英国政府印度事务部。这些工商团体一再宣传中国西南地区在英国对华贸易中的重要性，认为这个地区是英国在一八五二年占领下缅甸后所找

---

① ［英国］《蓝皮书·拟议联络仰光与中国西部间交通线路文件集》（英文），第258页。
② 伯尔考维茨著：前引书，第143—144页。
③ 同上。

到的"足供"英国"商品的输出、原料的购买"的"新市场"。①

英国政府在英国资产者的推动下，于一八六七年命令驻缅甸曼德勒政务官施兰登组织探查团，探查滇缅之间可能建设铁路的路线，从缅甸八莫达中国云南，"如果可能的话，继续前进直到广州"。② 云南其时正发生以杜文秀为首、以大理为根据地的回族人民反对清廷统治的起义。英国企图以此作为机会来达到自己的目的。一八六八年初，施兰登带着大量物资，率队从阿瓦出发，先到八莫，然后派人潜入中国境内，秘密到达腾冲与当地人士联系；他所率领的探查团跟着越境，并在腾冲一带展开探查活动。但当他们到达大理时，遭到两年前法人安邺同样的命运，在大理人民的"敌对"下，"被迫返回"。③

与英国工商团体要求英国政府敷设滇缅之间铁路的活动遥相呼应，在中国东南等地区活动的一些英国人无论是外交人员还是商人，也在积极图谋修建铁路。他们目无中国主权，未经中国官方许可，也在这些地区进行活动。

一八六二年，英国驻华使馆汉文翻译梅辉立从广州亲至广东、江西交界处的大庾岭踏勘，建议修建一条从广州起至江西的铁路。同年冬，英国公使布鲁斯指使其使馆人员柏卓安，私往北京西部的斋堂勘测煤矿，同时企图从这里起修建一条铁路。

一八六三年，上海英、美、法三国的怡和等二十三家洋行，联名向江苏巡抚李鸿章具禀要求"买受"地基，"豁免一切钱粮"给予承办从上海到苏州的铁路的建筑特权。其时，清政府正联合外国侵略势力策划攻打太平军占领下的政治军事重镇苏州；就此

<hr>

① 参看张诚孙《中英滇缅疆界问题》，第 99 页。
② 伯尔考维茨著：前引书，第 145 页。
③ 同上。

形势这些洋行在禀中称：此路"早为举行"，"即由此路以扫逆氛，其便捷轻利莫有过于此者"。① 但是，它们的行动引起清政府的疑惧。李鸿章写信给总理各国事务衙门说："三国同声造请，必有为之谋者，未必尽出商人（之意愿）"② 这些洋行的要求遭到拒绝。

一八六四年，应在华英商怡和洋行的邀请，在印度从事铁路建筑工程多年的英人麦克唐纳·斯蒂文生来到中国，配合英国推行殖民政策的需要，规划中国的铁路网。他不顾地理条件的限制，建筑工程的有无可能，仅凭着地图提出一个所谓"中国铁路网"③ 的计划，企图把它强加给中国。在这个计划中，斯蒂文生拟设四条干线、三条支线。四条干线是：上海沿长江至汉口；汉口至广州；汉口经四川、云南外通缅甸；上海经镇江至天津、北京。三条支线，即：上海经杭州、宁波至福州；从福州通入内地茶叶产区；从广州起与上述第三条干线上某站相接。通过这个铁路网，不单把当时中国四个重要商业中心——广州、汉口、上海、天津——联络起来，而且还可以把中国与当时的英国殖民地缅甸连成一片。

这个计划的侵略用心是如此彰明昭著。过后不久就有国人予以揭露：此计划"非独占埠通商之故智"④，而是想以铁路将中国与英国整个印缅殖民体系紧密连成一体，把中国变成它的殖民体系的另一个组成部分。

---

① 《中美外交文件》（英文），美国国务院摄制，缩微胶卷，编号 FM112R6，第6卷。

② 江苏巡抚李鸿章致总署函，同治三年正月初九日收，见清总理各国事务衙门档案。

③ 《工程师》杂志（英文，英国出版），1864 年 6 月 3 日。

④ 刘锡鸿：《英轺日记》；《小方壶斋舆地丛钞》，第 11 帙，第 160 页。

同年，英国驻广州领事罗伯逊向两广总督毛鸿宾游说，要求"开办"铁路；英国驻上海领事巴夏礼和使馆翻译梅辉立也向李鸿章"再三吁求"承办上海、苏州间的铁路；闽海关税务司法国人美里登向中国福建巡抚徐宗幹要求在福州到闽江入海口罗星塔之间修建一条铁路，等等。

为了攫取在中国修筑铁路的利益，英国驻华公使阿礼国、美国驻华公使蒲安臣在一八六〇年代头六七年间，不断向清政府总理各国事务大臣奕䜣、文祥等人提出要求。他们或个别地、或配合一起"成百次"地陈说铁路有利于通商和治安。他们作了种种试探，希图达到在中国修筑铁路的目的。一八六七年九月二十日，美国国务卿西华德指令蒲安臣加紧谋求在中国筑路的特权。①

英籍"客卿"、中国海关总税务司赫德，在一八六五年秋交给总理各国事务衙门一份题作《局外旁观论》的说帖中恫吓清政府必须信守与列强所订不平等条约的一切规定；并以教训的口气说，"做轮车以利人行"，是"外国可教之善法"，清政府"应学应办"。②第二年，英国驻华公使馆参赞威妥玛在阿礼国授意下，草成一题作《新议略论》的文书，由阿礼国递给总理各国事务衙门，要求清政府准许英国在中国"各省开设铁道"，以博取"各国"的"欣悦"③。

不过，由于当时清政府知道自己因太平天国等的动乱局面尚未稳定，深恐开建铁路再次引起社会不安，对英、美等国谋求在

---

① 《美国外交文件》（英文），1866年，第509页。

② 总税务司赫德呈递《局外旁观论》，同治四年九月十八日收，见《筹办夷务始末》，同治朝，卷四〇，第20页。

③ 威妥玛：《新议略论》，同治五年正月十九日收，见《筹办夷务始末》，同治朝，卷四〇，第30页。

我国内建筑铁路的活动，采取"力为设法阻止"① 的方针，才一度遏止这些国家企图强行修建铁路的活动。

二 英美两国在修约交涉中企图攫取开筑铁路的条约特权

一八五八年中英之间签订的《天津条约》内有十年期满修改的规定。一八六七年起，英国驻华公使阿礼国即加紧活动，"前往南北各口"向英国商人煽风点火，各口英商顿即发出怨言：清政府若不让英国在中国内地修建铁路，则《天津条约》所规定的洋商可以运货到内地的条款等于虚设；他们主张必须采取"猛进政策"，即使"冒着使中国（清政府）崩溃的危险也在所不惜"。② 阿礼国转以此对清政府施加压力，企图把在中国内地修建铁路当成一项条约特权索取到手；并会同俄、法、美各国驻华使节接踵于总理各国事务衙门，"哓哓再四"，声称"不办不休"。③

美国以早年所订《中美条约》中有关于最惠国条款的规定为借口，也借机提出了修约要求；而按国际法规定，修改条约根本不能援用最惠国条款。美国驻华公使布劳文却配合阿礼国的行动，共同对清政府施加压力。美国国务院并一再指示布劳文"务须"与英国公使协调一致，迫使清政府"让予修建铁路的权益"。④

此外，德国（时为普鲁士）驻华公使李福斯也竭力支持英国的活动，向清政府施加压力。

---

① 总署函，分致沿江、沿海、沿边各地督抚、将军，同治四年正月十七日，见清总理各国事务衙门档案。
② 参看伯尔考维茨著：前引书，第45—46页及以下各页。
③ 总理衙门条说，同治六年九月十五日，见《筹办夷务始末》，同治朝，卷五〇，第32页。
④ 西华德致布劳文，1868年9月，见《美国外交文件》（英文），1868年，第1卷，第572—574页。

　　第二次鸦片战争结束后，清政府在与资本主义国家驻华使节日常交往中，已熟知他们对在中国修建铁路"求之甚切，持之甚坚"。当阿礼国前往中国南北开放各口活动时，总理各国事务衙门曾行文滨海，沿江通商口岸地方将军、督抚曾国藩、刘坤一、崇厚、官文等十六人，要求他们通盘筹划对策。

　　清政府中央和地方官员经过一番筹议，共同认为在内地敷设铁路"碍难照办"。他们的意见，可以曾国藩为代表，认为内地一设铁路，将会造成"车驴任辇旅店脚夫之生路穷矣"的直接后果。封建统治阶级集团中另有人以为沪粤间海运的开通，导致赣粤间传统陆路运输工人丧失生计，正是太平军队伍得以扩大的一个原因。这种看法是否正确姑且置而不论；而当曾国藩等人一想到敷设铁路必将使大批运输工人失业，太平天国革命几使清王朝倾覆的魔影顿时又沉重地压在他们的心头。另一方面，当权者又很害怕"中国亿万小民穷极思变"，以反对外国人修建铁路，掀起所谓"与彼为仇"的反侵略斗争，影响自己的统治。清廷为维护自己的存在而向西方列强采取卑屈求全的对策。以此，清政府对英、美等国修筑铁路的要求采取所谓绝不"通融"的态度，可是又准备"但以婉言求之，诚意动之"，要以"至诚"感动列强，达到撤销此项要求的目的。① 曾国藩含有上述内容的奏折尚未发出，奏折的全文却在上海外商主办的报纸上刊登出来了。怎么会出现这个事故，至今仍是一个无头案。人或云：通过这种方式，是和外来殖民主义者暗来明往，希图取得他们的谅解。

　　英、美等西方列强从用武力迫使清政府屈服之后，到这个时候早已改而采取一心"保全"，以便为其所用的方针。曾国藩的

――――――――

　　① 曾国藩奏折，同治六年十一月二十三日，见《筹办夷务始末》，同治朝，卷五四，第 4 页。

奏折被公之于报纸，英、美等国驻华外交人员心领神会。美国驻华代办卫三畏几乎照译了曾国藩奏折的全文，向美国国务院报告，并签具意见说，"一当粗野的、紧握拳头的、一向恃劳动为生的，像船夫、车夫等亿兆中国人民的生计，忽被汽船或铁路所剥夺，以至穷蹙无归时，是可能成为他们的统治者的严重灾害和真正的危险"。他又写道："除非等到这些人民的知识增加了，这个政府的力量增强了，所有各省的秩序更稳定了，企图在目前即从事铁路网的修建，是否安全，确实是一个问题；"目前提出要在中国修筑铁路的要求"值得我们郑重考虑"。①

英国也作了新的部署。阿礼国向英国外交部报告了修约交涉经过和中国的政治经济形势，英国外交部认为他所反映的在华英国商人关于要求在中国内地修筑铁路等意见"并不富于策略性"。②阿礼国一接受这个指示，即向在华英商解释，为了英国在中国的长远利益，关于在中国修建铁路，一时应该采取"等待"策略，只有使清政府"感觉自己是自由的，不受列强和它们的外交及领事人员的令人愤慨的干预"③，才能稳妥地达到在中国修筑铁路等的目的。

在维护清政权这个政治目标一致的前提下，英、美两国关于修建铁路的问题，虽然在修约交涉的准备阶段喧嚷不休，但在正式谈判时，英美使节根本未予提及；只是在谈判临近结束，两国修约代表作为退却前的一着，才要求"请让些须"，不作"恃强勒索"④。

―――――――――

① 卫三畏致美国国务卿西华德函，1868年7月，见《美国外交文件》（英文），1868年，第1卷，第516—517页。

② 伯尔考维茨著：前引书，第47—48页。

③ 伯尔考维茨著：前引书，第56—57页。原注：阿礼国致史丹雷机密报告，1868年1月1日之密件。

④ 总理各国事务恭亲王等奏折，同治七年十二月二十一日，见《筹办夷务始末》，同治朝，卷六三，第1—7页。

一八六八年，中美之间签订的《天津条约续增条约》作了如下规定："如通线（指电报——引者注）、铁路各等机法，于何时，照何法，因何情欲行制造，总由中国皇帝自主，酌度办理，""美国声明并无干预之权及催问之意"。[1]

有必要指出：中美《续增条约》对开办铁路这类纯属中国主权范围的事务，规定了什么不容"干预"、"催问"，正反映了美等俨然以中国皇帝的保护人自居。这一规定本身恰恰最粗暴地干涉了中国的内政。

无论是英国驻华使节阿礼国设计的"等待"策略，还是中美《续增条约》的不容"催问"的规定，显然都不意味着英、美侵略势力放弃了在中国修筑铁路的企图；恰恰相反，所有这些都只不过是它们以退为进的策略，目的在于使清政府"感觉自己是自由的"，"让（中国人）自己去搞"，以追求实现能够"更快、更好"[2]地攫取在中国建筑铁路的权益。

尽管如此，英国资产阶级依然抑制不住他们的冲动。1869年苏伊士运河开始通航，英国一些城市的工商团体，如哈里法克斯市商会等又向英国议会呈递请愿书，抱怨英国商货未能大量向中国输出，是由于这些商货只能"从沿海一带输入"的缘故。英国商人根本不考虑地理条件，想象英国商品经苏伊士运河到了锡兰，然后运往仰光，不要五百公里路程就可以到达中国云南；与当时通常绕道新加坡远航中国上海，比起这条想象中的路线，不知要远多少倍。他们乃重提"斯不莱线"，并振振有词地说，滇

---

① 中美续增条约，1868年7月28日，见王铁崖编《中外旧约章汇编》，第1册，第263页。

② 阿礼国致史丹雷函，1867年11月15日，见马士著（张汇文等译）：《中华帝国对外关系史》，第2卷，第233页。又函，1868年1月1日，见伯尔考维茨著：前引书，第56—57页。

缅之间敷设铁路对开拓市场所取得的效果，绝不是在长江流域"加上零碎的几英里"所能比拟的。①

英国政府再度顺从英国商人的请求，并因此成为又组织一个探查队（后来并酿成中国外交史上的"马嘉理案"的结局）的一个动因。

第三节　英美等国商人私建吴淞铁路及清政府的给价拆除，一八七二至一八七七年**

第四节　欧美资本主义势力谋求投资铁路利益和英国殖民主义分子擅自踏勘线路的活动，一八七三至一八九四年

十九世纪七十至九十年代是西方从自由资本主义向垄断资本主义过渡的"大转变"年代。当此转折岁月里，尽管西方资本主义国家如英国的驻华使领人员一再向本国政府报告，在中国修筑铁路的时机尚不成熟；可是这些国家的资产者为谋摆脱一再遭到周期性经济危机的袭击而陷入的困境，仍一阵紧过一阵地叫嚣要在中国修筑铁路。他们除了想把铁路作为开辟商品市场的手段，兼把铁路看作是一项有厚利可图的事业。利用清政府陷于某种困境，乘机捞取好处，是西方列强在当年中国行动的信条。为迎合本国资产阶级的需要和利益，列强于八十年代中迫使清政府作出

---

① 伯尔考维茨著：前引书，第 147 页。

** 本节原系为参加著述《中国近代经济史，1840—95》（严中平主编）所写的大事记（见《人民日报》1961 年 6 月 21 日）。今此"记"已录入本集；为保持本节的完整性并避免重复，留其题而略其文，作此说明。

关于开建铁路时"自向"他们"商办"的承诺。紧接而来的是这些国家垄断资本集团纷起竞逐建筑铁路的权益，甚至提出参与办理的要求。在分割世界领土的争夺中，西方列强从自己的毗邻中国的领土或殖民地修建铁路延伸进入中国西南、西北边陲的野心，也日益明显地暴露了出来。

一　英国谋求投资中国铁路的权益及同其他国家矛盾的潜在展开

英国凭借暴力强迫中国开放在沿海和长江沿岸的一些商埠之后，力图在中国内地敷设铁路，作为开拓商品市场的手段。它在本土铁路建设热潮到了十九世纪六十年代开始出现低落迹象，为疏导资本出路，除了在印度竞逐铁路投资利益，同时也想在中国如法炮制。

一八六九年，一些英国资本家委托曾任中国海关总税务司的英人李泰国充当说客，特意来华作了一番试探。① 进入七十年代，英国人追逐在中国投资铁路权益，形成一股势头。中国在伦敦的使馆一设立，他们便就近向中国使馆官员游说，一再"劝造铁路"，并竞谋贷给建筑款项。②

一八七三年，清同治帝婚期将届，一些英国资本家认为这是一个不可坐失的良机。一家名叫兰逊—瑞碧公司的工程公司在英国财界显要的支持和曼彻斯特市商会的赞助下，决定以庆贺中国皇帝婚礼名义，送一条"婚礼铁路"当作展览品，以便宣传推广；只是在英国驻华公使告知他们清廷不愿接受后，才中止

---

① 李泰国在华活动未获结果，转而去日本，与日本政府做成了一百万英镑的铁路借款交易。日本政府以此款修建了横滨－新桥等铁路。

② 刘锡鸿密陈不可借款造片，光绪七年正月十六日，见中国社会科学院经济研究所藏抄档，路电邮航类，第4册。

进行。①

为了取得中国铁路投资权益，英国资产者在这些年中大肆制造舆论。

有一种说法是：在中国投资兴建铁路，且不说可以立获巨额的利润，可以突破深入中国内地的障碍，取得难以数计的利益；单是供应修筑铁路所需的材料，就将给英国工业和航运业带来极大的繁荣。②

又有一种说法是："如果（在中国）能够像在其他国家一样，对铁路、矿山……进行投资，那么，（英国的）剩余资本就可以找到出路，不必在有限的几项贸易中投资，或者造成银行家和商人们的损失。"

还有人吹嘘，投资于丝茶贸易（英国商人当时主要投资在此两项上），其有利程度未必能够赛过铁路投资。

如此等等，不一而足。

正是在这种舆论的鼓动下，英国由政府官员出面了。英国公使威妥玛有一次在赴中国任所的航途中，遇见中国驻英副使刘锡鸿，除了要求刘返国后替同船去中国的"铁路洋匠""吹嘘"外，还直接提出，若中国无款兴筑铁路，"英国尽可借给"，条件是"以物押借"，"即以所造铁路质之于英"。③

此外，英国在上海设置银行分支机构这一类金融组织后，更一再向中国的洋务派官员游说，尽说建造铁路在政治上、经济上、军事上种种利益，并主动承揽铁路建筑的贷款。④

---

① 伯尔考维茨著：前引书，第134—135页。

② 《北华捷报》（英文），1874年8月29日，第227—229页。

③ 刘锡鸿密陈不可借款造路片，光绪七年正月十六日，见中国社会科学院经济研究所藏抄档，路电邮航类，第4册。

④ 参看马建忠《适可斋纪行》卷二，第4页。

一八八一年十一月，威妥玛在同清政府代表李鸿章谈判鸦片税厘问题时，节外生枝地要求让予英国以承办铁路的利益。李鸿章在他的挟制下，答以："若将来中国准造铁道，有需借款，则英商最称殷实，谅无舍此而与他国商借。"[①] 英国便以此以为取得了投资中国铁路的优先权益。

英国国会还是有人焦躁不安。一八八三年四月，一位议员叫嚷："目前英国资本的出路好像完全被堵塞了。本国最需要的就是使它的资本能够投入广大的地域。世界上有什么地域能和中国相比呢?"[②] 第二年，另一个议员又说，中国如果建筑铁路，"对我们的凋萎的钢铁工业来说，对我们的为外国竞争所残酷折磨的机器制造工业来说，都会给予出路"。[③] 英国商人中则有人要求其政府向中国"逼取铁路特权和其他的投资便利"。[④] 这些叫嚷反映了英国工商界力谋以向中国输出"过剩"资本，使自己从持续萧条中摆脱出来。

如果说外国资本当时在中国建筑铁路目的，在于开拓商品市场，因而西方各国在这一方面的利益是一致的话；那么，随着铁路本身成为一种投资对象，它们之间的矛盾便明显地暴露出来了。

尽管英国资产者投资中国铁路的权益还未得到实现，可是风声所播，已经深深引起其他国家的嫉视。德国就是其中之一。

德国驻华公使巴兰德在十九世纪八十年代初就已"竭力为德

---

① 往拜英国威［妥玛］使问答节略，光绪七年十月初八日，见李鸿章：前引书，译署函稿，第 12 卷，第 32 页。

② 伯尔考维茨著：前引书，第 164 页。原注："英国议会辩论记录"，第 3 编，第277 卷，第 1351 页。

③ 季南：《英国在华外交，1880—1885 年》（英文），第 266—267 页。

④ 同上书，第 164 页。

国人"谋求向中国供应铁路器材的利益。他认为，英人威妥玛胁迫李鸿章作出优先承借英国铁路款项的承诺，是针对自己的。于是巴兰德在总理各国事务衙门和李鸿章等处异乎寻常地进行紧张的活动。

美国人对英国攫取中国铁路借款优先权也表现出很大的不安。一八八二年美国《银行家杂志》刊载文章表示，美国绝不能让英国伙伴独占投资"建筑中国铁路的利益"。

欧美资本主义列强对投资中国铁路权益的眈眈虎视和彼此之间暗中展开的竞争，预示着它们为了实现投资中国铁路的权益，势必会利用或制造某种机会或口实，采取压迫中国的新的行动。法国在一八八四年对中国发动的侵略战争，就是它们认为可以迫使中国在铁路建设方面作出某种让步的机会之一。

二　资本主义列强在中法和谈中压迫清政府接受有关铁路的条款

进入十九世纪八十年代，主要资本主义国家为了摆脱长期经济萧条的困境，都想在中国修筑铁路。英国的情况已如上述。德、法两国的情况与相类似。例如，法国内阁总理茹费理于一八八四年发动对华侵略战争后公开宣称，向中国"索要一些铁路利益"之类的利益，给法国冶金工业找一条出路，将是博取法国议会或公众"满意"所必需的一着。[1] 茹费理又说，他"只想为法国的工业取得中国铁路的一部分，以补偿法国（在战争中）的牺牲"。[2]

法国侵略者接着利用清政府急于谋和的机会，决心在和约中塞进有关铁路的条款。其他西方强国为了谋取中国铁路利益，也

---

[1]　金登干致赫德电，1885年3月4日，又电，3月12日，见海关总署研究室编《帝国主义与中国海关》，第4编，"中国海关与中法战争"，第85、87页。

[2]　金登干致赫德电，1885年3月13日，见上引书，第88页。

正在等待时机。他们与法国配合，共同压迫清政府作出让步，并且以此防止法国取得特殊的优惠。

最先法国在同清政府进行媾和谈判时，提出巨额赔款，"最初是二亿五千万法郎，后来减到八千万法郎"①。它明知清政府不可能同意这样的要求，故意索要巨款，给谈判设置障碍，以便通过讨价还价，进一步迫使清政府"在五十年内让与我们〔即法国〕建筑〔中国内地〕铁路的特权"②。

法国企图垄断路权，遭到其他强国的侧目嫉视，旋即改为要求中国向法国举借银一千万两作为修建铁路的费用；旋又改成为"法国得先揽办二千公里"。法国谈判代表一再自我表白，绝无垄断修建中国铁路的打算，以求既减少其他强国可能的敌意；又希图以此取得它们的支持，共同加强对清政府的压力。

西方列强与其同伙法国在向中国索取建筑铁路权益这一点上，实具有共同的利益。法国虽然自我表白无独享之意，事实上却要尽占先机，其他列强同法国在这一方面利害是相冲突的；而彼此根本利益的一致，又促使它们和法国紧密勾结，共同向清政府施加政治影响和外交压力。例如：英国通过中国海关总税务司赫德出面活动，操纵和谈，怂恿清政府接受以让许铁路权益作为不偿付赔款的替换条件。又如美国，它的驻华公使杨约翰亲到总理各国事务衙门恫吓说，如果不让予修建铁路的权益，法国会"无论费若干兵饷，总要兵至北京"。③ 利害的矛盾又使它们——特别是英国——对法国展开尖锐的斗争，并且乘机用另一种方式

①　马士著（张汇文等译）：前引书，第2卷，第403页。
②　巴德诺致茹费理电，1884年8月5日。《法国黄皮书·中国与东京事件》第16号，见中国史学会主编《中法战争》（中国近代史资料丛刊）第7册，第240页。
③　美使杨约翰面递节略，光绪十年八月初四日，见《中法战争》，第5册，第551—552页。

压迫中国。赫德说："中国将在何时、何地、以何种规模兴建或扩充"铁路，"对任何人都是公开的"①。英国驻华公使欧格讷则亲至总理各国事务衙门发出警告，"无论最后条款如何"，不能有"违反英国权利或合法利益的商业上的款项"；② 如此等等。

清政府内部如李鸿章等，在列强的恫吓下，急于认输妥协。李鸿章派天津海关道盛宣怀同法国驻天津领事林椿秘密接洽，提出"借银修路"方案。李鸿章与法国侵略者之间实遥相呼应，有关铁路的问题终于成为中法媾和谈判中的一个特定项目。

茹费理于是间接向英国试探，表示希望在条约中能够规定："中国决定修造铁路时，法国得先揽办二千公里。"③ 茹费理提出的这个方案，未获得英国的支持；转又表白："我们（法国）无意要求垄断。"④

法国要清政府作出让步，有求于英、美等国的配合和支持，从而对后者不能不作出一定的妥协。因此，一八八五年中法会订《越南条款》（又称《中法新约》），在第七款中，法国迫使清政府作出如下保证："日后若中国酌拟创造铁路时，中国自向法国业此之人商办；"同时加一但书："惟彼此言明，不得视此条系为法国一国独受之利益。"⑤

然而英国还不放心。外交大臣葛兰维尔就这一条款英文本"决定在中国建筑铁路时，中国政府将请求法国的帮助及材料的

① 赫德致金登幹电，1885年3月16日，见海关总署研究室编，前引书，第89页。
② 欧格讷致葛兰维尔，1885年3月29日，《英国蓝皮书·中法谈判》第17号，见上引书，第7册，第328页。
③ 金登幹致赫德电，1885年4月26日，见海关总署研究室编：前引书，第115页。
④ 金登幹致赫德电，1885年5月8日；同上书，第4编，第120页。
⑤ 《越南条款》，1885年6月9日，见王铁崖编：前引书，第1册，第468页。

供应"句中所使用的助动词"将"（shall）字的解释，与驻华公使欧格讷一再来往函电推敲，最后确定此字的字义怎么也不能解释为命令式的"必须"，而只能解释为将来式的；然后又取得了法国政府关于法国并不要求"专利"的谅解，才最后表示，英国不"妨害"中法间的"会谈的成功"。①

英国如此认真关切，无异于传达出一种讯息：欧美资本主义国家的财政资本家即将对中国铁路的投资利益既相互照应又展开激烈的争夺。

欧美各国财政资本家从主观愿望出发，看到中法《越南条款》载有"若中国酌议创造铁路"的词句，就认为中国即将大规模地兴建铁路。于是，法兰西银行在条约缔结后立即在天津设置办事处等待投资机会，在巴黎开设一家名叫东京湾铁路建设筹备处的机构，紧张筹备从越南修筑铁路到中国云南。

美国不仅派专人来中国刺探建筑铁路的动向，其驻华使馆参赞何天爵还亲自写信给总理各国事务衙门表示，"拟向美商总借中国库平足银二千万两，每年不得过五厘起息"，供中国建造铁路。② 曾任美国驻华公使的西华以"说帖"也向该衙门游说："中华必［须兴］建铁路，不能久延。"他表示可从美国举荐能承办、经营中国铁路的人员。③ 美国驻华公使田贝则安排美国资本巨头代表在清宫展出"一条美国铁路及其车辆运转模型"，企图

---

① 欧格讷致葛兰维尔，1885年4月29日，《英国蓝皮书·中法谈判》第27号，见《中法战争》，第7册，第329—330页。

② 美国使馆参赞何天爵致总理衙门函，光绪十年六月二十四日收，见清总理各国事务衙门档案。

③ 美国前公使西华建造铁路说略（同文馆翻译），光绪十一年正月二十九日收，同上档案。

以此促使清政府采用美型的铁路器材。①

德国其时组织了一个强大的辛迪加,于一八八六年派出代表团来中国活动。德国驻华公使馆参赞阿恩德写了《论开铁路》的节略一件,交给总理各国事务衙门,鼓吹聘用德匠、使用德料建中国铁路。阿恩德还自卖自夸,攻击其他国家"自愿代办铁路之人","究不能无偏私之意"。②

一八八七年,德国贴现银行人员前往中国驻德使馆游说,希图使馆对银行"派人赴华揽办铁路及借款",先向清政府"通达"。③ 德意志银行和德国工业界联合派出的代表来中国后,径向清政府表示愿意为实现"一个庞大的铁路计划"提供巨额贷款④。

比利时的钢铁业界也派人来中国"寻求铁路和其他承办契约"。⑤

总之,欧美列强的辛迪加一个接一个来到中国,麕集于天津,往来于北京、天津之间,企图当中国一旦开建铁路,能够抢先取得贷款、包工之类的利益。

不过,所有这些活动在中国铁路建设上并没有留下丝毫的实际结果;留下的只是国际财政资本组织为谋取铁路投资利益而展开过剧烈竞争的史迹。

---

① 美使田贝致国务卿贝雅函,1885 年 11 月 5 日,见《美国外交文件》(英文),一八八六年,第 180—181 页。

② 德国参赞阿恩德致总署论开铁路节略,光绪十一年九月十四日收,清总理各国事务衙门档案。

③ 许景澄致总署函,光绪十一年十二月,见许景澄《许竹篔先生出使函稿》,第 2 卷,第 5 页。

④ 《北华捷报》(英文),1886 年 8 月 6 日,第 145 页。

⑤ 《北华捷报》(英文),1889 年 4 月 29 日,第 467 页。

三　在外国侵略势力加强窥伺中国边陲形势下英国企图修建
滇缅路和探测藏路的活动

西方资本主义列强继十九世纪七八十年代之际加紧对中国友
邻国家侵略活动后，加强着对中国边陲地区的窥伺。沙皇俄国怀
有与英国在中国东北地区以及在整个东北亚地区争霸的野心。它
得悉清政府筹划修建关东铁路，即于一八九二年决定赶修其境内
的西伯利亚铁路，"欲为先发制人之计"[①]。在毗邻中国西南地
区，英国、法国加紧准备从缅甸、越南展筑铁路至云南的活动。
它们并吞中国边陲地区的野心如此明显，连清政府官员也看得一
目了然。当时就有人指出："英、法逼于南，俄人逼于北，事虽
未动，机则已形。彼族皆借口通商也，果仅通商乎哉!?"[②] 这些
已形之"机"，经过甲午战争，终于变成俄、英、法等国企图瓜
分中国和实际竞逐有关铁路建筑的权益。

在当年资本主义列强中，英国走得最远。英国殖民主义分子
不单在修建滇缅铁路上蠢蠢欲动，而且对西藏是否可能建筑铁
路，也作了初次试探。

被列宁称作"到十九世纪末，成为英国当代要人的已经是公
开宣传帝国主义、最无耻地实行帝国主义政策的谢西尔·罗德斯
和约瑟夫·张伯伦了!"[③] 一八八二年，有一个以谢西尔·罗德
斯自命的殖民主义者、《泰晤士报》"驻中国特访员"葛洪，根据
英国资产阶级一再提出的在滇缅间设置铁路以便进入中国的云
南、四川及西南其他邻近各省的打算，在中国南部和西南部地区

---

① 驻俄公使洪钧奏片，光绪十六年四月二十日，见王彦威编《清季外交史料》，
第83卷，第11页；又参看罗曼诺夫著，民耿译，《帝俄侵略满洲史》，第44—47页。
② 崔国因：《出使美日秘国日记》，第9卷，第6页，光绪十七年十月十四日。
书名中的"日"，系西班牙旧译名"日斯巴尼亚"的简称。
③ 《帝国主义是资本主义的最高阶段》，《列宁全集》，第22卷，第248页。

作了一次所谓"探险";并狂热鼓吹修建一条与"斯不莱线"平行但比它更靠东一些的铁路。他说:修建了这条铁路,才能有利于实现"更伟大的不列颠政策";换句话说,也就是这样,英国才能更有利地扩张其在中国的势力。

葛洪认为应该建筑的线路宜从缅甸的玛打万(或盘谷)起,经清迈、掸邦、江洪等地区,直达思茅。他认为,这样一条线路既有利于英国与法国之间的竞争,又具有重要的"商业价值";还便于招徕中国西南地区居民去开发据他说是"生齿不繁"的缅甸;而且缅甸境内的线路已经踏勘,需要继续进行的只有中国境内一段。葛洪以殖民主义急先锋自命,拼命叫卖他自己的主张。

葛洪的活动得到英国一些商业团体的支持。先是伦敦市商会,后是曼彻斯特市商会,都对他深表赞赏,并给以财政支持;过后,格拉斯哥等市商会以及仰光、新加坡、香港等地英国商会也捐款资助。香港、新加坡两地英国殖民地政府对他的活动也给予支持。

一八八三年,葛洪未经清政府许可,擅自深入中国西南地区踏勘,一八八五年春回到英国。他通过伦敦市商会向英国政府提出计划,并要求加紧建筑这条铁路,以便把中国西南地区的市场真正掌握在手。

英国政府对从缅甸建筑一条铁路通到中国境内,一贯抱着肯定和积极支持的态度。它认为这是打开中国"后门"所必须采取的措施;问题只在于合适的时机和选择哪一条线路。八十年代初,英国以正与法国竞争,加紧并吞上缅甸,才对葛洪的方案未置可否;但对线路的选择则倾向于从曼德勒起经古仑渡口,向北一直通到中国的云南。它谋以此线沟通英属缅甸和中国的云南,并控制当时还处于独立地位的上缅甸。等到一八八六年英国并吞上缅甸之后,随着与法国竞争形势的变化,它又一再改线。一八八八年，它把拟建的铁路改定为出缅甸境至云南楚雄，然后分为两线，一至昆明，一经雅安至成都；一八九二年又改为一从缅甸仰光起，经今泰国北部至云南，一从缅甸曼德勒起经八莫到云南大理。[①] 但是，尽管英国对滇缅之间铁路选线一直没有确定下来，有一点却是确定的：即它把建筑滇缅之间的铁路变成一项"国家的工作"；这项工作成为它蚕食中国西南边疆的侵略活动的一个重要环节。

另一方面，英国殖民主义分子还觊觎在西藏修建铁路。一八八五年，英国组织了一个考察团潜入西藏，窜到拉萨，"研究修建铁路的地段"[②]。这一活动成为二十年后英国谋图独占西藏路权的先声。

第五节　清廷创设铁路和西方列强争夺铁路权益的初步展开，一八七四至一八九四年

西方列强谋在中国建筑铁路，经过种种失败的活动，于十九世纪六十年代末得出一个教训：让清政府"感觉自己是自由的"，效果将会更好。清廷从七十年代起，对于创设铁路，经历了从"筹办"、"试办"到"毅然兴办"的过程。这些活动在客观上符合资本—帝国主义列强侵略中国的需要，因而取得了它们的积极支持。帝国主义列强剧烈争夺中国铁路权益，首先在提供铁路材料上急剧展开。

一　清廷关于创设铁路的争论

清廷在镇压太平天国后，逐步形成被习称为"顽固"和"洋

---

① 缅甸境内的曼德勒至古仑的铁路线路，一八九二年开始勘察，一八九五年动工。

② 列昂节夫：《外国在西藏的扩张，1888—1919 年》（俄文版），第 25—26 页。

务"两派的明显分野。西方资本主义国家一再要求中国敷设铁路，引起了两派对铁路和敷设铁路问题的注意。"顽固派"把铁路当作"奇技淫巧"，他们力谋维持现状，反对任何更张，担心统治基础会因铁路的设置而遭到冲击，国家秩序也会因此而遭到威胁，坚持反对的态度。[1] "洋务派"虽然肯定了铁路"并非无用之物"，但面对太平天国虽然已被镇压下去可是统治秩序仍甚不稳定的形势，也未敢轻易采行。他们生怕建筑铁路影响社会生活，"致激民变"[2]。"顽固"、"洋务"两派尽管对铁路存在不同看法，但在最初的一段时期内却是一致持反对敷设的态度。

进入七十年代，"洋务派"自恃封建统治力量已经从"平定"遍地动乱中开始恢复过来，且有所增强；面对一些实力较弱的资本主义国家如西班牙、日本在中国东南海域屡行侵扰，于是从希图增强海防出发开始主张创设铁路。他们为此制造舆论，并得到了英、德等国在华公职人员的怂恿和支持。

例如，一八七四年，清政府以日本接连侵扰中国东南海域而筹议海防。李鸿章奏称："南北洋滨海七省，自须联为一气"，应该设置火车铁路。"屯兵于旁，闻警驰援"，"则统帅尚不至于误事"[3]。英国公使威妥玛逢人便说："惟造铁路可以省兵。"[4] 德国

---

[1] "至欲安设铜线铁路，势必各处挑挖壕堑，安设机器，彼则专为裨于贸易，往来迅疾，不顾民间生计田庐，妨碍风水重地；我则险阻有失，元气愈弱。当此贼氛未靖，民心未安之时，关系甚重，似难允行"（见盛京将军都兴阿奏折，同治元年十一月十七日，见《筹办事务始末》，同治朝，卷五二，第22页）。这种说法，就是一种代表。

[2] 湖广总督李鸿章奏折，同治六年十二月初六日；同上书，同治朝，卷五五，第13页。

[3] 筹议海防折，同治十三年十一月初二日，见李鸿章：前引书，奏稿，第24卷，第22—23页。

[4] 转引自刘锡鸿密陈不可借款造路片，光绪七年正月十六日，见中国社会科学院经济研究所藏抄档，路电邮航类，第4册。

公使巴兰德把铁路的军事效用更说得神奇。他特地写信给总理各国事务衙门，竭力夸称铁路在军事上的功用。他还举出刚结束不久的普法战争作为例子。把普鲁士在这次战争中战胜法国，竟说成是得力于"铁道轮车"，将人马粮料"自德国远近各处，送抵法国东界"。最后，他表白了自己的见解："当今之世，如尚有一人不以电气蒸汽为救时急务，以为别有道以制胜于他国也，吾诚不知其将果操何道也已。"① 这是他的结论。

西方列强鼓吹在中国敷设铁路的言论，使"洋务派"借机宣扬铁路在军事战略上的重要作用。另一位重臣李鸿章在一八七二年说："俄人紧拒伊犁，我军万难远役，非开铁路，则新疆甘陇无转运之法，即无战守之方。""俄窥西陲，英未必不垂涎滇蜀；但自开煤铁矿与火车路，则万国蹜伏。"② 一八八三年他又说："火车铁路利益甚大……将来欲求富强制敌之策，舍此莫由，倘海多铁舰，陆有铁道，此乃真实声威，外人断不敢轻于称兵恫吓"③；如此等等。对于铁路的军事战略作用，则迹近越说越玄乎了！

一八八○年，李鸿章还在其旧部刘铭传被起用时，授意刘奏请朝廷筹造铁路，阐述其意旨：

> 中国幅员辽阔，北边绵亘万里，毗连俄界；通商各海口又与各国共之。画疆而守，则防不胜防；驰逐往来，则鞭长

---

① 德国公使巴兰德致总理衙门函，光绪元年四月三十日收，见清总理各国事务衙门档案。

② 复丁雨生中丞，同治十一年九月十一日，见李鸿章：前引书，朋僚函稿，第12卷，第25页。

③ 论法兵渐进兼陈铁舰铁路之利，光绪九年六月二十日，见上书，译署函稿，第14卷，第25页。

莫及。惟铁路一开，则东西南北呼吸相通，视敌所驱，相机策应……无征调仓皇之虑、转输艰难之虞。……将来兵权、饷权俱在朝廷，内重外轻，不为疆臣所牵制矣。①

"洋务派"就是这样不辨本末，把铁路这样一项具体的技术设措施，说成是"事关军国安危的"的"大计"！②

"洋务派"以"自强"相标榜，继则补充了"求富"的口号。他们竭力鼓吹修筑铁路在"求富"中的作用，同样取得西方列强在华使节的呼应。

例如，李鸿章认为，"中国积弱，由于患贫。西洋方千里、数百里之国，岁入财赋动以数万万计，无非取资于煤铁五金之矿，铁路、电报、信局、丁口等税"。③威妥玛则发表议论："中国惟挖煤铁可以生财，惟造铁路可以省兵。""火车之用，不惟使人有无相通，更可使国富民强。"④两人的言论要旨竟如出一辙！威妥玛还进而提出，"火车行，京师屯兵五万，便足控驭四方"；"民苟不服"，"亦可不忧其反侧"。⑤他怂恿清政府引进铁路以强化国家机器，增强镇压人民的力量，而"洋务派"坚持敷设铁路，也不无怀有这样的目的。

"顽固派"从七十年代起，在统治集团内部权势日益失落着。他们对"洋务派"的言论和活动，看不顺眼，却又提不出正面的

---

① 奏请筹造铁路折，光绪六年十一月初二日，见刘铭传《刘壮肃公奏议》卷二，第1—3页。这个奏折系陈宝琛代拟，亦见《陈文忠公奏议》卷上。

② 同上。

③ 复丁宝桢，光绪二年八月二十六日，见李鸿章：前引书，朋僚函稿，第16卷，第25页。

④ 转引自刘锡鸿片，光绪七年正月十六日，见中国社会科学院经济研究所抄档，路电邮航类，第4册。

⑤ 同上。

主张。在敷设铁路上，他们处于守势，却也提出了一些使"洋务派"难以回答的问题。首先，他们反对"洋务派"主张敷设铁路是自强之"机括"，而认为巩固封建统治根本之图，在于"修道德、明政刑、正人心、厚风俗"。其次，他们认为，创办铁路类乎"开门揖盗"：一旦有事，便于外寇的入侵；在和平时期，又便于外人倾销商品，廉价取得国产的货物。他们害怕人民，也更害怕"洋人踪迹"附随火车而"遍及里闾"，或竟出现内地人民与之"交通勾结"，造成"内溃为虞"的局面。他们认为"倡导"和"赞成"开设铁路之说者，是"曲徇洋人"，"非奸即谄"；是"置国家之大害于不顾"；是"用夷之法，以遂夷之计"。"顽固派"所能提出的正面主张，集中到一点，却只有所谓"恪守祖宗之成法"、"固结人心"而已。①显然，倒退是没有出路的；即使在统治集团内部"顽固派"的主张也终被"洋务派"所驳斥。

资本—帝国主义列强从十九世纪七十年代起二十年间日益加紧对中国的压迫。"洋务派"主张敷设铁路，一开始主要就是为了适应军事的需要。他们所采取的一些洋务设施，实践证明，都失败了。譬如他们购买的船炮，就经不起中法战争的检验。至于铁路，由于尚未经过实践检验，"洋务派"不肯认输。有人在八十年代末质责"顽固派"说："不重商贾可也，军事亦可不重乎？不讲营运可也，转输亦可不讲乎？""创兴铁路，本意不在效外洋

---

① 通政使司参议刘锡鸿罢议铁路折，光绪七年正月十六日，见《清朝续文献通考》，卷三一二，邮传二。论铁路之害折，光绪十年九月十三日；又，请罢开铁路急修河工折，光绪十年十一月二十五日，见徐致祥《嘉定先生奏议》卷上，第12—13、16—18页。请毋建津通铁路疏，光绪十四年十一月，见屠仁守《屠光禄奏疏》卷四，第14—16页。又，参看议驳京僚谏阻铁路各奏，光绪十四年十二月二十八日，见李鸿章：前引书，海军函稿，第3卷，第14—21页。

之到处皆设，而专主利于用兵。"① 他们为急于把铁路作为整备国家防务的一环，已在跃跃欲试了。

二 清政府对铁路从"筹办"、"试办"到"毅然兴办"。

从十九世纪六十年代起，"洋务派"在清统治集团中迅速上升为主要当权集团。这派人物在敷设铁路上，一方面同"顽固派"争论该不该创设的问题；另一方面在他们掌握着行政权的地区，却早在我行我素地着手进行了。

"洋务派"倡导修建铁路，最先强调为增强防务，特别是东南海防。西方列强，如英国，凭借经济实力垄断中国市场，正需要中国的统治者有足够的力量镇压人民反抗，抵敌其他国家入侵，好让其安然剥削中国人民。一些方兴未强、野心勃勃地垂涎中国领土的国家，如日本，看穿"洋务派"所谓"整军经武"，只是夸夸其谈，而对中国社会经济和政治制度不作根本变革，也就不放在心里。日本政治家伊藤博文冷眼旁观当时中国的洋务活动说："以我看来，皆是空言"，"此事直可不虑"。② 这样尽管清政府标榜整备防务，资本主义列强毫不在乎；清政府为此而修建铁路，列强不单不作干扰，反而予以支持，以求有利于在中国渗入、扩张自己的势力。

清政府在这样的国际和国内形势中，对铁路，出现了从"筹办"、经"试办"，到八十年代末才终于决定"毅然兴办"。

一八七四、一八七五两年，日本接连武装侵扰台湾、占据琉球；一八七六年底，西班牙扬言要从它所殖民的菲律宾群岛进攻台湾（当时台湾属福建省管辖）。在此形势下清政府开始感到必

---

① 海军衙门、军机处会奏底，光绪十五年正月十四日，见李鸿章：前引书，海军函稿，第3卷，第26页。

② 军机处奏，光绪十二年正月初六；录呈徐永祖函，附件二，见《清光绪朝中日交涉史料》第10卷，第2页。

须加强在台湾的治理；起用洋务派淮系丁日昌为福建巡抚。丁受命之后，秉承李鸿章的意旨，在上统筹台湾全局的折、片中，提出在台湾修建铁路的意见；丁到台湾之后，进一步强调建筑铁路的必要性：台湾四面环海，岛内山区未及开辟，无铁路既难以防敌，亦难以安内。针对当时统治集团内部议论纷纭，反对建筑铁路的主张尚占优势的情况，为了使自己的主张易被采纳，丁以台湾海岛孤悬与内地有别为理由，要求针对这一具体情况而获得"密旨准行"。[①]

清政府将丁日昌的奏折，发交有关衙门议论。"洋务派"淮、湘两系一致支持。李鸿章在复议折中力加鼓吹："丁日昌到台后，叠次函商，该处路远口多，非办铁路、电线不能通血脉而制要害，亦无以息各国之垂涎，洵笃论也。"[②] 沈葆桢也表示同意：铁路"实为台地所宜行"[③]。一八七七年四月七日（光绪三年二月二十四日），清廷采纳丁日昌在台湾修筑铁路的主张，要他"审度地势，妥速筹策"[④]。这是清政府首次批准建筑台湾铁路的命令，也是首次批准在国中建筑铁路的命令。

清政府旋即下令，从当年下半年起，筹办台湾铁路的经费，从当时某些省、关提解南洋的海防经费半数移归台湾的费用中拨给。但是，据李鸿章说，此项经费"虽号称岁银二百万，每年实解不过四十万两"；向例由大陆一些省、关直接提解，户部从不过问。丁日昌预计若以福建巡抚的身份向各省、关催解，势必

---

①　福建巡抚丁日昌奏，光绪二年十二月十六日，见中国史学会主编《洋务运动》（中国近代史资料丛刊）第 2 册，第 346—353 页。

②　总理衙门奕䜣等奏，光绪三年二月十四日，见《洋务运动》，第 355、354、358—359 页。

③　同上。

④　同上。

"百呼而无一诺",干脆辞受。①

丁日昌转而求助于外国银行。经李鸿章转托赫德,丁向上海英商丽如银行尝试举借建路款项;后者认这是获取重利机会,索要八厘息。这样的利息率连李鸿章也感到"太重",借款才中止进行。

丁日昌既决定并经旨准在台湾修建铁路,转而凭借其地方行政长官的权势,向台北富绅林维源、林维让兄弟"劝捐"集款。后者虽然认捐了五十万元(约合银三十六万两,而台湾铁路建筑经费据估计约需银二百万两),却终未能筹集足额现款。再后来查明,林氏兄弟虽"富于田产,并非雄于资财"。这样,丁日昌着手筹办台湾铁路,虽招聘曾经参与修建吴淞铁路的英籍工程师马利生作了一次测勘,拟定路线北起基隆,南迄恒春;但限于经费而中止进行。

一八八五年,刘铭传就任台湾建省后的首任巡抚,在其任内重新提出敷设岛内铁路的建议,得到清廷再次批准,铁路才在省内真正开始修建起来。

再说北方。"洋务派"在清廷七十年代初开始筹议海防后,即着手经营近代煤矿。唐廷枢受李鸿章的委派,察勘了京师附唐山开平的煤矿。一八七六年,他提出筑铁路以便煤运的主张。他断言:"非由铁路运煤,诚恐〔该矿〕终难振作也。"②

此前三年,李鸿章提出在沿海敷设铁路的主张虽未被采纳,但他并未放弃自己的主张。唐廷枢在致李鸿章禀中建议先在开平

---

① 复吴春帆京卿,光绪三年三月二十日;又,复刘仲良中丞,光绪三年五月十九日,见李鸿章:前引书,朋僚函稿,第17卷,第3、11页。原拟海防经费现拟照案仍行分解南洋折,见沈葆桢《沈文肃公政书》第7卷,第52页。

② 唐廷枢:察勘开平煤铁矿务并条陈情形节略,光绪二年九月二十九日,见《开平矿务招商章程》,第3—8页。

矿区建造运煤铁路；尔后，或者向北通至山海关，或者往南与南省各海口相连接。李听任（实际也就是支持）唐廷枢在他自己行政辖区内修筑铁路。这条铁路于一八八〇年开建、次年完工即从矿区唐山至胥各庄的唐胥铁路。这条铁路线虽不过九公里，却是我国自己创建而且持续运行到如今的首段铁路。

一八八六年，开平矿局又以矿局所设铁路难以适应运煤的需要，"恐误各兵船之用"为由，要求从唐山一端往北展筑铁路。李鸿章奏报垂帘听政的慈禧太后后即予"批准试办"；并自言道："亦欲借此渐开风气。"[1] 李鸿章以通过矿局、商董，实现着他的为增强海防而在渤海西岸开始其建筑铁路的主张。

李鸿章后来意图由开平矿路南向天津和北向山海关展筑，采用的也正是这种手法。

李鸿章等人考虑到开平矿路接至山海关一段，地滨大海，商货、旅客运量不大，势难经久维持。一八八八年，李鸿章决定先修天津至北京附近通州的铁路，期能以此"养"滨海的征兵运械之路。同时，他也想将此路修至北京附近，展陈铁路的便利，以减少统治集团内部对建筑铁路的"挑剔"。

决定并着手建筑津通铁路在清统治集团内部引起轩然大波。"顽固派"原来就反对铁路，而今铁路竟准备修到京师门口，更激起他们的愤慨。他们中间，上自台阁大臣，下至御史讲官，纷纷向皇帝上奏，表示反对。他们所持的理由是，铁路于海防无益有损，铁路一修，险要尽失，百利不能偿此一害。还有用他们特有的词汇，列举铁路"五大害"。如御史余联沅在奏折中称：铁路害舟车、害田野、害根本、害风俗、害财用，其利不在国不在

---

[1]　议复李福明条陈并粤西矿产，光绪十二年十月十六日，见李鸿章：前引书，海军函稿，第2卷，第18页。

民，仅在洋人等等。"洋务派"淮系代表人物李鸿章就反对者所举种种反对的论点，作了一一反驳；为谋得有同志者的支持，他要求清廷并指使自己的亲信沿江沿海将军督抚议奏以壮声势。淮系的台湾巡抚刘铭传立即上奏，认为铁路一事，为安内攘外刻不容缓之图。署江苏巡抚黄彭年主张津通铁路不妨试办。两广总督张之洞则奏请缓办津通，改建芦汉路。[①] 总理海军衙门大臣奕譞则说出李鸿章想说的话，此路若废，"一旦有事，设误戎机，则海署、北洋转觉卸过有辞耳"[②]。

这次争议，是清统治集团内部"顽固"、"洋务"两派之间对铁路问题展开的最激烈的一次争论。也未始不可看作此两派为了维护和巩固封建统治而展开的最后一次斗争的具体表现。

清政府对于建筑铁路问题，在七十年代初，抱着不置可否的态度。用李鸿章的说法，即"无人敢主持"，"两宫亦不能定此大计"[③]。过后，如上文已经述及，对一些特定地方如海岛孤悬的台湾，清廷作了批准建筑铁路的决定；对近在京畿的渤海沿岸修建铁路，事实上也抱着默许态度。到了八十年代中，在"洋务派"的不断努力下，清廷终于把"顽固派"反对和攻击主张建筑铁路的言行，斥为"并不平心论事"[④]。经过这次争论，清廷终于一八八九年五月初最后肯定建筑铁路为"自强要策"；并且宣布："但冀有利于国，无损于民，定一至当不易之策，即可毅然

① 参看宓汝成编《中国近代铁路史资料，1863—1911》，第1册，第146—147页。

② 奕譞致恩承等函，光绪十四年十二月，见李鸿章：前引书，海军函稿，第13卷，第12—13页。

③ 复郭筠仙［嵩焘］星使，光绪三年六月初一日，见上书，朋僚函稿，第17卷，第14页。

④ 上谕，光绪十年十一月二十五日，见《东华续录》，光绪朝，卷六六，第18页。

兴办，勿庸筑室道谋。"① 清廷这一决策，正有如过后不久恩格斯所评述："即使是为了军事防御的目的，也必须敷设铁路。"② 铁路从七十年代起作为"洋务"设施的一个项目，开始列作国家的要政，从而成为清政府为了巩固政权而在物质技术上采取的最后的招数。

清政府既确定了上述政策原则，为了减少阻力，采取权宜之计，接受张之洞的建议，罢建津通，改建芦汉即芦沟桥至汉口间铁路。

"洋务派"中的李鸿章、张之洞之间也有矛盾。李鸿章认为清廷这一转变，只是为了有利于调停言路。他一面对张之洞表示支持；一面在写给他的兄弟的私信里，揶揄张之洞："恐难交卷，终要泻底。"③ 不久，他又以东三省兴办铁路紧要为词，向清廷奏准"移缓就急"，于一八八九年秋作出改建关东铁路的决定，中止了芦汉铁路的建设；又回到北洋治区从已建津沽铁路的北端林西，修筑一条出山海关经沈阳至吉林尔后或再展至敦化达珲春的铁路。

三　西方列强争夺中国铁路权益的初步展开

西方资本主义国家在自由竞争阶段，把在中国敷设铁路作为开辟商品市场的一种手段。它们认为不论由哪个国家修建铁路，其他各国都可享铁路运输的便利。当资本主义从自由竞争向着垄断阶段过渡，情况一变。各国为了取得输出资本的利益，对于中国铁路的投资，随之开始展开日益剧烈的的争夺。

一八八七年，李鸿章建筑（天）津（大）沽铁路因资金不

---

① 上谕，光绪十五年四月初六日，见《德宗实录》，卷二六九，第5—6页。

② 《致弗里德里希·阿道夫·左尔格》，《马克思恩格斯全集》，第39卷，第297页。

③ 致李瀚章函，光绪十六年正月初四，见李鸿章：前引书，电稿，第12卷，第2页。

足，曾拟组织"中国铁路公司"，经营铁路事宜。它公开招股银一百万两，可是应者寥寥，[①]"唇敝舌焦，仅招得商股银十万八千五百两"[②]。在天津坐等投资利益的洋商见到有机可乘，分头进京，希图出资承办。德国公使巴兰德还亲自出马活动，想为德国华泰银行揽取津沽铁路贷款的权益。英国、法国一些银行也在各自国家驻华公使、领事的支持下，叠发函电，"争来询商"。经过激烈的竞争，怡和洋行和华泰银行各以减轻利息的手法，取得了提供贷款的利益。英商怡和洋行对津沽铁路为购置外洋器材提供贷款六十三万七千余银两，德商华泰银行也是提供贷款四十三万九千余银两。法兰西银行先前请求承筑该线、供应资金，至此时则事败于垂成。第二年，李鸿章批准建筑津通铁路，英国汇丰银行捷足先登，取得了供勘测线路用的借款一笔。

一八八九年清政府决定把建设铁路作为一项"自强要策"并决定筹办芦汉铁路；旋改成先修建从关内已成铁路终端北展出山海关的关东铁路。法国驻华公使李梅拜会李鸿章，声称：奉本国政府电开，"法国已令公达银行为首，会同各银行"，准备提供"洋款二千万"。[③]清政府对此未予置理，李梅活动因而失败。次年，李梅进一步正式照会总理各国事务衙门，详引上述廷谕和《越南条款》第七款，要求清政府在修筑关东铁路时，接受法国

---

① 《北华捷报》，1887年4月29日；又，《申报》，光绪十三年闰四月初四日。

② 详陈创修铁路本末函，光绪十五年四月初二日，见李鸿章：前引书，海军函稿，第3卷，第29页。

③ 李鸿章、李梅晤谈节略，光绪十五年八月二十一日，见清总理各国事务衙门档案。引文中的"公达银行"，系"全国贴现局"法文的音译。该贴现局在当时是"法国三个最大的银行"之一。参看《帝国主义是资本主义的最高阶段》，《列宁全集》，第22卷，第206页。

"襄助"①。一八九一、一八九二两年法国又先后照会总理各国事务衙门，说什么《越南条款》第七款是"抵作赔款"，"补与法国厂商"的利益，声称这是"中国国家""所欠法国国家之债"，"不得不归还"而要求"与办"，即参与合办关东铁路，并购买法国材料；进而威胁清政府：买不买法国材料，这是属于是否履行条约义务的问题，也是事关两国"交情"的问题。②

德国公使巴兰德在推销德国的武器及其他器材方面，早以"任意狡缠"、"无理取闹"著称。他在得悉法国向清政府施加压力，强迫清政府购用法国提供的筑路原材料后，即照会总理各国事务衙门声称，无论根据《越南条款》第七款，还是根据《中德条约》最惠国条款，"德国行厂"都享有"均沾利益"的权利。他采用"狡缠"惯伎，迫使清政府终于购用一些德制材料。③

英国早在开平矿局修建唐胥铁路时，就通过矿局聘任英人金达当工程师，实现着它把势力的"楔形打入"④的谋划；关东铁路路线南端既起自唐胥路展延到北端的林西，便仍委金达勘测设计。英国利用金达在此铁路的职位，即根据由他提议、路局署名的材料投标办法，规定了投标者所提供的钢轨等主要材料，必须有"伦敦验钢工师"的"验单"才属有效；⑤公然专为英国厂商开设方便之门。

巴兰德一看德国吃了亏，即把这一投标办法抄给总理各国事务衙门，表示德国对英国的不满，并且要同它展开提供原材料的

---

① 李鸿章、李梅晤谈节略，光绪十六年八月初六日，见清总理各国事务衙门档案。
② 李梅致总署照会，光绪十八年正月二十一日收，见清总理各国事务衙门档案。
③ 巴兰德致总署照会，光绪十七年十二月十六日，见清总理各国事务衙门档案。
④ 伯尔考维茨著：前引书，第166页。
⑤ 转引自巴兰德致总署照会，光绪十七年十二月十六日，见清总理各国事务衙门档案。

竞争；比利时也是这样，其外交部既照会中国驻比公使龚照瑗，其驻上海领事则致函北洋大臣，抗议英国把持投标权，称英国做法不"公允"，强烈要求清政府改变投标办法。①

总之，资本主义列强继法国企图"襄助"、"与办"关东铁路未成之后，对提供路料利益的争夺日益激烈；与此同时，它们对清政府的压迫也日益加深。清政府尽管一再声称，对于各国谋求投料绝不能"越理以曲从"，"濡忍受之"而"遽损自主之权"②。但是，一当这些国家使领人员恃强横索，威胁恐吓，清廷总又以顾全"邦交之谊"为遁词，给予"通融"而屈从其请。③资本主义各国"希冀分润"的贪欲，事实上总是得到程度不等的满足。

一八九〇年起到一八九四年这一期间，资本主义列强在提供路料上的激烈争夺，是它们争夺中国铁路权益的初步展开。法国"襄助"、"与办"中国铁路的企图，则是甲午战争后帝国主义列强疯狂要求"承办"中国铁路、攫取中国路权的前兆。

---

① 比国驻沪总领事致北洋大臣文，光绪二十年六月初九日；又，比利时外务问致龚照瑗照会，1894年8月25日，见清总理各国事务衙门档案。

② 比国驻沪总领事致北洋大臣文，光绪二十年六月初九日；又，比利时外务问致龚照瑗照会，1894年8月25日，见清总理各国事务衙门档案。

③ 总理衙门与法国公使的来往照会，光绪十八年正月二十一日，见清总理各国事务衙门档案。

中国近代铁路发展史上
民间创业活动[*]

　　历史人物的活动，既有如所预期产生预期出现的事情，也经常会未如预期而没有竟成事实的。就对一种活动来说，这些只不过是一物的正反两面。探索历史，如果单注意于既成的事实，忽视、漠视没有竟成实际的活动，难免流于片面，对客观的历史来说，则是留下了不应留下的空白。在中国近代铁路发展史上，最早一条铁路是商办的，最后一条经社会主义改造转变为全民所有也是商办（或作民业）的。单凭这两点，商办民业铁路[①]在整个发展史上就值得一记。何况，在中国的近代这个"风雨如晦"的日子里，民间的创业活动，虽历遭摧折，毕竟曾经"鸡鸣不已"！探索这些活动经过，也许兼对中国民族资本主义之有所发展而终未能顺利发展的缘由能够获得某些信息。

---

　　[*] 原文载《中国经济研究》1994 年第 1 期。
　　[①] 铁路的"商办"或"民业"含义相同，都是民间集股建成的铁路，只是在不同的年代通行的不同称谓。本文中沿袭当年称谓，兼用"商办"和"民业"两词。

一 民间早期对铁路投资的潜力、意愿和行动

十九世纪七十年代，中国的有识之士对铁路运输效益有了较深刻的认识并倡言修建时，注意到当年"民间十室九空"、"国帑千疮百孔"这一方面的国情，但认定这并不等于说在国内就绝对没有可能筹措铁路的建筑资金了，关键在于政府当局是否能够彻底转变指导思想，不再鄙夷"商贾为逐末"；是否能够破除陈旧意识，不再视"钱财为细故"；是否能够改弦更张，采行"因时利导之方"。他们认定，如果对上述问题，政府的行动都能做出一个肯定的答案，那么，"联官商一起"，"与民共其利"，"上下无隔阂"，在"民间忠义之气奋发于无形"的气氛中，定能"积少成多"地积聚起所需的"资金"。①

国中拥有货币财富的人们，除了个别的早在英国铁路上"附股"② 外，在这时，确也有了一些富具企业精神，颇想在铁路上投资创业的。一八七三年在华出版的西文报纸有过报道："华民多有愿开设火车者。"这不是一种空穴来风。一八七七年，福建巡抚丁日昌既奏准在台湾"试办"铁路，对所需经费拟采取"捐纳"办法，向当地富户林维让等"催收凑用"。③ 一八八〇年，直隶总督李鸿章附议刘铭传向清廷奏呈修建清江浦至天津铁路的建议，并作了补充："或以兵丁帮同修筑，或招华商巨股"从

---

① 马建忠：《铁道论，光绪五年》，《适可斋记言》卷一。
② 何献墀拟请开办两广全省铁路矿务（由驻美公使杨儒转总署），见宓汝成编《中国近代铁路史资料，1863—1911》（以下简作"《资料》"），第 1 册，第 243 页。
③ 福建巡抚丁日昌奏折，光绪三年七月二十日，见中国近代史资料丛刊《洋务运动》第 2 册，第 376 页。

事。① 丁、李两人都是方面大员；很难设想他们对治下民间情况会一点也不了解。他们所考虑的无论是向富户"催收"，还是向华商"招股"，正都佐证民间具有为修建铁路而出资的潜力。事实恰也证明这点。当唐廷枢接受李鸿章委派，开办开平煤矿，经过"熟虑"认为：若想"使开平之煤大行"，进而"以夺洋煤之利"，② 必须修建铁路。他责成伍廷芳、吴昌炽两人主持办理此事，后两者奉命行事，就是招集了商股来完成所要修建的铁路——唐胥（唐山至胥各庄）铁路，也就是中国近代铁路系统中最早一个区段的铁路。

唐胥铁路从一八八一年交付营运起数年间的业绩表明，无论就煤矿说，还是就铁路本身说，或作无论就社会效益还是经济效益说，基本上悉如预期。开平矿局商董于是对铁路投资意愿更浓。光绪十二年六月（一八八六年七月），他们向李鸿章要求就唐胥展筑；获准后即从开平煤矿独立出来，招集绅商股本银二十五万两，另设"开平运煤矿路公司"，③ 包括收购了唐胥段来经营。他们在展筑前作了可行性分析：每年煤运收入银三万两，"专抵经营费用"，"有盈无绌"；其余旅客、杂货运输收入，"可得二三万两"，全属盈余。因此，所投入的本银，年约"可沾一分官利"。第二年初铁路展筑到阎庄交付营运，当年收入比预期还要稍好一些，即煤运收入三万三千两，杂货和客运收入分别为一万一千万两和一万余两。④ 而且，据英籍工程师金达（C. W.

---

① 李鸿章奏折，光绪六年十二月初一日，见李鸿章《李文忠公全书》（简作《李鸿章集》）奏稿，卷三九，第25—26页。

② "唐廷枢……节略，光绪二年九月二十九日"，《开采矿务招商章程》。

③ "开平矿局商董致李鸿章……禀，光绪十二年六月"；《申报》，光绪十二年六月二十六日。

④ "开平铁路通车营业一年间客货运收入情况"；《申报》，光绪十三年十二月初八、十四年七月初五日。

Kinder）说：营运成绩若与当年英国的英格兰、苏格兰两地的铁路相比，还胜过一筹。[①] 开平矿局商董对铁路的倡议和始创活动，为中国商办铁路踩出一条新路。

与展筑胥阎段铁路同年，新任福建台湾巡抚刘铭传为经营台湾全岛，发展经济，准备在岛上修建铁路。他派遣已革道员张鸿禄、候补知府李彤恩等人，前往南洋、新加坡等地，招徕闽籍侨商，拟"借本百万"来台合办。张、李等到了那里，当即取得侨商的积极响应；陈新泰、王广余等"皆以铁路利厚"，两月间即认股银七十万两[②]；表明海外侨商正同国内富商一样，同有投资于国内铁路的意向。

当年对铁路投资直接发生消极影响的有两件事：一是管理体制方面的，另一是政府内部的争议不休、决策不定。如此环境，怎能激发民间投资铁路的积极性！

按：一八八〇年前后，清政府组织近代企业中通行"官督商办"的管理、经营体制；实践中暴露了这种体制颇多弊窦。时人常以轮船招商局作为评鉴的典型对象。最使投资者或具有投资意愿者不满的是，投了资金却对投资创设的单位无权过问；进而往往遭受"骗折过多"的损失。当年有关当局对铁路的管理，如台湾当局仍准备援例采行，若引用原话，那就是："车路造成之后，由官督办，由商经理。"[③] 这样，对铁路运输业之有投资潜力并有此意愿者不能不再三审慎考虑。其次，清政府内部对于铁路该

---

① 金达致《华北日日新闻》（North China Daily News）编辑部函，1888 年 1 月 29 日，天津；见《北华捷报》（North China Herald），1888 年 2 月 24 日。

② 刘铭传奏折，光绪十四年十月十六日，刘铭传：《刘壮肃公奏议》卷五，第 23 页。

③ 刘铭传奏折，光绪十三年三月二十日，附"清单"，《刘壮肃公奏议》卷五，第 22—23 页。

否修建的争议，从十九世纪七十年代起的十年间一直时断时续、一阵紧过一阵地开展着。处此决策未定的形势中，没法不使有投资意愿者迟疑却步了。

正当胥阎段铁路形将竣工而尚未完工之际，开平铁路公司股东等一批"众商"，筹议从阎庄再展筑铁路到天津，并怀有更大抱负，拟集股银一百万两，把原公司扩大，并志在以整个国家作为创业范围，改名为"中国铁路公司"。他们设想该公司"全照生意规矩"来经营，只希望政府能给予"维持保护"。他们立即付诸行动，分别在天津、上海等地公开招股，结果大出意外；用支持者婉转其词的说法是：政府不肯"全照生意规矩行事"。既有"无不付之东流"的前车，便都"观望不前"了；不只是认股者"尚难踊跃"，"实际上没有一个人附股了"。①

为什么会如此呢？有人在天津资本家和商人们、主要是山西票号和长芦盐商中获得讯息：他们生"怕铁路也将管理成像招商局的模样"；即：投资者对投资设立的"公司事务将无权过问"。他们"很愿意筹集筑路所需的全部股金"，但须以保证所投资金不被剥夺并让他们取得对企业的应有的管理权为条件"②。此外，在商言商，他们认为此路的预期利润不会太大，必须把铁路从天津再展筑到北京附近的通州，并取得在天津三、五百里内〔铁路〕统归一公司承办的特许，才能保证取得较大利润，人们"始肯入股"。③而招股的主持者作为个人对于这些都无能为力，这样尽管他们频频以"执铁路股票为子孙永远产业"相劝说，经一

---

① 李鸿章议借洋款，光绪十三年四月二十日；《李鸿章集》海军函稿，卷三，第4页；又《北华捷报》，1887年4月29日。

② 《北华捷报》，1887年4月29日。

③ 津沽铁路股商请许接造津通铁路禀，光绪十四年；《申报》，光绪十四年九月二十五日。

年时间、加上"唇敝舌焦"工夫，公司只招得股银十万零八百五十两，[①] 只相当于原拟招股额的十分之一多一点。

天津、唐山一带的煤矿商人和原铁路股商陈承德等人，鉴于上述情况认定富裕的绅商并非不愿作铁路投资，只是希望取得一些优惠和不予干预的保证；经"公共商酌"，趁李鸿章前往查验从天津到达唐山铁路的时机，向他"力求"把铁路从天津展筑到通州，保证全部集商股来修建，并表示愿意在路成后"逐年报效"若干，"协助海军饷需"[②] 作为条件。李鸿章给予同意，"传谕商人招股兴工"。殊未料及此讯一经传出，京中部分大小官员迅即掀起反对建筑"津通铁路"的风波。反对筑此路者以为一旦建成此路，"乃公司之利，非人民之利"，"所较者锱铢之脚力"，"所夺者负贩之微资，而小民之生计将愈蹙"。他们还指责"铁路占碍田亩"，进而对倡议者预加以在日后会"引诱敌骑"，"为敌人施缩地之方"等类似莫须有的罪名。[③] 对此，连权势正盛的李鸿章也深感"众咻"之苦[④]；更不必说那批发起者的商人了。民间对铁路的创业热忱，乃骤即转成"商情畏阻"。

津通铁路的争议，以清廷于光绪十五年四月初六日（一八八九年五月五日）谕旨肯定建筑铁路"为自强要策"，"即可毅然兴办"[⑤] 作结束；但这次"争议"本身，产生一负面影响：给积极

---

① 招股开路示略，《申报》，光绪十三年闰四月初四日。李鸿章致奕譞函，光绪十五年四月初二日；《李鸿章集》，海军函稿，卷3。

② 总理海军衙门请许造津通铁路折，光绪十四年十月二十七日硃批，《交通史路政编》第1册，第46页。

③ 关于反对修建津通铁路的议论，参看宓汝成编《资料》，第1册，第146—157页。

④ 海军衙门议复修造津通铁路疏，光绪十五年正月十四日；《李鸿章集》，海军函稿，卷三，第27页。

⑤ 《清实录》，德宗朝，卷二六九，第5—6页。

倡议建筑"津通"的商人——又不仅仅限于这些商人——以沉重的打击，使正处于喷薄欲出状态的民间铁路投资意愿，顿即沉寂下去。

上述谕旨远传至广东。民间颇有一些人出乎自己的愿望，偏作正面的理解，以为铁路在中国从此即将大行其道了。他们群谋抓住刚出现的机会，跃跃欲试，较重要的至少有两件。一是广州九龙地方有些资本家想把一八八八年已有的计划于此时付诸实施，在广州九龙间修建一条铁路。为此，他们作了线路的踏勘和对沿线如新安、石龙等重要城镇居民的意向作了一番调查，得出结论："线路工程上的困难虽然并非不足道的"，但"不是不可克服的"。他们进而决定仿开平铁路公司那样来从事，"不准外国人入股"，期在二三年内完成全路总长估计一百九十公里铁路的工程。① 另一件是广东在籍湖北候补知府易学灏向两广总督李瀚章具禀要求建筑广（州）深（水埔）铁路，并拟分三段来完成。易氏分析了深水埔（即今深圳附近）的地理形势，"山僻海隅"，"与香港仅隔一海"，选作铁路终点，可以促进此地形成一埠，"既可分香港利权"，又"遇事便于援应"。线路所经太平等地，与"产煤铁甚多"的东莞、惠州邻近，"有铁路则开矿甚易"，等等。总之，他认为此路"于军旅矿物商贾均有裨益"。易氏在禀中详述："粤中商人筹酌，佥以〔此路〕利国便民"，要求仿照天津"中国铁路公司"章程，"参酌办理"，"由商人凑集股份"来修建。② 广东地方当局对前一项目作了首肯的表示；在后一项目

---

① 《北华捷报》，1890年6月20日、7月18日、8月29日和1891年1月2日等日。

② 两广总督李瀚章咨总署文，光绪十六年十月三十一日。又海军衙门咨总理衙门文，光绪十六年十一月二十六日收；见宓汝成编《资料》，第1册，第180—181页。

的禀件上批了"似可准其试办"的意见，咨请总理各国事务衙门审议。后者会同总理海军衙门会商结果，虽认为"原件所称各节，尚属周密"；笔锋一转："事关重大，均应切实详查"。不单如此，这些衙门还怀疑李瀚章的批文是否仅听"一面之词"，"迁就从事"① 才下笔的。这么一个决定，根本否决了易学灏要求修建广深铁路的申请。民间铁路创业意愿进一步以遭到打击而萎蔫下去。

行政权力可以阻遏民间创业意愿的成长和转化为现实，但终不能制止它的发生和存在。

一八九五年，中国为日本所败，清政府才惊觉"国事艰难"，非"蠲除痼疾，力行实政"② 不可。朝野忧国有识之士，群作建言中多有提到铁路的。有的主张，此事宜"一付于民……听其分筑"；③ 有的更具体建议，"使民间纠合公司股份而为之"，④ 并提出设线设想。还有人从管理体制上提出意见。他们惩于此前"招股之事叠出，从未取信于民"，认为再不能"狃于官督商办之说"，建议"以官发其端，以商任其事"，专设铁路商务公司兼招洋股来解决⑤。清政府在如此舆情、建议的影响、作用下，终于把"修铁路"列作该"力行"的"实政"中的一个重要项目。

---

① 两广总督李瀚章咨总署文，光绪十六年十月三十一日。又海军衙门咨总理衙门文，光绪十六年十一月二十六日收；见宓汝成编《资料》，第 1 册，第 180—181 页。

② 上谕，光绪二十一年闰五月二十七日，《清实录》，德宗朝，卷三六八，第 23 页。

③ 康有为："上清帝第二书"，中国近代史资料丛刊：《戊戌变法》第 2 卷，第 141 页。

④ 何启、胡礼垣：《新政论议，光绪二十年冬》，《新政真诠》第 2 编，第 16—17 页。

⑤ 刘坤一奏折，光绪二十一年六月二十日；《刘坤一遗集》，第 823—824 页。

　　清政府当即决定修建的铁路有两条，一条是继续这次战争前尚未完成的线路工程，包括一端从天津起至芦沟桥、时名"津芦"的铁路，另一端则恢复山海关外中后所起向沈阳附近大凌河延展的铁路，也就是时称"关外"铁路的工程。另一条是之前（一八八九年）经决定修建旋改缓建，这时再决定加紧着手的芦沟桥到汉口、时名"芦汉"的铁路，并以它为"中权干线"，作为重点。

　　关于"津芦铁路"，清政府由督办军务王大臣札饬对日作战中掌管后勤——"粮台"、广西按察使旋为顺天府尹胡燏棻督办。胡氏对路事有自己的主张："创立公司，准民间自招股本"，"官为保护"① 地来进行。他视事后，考虑到"津芦"等为"紧急要工"，若"静待招股"，招足资金然后动工会误事，乃一面招股，一面借用官帑以资先行启动。"津芦"与几年前之被停建的"津通"线路走向实际相同。民间惩于往事，虽持慎重态度，而在路工期间还是筹集了"商股银四十万两"② （在工程经费中占百分之十三）。"津芦"将完工，胡燏棻受命续办关外段铁路，处于实在缺乏"的款"的困境，英国金融资本家获悉此情，运用"不顾惜小费"、不"要求过多"③ 的策略，夺得了提供贷款，即定名为《关内外铁路借款》的权益，而渗入了英国势力。待"津芦"和关外两段路工全成，经过一番调整，构成时名"关内外"的一条铁路。英国金融资本凭借其本国的帝国主义威势和在铁路上渗入的势力，即把该路包括其中中段从天津至古冶其长度在全路中

---

　　① 胡燏棻变法自强疏，光绪二十一年闰五月；《光绪政要》，卷二一，第16页。

　　② 参看胡燏棻奏折，光绪二十一年十二月二十四日，光绪二十四年十月二十三日；《轨政纪要初编》轨七，第55—56页；《清季外交史料》卷一三六，第10页。

　　③ 赫德（R. Hart）致金登干（J. D. Campbell）电，1898年9月13日；海关总署研究室编：《帝国主义与中国海关》第8编，第44页。

占三分之一的原为商办的线路，都置于自己的间接控制之下。这一悄无声息的转变，构成外国资本兼并中国商办铁路的首例。

关于"芦汉"，单就涉及商办这点说，更较复杂。

清政府在甲午战争中的败绩，乱了治国的方寸；于所谓"锐意求治"中，决定修建此路；任命湖广总督张之洞等为督办大臣；后者又荐举盛宣怀为建筑此路而设立的"铁路总公司"的督办。清廷自知官帑匮乏，更鉴于此路"道路较长，经费亦钜"，乃发布政令："各省富商如有集股至千万两以上者，准其设立公司，实力兴筑；"并许诺"事归商办，一切赢绌官不与闻"；同时，着各省将军督抚通过地方官帮同招集商股。① 盛宣怀受命开办"芦汉"，以"事权专一"为条件，否则不干。② 这个"专一"，不单明对这一为"诸路纲领"的"中权干路"说的，而且隐含"其余苏沪粤汉等处"也该由他来负责。这也是他建议新设"铁路总公司"的意旨之所在。他对招集商股筑路，口头上虽不反对，但认定"无如华商眼光极近，魄力极微，求利又极奢"，"绅商则暗置恒产，有钱惟恐人知"，集股很难，而把重点倾向于"借用洋债"③ 上，事实上把皇皇政令置于无足轻重的位置。

民间则另有一番反应。对清政府的招商集股政令，有理解为是专对"芦汉"一路的，也有理解成是泛指路事的，对盛氏的意图包揽路事，认定比官督商办体制还要专制而更寒心。见之于具体行事的，商人如何献墀在最初得悉上述政令颇为歆动，拟集股

① 《清实录》，德宗朝，卷三七六，第7页。
② 参看夏东元著《盛宣怀传》，第217—219页。
③ 总署光绪二十二年九月初六日奏折附件，盛宣怀说帖，王彦威辑：《清季外交史料》卷一二三，第7—8页。

银二千万两，"创设两广全省铁路矿务公司，经营两广路矿"①要求给予批准。又有南洋华侨巨子张振勋明告盛宣怀："南洋各埠及粤港华商，均以西北造路，不愿入股，无法招徕，如准其带造九龙至广州、佛山、梧州等处，方能招股。"② 铁路总公司虽也作了招股的试探，可是除了一些背后有"洋东"做主或"敢为欺谩"的华人向筑路当局表示集有巨款外，"察访商情，意谓官督，颇难合办"，致沪粤等地"无人股"者。当年还有一种说法："此事专归商办定能集股，""商人……自必踊跃参附。"③ 可是，清政府既不完善章程，又不支持扶植民间创业，反而加以"设想过奢"和若准"分办"、"带造"，"实足以摇撼人心"相封杀，从而一时扼杀了民间甚欲创业铁路的行动。

二　民间投资筑路要求和各省商办铁路公司创设高潮及其结局

帝国主义列强继十九世纪八十年代瓜分非洲之后，以中国既败于日本而加紧策划瓜分中国，在经济技术设施上部署深具战略意义的一着，是强制清政府让予权益，在华建筑铁路。不过十来年，截至二十世纪最初几年，已被攫取和"蓄意攫取"的路权所含线路，就其分布大势说，几乎遍及中国的东半壁的中部。爱国有识人士面对如此局面，迅即警觉到"铁路所至之地，即势力所及之地"的危险性，即就清廷于一九〇一年宣布要"破除积习，

---

①　何献墀拟请奏开两广路矿议，光绪二十一年九月二十七日总署收，宓汝成编：《资料》，第1册，第241—246页。

②　总署光绪二十二年九月初六日奏折附件，盛宣怀说帖，王彦威辑：《清季外交史料》卷一二三，第7—8页。

③　黄遵宪等致张之洞电，光绪二十二年正月初一日，张之洞：《张文襄公全集》卷一五〇，第23页。

以期补救时艰"的政令,在力主"振兴实业"中,要求结合通省人士,创设以省为单位的铁路公司,来各自修建省境内的铁路。这里且依次叙述民间投资筑路要求和各省创设铁路公司的始末。

(一) 民间筑路要求和行动实际

十九世纪末,何启、胡礼垣作为民族资产阶级的代言人,为谋求国家的富强进步,屡论铁路,认为它是"新政始基"中的要著,应该"开铁路以振百为",并力主摒弃官督办法,遂民所愿,使其"倾资以赴"地来创设铁路①。侨寓国外、长期处若海外孤儿状态的华侨,出于"忠爱宗邦"的爱国主义情愫,同心关注国是。张振勋是个中代表。一九○三年,他连续向新设的商部连上数件"振兴商务"的条陈,意在言外地反对清政府设置铁路总公司一手揽办铁路的做法;力言"天下可兴之利,公诸天下则利愈溥,私诸一己则利愈小";明言"若支路必待总公司而成,则力难兼顾,旷日持久,尚无成效,干势愈孤收利愈少";提出"将支路招商承办"的方案;认定果能"合各商之力,兴各处之路",势必"筹办较易,成效较捷",② 等等。这些言论,反映了民族资产者的意志,又起着推动他们投身于铁路创业的作用。

义和团运动过后十年间,在国势极度危殆中,民间谋求自保利权,开发物产,多有向清政府申请集资创设铁路的;其中有具体计划且较重要的不下十余起,且简记十项如下。

第一项 一九○二年,安徽省会安庆几名富商,向路矿总局呈请修建从开封到安庆的铁路。

---

① 何启、胡礼垣:《新政真诠》,第2编,第16—17页。
② "商办铁路支路议,光绪二十九年",张振勋:《张弼士侍郎奏陈振兴商务条议》,第18页。

　　第二项　浙江商人李厚祐加紧想把一八九七年已有的打算付诸实际，于一九〇三年集得股银七十万元，公举商董，向商部呈请设立杭州铁路公司，在省境内修建铁路，并拟从建造杭州拱宸桥至江干的铁路做起。

　　第三项　一九〇三年，南洋华侨张煜南集资银一百万两，准备先在物产繁富，地界海疆，近通省会［广州］，远达南海边的粤东汕（头）、潮（州）间修建铁路，"以开风气以益民生"。[①]

　　第四项　一九〇四年，湖南绅商认定，为开发该省"殷阜"的"物产"，铁路"尤为刻不容缓之举"。他们鉴于举借美款的"粤汉干路开办在即，非绸缪先事"将"不足以保利权"，向商部要求设立湖南支路公司；设想自办"一以通蜀"、"一以通黔"的两条，并先行修建通蜀这条线路（长沙—常德—酉阳—重庆与川汉路相接）。他们估算需款约银八九百万两，拟先就本省绅商，再及沪、汉等埠，并往南洋招集侨资来解决；如"有不敷"，在不损路权的前提下，"酌借洋款"以资周转。[②]

　　第五项　早岁赴美谋生，先在美国中太平洋铁路建筑中充当筑路工人、管工，而后开设商号致富的华侨陈宜禧一九〇四年回到国内；"激愤"于"吾国路政，多握外人之手"，决定在其本乡——广东新宁即拟从这里起经冲篓、斗山至三夹海口修建铁路一条；并准备在路成后经营三夹使之成为濒海商埠，所需资金，他拟在旅美、旅港及南洋各埠绅商暨本县的殷富、有财力者中筹集。

　　第六项　张振勋由商部授为督办闽广农工路矿事宜三品大臣

　　①　张煜南呈文，引自盛宣怀批张煜南文，光绪二十九年九月，宓汝成编：前引《资料》第3册，第929页。
　　②　引自湖南巡抚赵尔巽奏折，光绪三十年三月二十五日，《政艺通报》，光绪甲启年，艺书通辑，第10—11页。

后，于一九〇五年向两广总督提出要求，专集华股创设广厦铁路有限公司，兴建从广州经增城、惠州、博罗、海丰、潮州至福建厦门的铁路，提议准于六十年后归国家所有，但要求在该路左近十英里〔即十六公里〕内不准敷设其他铁路。他考虑全路需投资较多，先拟集资八十万两修建广州、黄埔间约二十公里铁路；并以黄埔"滨海水深"，计划经营成商场，以与香港竞争，期能凭此挽回一些利权。

第七项　一九〇六年，江苏绅士尤先甲等拟招集商股，在沪宁路的苏州站修建一条铁路到浙江吴兴的南浔，电禀商部要求立案。

第八项　一九〇九年，华商梁云逵在外务部于一九〇四年注销华葡商人合办广（州）澳（门）铁路后向邮传部请准集股建筑这一线路。[1]

第九项　一九一〇年春，浙江铁路公司总经理汤寿潜更有大作为。他倡议修建杭（州）广（州）铁路，取得广东"贤者"的积极响应。[2] 广东谘议局旋于该年六月二日经全体赞成作出决议，此路横贯粤、闽、浙三省约长一千公里，工程估计需银八千余万两，以三省合办方式从事筑造，咨请两广总督袁树勋移咨闽浙总督松寿转咨闽浙两省谘议局而取得了最后两者的积极响应。

----

[1]　此路线路拟定分正支两线。正线从广州芳村起，经南海、顺德、香山至与澳门相毗的关闸；支线在正线的陈村站经龙江抵江门与新宁铁路接轨。梁氏请准集股建筑，入民国，于一九一二年又由交通部批准"仍照原案办理"；一九一三年经过测勘，梁氏等于次年与一德国公司商订由德商包筑，筑路款项分二十年偿清，旋以欧战发生，工程未进行，又转与一美国公司商议包筑，未成。一九一六年，交通部以筑路工事一再展期，"此事断难姑容"，于该年撤销原案。一九二一年，澳籍港商唐耀初、谢时屏等又发起创办此线，改名为"广关"，向广州政府呈请照准在案，但以广东省内军阀争哄，筹办工作又停顿。

[2]　《杭衢路劝股说略，宣统二年》，汤寿潜：《东南铁道大计划》，第6—7页。

第十项　截至十九世纪末，山东的烟台是中国北方海域一大贸易中心，自从德日两国先后各出全力分别经营青岛、大连两港，烟台商务乃日渐衰微。当地绅商谋求使该处终不致变成"冷落之村市"，于一九〇七年呈请山东地方当局转咨商部要求立案修建芝罘至潍县的铁路。一九〇九、一九一〇年两年，商人谭宗灏等和万顺恒、大成栈等二十家商号，又先后分别要求商办烟潍铁路。

所有上述十项，经商部批准立案修建的只有其中第三、第五与第八项，动工修建的则只有此中第三与第五两项。对第四项，商部的批文是："支路应俟干路成后，统筹全局，分别缓急次第，未便先准立案，"[①] 而未立案。其余六项，则或直接或间接都以帝国主义的阻挠而遭否定。其遭到直接干涉的，是第二、第六与第十项，即英国金融资本组织——中英公司。它认定第二项线路与它准备提供贷款建筑的沪杭甬铁路利益有碍，力加抵制使商部不予立案；美国驻华公使以中美粤汉铁路借款合同中有修建此路支路准通"至海滨和别处"的规定，认为第六项侵犯了合同规定的权益，提出抗议，使此案毫无下文。第十项的几次发动，则都以遭到德国的反对而被否决。清政府慑于列强的强权威势，对剩下的第一、第七与第九这三项，则为防止遭到比、法、英、日各国的抗议，而统统先予驳止！

清政府的软弱、畏葸行为，激起倡议者的愤懑。浙籍绅商李厚祐是个典型。他在最后一次禀商部文中严正申明："华商集股自造铁路，无论支干，原有自主之权；"申述在倡议时，已注意到国家所处形势，在线路选择上是否会与洋商已获投资的权利有

---

① 外务部、商部奏折，光绪三十年四月二十二日硃批，《政艺通报》，光绪甲辰年，艺书通辑，卷三，第11页。

碍，作了"再三筹商"。"其难其慎"，做到了无以复加的地步；
所仰望于商部和外务部的，只求能"合力主持"，"庶以保主权而
维商本"罢了。他直斥商部就是只知对外国势力迁就退让，实有
愧职守；其后果，就请你们这些堂官——"贝子爷大人"自去
"权衡"吧！① 他的激愤情状溢于纸面。这是对清政府压制民间
创业，处处迁就强权势力的一种严正抗议，也是对商部理该捍卫
主权再难寄予希望的一种控诉。

　　清政府所批准建设的第三与第五两项，即"潮汕"、"新宁"
两路，在建设中，各遇到互不相同的周折。潮汕铁路原拟集股一
百万元，旋增至实收三百万元。但其中一百万元持股者用的是林
丽生名字，实际却是日本国家资本，② 而使公司实质上沦落成为
中日"联办"或合办。该路一九○四年八月动工，一九○六年十
月建成，包括一九○八年九月续建的潮州—意溪间三点一公里线
路，共长四十二点一公里。陈宜禧倡议修建新宁铁路获准后，即
往香港以及美国、加拿大、澳大利亚招集股本；截至一九○五年
年底，实集股银二百七十五点八万元，超过原定股额的四倍半。
陈再回国，亲自勘测设计，突破封建官府、地方势力的多种阻
挠，于一九○六至一九一三年间按原定计划，完成了从斗山到公
益埠和经新会江门至北街之间的一百零七点三公里铁路。这些就
是当年民间历尽艰难所能创设全长不过一百五十公里的铁路
线路。

_____

　　① 李厚祐禀商部文，光绪三十年冬（原件汉文抄件）；日文档案。李厚祐本人
在申请未准后，即投身于浙江绅商之中，作为商界代表，积极参与设置全浙铁路有
限公司的活动。
　　② 林丽生出生于福建，移居于台湾，台湾一八九五年后被割让给日本，成为日
本的一部分。故林此时为日本籍人。日本台湾总督府其时指示爱久泽直哉贷款与林
丽生入股于"潮汕"。参看宓汝成著《帝国主义与中国铁路，1847—1949》，第184—
185页。

(二) 各省商办铁路公司的设立及其造路实绩和结局[①]

一九○五年前后数年间，中国过半数省份，一般由"绅商"发动，先后创设铁路公司，筹办各省境内的铁路，这是中国人民当年反对列强攘夺本国路权起而自保利权行动的一个重要组成部分；也是为推动国家经济发展所作出的一次大胆尝试。这一段史事，到一九一一年以清政府宣布铁路"干路国有"政策为标志而横被阻遏，虽然有关路归国有事以及对原有商股的清偿，时断进继地一直分别延续到一九一五年和一九三四年。

1. 省铁路公司的设立和资金、线路规划

四川地方久为英法两国所垂涎。二十世纪初，美德等国也加紧参与角逐。四川人民目击时艰，深以为危。川籍留日学生频发警世言论："四川铁路一入他国之手之日，即四川全省土地、人民永远服属他国之日。"锡良奉命署理四川总督，体察到四川的形势、民情，在赴任途中于光绪二十九年闰五月十四日（一九○三年七月八日）奏陈清廷："四川天府奥区，物产殷富；只以艰于外运，百货不能畅通"；鉴于"外人久已垂涎，群思揽办"铁路的事实，要求"官设公司"，"招集华股"自办以"辟利源而保主权"。外务部奉命议复，以该年早些时候虽然"竭力驳阻"英美两国公使先后提出贷款修造川路的要求，终恐"难以空言为久拒之计"，同意锡良的主张。四川的川汉铁路，旋获旨准设立；初为"官办"，一九○七年改为商办，并正名为"商办川省川汉铁路公司"。它的设立，成为其他一些省份各自创设商办铁路公司的先声。

---

① 本节"1""2"两目中引文，除加说明外，均引自宓汝成编《资料》，第3册，第964—1145页。

　　湘鄂粤三省人士察觉到美国合兴公司在贷款建筑粤汉路上的严重违约行为，经过"废约"斗争，于一九〇五年取得收回自办结果后，达成协议：该路由三省各设机构"各筹各款，各修各境"内区段来完成。张之洞作为湖广总督，嫉视"权利悉操之股东，地方官只专任保护"的"永归商办"的办法，而决定在"归商承办"之上都加以"官督"。实际结局，三省又各不同。在湖北，官权之重事实上与官办相差无几；在湖南，由官荐总理、协理，商则居于不能"越分争权"的"帮同"地位；在广东，经绅商与官方斗争，才确定"商筹商办"。

　　其他一些省份有识之士，从粤汉路权的"赎回"得到启发和激励；认定已失的路权既可以经争取而赎回，莫若自办铁路当更可收"杜外人之觊觎"的效果，进而根据各该省情，期望以建设铁路分别实现"开富源"、"通商务"、"弥衅端"、"固边防"的目标，先后都要求创设以省为范围的商办铁路公司。这些倡议在清政府的一时对铁路商办欲"观其成"的对策中，都一一获准设立。参见下页表1。

　　各省从"自保利权"或"收回利权"的宗旨出发，在公司创设章程上无不严别华洋界限；于招股上反复申明："不招外股，不借洋债"；"不准将股份售与非中国人"，否则，"股票作废"；欢迎"华侨入股"但"须正绅作保"其人"实系华人"。清政府颁行的《铁路简明章程》原有规定："华商请办铁路"，经外务部查核商部批准，可以"附搭洋股"，但以"不逾华股之数为限"。省铁路公司不以此为是。浙路公司针对这些规定表示："路章虽有附搭洋股之文，本公司性质力主自办，专以招股为主。群力群策，得寸得尺，不入洋股一文。若购票后，其人或改注洋籍，或将所购之票转售抵押于洋人，……即将票根注销，股本罚充善举"。

表1　　　　一九〇三至一九〇六年各省商办铁路公司的创设

省	名称	年月	发起人	主持人	备注
川	川汉铁路有限公司	光绪二十九年六月	四川总督锡良	冯恕、沈秉堃、乔树枬	原为官办旋改"官绅均权"办理,光绪三十三年起改商办
赣	江西全省铁路总公司	光绪三十年十月	全省京官李盛铎、蔡钧等	李有棻	
滇	滇蜀铁路公司	光绪三十一年四月	在籍绅士陈荣昌等	陈荣昌	光绪三十二年改名"滇蜀腾越铁路公司"
皖	安徽全省铁路有限公司	光绪三十一年六月	全省京官吕佩芬等	李经方	
晋	同蒲铁路公司	光绪三十一年七月	在籍绅商解荣辂等	何福堃	
浙	全浙铁路有限公司	光绪三十一年七月	全省京官黄绍箕等	汤寿潜、刘锦藻	
闽	福建全省铁路有限公司	光绪三十一年八月	全省京官张亨嘉等	陈宝琛	
陕	西潼公司	光绪三十一年十二月	陕西巡抚曹鸿勋	阎迺竹	
豫	洛潼公司	光绪三十二年二月	在籍绅士王安澜等	刘果、袁克定	
粤	粤路有限公司	光绪三十二年三月	九善堂,七十二行商,广东总商会	郑官应	
苏	苏省铁路有限公司	光绪三十二年闰四月	全省京官恽毓鼎等	王清穆、张謇	
湘	商办粤汉铁路有限公司	光绪三十二年闰四月	湖南商务总务陈文玮等	袁树勋、王先谦、余肇康	
桂	广西全省铁路有限公司	光绪三十二年七月	全省官绅陆嘉晋、梁济等	于式枚、梁廷栋	
鄂	湖北商办粤汉川铁路股份有限公司	光绪三十二年七月	鄂省官绅黎大钧、刘心源等	(不详)	鄂路初无公司名,直到宣统元年始有此名;年月取其首次招股章程发布年为准

说明：①发起人之为"全省京官"者,即由他们直接具呈商部设立；之为"在籍绅商"或"绅士"者,即由他们向本省督抚申请转奏清廷设立。

②首任者职名总理、经理并非同一人担任。

各省铁路公司为筹措股本，除了都采取公开招股作为一种办法外，又各因省情之宜，设想出通过多种渠道（从而有多种股名）来筹措。如在四川，又有"抽租之股"、"官本之股"、"公利之股"的名目；在安徽也采取"按租认股"的办法，补充以抽收"米捐"和"盐斤加价"；另有"廉薪股"等名目。（大）同蒲（州）、洛（阳）潼（关）两家铁路公司，分别举办"亩捐"和改原有的"积谷捐"为"路捐"作补充。湖南等省，则议定可以铁路用地"按价作股"，雇佣人工"准照工算股"，取用各地材料"准以时价作股"，如此等等。究竟需招集多少股本才能保障筑路所需的资金，有的公司作出一个估计数字，有的连估计数字都没有，也有明定"无定数"，待路成后实际用了若干就算若干股本的；还有一些则就准备亟行修建的区段，确定先集若干股本。

各省铁路公司拟建的线路除以线路名称命名如"滇蜀"、"西潼"、"洛潼"三公司即准备修建这些线路外，都以全省所有干支线路作为修建项目，其作成较详细规划的，有闽、浙、皖、苏、桂等省。这里只举赣闽两省作为例子，以示一斑。

江西 从九江起经南昌、吉安至赣南为干线，外接广东地区的粤路，全长七百七十五公里。再设三支线："道瑞袁以通湘，道抚建以通闽，道广信以通浙。"先干后支，次第兴办。除此三支路，"如有应增应接之线"，概由公司展设，"他公司不得干预"。

福建 全省干路以福州为枢纽分上游、下游两路。上游干路从福州起经延平分岔，一往建宁与浙路相接，一往邵武与赣路直接。下游干路从福州起经兴化、泉州、漳州与粤路连接。鉴于福州、厦门为通商口岸，客货甚多，泉州的安海次之，先筑厦门对岸的嵩屿、漳州线，再及于东石—泉州、福州—马尾两线。

各省铁路公司以建筑各该省境铁路为目标。虽似"各存畛域"①，事实上并非都是这样。它们既有自始即与邻近省外线路相连接的部署，如滇蜀、西潼、洛潼；更多的则是在规划中列作远程目标，并提及与邻省线路相联络，如闽路规划中即有"期与广东、江西、浙江路线交通，以广商利"的规定。皖路类似，作出随境内线路所及，准备与豫路、浙路等路接轨。在办路实践中，某些人如浙路总经理汤寿潜于一九一〇年更明确提出"路有国界，无省界"的观点。这不仅表明在选线上认识水平的提高，而且也印证了清政府嗣后之以"各存畛域"为词作为制定干路国有政策依据之一是不当的和牵强的，以及后人论述此时商办铁路也有以此为诟病之有欠公允。

2. 各省公司集股筑路实绩

各省铁路公司的性质是"商办"；而受当时近代企业既成的管理体制和各省社会经济发展水平高低不等的影响和制约，内部管理经营机制颇多差异。"官督"的幽灵，经常晃动着，特别是在某些铁路公司股本主要是租股之类，由于其征取须仰仗行政权力，从而须仰其鼻息；更不要说那些须抽收税外之捐或盐斤加价作为股本来源的省路公司了。官权乃经常滥施于这些公司；一般通过公司中的"绅"来实现。这样，所有商办铁路公司，可以大致分为三类：其一，徒有商办之名，纯由官（地方督抚）专权控制，即使这些公司仍有公举的经理，云南的滇蜀公司、陕西的西潼公司、河南的洛潼公司等等都是。其二，官居优势且掌大权，鄂路、川路是典型。如在四川"树商办之名而无商办"之实，"总理选派奏委，不由股东集会公举"，其他一切用人行政，多不

---

① 始用此词赋以贬义见于商部奏折，光绪三十二年四月二十二日（《商务官报》光绪三十二年闰四月第四期，第16页），嗣后直至近人文论中，颇多沿用。

遵照《商律》办事，持股者得不到《商律》中规定应享的权利。至于鄂路，当其设立的最初数年间，与第一类无异，一九〇八年起的最后几年，才与川路近似。其三，真正商办。浙路、苏路、粤路是典型。粤路在设立不久抵制了岑春煊总督意图专权控制后规定："永免［政府］派员督办，""一切用人理财，地方官概不干涉，大小衙署皆不得私荐一人；"官"惟有保护联系之责"。浙路揭出"实业首重资本"的原则，严格按照自订《章程》办事："凡附本公司股份者，无论有无官职，均认为股东，一律看待，其应得各项利益，"所有股东，同等对待。苏路情况也是如此。

公司内部管理经营机制如上所述的差异，加上主持者的才德是否确能胜任其职司，决定着集股办路业绩存在高下、优劣的差别。

(1) 股金的集积

各省铁路公司集股办法在实践中，有的执行不了，有的未能实行到底，有的根本未曾付诸实施。如按薪俸多寡出资的廉薪股，由于该出资的对象都是比较有权有势的人物，设若他们不受"请"、拒"派"或"空言应和"，铁路公司也无奈他们何！又如无论是盐捐还是盐斤加价，执行结果，势必直接、间接冲击盐税的征取和官盐的销路，影响到公的财政收入和私的民间生活，从而不时遭到政府的干涉和人们的反对；也有一些公司本身对某种集股方式在实践中认为不妥，半途予以摒弃的，如粤路公司一度征取的"米捐"、"船捐"等。

各省实际筹资方式，虽各不相同，概言之也可大别为三类。一是认购，无论是出于主动的自愿，还是出于被动的"劝"，甚或强制，都归于这一类；二是摊派，如按地租、房租量分别抽取一定比例的租股、房租股等等；三是征取与税的附加没有什么区别的税外之费，如米捐、亩捐之类，包括"盐斤加价"也在其内。各省铁路公司各因省情不同，采取这种、那种办法作为集股的主要手段，所取得的实绩，述略如下。

广东、江苏、浙江三省经济发展状况在当年相对来说是中国最发达的地区。粤路绅商摒弃岑春煊一度采取米捐、船捐作为凑集股本的一种方式后，决定完全采取公开招股来筹集。广州的总公司负招募职责，另在香港、上海等地设立招股总局，并派遣人员前往海外华侨比较集中地区去招集。"粤人在美国、南洋"各地，"富商较多"，并熟知"铁路之利"，粤路的招股工作进展得相当顺利。总计从一九〇七年起至一九一二年分三期实收股款二千一百八十八万余元（此中包括一度以抽收盐捐、船捐和亩捐所征集的极少量的股金），超过该公司原拟先集股银二千万元的定额。

江苏原拟招股银一千万元，以备修建南北两线需用。在全省"士民工商，莫不激于义愤，踊跃认股"下，截至一九一三年收归"国有"时，实收股银包括将股息转作股本共计四百六十八万元。虽然此数不到原定额之半，但筑路重点在南线——沪杭甬铁路苏境段，保障其工程所需已绰绰有余。

浙路公司依托省内巨商、特别是湖州丝业巨子组织、动员全省十一府"公正士绅，殷实富户"，取得在京师和他省的浙籍官员、绅界名流、商界巨擘的[①]同心协力支持，"人人营路事若家事"，广泛动员了社会资金，截至一九一一年，实收银一千零六十五万元，超过预期先集额六百万元的百分之七十。

四川、湖北、湖南三省经济发展水平，略逊于前述三省，但仍都不失为较富裕的省份；尤其是四川，地域广阔，土地沃饶，富具潜力。川路公司股本原寄厚望于"抽租之股"的租股；据既定章程，对"业田之家""收租在十石以上者"，岁抽百分之三。

---

① 参看闵杰《浙路公司的集资与经营》，《近代史研究》1987年第3期。

一九一〇年前后数年间增开铁路租捐，捐率各地不一；有"每粮一两，纳谷二石，每石作价二两四五不等"，也有"正粮一两，捐钱三两六钱"……等等的不同。实际所集股本，绝大部分也是来自租股。经数年征集，实收股银统折成银元，为二千三百八十六万元，在商办铁路公司中是集股最多的一家。股金的构成，租股加租捐占了近百分之八十的比重；公众认购部分，比重不到百分之二十，其余的则由加抽灯（即鸦片烟馆）捐、土（即鸦片）厘等所集成。

湖北、湖南两省省情近似。湖南实收股金九百一十四万元，此中来自"湘民自缴之股"不过一百万余万元，绝大部分来自随粮带征的租股和责令房产主年交一月房租额的房租股。此外，出境米捐，衡、永、保三府淮盐溢引的配销捐以及食盐加价等共占约三分之一。湖北"绅商财力"较之湖南"更薄"。鄂路加上官的揽权，"商民深有戒惧，少有投袂而起"认股的；[②] 所集积的股银约二百五十万元，其中超过半数筹自赈粜捐；商股分"商招"（自由认股）、"官招"（强制摊派）两种，合计三十万元不到，在总量中不过占百分之十多一些。其余一些细数来自发行彩票赢利所得的彩票股等项。

闽路等诸路又可归成一类。福建、江西、安徽诸省在二十世纪初经济处在衰落不振状态。河南、陕西、云南诸省相对地说原较瘠苦。这些省的铁路公司集股情况，除了闽路股本二百四十余万元中的八成多是向南洋闽籍侨商招集外，其他各省则几乎全靠摊派和税的附加。如山西的同蒲和河南的洛潼两路股本，皆由收捐凑成，即分别把原有的积谷捐改为路捐，或新设亩捐来充数，商股甚少。滇路股本，全筹自粮、盐诸股。桂路集股不及十万元。西潼铁路则更有名无实；虽曾"招募股款八百九十余万元"，但"并未开收"。

　　各省铁路公司究竟招集了多少股金，由于经办人员账目的不明晰或混淆不清，主管人员的讳莫如深；加上各种银两折算率的漫无标准，难以求得一个绝对准确的数字；只能有个相对的概数，总量为八千七百余万元。其构成大致是：民间认购额占最大比重，约占半数，其次是摊派所得，约占总数的百分之四十，其中尤以租股为最多；其余百分之十，由税外之捐费所形成。参见表2。

表 2　　　　　　　　　　各省商办铁路公司集股实绩

公司简称	股本额①		收股本②
	预定	先集	（万元）
川路公司	5000 万两	1500 万两	2386
赣路公司	2000 万两	500 万两	262
滇路公司	2000 万两	—	471
皖路公司	—	400 万两	127
晋路公司	2000 万两	—	39
浙路公司	4000 万元	600 万元	1065
闽路公司	—	—	242
西潼公司	—	—	—
洛潼公司	3000 万两	300 万两	342
粤路公司	2000 万两	—	2188
苏路公司	—	1000 万元	468
湘路公司	2000 万元	400 万元	914
鄂路公司	2600 万元	—	246
桂路公司	1000 万元	—	10
总计			8762

　　资料来源：邮传部编：《邮传部路政统计表，第一次》光绪三十三年份；又第二、三次同名统计表，光绪三十四年和宣统元年。邮传部编：《邮传部接办粤川汉铁路借款及分别接收各路股款始末记》，宣统三年刊。四川护督王人文呈内阁电；戴执礼编：《四川保路运动史料》，1959 年版。交通史编纂委员会编：《交通史路政编》，第 16 册，有关各路"资本金"。《新纂云南通志》卷五七，1949 年版，第 18 页。

　　说明：①各路对预定集股额，或根本无此数字，或有些估计，拟先集股额也是这样；单位则银两、银元兼用。据史料中所见者填入。

　　②实收股本的原始数字，有银两、银元和（广东）毫银三种。表中按每银零点七两升为银元一元，每毫银一点二元，折合银元一元，都以银元为准。

十九、二十世纪交替之际，中国民族资本主义已开始进入初步发展阶段；铁路与工矿是此中两大支柱。有统计：一九○三至一九一一年间新设民族资本工矿企业资本总共约八千四百万元，和上述各省铁路公司所收股本约略相等。因此，蓬勃一时的各省铁路公司，尽管有诸多不足，但它的意义不容忽视。

（2）铁路的建设和营运

各省商办铁路公司集积了大量资金，受种种条件——主观的、客观的和内在的、外部的——的限制，几乎全未能发挥资本的效用；只有少数例外。苏、浙两路特别是浙路，由于主持者得人，颇能注意吸收国外较先进的管理经营方式和经验，无论在建设或营运上，都取得较好的成绩。就筑路工程说，它和苏路公司同心协力，突破英国资本组织的破坏和清政府的阻挠，充分利用已集的股金，在一九○六年十二月至一九一四年一月间，基本上建成了沪杭甬铁路在各自境内的线路，① 全长计二百六十余公里。此外，在浙路，增设一江墅支线；在苏路，另建成北路的清（江浦）杨（庄）线，两计二十余公里。浙段成本，包括机车等设备费在内，平均每公里三万七千余元，创当年全国铁路建筑设备成本最低的纪录。粤路公司在最初因大小股东间利害矛盾，一度对立不和，风潮迭起，铁路工程没有什么进展。一九一○年公司改组，詹天佑被举为总理，着手整顿，排除"股绅"的干预，在建设上也取得较好的实绩。截至一九一五年六月，完成了从广州到韶州的铁路建设，长计二百二十四点二公里，相当于原计划全长三百三十公里（包括湘境拨归广东承建段）的三分之二。过后，在广东地方政局动荡中，工程乃长期停顿下来。

① 筹建工作旋以铁路收归国有而中止。就是说，若无"国有"的变故，此段铁路可以肯定，绝不会迟延了二十余年直到一九三六年才完成。

　　川路公司虽然筹集了最大量资金；可是，在官权控制、绅权膨胀的经营管理体制中，致广大持股者从最初对路事甚表关心，经"不让与闻"而"不愿过问"。于是，"执事者"既不虞监督，便"任意侵渔"，资金"多半耗于虚糜"。关于工程部署，主持者又意见参差，长期不决，工事也就拖将下来。川路公司直至设立后的第六年，即一九〇九年，才决定从修建宜昌、秭归段并开始动工，一九一一年五月清廷命令将该线收归国有后工程断断续续地进行着，到一九一一年九月完全停止。已铺轨能行驶载料列车的线路只约十七公里。此外，筑成一些路基和便桥、涵洞。

　　湘路公司承担修建的粤汉线（不包括境内宜章迤南段）全长约五百公里。张之洞的揽权不放，"任绅而不任商"，经常通过公司中的"绅"来干预他所干预不了、也不应干预的业务，构成所谓"官率绅办"的局面。[①]公司中少数掌权的"绅"凭借"官"的威势，把持路务，压抑股东大众，还想"借他人血汗以自肥身家"。[②]铁路工程在"舆情不洽"中进展迟缓，已集的九百余万元的股本到湘路收归"国有"前夕，仅物化成长沙至株洲和株洲至渌口间六十七点七公里的铁路，只及该完成路线的十分之一多些。

　　闽路漳（州）厦（门）线实际上只完成嵩屿至江东桥段（二十八公里）。赣路在被日本渗入资本后，截至清亡，只完成九江、德安间铁路；尔后续借日款又从德安展筑至南昌，虽商办名称依旧，实已蜕变为以日资为主的中日合办。此外，如皖路、同蒲、洛潼诸路，或仅筑了一些土方工程，或铺就一些铁轨能供工程列

---

　　①　商办铁路公司中的"绅"，其身份，时人有作这么解释的："同此绅也，由股东选举，则绅无异民；若由官吏任用，则绅仍为官"。见四川留日学生：《改良川汉铁路公司议》，戴执礼编：《四川保路运动史料》，第48页。
　　②　《清末粤汉铁路的兴筑与湖南人民的保路斗争资料》，《湖南历史资料》第1辑，1959年，第142页。

车驶行。陕西西（安）潼（关）路工"迄未兴作"。

所有商办铁路公司筑路实绩，截至一九一五年，参见表3。

表3　　一九〇六至一九一五年各铁路公司建路实绩

公司名	线路名	起讫地点	长度（公里）	竣工年月
浙路公司	江墅支线	艮山门—拱宸桥	5.9	1907.8
	沪杭线（浙段）	枫泾—闸口	125.0	1909.7
	甬曹线	宁波—曹娥江	77.9	1914.1
苏路公司	沪杭线（苏段）	上海南站—枫泾	61.2	1908.11
	清扬线	清江浦—杨庄	17.3	1911.4
湘路公司	长株段	长沙—株洲北站	50.7	1911.1
		株洲—渌口	17.0	1912.6
闽路公司	漳辰线	嵩屿—江东桥	28.0	1911.1
赣路公司	南浔铁路	九江—德安	52.7	1911.7
粤路公司	广韶段	广州黄沙—黎洞	106.1	1911.5
		黎洞—韶州	118.1	1915.6
以上合计			659.9	
皖路公司	芜广段	芜湖—湾沚	25.0	土方
川路公司		宜昌西向	17.0	铺轨、行驶工程列车
同蒲公司		榆次—北要	7.5	铺轨、行驶工程列车
		榆次—太谷	35.0	土方
洛潼公司		洛阳西向	35.0	铺轨、行驶工程列车
以上合计			119.5	

上述已成各路，除湘路未及正式营业即收归国有不计，其他各路营运状况，以收支实数为准，略如下述。

闽路漳厦线，由于"成路甚短，又复濒海敷设"，未能伸展入内地，始终陷于入不敷出借债度日的困境。赣路南浔线，在日本顾问等操纵把持下故意使之"耗费极重"，"办理极不得法"，也朝不保夕。经营较有成绩的是苏、浙、粤三省。苏路于一九〇九年夏正式开始营业，当年收入十七万元，余利七万五千元，盈余率为百分之四十四点一。"国有"前一年即一九一二年，收入增至四十一万余元，余利增至十六点七多元；盈余率虽稍有下降，仍达百分之四十点七。浙粤两路历年收支情况，其盈余率分别为百分之四十三点一和百分之二十九点七。不管是最高的百分之四十四点一还是最低的百分之二十九点七，与同时期国中其他线路比较，经营都是较佳的（见表4）。

表4　　　　　商办浙粤两路营运收支　　　　单位：万元

年	浙路			粤路		
	收入	支出	盈余	收入	支出	盈余
1907	5.7	3.7	2.0	4.1	2.3	1.8
1908	24.8	14.4	10.4	16.8	10.1	6.7
1909	54.0	32.4	21.6	30.5	23.5	7.0
1910	77.2	49.4	27.8	36.2	30.4	5.8
1911	88.3	52.3	36.0	47.1	29.4	17.7
1912	85.5	42.9	42.6	53.7	29.1	24.6
1913	117.8	62.6	55.2	97.2	34.8	62.4
1914①	—	—	—	105.2	55.9	49.3
1915②	—	—	—	105.8	133.5	−27.7
总计	453.3	257.7	195.6	496.6	349.0	147.6

资料来源：浙路数字，据历次（或"届"）《商办全浙铁路有限公司帐略》，粤路数字，见《交通史路政编》，第16册，第334页。

说明：①浙路于一九一四年六月收归"国有"，不再计入。

　　　②粤路于该年通车至韶关，嗣后不再计。

3. 帝国主义列强的嫉视和破坏

帝国主义列强对中国各省组织公司、策划自建铁路，从一开始即密切注意，或直接横蛮干预，或间接阻挠破坏；它们声气相应，因时就势，左右清政府的铁路政策，向着符合它们的利益转变。

四川川汉铁路公司一被批准设立，英国驻华使馆代办焘讷理（Townley）函致清外务部声称：这个公司如果招不到足够的股本"应以多用英人者为宜"①，要挟中国给予英国资本贷款承办优先权。与此同时，英国工程人员擅往该公司预定修建铁路的地段踏勘、测量。接着，美法两国驻华公使先后照会清外务部以行干扰。他们明明知道清廷已准四川自办铁路却明知故昧地声称：四川如果准备修建川汉铁路，应让予各该国来承办。法国驻重庆领事，恫吓、要挟川路督办：如果不给法国承办此项权益，则"不论贵督办升迁何省，本领事亦［将］电知敝国钦使，惟贵督办是问！"②德国则由其公使穆默（von A. Mumn）向清外务部递交备忘录，妄言中国铁路权益是"各国人民照约应享的利权"。诋毁中国各省自谋修建铁路是阴谋"夺回"他们应享的权益；进而威胁道：这么做"与中国甚有险要"，要挟清政府对各省倡议自办一举"应不准行"。③

日本继割取台湾亟谋在台湾的"对岸"——明指福建，兼展至浙江、江西等地——渗透、扩张它的势力。据此侵华战略，日本驻福州领事高桥橘太郎当福建准备设立全省铁路公司，照会闽浙总督崇善，要求在福建筑路必须优先借用日款、聘用日员办理。接着，日本驻华公使林权助照会外务部，以十九世纪末日本虽然向总理衙门口头提出过在闽浙赣三省境内承办铁路的要求，但迄未得逞的事实，硬是咬定中日间已经有了合办福建铁路的协

---

① 英署使焘讷理致外务部函，光绪二十九年六月二十二日收，宓汝成编：《资料》第3册，第1066页。

② 驻重庆法领事致川汉铁路公司复照，光绪三十年七月：《外交报》，光绪三十年，第19号，第6页。

③ 德国公使穆默致外务部节略，光绪三十年九月初六日收。转自宓汝成《帝国主义与中国铁路，1847—1949》，第192页。

议，说是"不得有异议"；进而强压外务部必须"立即电咨闽浙总督分饬各该地方官先行停议"①，以免妨害所谓日本的既得权益。新设立的闽路公司拟借用在正太铁路上供职的比利时籍工程师测勘线路，日本照会称此举干扰了日本公司，"违背"事实上根本不存在的所谓"成约"。

江西全省铁路公司设立后，决定先修南昌至九江段。日本在把资本势力渗入于潮汕线后获悉此讯，打算有朝一日把潮汕铁路往西北展延入赣，正可与九(江)南(昌)线南展段连接，便可以台湾为基地，登陆潮州，循铁路把势力直伸入长江中游流域。它把赣路公司筑路资金拮据，视若"天赐良机"，决定由政府出钱、日本兴业银行出面，提供贷款与冒称为上海"华商"的日资大成工商公司，转由这家公司与赣路公司签订入股银一百万两合约；而在它的所谓"九南"线即后之定名为南浔铁路上渗入势力，务使此路仍名为商办，实际则质变成所谓中日"合办"②。日本除了暗中全力渗入资本于南浔铁路，还企图向福建全省铁路有限公司提供贷款，只是在闽路总理陈宝琛坚决抵制下才未成事实。之后它在张之洞处又安插彼国公民原口要作为张的顾问，并利用此身份策划通过提供材料，渗入势力于川汉铁路的鄂境段③，以干扰鄂路的建设部署。由于在英国的抗争下，日本才中止此项活动。

清政府对列强的干涉破坏，从最初给予必要的拒绝和驳斥，逐步向着迁就退让下滑。当桂路公司决定广西全省干支各线统归

① 日本驻福州领事高桥橘太郎致闽浙总督崇善照会，1906年4月14、23日和8月1日各件；日本公使林权助致外务部奕劻照会，1906年8月18日、11月16日各件。日文档案。

② 参看宓汝成《帝国主义与中国铁路，1847—1949》，第194页；又[日]明石岩雄：《日中战争论笔记》，《奈良史学》第9号，1991年12月。

③ 日本驻汉口领事水野幸吉致林权助电，1906年12月17日，日本东京三井会社代表近藤广平致原口要函，1907年1月22日，日文档案。

自办，法国无端抗议；地方当局竟一再要求该铁路公司在查勘线路中，"应先预留地步，以期与法使商允之案，不相违背"；对法国的干扰，却以"若遽测勘，适以速法人之干涉"① 相吓阻。桂路公司决定先修博白至北海铁路，巡抚张鸣岐却以法国若出行干扰"不许展筑，则此段两端，皆无出路"②，借以阻止，并打乱了广西造路的全局安排。英国在十九世纪末压迫清政府让予英国资本贷款承办苏杭甬路，只签了一个草约，且搁置七年迄无动静；待苏浙两路公司决定自行建设，英国公使萨道义（E. M. Satow）照会外务部，指责两省"商民所欲，与国家成约有碍"，要挟清政府予以"札制"。该部不敢据理力争，竟函浙江巡抚聂缉椝，要求后者转知浙路公司"另定路线"，让出英国准备投资修建的区段，以求"可省镠辖"。浙江绅商电致外务部严正表示："铁路为浙人生命攸关，即国家权利所系；""惟有遵旨自办，协力同心，誓必为国家力保权利，为浙人自全生命"③；转提出将原草约作废的要求。苏省与相呼应，电致外务部："浙路既拟自办，苏省岂能独异。"④ 两省协同对清政府与英国银公司商谈借款声中展开拒绝借款的斗争；清政府竟这样表示："勾销前案……何能强人必从？""讲信修睦，以免自启纷扰！"⑤ 清政府

---

① 外务、度支、邮传三部议复两广总督张鸣岐折，光绪三十三年十二月二十四日硃批；邮传部编：《轨政纪要次编》，轨次三，第136—138页。

② 张鸣岐致外务部、邮传部电，宣统二年正月二十四日，宓汝成编：《资料》第3册，第1142、1141页。

③ 浙江绅商致外务部电，光绪三二十年十月二十日收，《苏杭甬铁路档》，第2卷，第19页。

④ 陆元复致外务部电，光绪三十一年十月十五日收；《苏杭甬铁路档》第2卷，第17页。

⑤ 外务部议复江浙官绅请拒借款折，光绪三十三年十月二十四日硃批：《苏杭甬铁路档》，第3卷，第37—41页。

以自己的行事，清晰表明已经堕落到"忍徇英商之请""转夺浙商应有之权"①，这样一条媚外求荣路线了。一九一五年在湖广铁路借款谈判中，它既与英法德美四国银团达成了湖北、湖南两省已由各该省筹款筑造之路线并该两省铁路之产业应即收归粤汉、川汉铁路官局管理的协议；紧接着铁路干路国有政策便被炮制出来了。

4. 干路收归国有和省办公司的撤销

清政府经八国联军的打击，出于稳定政局的需要，在内政方面，一度表现出了"弃旧图新"的意向；于路务上，一一照准所有要求自办铁路的各省"绅商"设立公司、筹划建筑各该省境内的铁路，并作出了"官为保护维持"的许诺。然而在国内形势的推移中，慑于列强的威势和压力，这一政策渐向着收拾商办的方向转折。它在光绪三十四年五月（一九〇八年六月）的一件谕旨中不自检讨对各省铁路不扶植不支持，也不指导的过失，却指责各省商办铁路"奏办有年，多无起色，坐失大利，尤碍交通"；命令新设的邮传部委员"分往各路确实勘查"②。这是一个讯号，标志着铁路开放给商办的既定政策将有所变动。一九一一年三月，清政府既与英、法、德、美四国银团草签了湖广铁路借款合同；在这四国公使叠施压力下，为正式签押协议清扫道路，于五月九日（宣统三年四月十一日）宣布铁路"干路均归国有"③；并雷厉风行地实施，命令度支、邮传两部"凛遵此旨"，"毋得依违瞻顾"；若"煽惑抵抗，即照违制论！"④

①　浙绅孙宝琦等上外务部呈文，光绪三十二年四月二十五日，《苏杭甬铁路档》，第3卷，第23—24页。

②　《清实录》，德宗朝，卷五九二，第8页。

③　转引自盛宣怀《愚斋存稿》卷一七，第3—4页。

④　同上。

　　还在干路国有策宣布前夕，云贵总督李经羲、陕西巡抚恩寿对他们分别专权控制下的云南、西潼两铁路公司已因股款难集、处于"一筹莫展"困境，便迎风顺旨地要求将这两条铁路撤销商办、改归国家来办理。如李致内阁电称：滇路股本"筹措维艰"，"非由国家提回自办断难成功"；国有令一下，即由他率先奏准收归国有。① 洛潼公司应恩寿要求，也由邮传部"改归官办"。② 桂路受此两路影响，也同意官办。

　　清政府亟谋国有化的铁路，当时实为湖广铁路，即两湖境内的粤汉路和川汉路的鄂境区段。它察悉川湘两路股本主要分别筹自租股和盐、米、房捐各股。于是，清廷在任命端方为督办粤汉、川汉铁路大臣令中同时宣布"停收川湘两省租股"作釜底抽薪之计。另批准邮传、度支两部和端方共同商定"销除"商办的部署；要点计四项：其一，粤、川、湘、鄂四省公司股本尽数验明收回；其二，以"历年路工支出之款"为准，换发度支、邮传两部印发的国家保利股票；其三，如"抽还股本"，约定在"五年后分十五年还本"；其四，股本之来自米捐、赈粜等捐的，国家发给无利票证，待后再定处置办法。

　　清政府的干路国有政策一颁布，舆情激昂，认为政府此举，"夺商办铁路供之外人……实阻人民之企业"；是"假国有之名，行卖路之实"，是倒行逆施的作为③。国有令传达至湖广等省，除了鄂路公司原受督署专制，于九月底（宣统三年八月）被"收归国有，取消商办公司"外，在湖南、四川、广东三省，顿即激

---

　　① 李经羲致内阁电，宣统三年闰六月十七日；《清宣统朝外交史料》卷二二，第13—14页。

　　② 邮传部、度支部会奏折，宣统三年八月；《邮传部奏议分类续编》，路政，第110—111页。

　　③ 宋教仁：《论近日政府之倒行逆施》，《民立报》，1911年5月。

起抗命行动；既有学生停课、商店罢市，要求收回国有成命的（如湖南）；也有"不用官发纸币，纷纷持票领银"，期能迫使清政府撤销商办命令的（如广东）；在四川所展开的"保路运动"，经多日抗争，卒致促成武昌起义的爆发，摧毁清政府的干路国有策。

中华民国成立后，临时大总统袁世凯继承清王朝衣钵，制造"共和时代，国民一体"，"国有即民有"[1] 的歪论，宣布所谓"统一路线"的政令，继承铁路收归国有、撤销各省公司的政策，连"销除"的具体做法，也沿袭逊清所既定的方针。

袁世凯政府于一九一二年冬，任命谭人凤为粤汉铁路督办。谭人凤与湖南都督谭延闿会商后，即"照会"湘路公司把湘路收归国有。此后，袁世凯政府威胁、利诱兼施，甚至不惜采取调集军警，强制各省铁路公司从命，派出代表与中央政府交通部达成收归国有的协议。这样，截至一九一四年四月，除了滇、桂、陕、鄂四路地方铁路在清末已收归国有，对赣路由于渗入日本资本而不敢触动、粤路以远在岭南为其统治势力所不及，闽路偏在一隅不愿接收外，所有其他各路都先后达成收归国有的协议，至于铁路的完成接收和公司的撤销，则有延至一九一五年的[2]。袁世凯政府"藉口政策"，[3] "蹂躏人民已得之权利"，完成着清王朝未竟之业。各省铁路公司之终被"协议撤销"情况，参见表5。

---

① 转引自湘路公司咨复谭人凤督办文，1912 年 12 月（原件中文），中国社会科学院经济研究所藏，日文档案。

② 被撤销的铁路公司中的某些铁路公司，如四川、江苏、浙江等省，设置股款清理机构，处理未了事宜。

③ 宋教仁：《论近日政府之倒行逆施》，《民立报》，1911 年 5 月。

表5 　　　一九一一至一九一五年各省铁路公司被接收和撤销

公司名	协议年月	撤销（或被接收）年月
滇路公司	—	1911
西潼公司	—	1911
桂路公司	—	1911
川路公司	1912.11	1914.9
湘路公司	1913.6	1913.7
苏路公司	1913.6	1913.7
洛潼公司	—	1913.8
同蒲公司	1913.9	1914.1
皖路公司	1914.3	1914.3
浙路公司	1914.4	1914.6
鄂路公司	—	1915.1

说明：凡打有"—"号者，政府和铁路公司之间无收回国有的协议。

　　袁世凯政府在把各省铁路收归国有的同时，一一纳入于已与、或正与列强金融资本组织商洽贷款准备修建的铁路线路之中。除了粤汉铁路湘鄂段和川汉铁路早在清末编入湖广铁路借款所含的铁路线路中；它如苏路南线和浙路则被并入举借英债的沪杭甬铁路；洛潼、西潼暨苏路北线并入举借比利时款的陇秦豫海铁路，即陇海铁路；同蒲线被预行纳入法国准备提供贷款的"（大）同成（都）"线；皖路芜广段则预行纳入于英国打算提供贷款的宁湘铁路中。帝国主义列强为求明确这层关系，强制中国政府另立文书为凭。举苏浙两路为例，英国中英公司挟制北洋政府交通部于一九一四年二月十四日和九月十九日先后签押《赎回上海枫泾铁路议订条款》和《收回沪杭甬之浙段铁路议订条款》作为沪杭甬铁路借款合同的附件。什么"收回"、"赎回"？不正赤裸表明逊清和袁世凯政府的干路国有化只是为帝国主义列强火中取栗！时人愤慨指出：这样一种"所谓收回"国有，实不如直接叫它"收回,（使之为）外（国所）有"更为恰切。[①]

　　袁世凯政府在与各路公司"协议"撤销商办时，除了豫路（洛潼）在协议中由政府当局采取收购股票的方式进行外，其余七省（川、湘、鄂、苏、浙、皖、晋）铁路公司，分别根据上述的"销除"办法，商定由政府发还各路股款量、年限和摊还细节。该"认还"的款额，包括豫路在内，总计股本金为五千一百余万元，利息约一千七百万元，两计六千八百余万元；其中以须"认还"川、浙、湘三路的数量为最多，分别为一千八百九十余万元、一千零五十余万元和近九百万元，共约占政府"认还"本金总数的百分之七十五。然而，除豫路已如上所述，其余各路则由交通部发给一纸本身并无价值、不能在市面流通的证券，作为领回股本本息的凭证。所谓摊还，事实上则远不是这么一回事。袁世凯及其后续的北洋政府一直存心赖账！单以"认还"川、浙、湘三省的路股说，除了最初一、二或三期是如协议按期付清外，过后便经常愆期清偿，纵或清偿，既有用当时不能兑现的、市价降至六、五、四折不等的纸币却按票面额来计算的；更常用推销不掉、毫无债信的国内公债券来充数。如此清偿，弄得持证者叫苦连天，怨声载道。苏浙两路路股清算处曾组织债权团前往北京索偿，遭"执政诸君""藐视"，被"置之不理"[②]；又曾共同向平政院申诉，结果有似与虎谋皮。[③]北洋政府官员们则好官我自为之！据他们自己宣布的"整理"结果，截至一九二五年底，所有本金，除承认尚欠川路近七百九十余万元数额较大外，对浙、苏、湘、鄂四省，说是据记录都只有一些尾欠，分别为八

---

　　① 宋教仁：《论近日政府之倒行逆施》，《民立报》1911 年 5 月。宋氏当日所论的政府是清政府，同样论旨全可适用于论述袁世凯政府的行为。

　　② "两路债权团催索复电"，《民国日报》，1918 年 11 月 21 日。

　　③ "两路债权诉讼裁决书"，《民国日报》，1920 年 9 月 12 日。

十八万余元、三十一万余元、二万五千元和十五万六千元云[①]，这些数字的总和，不过九百二、三十万元。至于皖、晋两路，未予提及，似乎已算清理完毕。可是，根据日后国民政府有关部门统计，实欠收归国有铁路公司的股金本息合计，近三千六百万元。[②]另据该受"认还"者则另有一本账。他们自始拒受贬了市值的钞票、无信用可言的公债券，更不必说要他们同意按公债票和钞票的面值计数了。这笔以铁路收归"国有"由政府签字"认还"的股款究竟"认还"了多少，终成为一笔难以究诘的烂账！到了一九三六年，国民政府从沪杭甬路提取八十万元，指定偿还苏浙两省原铁路商股，作为了结，对犹有余欠的其他线路的商股，则只字未提地就此被蒙混过去了。

三　历受挫折的创业要求和个碧石、
　江南铁路的建设

清朝覆灭，民国肇兴；民族资产者未能察觉北洋军阀政府与清末政府原是一丘之貉，出于"破坏告成，建设伊始"的善良愿望，在一时形成的"振兴实业"潮中，再次谋在铁路建设上有所作为。

一九一二年，新加坡侨商黄怡益等认定"非奖励实业，无以救亡图存"[③]，决计集资二千万元，回闽创设路埠公司，在福州至琯头间修建一条铁路，以求能促进福州商埠的发展。一九一三

---

①　参看［北洋政府］财政整理会编：《交通部经管各项债款说明书》，"第三章第一节第一目"，1927年4月。

②　参看［国民政府］交通史路政编纂委员会编：《交通史路政编总务编》，第二章"财政"。

③　引自交通部咨福建都督文，1912年，《铁道协会杂志》第1期，专件，第143页，1912年10月。

年，同地另一华侨林文庞计划综合开发福建经济，拟招集资本也是二千万元，创设福建实业公司；作为一种基础设施，并把兴建闽境铁路列作首要项目。同年，缅甸华侨杨奠安拟集资八百万元，以开采漳州地方矿藏作为主要目标，为此计划在漳州龙溪间修建铁路，如此等等。他们出于促进祖国经济发展、故乡兴盛富裕的挚情热望，一回国向本省行政当局要求转陈、或直接向交通部呈请，得到的结果全被否定。交通部准福建都督咨请创办福琯铁路的批文是个典型。该文道："该侨商等眷怀祖国，情愿集资建筑，本部为发达路务起见，自无不乐与赞成。""惟集资筑路，股款为侨商血本所关，自不能不于未事之先，熟权利害，以免日后亏折之虞。""若鲁莽图功，一蹶不振，将来侨商裹足，亦于本国实业前途受莫大之影响。"① 该部的虚予赞许，深滋怀疑；且加以或致影响侨资兴业而贻误国家发展实业的罪责。这怎能不使侨商闻而寒心！

　　国内各地工商团体或个人，也颇有向交通部要求立案修建铁路的，同样绝少如愿。如湖南旅京绅商阎鸿飞等基于"开发富源以交通为先导，扩张实业以铁路为前驱"的认识，于一九一二年秋，具呈交通部以"干路既归国有，正赖商民建筑支路，以期联络贯通"②，申请设立公司，投资建筑湘省境内支路，并拟从修建长（沙）辰（辰州，即沅陵）线开始。川路公司把川路［实系宜（昌）万（县）段］交归国有，原股东由其驻京代表胡骏等向交通部交涉，要求承修未列名于干线的成（都）渝（重庆）线，

---

　　① 交通部咨福建都督文，1912年，《铁路协会杂志》第1期，专件，第103页，1912年10月。
　　② 引自交通部批文，1912年11月7日；《铁路协会杂志》第3期，专件，第111页，1912年12月。

以"顺民间办路之愿望",借以"保国家之主权"① 如此等等,
概遭驳斥。

一九一三年,安徽农务、商务总会暨正阳商务总会三团体组
织安正铁路公司,拟建从安庆至正阳关的铁路;待路成后,再展
至阜阳、周家口等地,向交通部申请立案。② 同年,河南周家口
商会呈请交通部准予修建从该地起至郾城的铁路,以与京汉线相
接;山东省议会鉴于曹、济一带相对于沿胶济、津浦两铁路沿线
的省内各地经济为落后,且苦于"生计无出",要求集资兴建从
济南(或济宁)至开封(或再展至归德)的铁路。③ 一九一四
年,安徽颍州、正阳等处商界代表刘文凤等,公呈交通部要求兴
建安(庆)颍(州)线。④ 江苏无锡公民陈其昌等一九一六年
鉴于江苏实业会在此前申请建设无锡至安徽广德线的失败,改计
缩短线路,倡设锡湖铁路公司,呈请沪海道公署转呈交通部,要
求兴修无锡至浙江湖州的铁路。同年,上海闻人虞洽卿、三北公
民郑燕贻等人,向有关当局要求"由商集款","筹办"浙江镇
海、慈溪、余姚三县的北乡即在习称"三北"地方从龙山经观海

① 川路代表陈邦达致交通部函,又,川路代表胡骏、陈邦达至交通部函,原件
存四川省档案馆。参见《民国时期成渝铁路修建史料》,《四川档案史料》1984年第
4期。

② "请修皖省正阳铁路",《铁路协会杂志》第8期"记载",第2页,1913年5
月。又中国铁路总公司函(署名孙文)癸字体69号,1913年1月,又交通部致安徽
都督(嗣冲)电,1913年9月14日;《政府公报》"公电",1913年9月14日第489
号。

③ 山东实业司长呈民政长请咨交通部文,《铁路协会会报》,第2卷第12期,
路事纪闻,第5页,1913年12月。

④ 安徽颍州等处商界代表《拟修安颍铁路公呈交通部文,1914年》,石印原
件,笔者自存。又交通部批1914年4月27日第75号;《政府公报》"批"1914年6
月15日,第757号。

卫至周巷三市镇的铁路。所有这些，也没有一项是被批准的。综观交通部批文，所举理由，有"本无建筑必要"、"工程计划全属空泛"或"筹办手续不完备"；其实，这些都是遁词。实质所在，是北洋政府深恐碍及国际金融资本组织的利益因而或遭到列强的抗议。如"安正线"之所以请办不准，在交通部就是防止它与英德贷款建筑的"津浦铁路"的支线无异，又与英国中英公司签有借款合同而尚未开建的浦信铁路"平行"，或会遭到英德两国的干涉而始作出的。济南开封线不准立案，又是唯恐线路一成，碍及"胶济"、"津浦"两铁路的利益。

山东胶东一带人民，特别是烟台商民，为挽救日渐衰微的烟台经济地位，继续清末的行动，一再提出修建从烟台伸入腹地铁路的要求。如一九一二年九月，烟台市议会要求集款修建烟（台）德（州）线，并先修其中的烟（台）潍（县）段。^①一九一四年五月，烟台商会和一些商号再联名要求修建烟潍线。日本获此讯息，日文报刊做出反应，悍然称此路"不可不由日本敷设"。第一次世界大战结束，京津富商闵某等为保卫国权、便利交通，结合同志五十余人，计划筹款建筑芝罘（即烟台）潍县间铁路，具呈农商、交通两部，要求批准。日本闻讯，向北洋政府提出异议，并以《巴黎和约》和一九一五年中日《密约》为据，胡说什么山东铁路无论已建、未建，其权完全归于日本。后者不敢抗争，闵某等的要求被批驳不准。一九二一年六月，商人姚凤池等向交通部重提烟潍铁路要求，该部交付线路审查委员会审查，实际是畏忌日本再提抗议，用了此路已由"本部筹办"的托

① 转见《交通部致烟台市议会商会电》，1912年9月20日；《铁路协会杂志》第1期，专件，第143—144页，1912年10月。

词，批道："仍援前案"不准商办。①

也有一些要求筹款造路而贸然拟借用外债，被人揭发、反对，或遭到另一强权国家的干涉，终都未成事实。例如：沧（州）石（家庄）线西接正太铁路，中联平汉、津浦两铁路线，是华北地区无论在军事上、政治上或经济上都具有重要作用的线路，久为列强所垂涎。一九一三年六月，河北商人曹祯祥等呈直隶（今河北）省政府转咨交通部要求集股创设此路，交通部竟于实际并无成约而杜撰"正太铁路有展线"至德州的"成约"② 作为理由，于一九一四年八月否定了这一要求；旋经曹祯祥等抗争，才取得交通部的暂准立案。日本鉴于此线重要，由三井银行出面欲满足曹祯祥的筹款需要，经数度"秘密往来"，"大有通融款项"③ 之势。这种行动激起民间的警觉。交河县公民郭庸和等于 1917 年初具禀告发、反对交通部的授予"暂准"为防"别滋蟊螣"，要求"撤销原准前案"。④ 四川富顺自流井地方（今自贡市）盐产甚旺；盐商刘廷桢等得悉盐务稽核所会办英人丁恩（R. M. Dane）有在这里敷设铁路的设想，于一九一四年继清末当地官绅为求便于盐运屡议兴筑铁路之后，集众商议决：分担认股，从井盐产区至富顺修建轻便铁路一条；于一九一六年十一月呈请交通部立案。延至一九二一年一月始获准。日本东亚兴业公

---

　　① 烟台总商会总理刘兆嵩等致外交部禀，1914 年 11 月 30 日；外交部致山东胶东道道尹兼烟台交涉员吴永文，1914 年 12 月 1 日等件；"中央研究院"近代史研究所编印：《中日关系史料：路矿交涉》第 296—297 页及其后各页，1976 年台北。

　　② 交通部路政司司长曾鲲化呈部文，1916 年 12 月；《交通史路政编》，第 14 册，第 799 页。

　　③ 天津三井洋行致《××报》函，1917 年 3 月中。原报刊名不详的汉文剪报，此为日文档案。

　　④ 交通部咨直隶省长文，1917 年 6 月 14 日，《交通史路政编》第 14 册，第 801—802 页。

司闻讯，表示甚愿提供贷款；英国公使朱迩典（J. N. Jordan）立即向北洋政府质询究竟；交通部不敢吭声，于一九二三年六月却莫名其妙地决定撤销原案。

民间颇有一些具有企业精神，有开拓胆识者决意创设铁路，经营锦州煤矿矿主陈应南是此中的一个。一九一六年十月，他积极策划拟集资二千万元，组织连峰铁路商埠有限公司，具呈奉天督军兼省长张作霖，要求承办连（山湾）（赤）峰铁路；另筑从女儿河起与京奉路车站接轨（约三十余公里）的大窑沟通裕煤矿专用线一条，兼要求在连山湾筑港（即今葫芦岛港）、开埠。督军署发交葫芦岛商埠局局长复议。后者复称："该商等拟集巨资，袭国有之计划（实指锦瑷铁路——引者），将以完全我国之财力，启发无垠之利源。富国裕民，并行不悖，其志深可赞许。衡之近世实业，性质亦甚相符。"可是笔锋一转，提出了一系列所谓"似不无稍有酌议之处"。一九一七年一月十日，张作霖以奉天省长身份发布指令："开埠筑路关系重要，非通筹全局，确有把握，未便遽准……该公司所请立案之处，暂从缓议。"① 连峰铁路并筑港、开埠方案，乃胎死腹中。汉蒙公民黄玉、巴彦济尔噶等以内蒙古地方在民国成立后"放荒、开垦、设治、迁民，虽农民日增，经济仍不发达"，认为主要原因在于"交通不便"。他们考虑到"邻邦（实指日本——引者）垂涎此地，亦已有年；外蒙（古）前车（指宣布'独立'——引者），可为殷鉴"。作为发起人，拟集股一千万元，组织华兴轻便铁路公司，从张家口起修建一条经多伦、赤峰、洮南至齐齐哈尔的铁路，并从试建张家口至多伦铁路作为第一步，具呈交通部请求核准。② 交通部对之搁置

---

① 《筹办连峰铁路商埠有限公司》，石印本，笔者自存。

② 《华兴轻便铁路有限公司招股章程》，石印本，笔者自存。

一边。

北洋政府对民间请办铁路给予批准的，只有某些局限于一隅、线路不长的轻便铁路，参见表6。这些铁路虽经批准立案，然而这样的铁路有如上文提到的漳厦线那样，即使建成，连维持其存在都属为难，结果都未动工开建。交通部批准新设、展筑并竟成事实的，只有个碧石和新宁两线。

表6   **交通部批准立案的轻便铁路**

年	月	申请者	路名	起讫地点
1916	10	林资铿等	龙溪	（漳州）石码至龙溪
1916	11	钟聚廉等	广龙	广州至（东郊）龙眼洞
1916	?	王德经等	泉安	泉州至东石
1921*		赣浙轻便铁路公司	赣浙	玉山至常山

资料来源：《交通史路政编》，第16册。中国社会科学院经济研究所藏日文档案。

说明：＊申请年月，正式立案年月不明。

云南南部个旧、石屏一带地方绅商，主要是经营锡业的工商人士，早在一九〇九年曾拟发展个旧锡矿业，从矿区起，修建一条通向外方的铁路。一九一二年，他们重提此议。方案在一九一三年向云南行政公署请准了以原云南铁路总公司（即滇蜀铁路公司）为依托，并与个旧锡、砂、炭三业商人共同组织个碧铁路有限公司，抽集股金，分别名为锡股、砂股、炭股，作为筑路资金。官民双方商定，在股资集齐前，由云南当局做主，从滇蜀铁路公司所集股本中拨出一百四十四万元作为垫款，再息借公款五十万元名为省款，以应急需。这些垫款、息款分年清偿后，铁路即归个旧股商全部享有。截至一九三三年，计共集股银一千七百四十六点七万元，①不单实际未动用省款，铁路也比原定的长，除了完成原定的从个旧经鸡街、蒙自与滇越铁路碧色寨站连接的线路，还增建了从鸡街至临安、又展筑至石屏的支线（参看表7）。滇南山岭重叠，地质复杂，铁路造价奇昂。创业者锲而不舍，前后坚持二十年，终将此路完成；其"移山"精神，在中国商办铁路史上，是仅有而难能可贵的。

表7　　　　　　　　　个碧石铁路的建筑

工程起讫年	区　段	长度（公里）
1915—1921	个旧—鸡街—蒙自—碧色寨	72.2
1918—1928	鸡街—临安	
1931—1934	临安—石屏	103.3

　　新宁铁路公司于一九一六年十二月向交通部请准从台山经白沙展筑至阳江；并拟在日后续向开平、恩平一带延伸，以利于开发粤西煤矿。此时适值第一次世界大战期间，在海外侨商中招股困难，乃发动沿线居民分姓氏宗族集股，一九二〇年三月建成了台山白沙线（二十六公里）后，即难以为继。陈宜禧其时已近古稀高龄。为遂其初志，曾请托他的美国朋友托·柏克（Thomas Baike）在美国代筹贷款，也无结果。一九二三年受孙中山委任为筹办铜鼓商埠委员，陈倡议从铜鼓建铁路至斗山与已成线路连接。在华侨和本地绅商中展开招股工作未成之后，陈曾亲函美国驻华公使舒曼（J. G. Schurman）和驻广州领事精琦士

---

①　创业时议定：经营锡业者每经营大锡一张（一千二百五十公斤）认股白银五十两（折合银元七十二元），每经营一炭即可供炼锡炉一昼夜用的木炭（约五百公斤），认股银三元，每经营矿砂一桶（五十公斤），认股银一元。一千七百余万股银，就是如此集腋成裘股集成的。参看云南"开远窄轨铁路陈列馆"展品；又叶炳泉《开远窄轨铁路历史陈列馆巡礼》，《铁路春秋》1991年创刊号。

(O. Jenkins)，希望运用他们的影响招徕美商参与投资建埠、筑路，但都未果，又统成泡影。[①]

新宁线几度展线不成，局处一隅，限制线路效用的发挥；一九〇九年正式营业，客货运收入一直呈四比一的比例，一九一一年收入三十五万五千元，一九一五年增至八十三万七千元，一九一六年为一百零五万一千元，一九一七、一九一八两年回落至年平均七十八万元，一九一九年起八年间平均年收入一百零五万元。公司财政一直处于困境，尽管陈宜禧曾毁家相济，期望解困，终无补于事。[②]

物换星移，国民党执政后五年，该党党政显要张静江、李石曾等以个人身份发起倡设中国铁路公司，隐含创业活动将以全国铁路为目标：计划着手的第一步是为"开拓乍浦东方大港"而建筑芜（湖）乍（浦）铁路。[③]一九三三年七月，张氏等在浙江莫干山召开包括沪上闻人杜月笙、张啸林，银行家张公权、钱新之、叶琢堂和企业家吴蕴斋等三十余人出席的发起人会议中，选举李石曾、张静江分别为公司董事会主席和常务董事，并于第二年经铁道部批准，正式设立，但把名称改为江南铁路公司。

该公司配合国民政府的铁路规划，当即请准改行修建从南京起，经安徽芜湖和歙县、江西贵溪、福建南平和龙岩直至邻接广东省境的诏安，计划分五期（段）来完成。铁道部则把民初收归国有的皖路湾沚段（其时已改为公路）以三十六万元优惠价让予

---

① 陈宜禧致托·柏克（Judge Thomas Baike），1920 年 5 月 17 日函，原件存美国西雅图华盛顿大学。陈宜禧致舒曼函，1924 年 6 月 2 日和致精琦士函，1924 年 6 月 3 日和 6 月 4 日等函，原为英文，原稿现存广州市博物馆；转引自刘玉遵、成露西、郑德华《华侨新宁铁路和台山》，《中山大学学报》1980 年第 4 期。

② 参看上引刘玉遵等合作文。

③ 《津浦铁路月刊》第 3 卷第 4 期，《路界纪闻》，第 3 页，1933 年 4 月。

使用，以资支持。

　　江南铁路公司原定先集股本三百万元，经与上海的私营和官商合办的银行（上海商业银行和上海的交通银行、中国银行以及上海市银行）商妥，由后者承担筹集；又呈准铁道部发行公司债三百万元，于一九三三年七月着手开建（南）京芜（湖）、芜（湖）孙（家埠）首两段，一九三四年七月通车，长七十六公里。接着，接筑南京中华门至芜湖江边段，一九三五年五月通车，长九十九公里；尔后又与沪宁（南京）、沪杭甬两路管理局达成协议，平均分担沪宁与江南的两路联络线而由后者承担二十二公里于一九三六年四月完成。[①] 此公司利用金融机构招募股本，辅之以发行公司债以补不足，在中国商办铁路史上，创开一个新局面；实践证明取得了好效果。筑成的线路总长一百七十五公里，从动工到通车历时二十二个月，平均每公里建筑费为三万三千元，效率之高、造价之低，如果与同期"国有"铁路相比，都位居前列。

　　江南铁路交付营运后，很注意对客货源的调查研究和作经济分析，尤多方照顾旅客中最大量的主顾——坐三四等车旅客的需要和利益，力求给予方便和优惠（如允许肩挑一担作为随身携带物件）；以及在整个经营策略思想上注意于发展经济，以培养货源（如考虑到货源以农产品为多，为谋求增多货源的长远利益，附设农业试验场等机构以求能提高产品的量和质）等等，使线路一投入营运即取得较大利润。虽然它的某些具体规定未必都能实行，也或由于为时甚暂尚未能充分表现其效益，而就其经营思想、经营策略说，应该是正确的，即使到今天，也未尝不具有借鉴意义。

---

　　① 参看章丽廷《昙花一现：江南一线》，《铁路春秋》1992年第2期。

四 商办民业铁路的归宿

中国近代铁路发展史上,其由民间投资创设成路通车的,从唐胥段于一八八一年开始营运起经六十余年,共有十一条线路,总长一千三百五十九点四公里,见表8。

表8之中所列超过三分之一的线路(唐津①、浙路、湘路),在十九世纪末二十世纪初先后被收归"国有",实际置于外国资本势力控制之下。其余八线的归宿各不相同,概述如下。

表8　　　　　　　　中国近代民间投资建筑的铁路

序数	路名	开始通车年份	长度(公里)
1	唐津	1881	155.0
2	潮汕	1906	39.0
3	浙路	1907	208.8
4	苏路	1908	78.5
5	新宁	1909	133.0
6	湘路	1911	67.7
7	漳厦	1911	28.0
8	南浔*	1911	52.7
9	粤路	1911	224.2
10	个碧石	1921	175.5
11	江南	1934	197.0
总计			1359.4

说明:*南浔铁路的德安—南昌段未计入内。

---

① 事实上无唐津铁路这一名称。这里实指唐胥段经一再展筑到天津的线路。表8中"唐津"与此同。

　　潮汕线渗入日本资本成路后营运大权落入日本人手中，直至一九二三年底才收回由国人自办。一九二九年广东省政府一度接管，第二年发还仍旧商办。一九三九年日本侵略军侵入汕头前夕，按广东军事当局命令，拆除该路。漳厦由于始终处在嵩屿江东桥之间，惨淡经营，几乎年年亏损，一九一四年四月起至一九二三年由交通部无偿接管营运，一九三〇年漳州嵩屿间公路通车，该路从此停止营业。新宁线从一九〇六年破土兴建，此后几经展筑，历时十四年完成总长一百三十七公里的铁路；可是，政府当局既不允许此线展筑到三水以便通过三佛线与粤汉路相连接，又不允许它向粤西延伸，只能在新会四邑侨乡大地上似盆景般曲折盘旋，故终难发达起来；广东省建设厅即以此为口实，于一九二七年二月强行接管新宁线，两年后复交还商办。一九三七年日本发动全面侵华战争后，线路即成为敌机轰炸的主要目标，遭到严重破坏。一九三八年十月，广州沦陷，公司奉命拆毁铁路。将枕木等归民工作为报酬，其钢轨有二万余根调运至广西供修筑黔桂铁路，所有其余资产，在日寇进占后悉被洗劫。南浔路自被日本渗入资本后，控制权操在日本人手里，公司若有所举措，必须先与日方"一为接洽"。[1]一九二九年此路改名为"国有"铁路。粤路广韶段在一九二五年由广州大元帅府接收代管。国民政府在一九三〇年以该路事实上已是国有，正式收归国有；由铁道部发行公债二千万元，限期赎回原有商股为作归结。[2]

　　江南铁路于一九三五年交付营运，颇呈欣欣向荣景象。营业收入从当年月平均五万六千元，到一九三七年七月抗日战争全面

---

　　① 日本公使山座圆次郎与交通部次长叶恭绰问答纪略，1914 年 5 月 5 日；《中日关系史料—路矿交涉》，第 128 页。
　　② 《铁道年鉴》，第 1 卷，第 884 页。

爆发当月，增至十八万六千元。铁路从一九三七年底起陆续沦入日敌手中，先后被敌伪拆除整整一半。抗战胜利，交通部先予接收，旋发还原铁路公司，恢复铁路营运不到八十天，应国民政府"拆借"令，将残存路段的钢轨、枕木拆卸了以应"抢修"津浦铁路用，此线遂废。过了两年，该路公司借了中国、交通两银行的款，从美国购进钢轨九千吨（其中旧轨三千吨），于一九四八年九月使南京至芜湖段复轨通车。①不过半年，随着"百万雄师过大江"，转为人民所有。

最后要提及的是个碧石铁路。它原是应发展个旧锡矿的需要而设，在与矿"荣枯与共"的三十余年间（一九二一至一九五六年），总的说，极大地助成了矿山与矿业的发展，兼促进着沿路地区社会经济的开发和进步。到中华人民共和国成立数年后的一九五六年，此路经社会主义改造，更另开新局面。

结　束　语

就所叙述的历史事实且归结几点。

第一，在中国的部分商人、地主和官僚中，早在 19 世纪 70 年代，出现了在铁路运输业上尝试创业的动向。这种意愿从这时起经七十余年始终存在；只是由于种种外在因素，使它一再遭到压制阻遏而难以实现。因此，如果说中国近代铁路运输业中民族资本成分很少，这是事实；但若断言中国民族资本在近代无意于投资建设铁路，则是不符合客观实际的。

第二，中国民族资本未能在近代铁路运输业上实现创业的愿望，史事表明，长期遭到封建势力的限制、遏止是个原因，帝国

① 参看章丽廷《昙花一现：江南一线》，《铁路春秋》1992 年第 2 期。

主义列强资本势力的破坏和兼并，更为严重。后者为了达到自己的目的，除了径行干涉外，经常利用前者为之作出火中取栗的行动，致使民族资本在铁路领域，几乎丧尽活动之地。

第三，中国民族资本发生也晚、力量也弱，为求自卫利益、发展自己，总想依仗于强者。这个强者，在中国近代铁路发展史上，曾是本国的官府和列强的资本势力。它幻想依仗前者借此取得特殊优惠，结果无不落空；它依偎于列强金融资本势力，期望借此既可以取得融通资金的便利，又可以与本国官府相抗衡；可是，由于它不时模糊于当年中国在国际社会中所处的地位，企图有所依仗，总反被就势加上极其苛刻的条件，遭到严重的损害。但一关系到国家安危出现严峻局面时，它能坚贞自持，截然划清界限，这是它的特点也是这种资本所以性属"民族"的实质所在。

第四，中外学者迄今研究中国近代铁路发展中民业或商办的独弱，多有归因于当年资金缺乏，不掌握先进技术和科学管理经营方法的。这种见解有一定道理，然而充其量也只能是表层的。就资金说，当时国家经济落后，社会生产力薄弱，这是事实。但是对此事实，也不宜绝对地来理解。须知中国是一个具有悠久文明的大国，凭借它的历史积累，若加以有效的动员和组织，不制造民怨而能顺应民之意愿，是可以集聚起巨额资金的。它如技术、管理等问题，相对地说确属处于较低下、落后的状态，但这些并非不可克服的困难。事实证明，中国人通过外借人才和自力更生，曾经建筑起了上千公里的铁路，无论在工程中还是付之营运后的管理，也曾表现出良好的业绩。所有这些与其说是民业铁路所以特稀的成因，毋宁说正以民业铁路难得发展从而使资金来源日隘，技术未能精进和发挥，暨管理水平难得革新和改进更为近乎客观的实际。

第五，二十世纪最初几年间，各省有识之士在爱国主义主导下，为捍卫国家主权，维护民族利益，"其志甚苦"地筹办各省铁路。他们面对各该省情，设想出多种方式，迅速集积成巨额股本或资本。这个资本的形成过程，基本上是一个由零散的货币转化为产业资本的过程，从经济发展的角度看，这是一个大进步。可是，这个资本由于种种原因，颇多靡费（如存款遭倒账、谋生利反而投资失败等等），物化成铁路的远远没有达到理该（按当年中国建筑铁路平均成本来计算）可以达到的长程。待到清政府（以及后继的北洋政府）实施铁路干路国有化时，已集积的资本除了已经靡费的，可分成两部分：一部分少量的未曾用于路工的仍留存在各个有关省里。又一部分大量的，则由政府"认还"，事实上政府食言自肥，至少半被吞没；且零零星星摊还给原来出资的股民，由于数量微细，一般只能充作消费资金。结果，已集积成的资本复化解为零星的货币，相对于前之进步是严重的倒退。

第六，与上一条有关，铁路干路国有化，不只是沉重地摧折了中国民间的铁路创业活动，而且极大地削弱了正处发展中的民族资本的实力。当今学人有认为铁路的兴起在经济起飞中起着启动性的作用。正当中国民族资本有所发展的时候，作为"起飞架"的这部分铁路建设却被拆散捣毁，其所造成的巨大消极后果设以同一期间投入其他经济部门的资金总量与为铁路而筹集的资金总量约略相等作为参考系数，前者是多少促成资本主义工商业的一度旺发，在铁路民业方面，则被摧残得七零八落，其结果便是一个难以用数字计量而又不容漠视的事实。

中国产业近代化为什么徘徊不前[*]

——以早期中国铁路建设为中心作一试探

一　前言

　　自从英国在全球范围内第一个实现了产业革命，欧美其他一些国家接着先后都实现了工业化，世界经济发展大势在十八世纪中进入了"采用资产阶级的生产方式"的时代。东亚的日本在努力适应潮流中，于十九世纪六十年代末起明治维新的几十年时间里，从中世纪封建主义国家转化成工业化的国家。中国呢？当十九世纪六十年代中，清政府开始引进产业革命的某些成果，其出发点和所期求实现的目标，仅限于强化封建国家机器，根本未想及经济的产业化，也不知晓"资产阶级的生产方式"为何物。这样，虽也曾一时呈现兴盛景象，由于舍本逐末，终未成功。或如当年日本一位政治家所评述：（中国当局所采用的）举措，就对

---

　　[*]　原载〔日〕中村哲、〔中〕罗荣渠、〔韩〕安秉直等著，北京中日文化交流史研究会编：《论东亚经济的现代化》，第87—102页。

国家的富强说，"皆是空言"①。经过甲午战争，中国执政者在舆情的压力下，领悟到"振兴农工路矿"对发展国民经济的迫切和必要；对铁路的营建，初次制定引进、发展的政策。可是，直到二十世纪二十年代，中国工业化的水平还极其低下，包括农业、制造业、矿冶业和运输、邮电等的各类产业中，若按传统生产方式和以近代生产方式来划分，其产值所占比重，大致形成九十三与七的比例②，反映出这点。

中国近代工业化为什么迟滞不前？前人作过许多探索，并发表了许多独到见解。笔者有鉴于铁路运输既是早期产业革命中的重要一环；它作为一种经济技术实体，又能促进其他部门生产效率的提高、整个经济的发展以致直接间接对精神文明的提升产生积极作用。这里且试以一八九五至一九二七年这三十余年间中国铁路史事作为对象，从中探索某些直接影响中国铁路业正常、顺利发展的原因，也许从中能取得有关中国产业近代化所以徘徊不前的一些讯息。

二 铁路史事概述

一八九五至一九二七年间中国铁路史事涉及中国内政、外交、国际形势、远东国际关系等方面，内容复杂，含量大。这里只准备就两个问题，第一，"路权掠夺战"和中国自主筑路行政主权的丧失。第二，铁路建设经费投入总量估计和内资、外资在其中所占的比重及其结局，作一概述。

① 光绪十二年正月初六日军机处奏，附件二，录呈徐永祖函，见《清光绪朝中日交涉史料》，第10卷，第2页。据该函称，系转述伊藤博文语。

② 参看许涤新、吴承明主编《中国资本主义发展史》，第2卷，人民出版社1990年版，第1053页。

（一）"路权掠夺战"和中国自主筑路行政主权的丧失

一八四〇年前后，有关铁路的知识开始传入中国。当年少数有识之士敏锐地觉察到铁路在技术上"精能之至"①。然而，这个资本主义文明的产物与中国封建主义格格不入，终被执政者弃之不顾。十九世纪六十年代中清政府在镇压全国人民大起义的后期，着手引进"产业革命"的某些成果以期有利于恢复、稳定进而强化封建国家机器，又有人认为铁路是"有用之物"；但对是否引进，京中内外议论纷纭，整整延续了二十年。经过中法战争，清政府迫于国家内外形势，于一八八九年出于"专注于利兵"的考虑，始作出"毅然兴办"②的决定，期望实现的是能在增进国家防务上发挥一些效用，重点则置于为"捍卫京师"的渤海西岸；并不打算把它作为一种能够促进国民经济的发展和经济结构的改变的基础条件全面地来建设。清政府堂皇其词地声称："若如外洋遍地安设，成何景象"，为这个决策作着自我辩护。

中国在甲午战争中的失败顿使国家在国际社会中陷入于"敌无日不可至，国无日不可亡"的危境。关心国家兴亡的先进人士，在力主振兴中华的共识中，多有主张建设铁路用以促进社会经济的发展以至推动政治的改革。清政府自愧于无能保国卫民，在签订丧权辱国的《马关条约》后数月，谋求维护其统治生命，宣布"力行实政"，并把"设铁路"置于该"力行"的"实政"中的首项③。建设铁路在中国政治经济生活中才真正被列作一项大政来对待。

---

① 徐继畬：《瀛寰志略》，卷六。
② 上谕，光绪十五年四月初六日，《德宗实录》卷二六九，第5—6页。
③ 上谕，光绪二十一年闰五月二十七日；《德宗实录》卷三六九，第23页。

　　清政府的这个决心，来源于对铁路的功能开始有较全面、深刻的认识。它初步认识到在幅员辽阔的中国，"利不能兴"、"弊不能去"的原因之一，在于"地势阻隔，交通不便"。它寄希望于铁路一通，地尽其利，物畅其流，进而生产发展、经济繁荣，破除陈规陋俗，使"国家气象万千"①，并把这些概括成为"利民"、"利商"两词。它的这个决心，也体现在继确立"力行实政"的政策原则之后。紧接着清政府初步确定诸如国内铁路以贯通华北、中南，并展至东北的南北干线为主干，再"经纬交错"，旁通各省，并注意于连接边陲和有荒可垦之地的设线规划及其缓急先后安排上；也体现在对所需资金规定以拨官款、招商股为主，辅之以举借外债作为补充；以及专设中国铁路总公司这个机构，掌管建设经营铁路事宜等等。所有这些，构成了虽属初步却较系统全面的铁路发展政策和具体的措施办法。

　　世界资本主义这时的发展态势，加剧着几个强国的殖民扩张活动。它们把中国正处于新败于日本的困境当作在华增强其殖民主义威势的机会。继十九世纪八十年代中西方列强瓜分非洲之后，图谋把这一手段移用于中国。正当清政府确定实力建筑铁路原则并形成如上所述政策的同时，列强决定把在华建设铁路当作实现其主宰中国这个政略的先行手段。它们各所觊觎分割的土地或擅自认为是自己势力范围的核心地域大致如下：

　　俄国的最终目标是从中国"新疆西边的汗腾格里峰直到（俄国）海参崴划一直线"，作为中俄两国的界线。此线之北，包括中国的东北地区和内、外蒙古与新疆，统统变成"俄罗斯帝国的

---

　　①　张之洞奏折，光绪二十一年闰五月二十七日；《张文襄公奏稿》卷二四，第5—6页。

组成部分"①，并以"和平征服"东北地区置于先着和急着。法国继在印度支那半岛实施殖民统治后，渴谋建成一个"印度支那殖民帝国"。这个"帝国"的版图，它觊觎与该半岛毗邻的中国部分领土作为补充，即囊括云南、广西两省，兼及广东省西部，再伺机北上深入贵州、四川等地方。德国在其本国尚未统一前，即准备在以中国为重点的东亚地区扩张势力和影响，继而选定濒临大洋、腹地广阔、资源蕴藏丰富的胶州湾作为"德国商品的中心仓库"，兼使之"具有军港性质"，而窥伺山东全省，并伺机深入中原大地以至更西向的中国腹地。英国从一八四〇年以暴力突破中国门户起，经过半个世纪，在长江流域深植入自己的势力，梦想在这里形成一个属于它的"扬子保护国"②。同时，又一再企图从当时受它殖民统治的印度和缅甸，北上入境至中国的西藏、云南，再深入内地扩张势力。日本还在甲午战争前，已把中国看作"东洋之波兰"，预言未来中国必将像波兰那样遭到瓜分；届时，它渴望能将"台湾及福建的一半归日"③。这次战争一过，它除了殖民统治台湾作为根据地，力谋向台湾海峡的"对岸"——福建作为自己的势力范围，旁及浙江、江西两省进而西北向长江中游渗入势力。另一方面，到二十世纪初期它在与俄战争中既获胜利，便凭借战胜余威，称霸于中国东北地区的南部，即所谓"南满"；随着岁月的推移，又向北部，即所谓"北满"和西向内蒙古东部扩张势力。第一次世界大战一爆发，日本在对

---

① 库罗巴特金致尼古拉二世奏折，1916 年；（俄）《红档》（Красныи архин），第 34 卷，第 71 页。

② 后人概括语。见伯尔考维茨《中国通与中国外交部》（N. A. Pelcovits. "Old China Hands and the Foreign Office"）第 8 章标题，1948 年，纽约。

③ 《东洋之波兰》，1884 年 10 月；见 [日]《福泽谕吉全集》第 10 卷，第 72—80 页，昭和三十五年，岩波书店。

德国宣战之后，派遣军队登陆中国山东，除了军事占领胶济铁路之外，又企图"尽握"华北地区，一方面通过海路与大连连接，以使东北、华北两大地区都置于它的势力之下；另一方面，延长胶济铁路使之经甘肃通过新疆伊犁，再进一步考虑展长成为串通中亚与欧洲相联络的线路。①

帝国主义列强既策划通过在华修建铁路作为实现它们如上所述殖民政略的一种手段。当甲午战争的硝烟尚未尽行消散之时，它们相互之间在中国即展开一场虽无枪炮的激烈争斗，出现了以攫取在华建筑铁路特权为主要内容之一的"利权掠夺战"（Battle of Concession）。这场"会战"之对中国危害的严重性及影响的深远与那场军事的甲午战争实不相上下。各个强国都处心积虑地作出了线路选择，并以武力作后盾，外交威胁和政治利诱兼施，迫使清政府同意或"借地筑路"、或允予"承办"、或给予贷款优先等等特权。这些特权一经攫取到手，它们或立即使之转化为现实，或暂行搁置于一边。大致到一九一二年前后，它们再一次向中国攫取大量有关铁路的权益。通过这些路权所含线路，便确立着各个强国自认为属于自己在中国的势力范围中自己威势的切实存在。这里主要以这两度所攫取的路权项目，列表如下。

帝国主义列强以军事的、外交的、政治的手段多管齐下，或交互作用，挟制中国的执政者——清末政府和民国前期北洋政府——让予路权的过程，也是强制给以改造的过程；后者屈服于强权政治；关于掠夺路权事，从十九世纪末最后几年还想有所抵制而毫未能取得应有结果起，瞬即下滑，终于加速度地流落成为列强的帝国主义政策的驯顺奴仆。

---

① ［日］西原龟三：《梦的七十余年——西原龟三自传》（日文），第八章第五节（二）。

　　民间有识之士、有力绅商，当十九、二十世纪之际，面对垂危国势，在力陈加紧建设铁路的必要性和紧迫性之余，还向当国执政者提出一系列言之成理、证诸他国实践行之有效的政策建议；诸如主张和要求广泛动员民力、民财，鼓励民间广泛参与铁路事业，以及其他具体措施和办法。清政府不能不有所动作，先后颁布声称旨在"保惠"商人的有关铁路的两个法令——《矿务铁路章程》（一八九八）和《铁路简明章程》（一九〇三）——鼓励、规范民间参与国中铁路的建设。民间的回应，是招股集资、设立公司，一度形成风气。可是，清政府的行径犹如叶公好龙，既防失权于民，又恐引起列强干涉；对投资创业申请，绝大多数却都予以驳回。这样，所谓"保惠"等同具文。民间愤慨于当权者的怯懦无能，率直给以严重警告：你这个政府对华商集股自造铁路这一"原有自主之权"也不敢保护，你自去"权衡利害"[①]！言外之意很明确，责成政府承担由此产生的一切后果。可是清政府只顾维护自己作为统治者的私利，不顾民族尊严和国家利益，对上述警告置若罔闻。

　　民间几经挫折，摸索出中国特有的一套办法：集各省的物力、财力，办各省的铁路。一时出现了各省先后创设商办铁路公司的情况，筹建、设计在各该省境内铁路。这些公司创设宗旨相似，在政治上主要是对外抵制列强在各该省境内扩张势力，更重要的是在经济上期望借铁路以推动地方产业的发展，达到"以益民生"的目的。清政府面对远较民间私人力量为巨大的合全省之力的要求，一时一一照允所有申请。列强则以此举有碍其在华实施帝国主义的策略，从一开始就敌视这一行动。它们或直接横蛮

---

　　① （浙江商人）李厚佑禀商部文，光绪三十年冬；原文抄件。又，文中的"你"，在禀文中原词为"大部"（即商部）和"贝子王爷"。

干预，或促使中国政府当局加以遏制和阻挠；最终利用已被驯化的中国执政者（清末与民初政府），使之做出"颠倒政治方针，阻遏人民企业"①的事情——先后实行铁路干路"国有"政策和制定所谓"统一路政"的方针，把所有商办铁路公司收拾干净，从而给中国民间铁路创业之举以摧毁性的一击；把体现着中国民族资本发展方向的这股力量几乎从铁路领域排除净尽。此后，中国民族资产者在内外反动势力夹击的崎岖道路上，屡扑而屡起，虽艰苦备尝地修建起一些短程线路，终因上述原因在整个铁路网中始终处在边缘地位。

帝国主义列强在事实上剥夺了中国执政者行使其自主建设铁路的大权，又挟制他们把中国自己的民族资本势力几乎尽排挤出铁路创业领域，便完全有可能主宰、实际也竟然主宰中国铁路的发展，从而掌握了中国经济的大动脉，并对整个国家经济的健康发展带来严重而消极的制约和影响。

（二）铁路建设经费投入总量估计和内外资金所占比重及其结局

铁路是机械、土木、钢铁等工程的集合，固定资产所占比重特大，建设经费需求量甚巨的行业。

截至甲午战争结束这一年国中拥有的铁路全长四百六十七公里。一八九六至一九一一年间，新建了八千八百二十五公里；一九一二至一九二七年间，又建成三千八百五十五公里；一八九六至一九二七年这期间共新建长程为一万二千六百八十公里的铁

---

① 引宋教仁语。见《论今日政府之倒行逆施》；《民立报》，宣统三年五月。宋氏针对当年铁路干路国有问题作此论述；民初政府竟成清末政府未竟之业，同样适用这个观点。"统一路政"，见之于民初袁世凯政府政令中用语，与清末的"干路国有"实质同一。

路。这些铁路按所有权大致可以区分为三类：第一类，外国（包括俄、法、德、日四国）所有；第二类，国家所有，地方政府所建的也包括在内；第三类，私人所有，或用当年习称的"民业"、"商办"。外国所有的铁路所花的建设经费并非全出自外国的投资，也有中国国家资金的拨入。这一部分铁路，且名之为外国直接投资的铁路。国有铁路的建设资金，绝大部分出自外债；这种外债不一般，实际是为"助成"外国所以能在中国建设铁路而强被举借的占其中绝对多数；当然，也有国家拨款建设的，只是仅有极少数的几条，如京张（北京—张家口）铁路。这里把前一类国有铁路所使用的资金，名之为外国资本的间接投资。"民业"、"商办"铁路理所当然地由民间集资建筑，但其中也有被别有用心的外国指使其本国资本组织渗入其势力。

铁路建设资金，这里包括两大方面：一是建成铁路所花的建设资金；二是虽未成路却曾经筹备或着手开过工，不管物化成的只是一些土方工程或只是徒劳一阵也罢，也包括在内。这后一部分耗掉的资金，量也不少。

这里换个角度来考察。中国建设铁路在此期间究竟动员与投入过多少资金？各种来源的资金在总量中各占多少比重及其结局如何？

资金的筹措，不外筹自国内和集自国外。内资又有"官款"即国家资金和民间资金的不同；外资则分直接投资和间接投资两种。以下按此区分。从内资写起，简述投放状况。

清政府既决定"力行实政"，当即开建的铁路有两条：后来称之为京奉铁路的"（天）津芦（沟桥）"段和始建芦汉线（后来先后称之为京汉和平汉铁路）的首段"芦（沟桥）保（定）"段。"津芦"段上拨入官款银六百六十万两；"芦保"段开工伊始，旋以借比利时款，由比利时公司承办；虽然如此，此后陆陆续续拨人的官款也不少，总计达银九百九十五万两，此中有部分剩余，移充建筑萍（乡）醴（陵）路用。在续成道（口）清（化）全线时，中国政府先后垫支款项银二百六十二万八千万元。日本擅建"安（东）奉（天）"、"新（民屯）奉（天）"两线，事后把新奉路作价转成贷款让与中国，以及为改造和新建"吉（林）长（春）"线，拨支官款，用日本货币计，为一百一十六万元。修建京张线，经费为银一千零四十万元。地方政府为修建与外国直接、间接投资建筑的铁路相接的联络线，如从胶济路西端至小清河码头、从齐齐哈尔城建一线与中东铁路在城郊的同名车站相接和从南京下关接至沪宁铁路原南京站的联络线，统由各该地方拨款，估计银为六十万两上下。京张线展筑至包头改名"京包"路，国家投入资金四百二十二万元；比利时经过第一次世界大战无力完成陇海线，中国政府面临欲罢不能、欲上无钱的困境，为维持在建工程的局面，以发行国内公债的方式，累计投入五百万元。奉系军阀在宣布东北地区自治期间，奉天（相当于今辽宁）、吉林两省当局，在定名为官商合办的"奉（天）海（龙）"、"吉（林）海（龙）"两路中，把原地方货币"奉洋"、"吉洋"折合成全国通用银元，共约一千零三十五万元。

这个清单，只据所见史料列出，与实事相核可能有遗漏。

帝国主义列强既要侵犯中国主权，又求减少与中国人民的正面冲突，对铁路乃有虚挂与中国"合办"的幌子的，也有迫使中国按条约规定承担配合的义务的；以此，中国也耗费了不少官帑。如在中东铁路上"入资"银五百万两；为购胶济铁路公司股票计用银十二万五千两；法国建造滇越铁路责成中国"备给"土地，中国除无偿提供国有土地不计外，为征购民地所耗已无从查考，有据可查的是，事先拨了银一百万两。法国要造龙州铁路，中国负有"配合"义务，虽然此路旋即中止进行，一根铁轨也没铺就；可是，中国为此"配合"特设机构以及为作准备所耗费用，不包括调遣营勇所支薪饷，实计白银三十万两。

内资中集自民间的，在清季，或独资、或数人合伙、或招股实得而投入于铁路的已知可统计的约四百七十六万元。数量最大的一笔，是一时勃兴的各省商办铁路公司，如川汉铁路有限公司、全浙铁路有限公司、粤路有限公司等十四家各省商办铁路公司通过各种方式，所集的股金总计为八千八百五十余万元。此外，在国有铁路中，也有民间资金的投入，如修建"津芦"段时，在此前已成的关内段上，保留有商股银十万八千两；筹备建设时又"招集商股银四十万两"。民国前期，为新建或展长已成铁路线，以及与"官"（省当局）合营，共投入资金银一千六百四十一万元。

外资中的直接投资部分，有溢数，也有少计。溢数者何？并非实用在铁路建设上，投资者往往把构筑其殖民统治的其他设施的数额也计算在内。少计者何？最明显的，如铁路用地如果是中国国有地，无论是熟地还是"官荒"，即由中国政府无偿提供；如果是民地，虽约定按公道价格购买，事实上有关强国罕有不是凭借其帝国主义的威势，挟制中国地方当局肆意压低地价以至强占使用的。这些情节且撇开不计。单计以资金计算的，在俄建"中东"铁路包括它的南满支线上所花费的，就有多种不同口径的数字。这里据一九〇五年在彼得堡刊行的《东省铁路建设报告》中的记载，为二亿五千四百三十一万四千四百万卢布。德国胶济铁路创设资本五千四百万马克，减去中国所购股票数为五千三百四十万马克，这里作五千三百万马克计。法国投资建筑滇越铁路，实际投资量为一亿六千五百四十五万法郎，或按当年折作银五千三百七十余万两。日本改造南满线，投入资金一千二百万英镑。此外，日资渗入于民办潮汕铁路，实际成为"联办"，人股银一百万元；又以同样方式入股于江西商办南浔铁路中，投资银一百万两。日本人勾结国人中的民族败类，以中日"合办"名义，修建天图轻便铁路，投资一百万日元。还有用私人名义，在日本设在大连的殖民统治机关关东厅与"满铁"的支持与补助下，成立金福铁路公司，修建金福铁路（此路原计划东展至安东，旋放弃）筹集资本金为四百万日元。

外资以"借款"名义而行间接投资，其数量为最大。其以修筑铁路名义举借，实系作为他用——挪用作军政经费的铁路借款不计，综合筑路款、展线借款、赎路借款、未成路垫款和透支各款，共达银近六亿五千万元。

在一八九五至一九二七年期间各国币值和中国币值诸多涨跌的变化，外币与国币的比价更多变动。为资比较，却又不能不折成同一单位来计量。这里按一定汇率统一折合成国币银元，并把内资、外资总量及其所占比重，制成下表，借资参考。

一八九五至一九二七年中国铁路建设经费总量和投入的内资外资比重

项　目		总量（百万银元）	比重（%）
内资	国家资金	69.8	6.0
	民间资金	110.4	10.0
	小计	180.2	16.0
外资	直接投资	295.9	26.4
	间接投资	647.6	57.6
	小计	943.5	84.0
总　计		1123.7	100

注：以一九一一年以前通用银元为单位。原以各种银两计者不细作区别，每银一两折合银一点四元；外币一英镑折银九点四六元，一卢布折银零点七元，一马克折银零点四七元，一日元折银一元。

投入铁路建设中资金总计银十一亿余元；其中内资银一亿八千万亿元，外资银九亿四千万元。

两者的遭遇则差别迥殊。

内资中官款之拨支于外国直接投资建成铁路中的，全都等同白白浪费掉。例如，耗在法国修建的滇越铁路和一度筹备建筑的龙州铁路上的，作为履行条约义务拨支官款，却毫无相应的权利。中东铁路上因为有"中俄合办"的名目，清政府煞费苦心地投入了合股的股金；可是，大小路事根本不让过问。外国资本通过借款形式实行间接投资而建成的名为"国有"的铁路中，只要这种借款一旦成立，无论是原有的，或在建筑过程中拨入的"官款"，不是被清算就是被吞吃而为其所用。民间资本之投入于这类"国有"铁路中的情况也类似，只要这条铁路一借了外债，没有不被外国资本排挤尽净的。如京奉线，在中国方面与英国资本签订了名为《关内外铁路合同》中规定：用借款的一部分清偿商股。更有一条铁路——沪杭甬铁路，明明是由民间招股集资修建起来的；英国为了要掌握这条线路，指使其本国资本组织硬是要挟中国政府举借以该路名命名的借款一笔，并规定用此借款中的部分"收赎"商股；事实也这样，一笔勾销此铁路中原来商股的存在。最触目惊心的是一九一二年前后数年间中国执政者在帝国主义政策作用下所制定的"撤销"各省商办铁路公司、"认还"股款一举。这一着把在此前数年间各省苦心孤诣地将零散资金集成的资本，复倒退为零散资金且更零星。而且，这个"认还"说得好听，事实上只不过"还"了些许，旋即徒成笔笔"呆账"、"烂账"。这一击，粉碎了铁路业中民间资本绝大量的"资本"，更是个质的倒退。它的危害不仅仅是对铁路中投入资本的投入者个人的沉重打击，更是对当年正处于发展中的民族资本以一猛烈袭击。

外资对内资当年不是处在一般的竞争关系中；在帝国主义列强强权政治的支持与作用下，外资敌视中国的资本不仅仅是民间资本，也包括我国国家资本，定欲置它们于绝地而后已。外资对我国内资在清算、排挤、兼并之余，即各把中国当作自己的资本领地而恣意为所欲为。

这些，便是当年中国铁路业中内外资金的处境和各自所得的结局。

三　几点思考

"利权掠夺战"这场充满火药味但无枪炮轰鸣声的"战争"，挑动者是各个帝国主义强国；这场"会战"既在它们之间展开，更共把"战"祸加给中国。交"战"各方从谋求扩张本国在华势力、利益出发，以牺牲中国为代价，几乎都夺得程度不同的"战利品"；中国则在帝国主义相互间结成的既对抗又联盟的共同压力下，又像在甲午战争中那样遭到败绩。甲午战争出之以武力较量形式；"利权掠夺战"则是通过外交谈判来解决；此"战"企图实现的目标，主要是从控制建筑中国铁路入手，左右中国及其经济未来的发展。这种作用和影响，虽然看不见、摸不着，却是长期地发生着。铁路建设起来了，由于它固有的功能，在其运转中推动着运输引力涉及地区经济的发展，设若从整个国民经济的成长来考察，却不是这样了，至少是它的使用价值不能充分发挥出来，进而给予国家产业化以消极的影响。

铁路是一系统工程，具有"经纬版图"的作用。综观整个铁路发展史，地无论欧、亚、美各洲，时无论在1895—1927年同期或其前其后，设想建设时，或从铁路开始建筑起，鲜有国家不预先或及时作出发展铁路的通盘规划（在实践中加以完善），并作为铁路发展政策的核心内容。清政府在"力行实政"着手建筑铁路时也是这么做的。就其原则要点说，是从国内心脏地带（"腹里内地"）向周边地区渐次展开铺设。部署的原则本身，是结合国家经济发展需要而作出的，虽然未能付诸实施。未经实践检验，若就其所述之理或证诸他国，如法德美等国的经验，至少是可行的、合理的。帝国主义列强攫取中国路权所选定的线路，可以说，没有一条不是经过精心的选择，无一不是以它们入侵中国的利益（军事的、政治的、经济的）作为出发点，各个强国把所制定的在华设线计划，混合成一体，强加给中国，事实上竟成为中国在这些年间的总的铁路发展规划。规划内的线路，不排除有些是与中国利益相吻合的；但总的来说，无论就线路走向、路网联结，修建的先后缓急部署及其经营等等，程度不等地无不都与中国长期的全面的利益有悖。这种扭曲使中国铁路路网分布极不合理，铁路运营作用影响所及，就对国土开发、各个地区经济发展说，不单未能渐次消除各个地区间发展的不平衡，而且在新的时空条件中，更形加剧；而构成中国近代产业化所以迟滞难前的又一个重要原因之所在。

中德关系中的铁路问题[*]

德国在其本土各邦林立尚未统一前，由普鲁士于一八六一年与清政府签订名为《中普友好通商条约》，"均沾"此前二十年中外间一系列不平等条约所规定的特权，两国建立正式外交关系。当德国挑起第一次世界大战后的一九一七年三月十四日，我国宣布与之绝交，中德关系首度终止。这次战争结束后，两国之间于一九二一年五月二十日签订《中德协约》；同日，德国全权代表、驻上海总领事卜尔熙（H. Borch）致中国外交部文中称：德国根据一八九八年《胶澳租借条约》和"其它一切"关于山东的文书从中国取得的一切产业、权益，包括涉及铁路的产业、权益，由于签订了《凡尔赛和约》已经无法归还给中国；外交部复文"阅悉"；另，在致外交总长颜惠庆函中表示：津浦、湖广两铁路的

———————————
　　* 本文原系德文，题为 *Deutscher Eisenbahnlou in China*，1870—1938，辑入郭衡宇主编由中德两国学者提供论文的论文集（Herg. von Kuo Heng-rü: *Von der Kolonialpolitik zur Kooperation*，第 101—139 页；慕尼黑）为北京大学与柏林自由大学当年一个合作项目。今已时隔多年，手头只留存当年提纲残页，转由德文回译；要旨未改，删节颇多；包括如下一句："德意志民主共和国历史学家施丢克尔在其所著《十九世纪的德国与中国》一书中广泛引用波茨坦德国中央档案局等单位所藏档案；本文得有可能从中爬梳这个时期的有关铁路的史料，对该书著者顺致谢意。"（今将此句移记于此，再向施丢克尔教授致意。二〇〇五年九月二十三日）。

债券,"交与中国政府",作为战事赔偿的一部分;颜惠庆复函同意[1];以此,清算了德国前此在华所享受的种种特权,恢复邦交正常化,展开新的一页。一九三七年,中国正拼全民族的伟力展开抵抗日本帝国主义的侵略战争中,德国驻华大使陶德曼(O. P. Trautmann)受命应日本之请,于同年底挟敌方的和平条件相阻扰;他虽以"调停人"面目出现,实已无与之"合作"的可能,当即受到中国最高当局的拒绝。尽管他仍逗留在中国观察动静,直至一九四一年七月德国承认汪伪政权,中德两国再度断绝双边的外交关系;实则在他的调停失败次年,中德间涉及铁路的经贸往来已趋向于无。这里把此年作为两国涉及路事的终结年。在中国近代中德间关系错综复杂;这里只就铁路这个问题,按上述前后两大时段,分别是,一八六一至一九一七年,一九二一至一九三八年(简作"前期"和"后期"),分别记叙如下;最后作一比较并铁路营运后果作为小结。

一

德国在一八七一年统一前是一个农业占主导地位的国家;统一后它的工业以惊人速度发展着。试以煤、钢产量作指标表明这点。一八七〇年它的煤产量为三千四百万吨、一八八〇年增至五千九百万吨、至十九世纪末为一亿三千六百万吨、截至第一次世界大战前夕更剧增至二亿七千七百万吨,在四十多年里煤产量增长了八倍。钢产量的增长速度更快。一八八二年为六十二万吨、

---

① 王铁崖编:《中外旧约章汇编》(三),第 167—172、444—446 页。

作为战事赔偿的债券,到一九二四年八月七日中德双方互换照会:截至该年六月十五日止,中签债票及到期息票折合国币为一千五百八十四万元,全部充作德国对华战争赔偿的一部分。

一八九〇年为六百六十五万吨、一九一三年剧增至一千八百三十
三万吨①，三十一年间增加了三十倍。德国以煤钢为纲，带动其
他工业；进而促进整个国民经济以及社会、文化等事业的发展，
使综合国力剧形增强，成为这一期间世界经济发展史上一个相当
突出的现象。德国凭借其急剧增强的国力，在"铁血政策"这个
建国政略指引下，在外务上恃强凌弱，力求扩张；既与并世强国
争夺市场，又不断在弱国（包括我国）建置据点，开拓"势力范
围"，并以敷设铁路取作实现其殖民主义野心的一种首要手段。
无论在前期还是后期，德国所采取的手段方式虽有差异，而欲达
到的目的是一致的。这里以一八九五年为界，再分述如下。

（一）

还在中德两国准备建交时，普鲁士谋求保障、增加它在华的
商业利益，已数度组成"远征队"前来远东，企图在中国、或邻
近中国的某地建立一个军事基地。据此以对中国及东亚各地建置
其殖民主义扩张的支点。

一八六一年，普鲁士为与清政府建立外交关系，派出以艾林
波（F. Eulenburg）为首的使团，使团成员中有一位地理地质
学家——斐迪南·李希霍芬（F. P. W. Richthofen），随团来华考
察。李希霍芬以刚签订的《中普友好通商条约》为护符，在此后
的一八六八至一八七二年间，七度来华"旅行"，足迹遍及华北，
兼及华中、华南、华西以及东北南部的广阔地域，调查各地资源以
及其它相关情况。尔后，李希霍芬把调查、考察所得，辑成题名《中
国——亲身旅行和据此所作研究成果》（*China：Ergebnisse*

---

① 瓦尔加主编，戴有振等译：《世界经济危机，1848—1935》，第15、23、28、
33页。

eigener Reisen und darauf gegründeter Studien，简作《中国》）共三大卷和一本地图集，从一八七七年起开始陆续出版。李希霍芬的日记里也记录自己的一些设想；此中涉及铁路的有：在中国，"从河南北部、山西南部的煤铁矿区与沿海口岸之间敷设铁路，将便于这些矿品的输出，和外国商品的输入"[1]，等等。李希霍芬还"注意"到当时陕、甘和新疆等地回民的反清斗争正在激烈展开；进而认定铁路的敷设将有利于清政府迅速平定边远省份的叛乱[2]。李希霍芬的著作，据德国的一位"中国通"德璀琳（G. Detring）后来说：被德国政要当作制定对华政策的一个重要依据[3]。

　　一八七三年，李氏回国被推为柏林地理学会主席。他以此身份、以此学会作平台，宣传民众、制造舆论向中国扩张德国势力；如在论述"中国和欧洲的铁路联络是最自然的道路"时，强调指出：其中从西安经哈密至伊犁的区段，将是最有利于商业的区段[4]。李氏极言胶州湾地理位置的重要；认为将其选作德国在东亚要建置的据点——军事的并经营成为重要的商业中心最为理想。他立此说的依据是：第一，胶州湾交通方便，有广阔的腹地，又濒临大洋，可以自由出入；第二，山东省境蕴藏着储量丰富的矿产，特别是有佳质的煤田；第三，山东以及中国拥有大量的、廉价的和富具智慧的劳动力，尽可利用之以"制造廉价的工

---

①　蒂森编：《李希霍芬的在华日记》（E. Tiessen：*Ferdinand von Richthofon's Tagelücher ans china*），第 1 卷，第 571 页及其下各页。

②　《李希霍芬河南、山西省报告》，（德文）第 25 页。

③　德璀琳致德国政府报告，孙瑞芹译：《德国外交文件有关中国交涉史料》，第 1 卷，第 118—119 页；商务，1960 年。

④　施丢克尔著，乔松译：《十九世纪的德国与中国》，H. Stocker：*Deutshland und China im 19 Jahrhundert*，1958 年，柏林，第 95 页。原注：参阅柏林地理学会会议录，1874 年第 4 号，第 115 页及以下各页。

业品供应世界市场"。他认为应从该地到"济南建筑一条铁路；然后再西向河南、北向北京延展"。他预计这样一条铁路的经济价值："将替华北的棉花、铁和其他产品创造一个便利的出路，并使从海外进口的货物也能便利地输入（中国）内陆的广大地区。"①

柏林地理学会的其他会员，则与他相呼应，编辑一本题为《德国在东亚的利益》小册子，盛称在华建铁路的利益，一旦敷设了定将把拥有广土众民的中国变成一个"非常巨大的销售市场"②。

李氏等人除了著书、立说，还奔波于钢铁厂商企业主的门下，向他们游说在华建筑铁路能够获得很大利益；赢得后者闻风而动的效果。德国钢铁业巨头阿尔弗德·克虏伯（A. Krupp）深感兴趣，以为铺设欧亚间铁路自己的公司最为合适；进而认为克虏伯厂应该担当这一项目的敷设工程；又赞赏在中国内地广设铁路的说法，以为自己的企业创设谋利的条件。该厂经理部1875年决定，对李鸿章晋升为大学士及时致一贺信；克虏伯亲自关照在信中别忘了"提及铁路"③。该厂还特制一具铁路机车模型，派专使送给李鸿章④等等。所有这些在谋求能在中国推销铁路器材、车辆外，另具用心，准备与在华已深植势力的英国同行试比高低，以免中国来日可能需要的铁路器材采购单全为英人所得。

---

① 李希霍芬著：《中国》，卷二，第226页。

② 施丢克尔著，前引书，第86页；原注：《柏林地理学会杂志》，1875年，第95页。

③ 克虏伯致克虏伯厂营业经营部函，1875年2月13日；施丢克尔著，同上书，第96页。

④ 施丢克尔著，前引书，第148页。

　　德国政府据其既定对华政策，为其本国资本巨头利益效力。例如，当十九世纪七十年代前期，清政府正在认真讨论如何增强"海防"、"塞防"大政，新任普鲁士驻华公使巴兰德（M. A. V. Brandt）于一八七五年五月函致清政府总理各国事务衙门，夸赞铁路的军事效用；并把刚结束不久的普法战争中普鲁士之所以能够战胜法国，说成似乎就是全得力于"铁道运输"①。一八八四至一八八五年中法战争中，他再向李鸿章游说建铁路之利；无论在"载兵、运饷、弭乱"，还是在"救灾、利商"上都具效用②。唯恐李鸿章健忘，巴兰德另作一份备忘录送达总理各国事务衙门；内称：俄国在中国边境集中大量兵力的可能性，建议中国建铁路以增强防务；并具体建议从汉口经河南、陕西到甘肃敷设一条铁路以便"保住天山以南的地方"。否则"在不久的将来（中国）一定会失去这些地方"；（中国）"还有其他地方也将落入俄国人手中"③。该使馆的参赞阿恩德（K. Arendt），则稍早于巴兰德向总理各国事务衙门游说前递上题作《论开铁路》的节略；历述一些国家"自愿代办铁路之人"都存心"偏私"；意在言外地表白唯独德国人例外，鼓动清政府应延聘德籍工程师、采购德国生产的器材来修建中国的铁路④。

　　一八八五年中国与法国结束中法战争的《越南条约》第七款规定：中国创办铁路时，"自向法国业此之人商办"；加了但书：

---

　　①　巴兰德致总理各国事务衙门函，光绪元年四月三十日收："中央研究院"近代史研究所编印：《海防档》，铁路（五），台北。

　　②　吴铎：《津通铁路的争议》；载《中国近代经济史研究集刊》，第4卷，第1期，1936年5月。

　　③　巴兰德致总理各国事务衙门，1885年12月12日；转引自施丢克尔著，前引书；第237页。

　　④　总理各国事务衙门收德参赞阿恩德节略，1885年10月21日；《海防档》，铁路（一），第5—7页。

"不得视此条为法国一国独受之利益。"德国严防法国以此独得优惠；在同年，当清政府统一鸦片税厘并对税率作了稍许提高的调整，要求德国同意时，德国便节外生枝地提出供应铁路器材须给予优惠的所谓·"互利"[①]；迫使清政府承诺：中国若建筑铁路，"将给予德国工业以特殊的、比其他国家更多的照顾"[②]。

德国政府还在其内部作出特别部署。德国外交部一八八六年决定在其驻华公使馆里以"见习翻译"名义，派驻铁路工程师；一边学习中文，一边伺机活动。该部明确指示："见习翻译"的任务是密切注视中国铁路事业的进展，"随时把情况上报"。德国公使巴兰德则非正式地向总理各国事务衙门及其他有关官员放出风声：清政府尽可以使用德国使馆的技术人员。附带指出：一八八九年清政府决定敷设卢（沟桥）汉（口）铁路时，受命督办的湖广总督张之洞所聘任、代为擘划路事的时维礼（P. Scheidtweiler），和从一八九二年起多年中先后充任张之洞和督办铁路大臣盛宣怀的铁路顾问锡乐巴（H. Hildebrandt），都曾在德国使馆充当过"见习翻译"。

德国的金融、工业两界显要人物，在同一期间，也紧张地活动着。一八八二年一月，贴现公司（亦作"贴现银行"）领导人阿·韩赛满（A. v. Hansemann）会见正逗留在柏林的德国驻上海总领事佛克（Focke），商讨怎样处理在中国建筑铁路和提供贷款的问题[③]。一八八三年，该公司与德意志银行联名写信给中国驻德公使李凤苞：如果中国政府决定建筑铁路，或有特许建筑

① 许景澄致总署，光绪十一年十二月；《许竹篔先生出使函稿》，卷二，第5页。

② 施丢克尔著，前引书，第236页。原注：巴兰德致曾纪泽，1887年6月27日，使馆卷，第945—955页。

③ 施丢克尔著，前引书，第231页。

铁路的权益，愿"竭诚效劳"；或提供建筑资金、铁路材料，或推荐"干练的工程人员长期为中国政府服务"。① 一八八四年，德国重工业家组织——莱茵兰和威斯特伐利亚经济利益协会主席牟尔凡尼（Mulvany）在该协会内部提议，由德国银行界和工业企业机构联合成立一个团体来推进中国铁路的修筑。② 德国钢铁工业协会总干事仑茨煦（H. Rentzsch）走得更远。除了起草一件德华铁路建筑公司章程，他还草拟了一份中国的"国家铁路法令"等等。③

　　一八八五年六月，贴现公司、德华银行和克虏伯厂这些金融、工业巨头们集会柏林，讨论"在海外国家建筑铁路"问题；旋即成立一个机构，从事征集资金并草拟修建中国铁路的计划。会上他们决定派出一个考察团到中国进行实地考察；旋即推定由贴现公司代表艾立希（H. Erich）、德华银行代表艾克思纳（A. H. Exner）、克虏伯厂代表白特概（K. Bethge）三人组成考察团，另聘了一名退休军官为铁道顾问。一八八六年一月该团抵达中国，在既得到德国外交部的支持、驻华使馆的尽力配合，磋商决定以研究广泛参加金融和商业以及进行铁路工程的先决条件为主，旋亲往各地考察。他们行踪遍及中国南北各地，形成一个看法：投资铁路"有利可图"，德国愿意提供巨额贷款，实现"一个庞大的（中国）铁路（建设）计划"，同时自我告诫："必须小心注意英国的竞争。"④

---

　　① 施丢克尔著，前引书，第232页。原注：贴现公司及德国银行管理处致李凤苞，1883年1月31日，使馆卷，第1770—1107页。

　　②③ 施丢克尔著：同上书，第209页；原注：穆勒与耶尔煦：《德华银行五十年，1809—1939年》，第12页。

　　④ 《北华捷报》（North-China Herald），1886年8月6日。白特概在考察中国之后，即受克虏伯厂的委托留在中国。

该团成员艾克思纳根据其考察所得，撰述题为《中国：中华地理和人民概述》的文章，强调"中国人口在四亿以上，在农业及各种日用工艺中，勤勉的劳动者为数之众这件事本身，即令人信服地证明，铁路在中国大有可为……为了便于开发中国资源，铁路是非常需要的……德国和中国不相往来的状态快要结束了"。① 按，中、德之间早在一八六一年已建立了外交关系；艾克思纳所说"要结束"的中、德之间"不相往来的状态"，真意所在是要结束只是输出商品为主要方式的双边关系，而应该以促进资本的输出为重了。

德国首相俾士麦（Otto F. v. Bismarck）掌握了国内财政资本巨头的动向，一八八八年五月，在一封致内务大臣的信里指出："那个幅员广大人口稠密的国家（指中国），迟早要先后为欧洲商业和外国的工业，特别是铁路建筑业而开放，并开辟有利可图的新市场。应在中国设立一家强大的德国金融机构。"② 德国金融界闻风而动；一家金融机构——德华银行（The Deutsch-Asiatische Bank）于一八八九年九月在柏林成立，三个月后即一八九〇年一月起在中国上海等地就开设一系列分行，随时就近配合其本国资本巨头们在华的投资活动、特别是为铁路投资活动提供金融服务。

德国工业企业巨头们为推销各自的产品，还别有一手。如克虏伯钢铁厂、布累斯劳铁路车辆制造股份公司（Breslauer A. G. für Eisenbahnwagenbau）特聘当时该国驻华公使巴兰德兼为

---

① 《北华捷报》（North-China Herald），1886 年 8 月 6 日。
② 施丢克尔著，前引书，第 251 页，原注：俾士麦致内务大臣卜提希尔函，1888 年 5 月 18 日。

各该企业在中国的代理人。①

　　巴兰德既一身二任，也不负这些企业家们的厚望，既以有关厂商的代理人协助向中国推销铁路器材；必要时，如当这些厂商通过正常商务磋商未遂所愿，他又以外交官身份向清政府总理各国事务衙门"任意狡缠"，"无理取闹"地行事；迫使清政府有关当局，有时明知有损国权，但在巴兰德作为公使代表德国的恃强要挟下，总又时予迁就和屈从。②

　　十九世纪八十年代后期，中国刚开始兴建铁路，建路不多；而德国厂商做成的提供铁路材料等生意，相对来说，却属不少（参见下表）。所以能如此，巴兰德的作用不容忽视。这些铁路器材的交易，固是一种商业行为，但又不仅止于此；它同时又是在中国铁路建设中有意培植德国势力的存在及其增强其实力的行为。

中国始建铁路德籍公司供应的路料

年月	供　者	受　者	项　目	附　注
1886.7	舒密德公司代表克虏伯厂	开平铁路公司	供应 1500 英吨钢轨	
1886.12	礼和洋行、柏林华沙尔公司	中国铁路公司	提供垫款 150 万马克	贷方按垫款数担当加倍订货的义务
1887	华泰银行	津沽铁路（局）	提供贷款库平银 43.9 万余两	
1887	山打士洋行、泰来洋行	台湾铁路（局）	提供基隆台北间 30 余公里原路料	
1888	礼和洋行代表柏林华沙尔公司	总理海军衙门	提供贷款 75 万马克	供测量津通铁路用

---

　　①　施丢克尔著，前引书，第 108 页，原注：俾士麦致内务大臣卜提希尔函，1888 年 5 月 18 日。原注：巴兰德致卢得威。吕卫公司，1879 年 11 月 25 日，使馆卷 3293—165；又第 225 页。原注：外交部致巴兰德，1882 年 7 月 13 日，使馆卷 234.33。

　　②　李鸿章：《李文忠全书》，译署函稿，卷一九，第 23—24 页。

当李鸿章决策修筑（天）津通（州）铁路受阻中止建筑时，那些经营、经理对华提供铁路器材的商行经理们唯恐遭到如倒账之类的亏累，欲采取措施，阻止这样的事件发生。巴兰德获悉此情立即予以制止：不要急于追讨欠款，免使李鸿章为难，"以加强……对李的支持"①。对这位权势人物一时处于困境给予"支持"，显示巴兰德用心良深。

德国在提供路料、贷款中还曾提出过包办的要求，但未成事实。虽如此，也泄露其预谋进一步实现的另一种野心。

一八九〇年，清政府既决定缓建芦汉急建关东铁路；② 德国有关工业企业与英、法诸国厂商在提供路料上参与全力的竞争，但德籍商人在投标中败于英国。巴兰德不甘心，遂将投标办法照抄一份，送交总理各国事务衙门，指责规定得不合理。只缘其时德国国力以及在华影响，虽有急剧的增强，但与英国比较，差距仍大。巴兰德只得以递照会要求准许德国行厂"均沾利益"③等作罢。德国使馆还转告投标未得的本国商行，德国在华势力尚非英国之敌，只能慢慢地同它抗衡；另一方面，巴氏以其谋略，说服李鸿章聘任德国企业克虏伯厂在华代表作为李氏自己的铁路顾问。④

（二）

一八九五年，清政府在甲午战争中遭到惨败，帝国主义列强

---

　①　巴兰德文，1889 年 4 月 9 日，使馆卷 2433—265，转引自施丢克尔著，前引书，第 281 页。

　②　称东北地区为关东，是因其地理位置在山海关以东。关东铁路原拟敷设一条纵贯东北地区的铁路，旋改成由关内已成铁路接展至关外，定名为关内外铁路。

　③　巴兰德致总署照会，光绪十七年十二月十六日。

　④　巴兰德文，1891 年 11 月 2 日，使馆卷 316.54；转引自施丢克尔著，前引书，第 284 页。

叫嚷应该抓住这个"大好时机","干净利落地解决中国问题",即使瓜分中国"未必便成事实",也宜及早采取适当措施。这样的"措施"就是列强各谋在中国疆土上划分自己的势力范围,激烈得有似"战争"模样的局势。相应于"局势"的剧变,德国在力争先著中,涉及铁路一事上其要求、其行动方式作了迅速调整。

一八九五年三月十九日,中日间开始和谈的前一天,德皇威廉二世(Wilhelm Ⅱ)和首相何伦洛熙(Prince v. Hohenlohe),讨论了远东及中国的严峻局势,认为:德国"作为在远东一个直接关系比较少的国家",从策略上考虑,领头提出诸如瓜分中国这样的第一个信号的要求,是不适宜的;德国"宁愿等待别的国家开始先实现他们同样的意图"①。同年冬,德国抓住清政府在对日战争中海军既遭到重创决定撤销兼管路政的总理海军衙门,即"海署"作为机会,此时已卸去德国驻华公使职务的巴兰德转以私人身份向总理衙门既写信、又面谈,游说中国仿效德国国营办法管理铁路②。一八九六年,德璀琳以中国天津海关税务司身份,向北洋大臣建议,授权给他(德璀琳)兼管中国的铁路事务。此时的德国已不以供应铁路材料和资金之类为满足,它要进一步企图全面掌握控制中国的路务了。到了一八九七年,山东发生一件涉及德国的教案,德国继派出海军、占领胶澳之余,

---

① 帝国首相何伦洛熙致德皇威廉,1895 年 3 月 19 日,孙瑞芹译:《德国外交文件有关中国交涉史料选译》,第 1 卷,第 14 页。

② 一八九五年秋,中国海关税务司、英人赫德条陈总署:按照中国海关办法,自荐为"总办"、"经理开办"铁路。参看宓汝成著《帝国主义与中国铁路,1847—1949》,第 441—442 页。总署收德前使巴兰德函,1895 年 12 月 30 日;《海防档》,铁路(一),第 291—293、307 页。

新任首相毕鲁扬言：德国绝不在"瓜分中国"中做一个"落在最后头的傻瓜"①。李希霍芬则把他自己在十五年前已经形成的想法上书德国政府，力言铁路与胶澳的将来至关重要。德国在与清政府谈判解决山东教案时，于一八九八年三月六日胁迫清政府签订《胶澳租借条约》。条约除了名为租借实为占据胶澳，规定"嗣后，在山东兴造铁路"，"均先与德国商办"；同时规定具体线路两条：分别从"胶澳经过潍县……等处往济南及山东界"。和从"胶澳往沂州及由此经过莱芜县至济南府"；至于"由济南府往山东界"的线路则待"铁路造至济南府后，始可开造，以便再商与中国自办干路相接"。②

　　德国与当年其他某些强国如英国，务以书面（条约）规定某地、某处为它们在中国的势力（或利益）范围不同，转以某省——这里具体指的是山东——建筑铁路都须先与它"商办"来突出这一省境实为它的"利益（或势力）范围"的事实。它故意不承认"势力范围"为何物，以便把自己的势力渗入他人已"划定"的势力范围之内。

　　一八九八年九月六日，英国向清政府要求让予英籍公司承办（天）津镇（江）（一九〇七年起改为"津浦"）等五条铁路的权益；德国声明，它在山东具有特殊地位，不容英国承办的铁路通过山东。英德之间几经折冲，在英国认为若德国要求承办津镇铁路只限于"通过山东省部分"，"毋需强烈反对"，"最好达成友谊的谅解"，并表示了无意于"侵害或反对德国在山东的权益，也不想在山东省（所谓的德国势力范围）内给德国制造什么麻烦，

---

① 肯德著，李抱宏等译：《中国铁路发展史》，1958年，第138页。
② 王铁崖编：《中国旧约章汇编》，第1册，1957年，第738—740页。

特别是不拟在该省敷设任何铁路线"，① 欲约定津浦铁路以山东南边的峄县为界，分成南北两个区段，分别由英、德两国投资建筑。德国在分享了英国向清政府勒索到手的对津浦路北段的贷款特权之余，同时也就取得英国对中国山东省属于德国势力范围的默认。

德国原设想胶济线在济南一端向西展延与芦汉路即后来的京汉线交接，以间接与北京连接起来，而今取得投资津浦北段权益，路虽异，趋向同一。津浦北段从胶济线角度看，等同于该路分向南、北的延展线。

德国既以山东为根据地，继而谋将其在华势力范围扩至中原再伺机西向并南下长江流域伸张其势力。对德国的扩张意图和行动，英国认为与其在中国的利益有悖，"殊属不公道"②。德英两国间因而时生摩擦、常有争执，为资调协，两国政府决定由各该国的汇丰和德华两银行代表出面，洽商解决。双方据已有成案规范日后在华的行动，于一八九八年九月一/二日在伦敦商定在中国的各自"利益范围"：

第一，英国的势力范围包括"长江流域，但得将山东各铁路接至镇江、长江以南各省和山西省以及京汉线上正定以南某点和跨过黄河通至长江流域的连接线"。

第二，德国的势力范围包括山东省和黄河流域并将已有山东铁路向北接至天津，向西接至正定或京汉线上另一地点，南向通

① 毕鲁致哈慈菲尔德来往电，1898年4月4日、5月12日；孙瑞芹译，前引书，第1卷，第234、249—250页。英国外交大臣贝尔福（A. J. Balfour）致英驻华公使窦讷乐电，1898年8月30日，《蓝皮书·中国》《Blue Book·China》，第1号（1899），第210页。

② 德驻英大使哈慈菲尔德致外交部电，1898年5月5日引英国外交大臣沙士伯雷语；见孙瑞芹译，前引书，第1卷，第246页。

往镇江或南京与长江相连接。黄河流域经谅解，只限于山西省内以及通到长江流域的连接线。

可以看出，这种划分，互有插花；但被大致分别以长江流域和黄河流域为英德两国的"利益范围"，并约定"互相支持彼此的利益"[①]。

上述协议刚经达成，德国政府就翻悔，认为长江流域和黄河流域这"两个利益范围"，"在经济价值上"悬殊过甚，与英国的如此划分"显然太不平衡"。其外交部决定：决不能因为在长江流域分沾了英国承办津浦铁路权益的北段部分，就甘愿被排斥于外，坚持一定要把德国的利益"打入长江流域"。几年后，德国又公然辩称：上述"协议"达成的范围，是就"建筑"利益说的，而不是就"投资"利益说的[②]。尽管如此，德国谋图在中国建筑铁路的部署，以其行动表明，从此分为两个方面：即以山东为根据地，西向华北地区作扇形展开，是重点；南下长江流域，力争有成，以扩张自己的势力。

以山东省为基地向华北扩张德国势力的活动，按时序略如下；呈现出从清政府和北洋政府都达到了予求予取的态势。

一九〇七年，当德、英两国驻华公使一起，迫使清政府签订津浦铁路借款合同时，德国就要求把胶济线作为津浦支线首先借用德款在一九一七年和一九二二年前完成该线。又强使清政府同意，尽量先借用德款在一九一七年前造成津浦北段支路两条：从德州至正定和从津浦北段某站（后来初步确定为兖州）通过济宁

---

① 《蓝皮书·中国》（英文），第1号（1899），第214—215页。
② 德国外交部致哈兹斐尔德训令，1899年3月24日，特引自外交大臣雅哥致李绪诺维斯基，1914年4月19日；见孙瑞芹译，前引书，第3卷，第425页。

至开封①。一九〇九年三月，德国驻济南领事贝斯（H. Betz）经实地考察认为，正德线距离天津过近，一旦建后运载的货物能否为胶济铁路所吸收，难以预期；主张改定济南顺德线。德国新任驻华公使哈豪森（E. v. Haxthausen）采纳了他的改线建议，经与北洋政府多次商议，于一九一三年十二月以互换照会方式，约定由中国政府"自愿托一德国公司修建"高密至韩庄和顺德至济南两路；而且，另规定：此两路的行车总管，总工程师及总司账都须聘用德籍人员②。

同年，津浦北段德籍工程师德浦弥勒踏勘顺济线路后，认为此线不妥，主张改为济彰线；经向柏林山东铁路公司董事会和哈豪森陈述意见中强调道：如果从中国政府取得改为济彰线的承诺，日后再从彰德西展，经襄垣向西与归（化）成（都）铁路连接，可更深入中国西部，使青岛的价值顿形提高③。此种设想泄露德国意图，它不仅将自己的势力从以山东为根据地西向中原河南境内扩张，而且，觊觎更深入于中国西部。

一九一四年三月初，德国驻华代办夏礼辅（E. Krebs）面晤外交总长孙宝琦，要求按照"高徐"，"顺济"办法，由德国公司再承办四条铁路。第一，延长"顺济"线至大同；第二，把高徐线从徐州一端展筑至汉口；第三，从兖州至襄阳；第四，从烟台至潍县。这些线路走向，清晰表明它的用心，使德建铁路在山东以至中原地区更臻紧密；并为进一步北向长城，南达长江中游

---

① 外务部与德国驻华公使雷克司（A. Rex）来往照会，1907年9月23日发和同年月6日收；《海防档》，铁路（二），第529—530、530—532页。

② 哈豪森致外交部照会，1913年12月31日；北洋政府档案。又，《东方杂志》第10卷，第8号，中国大事记，1914年2月，第21页。

③ ［日本军队］临时铁道联队调查报告第25号：《山东铁道支线及延长线问题，1915年4月30日》（日文、油印品），第3—7页。又，调查报告第18号：《济南延长线的经点和黄河铁路桥问题，1915年3月28日》，第1—4页。

流域扩张势力，预作准备。接着，这个代办和使馆参赞马尔参（A. G. Maltzan）一再向北洋政府外交部轮番进行要索；[①] 只因第一次世界大战爆发，此案才不了了之。

再就德国力谋从山东南下长江流域方面说。此项活动早在上述"范围"划分前已一再发生。它的如此活动，在英国的直接、间接的抵制影响下，与前一方面的活动结果不同，多遭失败；仍按时序，择要记述如下。

一八九七年，湖南士绅向张之洞要求集股开办粤汉铁路；德国公使海靖（E. F. v. Heyking）派人向督署探询："何处有未议造者，"要求让与德国企业投资建筑[②]；英国闻讯，驻华公使窦讷乐（C. MacDonald）向海靖重提中德间订立《胶澳租借条约》前事，表示：英国既已让德国在山东自由行动了，希望德国对英国在长江流域的行动也不要加以阻难。海靖据此向柏林报告，德皇威廉二世（Wilhelm Ⅱ）即批示："这是不可能的"，"我们有伟大的利益，阻止我们把扬子江流域完全放弃给英国"[③]。

英国作出强烈反应，一八九七年四月四日，由其驻德大使拉赛尔（F. C. Lasceelles）向德国外交大臣毕鲁（O. V. Bülow）通报：英国准备占领中国山东的威海卫。虽然该地处在山东省境内，毕鲁只提出希望英国能够发表一个宣言，声明"山东是德国的势力范围"；就铁路事，则避不提及。

一八九九年，德国礼和洋行在锡乐巴被聘为江西萍乡煤矿局

---

① ［日本军队］临时铁道联队调查报告第 25 号：《山东铁道支线及延长线问题，1915 年 4 月 30 日》（日文、油印品），第 3—7 页。又，调查报告第 18 号：《济南延长线的经点和黄河铁路桥问题，1915 年 3 月 28 日》，第 1—4 页。

② 致蒋道台、熊太史函，光绪二十三年十月二十九日，《盛宣怀未刊信稿》，第 48 页。

③ 毕鲁致哈慈菲尔德电，1898 年 4 月 30 日；孙瑞芹译：前引书，第 1 卷，第 244—245 页。

的矿区铁路（原定从萍乡矿区至湖南湘潭，实际修至醴陵）工程师后，对该路取得"尽先"提供贷款的权益。一九〇二年，德国驻华公使穆默（Mumm v. Schwarzenstein）进一步要挟清政府外务部："须令礼和洋行承办购买"路料，"免生枝节"。① 一九〇四年，上海德商荣华洋行与浙江绅商钱锦孙、朱燮等达成协议：各出半数资金，合办墅浦（从上海浦东经浙江乍浦至杭州城外墅浦）铁路②等等，由于英国在暗中反对，上述两事都未成事实。

　　一九〇五年起，德华银行代表柯达士一再发动"攻势"，欲使湖广总督张之洞将两湖境内的铁路投资利益给予德国享用；张氏认定"英美必有责言"，拒予接触。虽几经周折，双方还是在一九〇九年三月签订《中德湖广铁路借款》草约一件。不过草约附有，"如英商据约力争，""仍应向英议借"的备忘录。接着德英法三国银公司等联合一起再与美国银行为一方，于一九一一年三月十一日与清政府为另一方订立《粤汉、川汉铁路借款合同》，而使德华获得贷款建筑此中川汉线湖北段铁路的权益。德国谋以铁路将自己在华势力扩向长江流域继屡受挫折，终有如上结果，举国欢腾。德国首相称此事标志着"德国资本与德国企业在所谓英国（在中国）势力范围内开辟了活动的新园地"③。德国媒体更是一片赞美之声，认为德国财团与英、法两国财团达成协议的一天，是德国资本"在和平的战争中"取得"胜利的一个永远不

　　① 穆默致外务部，1902年5月30日："中央研究院"近代史研究所编印《矿务档》，第4册，第2285—2287页，台北。
　　② 浙江农工商矿局详浙抚聂缉椝文，光绪三十五年；《墅浦路章程》；宓汝成编：前引《资料》，第2册，第718—721页。
　　③ 毕鲁致威廉二世报告，1909年5月15日；孙瑞芹译，前引书，第3卷，第54页。

可忘记的纪念日"①。

德国谋求以山东境内铁路起，进一步西向、南下竞争在中国铁路建筑权益，持续到一九一四年第一次世界大战爆发前，德国外交大臣雅哥（V. Jagow）一九一四年四月十四日致电德国驻英大使李绪诺维斯基（Prince v. Lichnowsky）道：一八九八年，由德英两国银行界代表达成的关于在华铁路利益范围的协议，"从来没有得到官方的批准"②。这意味着该协议本身无效，更是德国准备采取以战争手段重新分割殖民地而欲以中国铁路这个具体问题采取措施的先兆；并成为它在中国前一阶段有关活动的终结。

华北地区铁路德资势力示意图

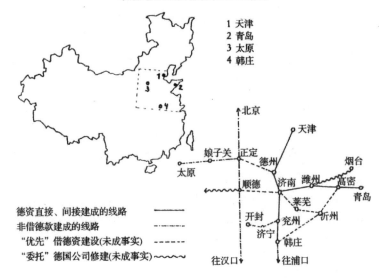

1 天津
2 青岛
3 太原
4 韩庄

德资直接、间接建成的线路 ———
非借德款建成的线路 ——
"优先"借德资建设(未成事实) - - - -
"委托"德国公司修建(未成事实) 〜〜〜

---

① 日本驻德公使珍田致外务相小村函，1909 年 4 月 23 日；宓汝成编，前引《资料》第 3 册，第 176 页。

② 雅哥致德国驻伦敦大使李绪诺维斯基，孙瑞芹译，前引书；第 3 卷，第 425—426 页。

截至第一次世界大战爆发时，德国恃强向中国逼取的铁路权益，有明确起讫地点的共计八条线，若一一建成，总长度在三千公里上下。而所有这些权益中已建成线路实体并付之营运的胶济和津浦北段两线，实计九百余公里。

二

第一次世界大战结束后，中德之间于一九二一年恢复邦交，再次中断已是一九四一年七月的第二次世界大战之中。这里以一九三七年抗日战争全面爆发前订立的合同照常持续执行到一九三八年，因此史事记到此年为止。

在一九二一年至一九三八年这十八年里，双方政经局势都有大变动。其前七八年里，北洋政府统治在军阀混战连年中终于崩溃，而退出历史舞台；接着，国民党于一九二七年组织国民政府上台执政，并于一九二八年将全国统一。在德国，一九三三年年初是个转折点；之前采取《魏玛宪法》的魏玛政府执政掌权；之后，希特勒以政变上台，政权落入德国社会主义工人党（简称"纳粹"党）人手里，推行法西斯专政。也就是说，在前七八年间，德国既集聚其全力疗治由其自己挑起的战争创伤，无力、也无暇外顾；而中国在北洋军阀统治下，"省与省哄、军与军哄"，连年不断；接着，国民党以政权初建，仍动乱不安。处此局势下，德国对英国与美国人在中国能处于较好的地位，发展各自的势力获得经济利益，"心存妒忌"，"有意培植（德国）和中国的友谊"以谋在"中国［也］能处于较好地位"[1]，大肆宣传德国在中国是第一个废除不平等条约的国家；中国政府相应地称德国

---

[1]　《顾维钧回忆录》第 2 分册，第 511—512 页，北京。

已不是帝国主义国家。两国间营造着"友好"、"亲善"气氛，经济往来不多。

一九二九年世界经济大危机爆发；在德国实则在之前的一九二八年已发生了；接着，是持续的萧条，刚有了复兴气象的德国国民经济，顿遭重大的挫折①。从一九二八年起到一九三八年的十年间，中德关系另成一样。

当这十年开始时，在国际政局中被冷落多年的德国，更急欲在国内经济极为不振中找出一条解脱困境的出路。希特勒一上台，继续扩充军备，使德国对外扩张潜在的态势予以公开化，在与中国的贸易中，德国急谋扩大开展以德国钢铁制品（包括军火）换取中国农矿产品，特别是有色金属如钨、锰等战略物资的经贸活动。德国认定，中国对它来说是一个"非常重要的国家"，"既是德国制造商"出售其产品的"大市场"，又是多种原料——特别是有色金属的钨、锰等战略物资的来源地。中国不只是地大物博，而且地理位置，"面对英国和法国的辽阔殖民地，极具有很大的战略价值"。德国进而想"以中国为重点"，"扩大（其）在亚洲的影响"。②

中国的南京国民政府一成立，为谋巩固其政权，一时以"剿灭共产党"作为国之大政；继以屡剿屡败并面对日本愈益加紧准备军事侵略中国的状况，不得不为抵抗外敌的入侵，加紧作应有的备防工作。一九三二年开始，国民政府把"物质建设"提上日程，制定"国防经济建设计划"。国民政府为实施这个计划，把建设铁路作为重要项目，因此亟须输入钢铁制品（含军火）等器

---

① 德国国民经济生产状况，设以指数数计，以一九二八年为一百，一九三二年降到六十，减产百分之四十；第一部类跌落尤甚，在同期从一百跌至四十八，减产一半多。参看瓦尔加著、戴有振译，前此书，表43。

② 《顾维钧回忆录》，第 2 分册，第 512 页。

材，以及引进外资技术；政府还认定虽成因有异而在国际上同处边缘地位的中国同已废除了不平等条约的德国接洽较为妥善。中德双方乃出现友好合作的契合点。

中德双方既各有所求互有所需，在已形成的"亲善"、"友好"气氛中，通过信贷、经贸，落实成合作、共事的行动。这个"合作"有多个方面、多种项目；这里则单述经济、技术方面以及铁路事务。

中德间在铁路项目中互补有无的合作与纯"军"字有关。一九二八年，国民政府军事委员会向德国政府试探聘请军事顾问的可能性；德方起初以受《凡尔赛和约》第一七九条"不准向国外派出军人"的限制，故作为难；然而，很快就同意已退役的德国军官应邀充任军事顾问；除了借此取得政治利益，还期望兼能取得经济利益。

一九二八年冬，德国退役军官鲍桦尔（O. Bauer）来华作为首任顾问，秉承德国政府对华的政策、方针，所顾问的除涉及军事外，另一重点是关于"经济建设"[①]。一九二九年，因鲍桦尔病故，接任军事顾问的如克里伯尔（O. Krielel）、魏采尔（Wetzell）等，则循已成之规行事；就铁路事，仍相继进言，以供中国方面采择。

鲍桦尔履职不久，于一九二八年十二月十四日向国民政府提出《重建中国计划》的建议书[②]。他认为中国该首先兴建铁路，以"奠定使中国于最近数十年内提高国家威望和促进和平之基础"；继就选线原则，建议"首先应该兴建可迅速完工而且立即

---

① 德国驻华公使博尔熙致德国外交部机密报告，1929 年 11 月 28 日，德国外交部档案，Ⅳ chi 3557；转引自辛达谟：德国外交部档案中的中德关系（二），载《传记文学》第 41 卷第 5 期，1972 年 11 月号，台北。

② 博尔熙致德国外交部，上引机密报告。

可获得盈利的干线"；"尤其要［把铁路］兴建于本身富裕并且具有经济发展价值……富有矿产的地带"；同时"当顾及铁路的军事战略作用"①。

因国民政府成立不久，倡言必须开展"物资建设"，即经济建设；并把铁路建设列在首位。它对铁路多次制定名为"计划"的"规划"，意图合"中央"、"东南"、"西南"等五大铁路"系统"，构成全国铁路网；并决定因应形势，随时予以调整和补充。德籍顾问们在选线问题上，间也建言。

德国的资本巨头对在中国德国资本"面临英、美、法三国等同行的竞争，在向中国铁路及公用事业贷款和取得特许权方面"，总"一直觉得落后于人"；得悉国民政府准备建筑铁路，亟谋急起直追，抓住机会，提供贷款；特别是在多年经受经济危机与萧条煎熬的钢铁企业巨头，谋扩大钢铁制品的销路心情更为急切。德国钢铁巨头们经过对国际市场的调查研究，认定只有中国可以作为其倾销过剩产品、特别是钢铁制品的一个重要市场。一九三〇年三月，德国企业家组成经济考察团来华，足迹遍及广州、上海、南京、汉口、北京、天津、葫芦岛、沈阳、大连、哈尔滨等地，作了相当全面的调查。该团在逗留东北期间，一度向东北地方当局表示：愿提供贷款国币四千万元，"协助"东北地方敷设多条铁路：第一，从通辽经洮南至黑河。第二，从吉林经穆棱至依兰。第三，从葫芦岛经赤峰至多伦，使之联合组成一个铁路系统。次年，由于日本挑起占领中国东北地区的战火，此项设想也就胎死腹中。该团于一九三〇年六月回国，在发布考察报告同时，倡导并组织设立中国研究会（China-Studien Gesellschaft）；

---

① 一九三〇年一月三十日博尔熙致德国外交部报告附件：鲍桦尔的"建议书"，1928 年 12 月 14 日，德国外交部档案，Ⅵ chi 413；转引自辛达谟，前引文。

规定该会宗旨和期求达到的目的是，"详细研究中国经济及实业建设问题；并审察中德间进一步合作的可能性并从而促进之"[1]。尔后，它制定一系列计划书，如工业发展计划书，筹集资本问题计划书等。这个考察团以自己的活动，在德国内外被称许为既是德国垄断资本在华势力的参谋部、智慧团，又是德国对华扩大其政治、经济影响的新工具[2]。

德国"纳粹"掌权后，有选择地汲取上述诸计划的内涵，编成它以扩军、向外扩张为核心所自称的"伟大的政策"中；策划通过外销军火钢铁等器材以换取稀缺的重要战略物资，如锑、钨、锰等有色金属。鉴于这些矿产品在当年国际市场上，中国是最大的供应国（提供量占国际市场上总量的四成上下），进而又设想通过采取以货（如钢铁）易货（如钨、锰）的方式来解决；并很快先后付诸行动，使中德双方的"合作"更加紧密化。

一九三四年，德国的"中国研究会"旨在推销钢铁制品派遣迈斯纳（Meisner）来华，对中国需求前景作了实地调查。国民政府铁道部当局应其要求与之商谈投资建筑从已成的杭（州）玉（山）铁路展至南昌的问题。迈斯纳经与德国奥托·华尔夫公司（Otto Wolff Kohn）老板奥托·华尔夫函电磋商决定：由该公司提供资金，但有一附加条件，即以中国银行为首的中国银行团共同投资。十月下旬，中德双方达成协议：铁路建筑资金由中国银行为代表的中国银行团提供；铁路材料由德国公司在其政府的

---

① 参看朱偰《德国实业联合会投资中国之计划及其批评》，《东方杂志》第 28 卷，第 12 号，1931 年 6 月。

② 连·容舍：《1931—1933 年日中冲突期间垄断资本之侵入中国》，［苏联］1963 年第 9 期《历史问题》（Вопросвл И стории）。

"出口信用保证制度"[①] 的保障下供给，并以中国银行作为中外债权者的信托人，开始了中德两国在中国铁路建设上、或泛作中德"合作"的首例。

这笔金融交易赊款后经结算，为国币八百万元；规定十年期，年息百分之五，每半年付息一次，三年后开始还本息；以路成后的全路车辆、材料及营业盈余提交中国银行作为担保。另规定：这一线路若再行展延，该公司享有供给材料的优先权[②]。

德国垄断资本认定这种模式，即以中国的银行充当经理人，既获得推销自己产品的利益，也为纳粹政府今后取得线路经过地区所蕴藏的战略物资——主要是有色金属准备了便利的运输条件，同时附带地也可推动中国包括一些特定的工矿业的国防工业建设。

一九三五年玉南段行将工成通车，奥托·华尔夫公司在与国民政府商谈"合作"开采钨矿的同时，将玉南段借款合同中规定，双方达成协议，由中国银行代理，与铁道部订立由南昌展筑至萍乡的铁路材料合同一件，由该公司再提供以不超过国币一千万元为度的筑路材料；年利率百分之七；五年间分十次还清。

这次贷款之与玉南段有别的是：其一，料价由该公司垫付，以江西所产钨砂出口德国，按照市场时价，抵付垫款本息，其数量，以不超过垫款本息的半数为限。其二，铁路工程在招商承包若需投标时，予柏林的"求利工程公司"（Julius Berge Triefblau

---

① 根据这个制度，出口商所负风险的大部分由德国政府负担，各个出口商只需负 30%。

② 姚崧龄：《中行服务记》（中行即"中国银行"的简称），第 41—45 页，台北，1968 年。《玉山南昌铁路合同》，1934 年 3 月 14 日，国民政府铁道部：《铁路借款合同汇编》，第 1 册，第 225—231 页，南京。

Aktiin-Gesenllschant）在同等条件下享有得标优先权①。最值得注意的有一新的规定：以钨砂偿付债款本息的半数，不只是保证着德国在一定时期内得以稳定地取得这种战略物资，而且在中国对外贸易、信贷业务上开创了易货贷款的先例。

一九三五年至一九三六年间，德国联合钢铁公司（Stahpunion Export Co.）鉴于奥托·华尔夫公司一再取得投资铁路利益，乃联合克虏伯厂与相竞争。它们委托西门子洋行（Siemens China Co.）派翁刚（Herrv Ungern-Sternberg）为代表，向中国铁道部提出欲获得提供路料的利益；表示愿提供路料垫款二千万元，供整修平汉铁路用。双方毕竟都属德籍，经过协调，在一九三六年十二月五日共与中国铁道部签订材料借款合同，把款额加倍，改定为国币四千万元；并作如下分配：一千万元供修理平汉线黄河铁桥，由联合钢铁公司提供；其余三千万元全用于兴建湘黔线，即从湖南株洲经湘潭、辰谿入贵州，讫于贵阳的铁路，由奥托·华尔夫公司提供。这笔借款实际是用于购买铁路材料之款，规定四年交足，除以路产作抵，另由铁道部出立"四千万元面额的信托据"，由借款人委托中国银行代表收执②。这笔借款合同一成立，德国报界欢呼，这笔交易是德国厂商与中国政府的极具价值的合作果实③，并立即付诸实施，直到一九三八年才中止"合作"。计在这一时段建成玉南、南萍两段，总长五百五十公里的铁路线，但付诸营运的，为时甚短，截至抗日战争发生后不久，分别为一年和不满一年。

①　姚崧龄：《中行服务记》，第41—45页。
②　参看张嘉璈著《中国铁道建设》，1936年，第66—68页。
③　参见《字林西报》（North China Daily News），1936年12月4日。

浙赣铁路及其延长线示意图

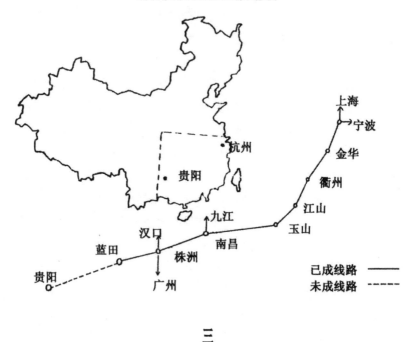

三

中德两国于第一次世界大战之前、之后两度建立邦交期间涉及中国铁路的史事，且作一概括，并记铁路的营运效应作为小结。

在前一期间一八六一至一九一七年，德国自恃其帝国主义威势，目无中国主权；在它眼里，中国华北大地只是一片广大的亟待它来开发的商品市场。从这点出发，首先为对中国、进而向"远东"，即今东亚地区扩张势力，认定必须建筑铁路作先导；至于行动方式，甲午战争前后，有所区别。在此前，为应其需要，基本上采取游说等方式推动清政府按其想法修建铁路，以为己用，基本上都未遂其所欲。在此后不同了，凭借暴力——军事威胁、外交压力以及别有用心的劝说——强使中国执政者屈从其意旨，获得了它所要获得的建筑铁路的特许或提供贷款的权益。德国前后不同时期采取的方式虽有异，但这些方法同是德国帝国主义推行其殖民扩张的产物。再度建交的后期，中德两国间涉及铁路问题的关系与此前有质的差别。中国政府自主制定了在当年说来还相对合理、可行性强的铁路建设规划和因应时势而选定线路的建筑先后顺序；由于中国自身经济落后，重工业不发达，需要输入建筑铁路器材以及引用外资，乃与德国洽商。德方尽管以"优越种族"自居，看轻中国人，但出于实际需要，以国际间通行的贸易、信贷规则行事；双边贸易收到了各应所需、互补余缺的效果。这种"合作"，与凭借强权动辄强制办事，显然性质不同，基本是一种较为平等的交易。与此有关，所建成的铁路营运效应，也迥不相同。铁路以其所固有的运输效能，一付诸营运，势必出现人物流动骤臻迅捷，从而在其运输引力所及地区社会经济景况上，出现一片"生机"，"活跃"现象这是必然的。前期筑成的铁路，一经营运出现过这种现象，后期（一九二一至一九三八年）的也是。只是由于抗日战争的全面爆发，换形成主要为迅将抗日军人、军品的及时调运；为抵抗日本帝国主义的侵略发挥了一定积极作用。铁路运营效果之尤重要的，在乎对社会经济发展所起的长远效应。后期建成的铁路，就本文所述时段内，这种效应一时还难以检测出来。以后的事实证明：铁路的建设极大地促进华中地区的湖南、江西地方经济的发展，并密切中国之东南与西南两地区之间联系，产生了于国有利的积极效果，而就前期所建的铁路说，则完全另是一回事了。就已成的胶济、津浦北段两路说，实以胶济为主干，于济南分向南北呈"Y"字形的延展。胶济一线密切山东首府（济南）与海岸港口青岛的联系，从经济地理角度看，济南是个从其迤西、迤南、迤北而来货流的中转地，保证着青岛作为一个重要的转运港口和贸易集散地的性能。这样，截至第一次世界大战发生时，在德国控制经营下使人能够看到的事实和感知所及的是胶济线把山东各地以及河北、河南以及邻近地区的物流，吸引了过来，然后经由青岛向外流通；反向则把海外航运入口的货物，经由胶济、津浦北段，散销于山东各地并及河北、河南。胶济、津浦北段两路的运输引力所及的地区，据当年估计，无论就面积或居民人数说，都相当于其时德国的两倍。德国初意把青岛建成为到达"一个广大内陆的进入口"，为"德国企业界开发一大片腹地的前进据点"。火车车轮日夜不停的运转（辅之以港口建设、远洋航线的配置等），确使青岛呈现出现代化之势，成为"德国航轮于此驶向世界各国或回国途中都能停泊"的中转要地。不过十年，便成为德国的"典范"的"工商殖民地"①。试设想，若竟听任其长此以往，青岛更会流落成何模样！整个华北大地又会怎样？这是对德国在第一次世界大战前对中国行使其殖民主义政策，并对中国恃强建筑铁路更值得深思的一个问题。

---

① 综合历年德国胶澳总督署《关于胶州地区发展备忘录》；《Reichsmarineamt: Denkschrift betreffend die Entwicklung des Kiautschou-Gebietes.》柏林。所引语，见 "1905 年 10 月至 1906 年 10 月"、"1906 年 10 月至 1907 年 10 月"、"1907 年 10 月至 1908 年 10 月" 和《1908 年 10 月至 1909 年 10 月》诸本。按：该《备忘录》例于每年 8 月德国国会会议时提交国会的报告；一般加副题作 "报告年度要览"；"1906 年至 1907 年" 的一本，则是《德国海军大胶州地区第一个十年发展概要》。

日本在"九一八"、"七七"前夕策动的两次铁路交涉[*]

日本帝国主义在侵略中国的过程中一直很注意于铁路问题。此事是它在某一期间、某一阶段侵华总策略的产物，同时又为实现其总策略服务。"九一八"前夕的中国与日本铁路交涉和"七七"前夕的包括在所谓"开发华北"总题中敷设津石等铁路的谈判，是两件事例。日本发动这些外交攻势的用心，除了企图按其意旨解决有关铁路的本属没有问题的问题，尤在于借以淆乱耳目，转移视线，为其准备军事入侵作掩护。

一 "九一八"事变征兆的铁路交涉

早在一九二五年，日本帝国主义由南满洲铁道股份公司（以

---

* 一九五七年前笔者在写大致与本题内容相同的大事记并构成拙著《帝国主义与中国铁路，1847—1949》(1980 年上海版，1987 年日文东京版）的第六章第四节之后，又见到一些有关的零星史料；直至如今，自己觉得该节中的基本论旨，似无须变易，但行文中有几处加订正补充，而且还有值得分析处，特作此篇以求能更接近历史的事实，借资弥补拙著的缺失。原文收于张海鹏主编《第二届近百年中日关系史国际研讨会论文集》，中华书局 1995 年版。

下简作"满铁")制订一个所谓《满蒙开发铁路网计划》，准备由它在二十年内于中国东北地区修建总长为八千八百公里长短不一的三十余条铁路。此后，日本基本上按此计划，向北洋政府勒索敷设铁路的权益；此中的最后一次，大致从一九二七年五月起经年余时间，迫使奉系军阀张作霖让予"满蒙新五路"[①]的权益。张作霖于一九二八年六月被日军炸死，他的口头允诺以及有关文书也随着化为灰烬。日本方面此后屡向张作霖的继承人张学良讹诈，后者给以坚决抵制。

一九二八年十二月，张学良通电"易帜"，结束东北地区在此前的所谓"自治"状态，接受国民政府的任命，成为中华民国陆海空军副司令、东北边防军总司令兼"东北政务委员会"最高长官。对日本的不时有关铁路权益的需索，张学良严正表示，铁道问题应向南京中央政府交涉，断然予以回绝。

一九二九年，浜口雄幸继田中义一组成日本新内阁，认为此前日本对华政策"收效甚微"，"决定放弃强硬策略，改采取怀柔手段"。[②] 其体现于铁路问题上的一个例子，便是该年秋日本在中国吉林省的特务机关长兼吉林督署顾问林大八和"满铁"吉林公所所长栗野，游说吉林地方当局由"满铁"垫款包修敦（化）图（们江岸）铁路。[③]

日本在当时正处于"昭和经济危机"的困境之中，为转移国内视线，浜口内阁侵略中国的手段有所调整。一九三〇年一月，

---

① 新五路指下述五路：一、"敦图"，即从敦化起经老头沟到与朝鲜会宁隔岸相对的图门江岸某处；二、"长（春）大（赉）"；三、"吉（林）五（常）"；四、"洮（南）索（伦）"；五、"延（吉）海（林）"。

② 《林久治郎遗稿》（日文），第65页。

③ 宓汝成著：《帝国主义与中国铁路，1847—1949》，上海人民出版社1980年版，第310页。

该内阁召集有关各省大臣暨满铁总裁仙石贡等人讨论政府的有关满洲的策略，把进行铁路交涉作为一项重要内容。会上制定交涉方针：以"亲善"为名，"尽可能地对中国方面表示宽大的态度"，运用"半柔半刚"兼采"强硬"手段来展开。[①] 这次交涉规定由日本驻沈阳总领事向东北政务委员会提出，作为地方问题来解决，仙石贡在返任后则作为交涉监督。另一方面，由外务省训令驻沈阳总领事馆预备交涉材料，"无论任何困难，不得延误"。过后不久，日本提出中国在东北的所谓五十三项"违约事件"[②]，就是据沈阳总领事馆所制材料而加紧"准备"出来的。

东北地方当局从一九二七年起三数年间，或由地方政府拨款，或官商合力，在当地着手敷设了几条线路不长的铁路；并根据东北交通委员会制订的东北铁路网计划，准备一一付诸实现。关于资金问题，引用张学良的说法是："不排除日本资本，同时也不能拒绝欧美资本。"[③] "满铁"这些年间营运收入，根据它的公开报告，有所减少。所以如此，当年一种比较客观、接近事实的分析，是受世界经济危机的影响，银与金的比价下跌也有极大关系。日本既策划加紧侵犯中国的东北，却以此为借口，强横干预中国内政，说什么东北自主实施其铁路网计划是要"包围"满铁，是打算引进英美势力来挤压日本在"满蒙"的特殊利益，是

---

　　① 日本外务大臣币原致代理驻华公使重光葵函，1930 年 11 月 14 日，日本外务省档案胶卷（以下简作"档案胶卷"）S. 484，S1. 1. 1—0—02，第 308 页。

　　② 所谓"违约事件"五十三项中涉及铁路的计二十项，如认为东北地方当局以自己的资金、技术敷设吉海线"蹂躏"了满蒙三铁道借款预备契约；又如：认为吉敦铁路不聘用日籍会计主任，是采取了"排日"方针等等。

　　③ 满铁奉天公所文，1931 年 1 月 12 日，特引自辽宁省档案馆、辽宁社会科学院编：《"九一八"事变前后的日本与中国东北——满铁秘档选编》（以下简作《秘档选编》），第 97 页。

企图将"满铁置于死地"①；并声称"满铁"收入的减少，是受东北铁路实行东四路（京奉与四洮、洮昂、齐黑）、西四路（京奉与沈海、吉海、吉敦）联运的结果，叫嚷中国政府在中国铁路上采取联运措施是旨在排挤"满铁"，使之陷入困境。此外，更炮制一些其他细故，借势吓诈；如其军部喧嚷："采取措施"给予打击，以求取得解决。② 同时，日本在中国东北的有关军警机构，则听任纵容日籍在华"浪人"和所谓"具有决死觉悟为（日本）大陆政策而挺身以赴"的军国主义分子，猖狂叫嚷日本的满蒙铁道政策受到重大威胁、日本的整个"满蒙政策已陷于正面危机"，要求日本政府采取断然措施。③

在煽动起来的"舆情"中，日本内阁于 1930 年 11 月，召集拓殖、外务等省几次举行联席会议，密谋侵略中国的具体方案，制定了所谓"新满蒙政策"。在策略上，它为减少其他国家的注意和避免激起中国全民的愤慨，决定"低姿态"地来进行；即以东北地方当局为对手，把涉及中国国权的大事说作是只为解决涉及一个地方的事务来交涉；而所期求实现的目标，则是把中国的东北地区向着日本的殖民地转化中作一有力推动。

一九三〇年十二月七日，日本拓相松田在其主持的一次会议所作的决定中，对密谋侵略中国作了进一步的部署和强调。其要点：第一，采取"外宽内严"手段，"反对"中国东北最高行政长官张学良把外交权奉归中央；要坚决以他为谈判对手以保持日本在东北的地位和权益；第二，阻止中国在东北地方自主建设铁

① 日本外务大臣币原致代理驻华公使重光葵函，1930 年 11 月 14 日，档案胶卷，S. 484，S1. 1. 1—0—02，第 308—310 页。
② 陆军省小矶军各局长致外务省亚洲局长公函，1930 年 12 月 3 日，档案胶卷，同上编号，第 335—336 页。
③ 参见宓汝成著，前引书，第 311 页。

路、实现其既定的铁路网计划，并运用"迫战求和"策略，诱使东北地方当局与日本协调满蒙铁道运价和划分货运吸收区域，以求能够长远保持南满路与大连港（大连为东北地区最便捷的海运港口，此时在日本控制之下）的繁荣。与会者认为，能这样，"俟天赐机会到来，可达到帝国对满蒙最后之目的"① ——"征服满蒙"。

日本政府经过紧张策划，最后确定展开"中日铁路交涉"，由外相币原喜重郎亲自掌握；专派曾任外交官二十年、时为"满铁"理事的木村锐市来承担。币原训令日本国驻华代理公使重光葵、奉天总领事林久治郎等给予木村以密切的配合；并指示可以"或明或暗"地进行干预，以至相机插手进行"一部或全部"的折冲。他谆谆嘱咐和说明：此番交涉须以"调整陷入僵局的铁路"问题为词；由"满铁"出面商谈是避免给人"说我（指日本——引者）蛮横勒索"② 的恶名。

木村受命后在与陆相宇垣一成商定抵制所谓华方"压迫满铁"行动后即来沈阳。一九三一年一月二十日，林久治郎往访张学良，说是要根据"中日共存共荣之趣旨，以免两国铁路共陷悲运"；希望东北地方当局能与"满铁"代表商谈有关铁路的问题。③ 第二天，木村晋谒张学良，申请商讨铁路问题。他提议：此次交涉"无需涉及中国的法制以及东北和中央的政治外交权限问题"，只希望从事务性问题出发，"非正式地进行坦率的商讨"，

---

① 参看陈觉编著《"九一八"后国难痛史》上册，辽宁教育出版社1991年校订本，第12页。书中对会议日期写作"二月七日"，疑误。又，日本《产经新闻》、古屋奎二的《蒋总统秘录》（以下简作《秘录》）第7册，台北1976年版，第206—207页。

② 币原致重光葵函，1930年12月12日，档案胶卷。

③ 满铁木村理事与张学良第一次会谈纪要，1931年1月22日，满铁调查部《铁道问题交涉经纬》（日文），油印件，第20、22页。

在大体上得出成果之后，于"必要时再征求两国政府的同意"。[①]
最后木村威胁说：如不满足日方要求，将给口实于日本持"强硬外
交论者"。[②] 中日铁路交涉作为中日关系史上的一节，从此开始了。

木村在访问中提出了要求"商讨"的问题，并于第二天以书
面形式（即备忘录）提交给东北地方当局。备忘录要点略如下
述：一，新线问题：中国设若新建铁路须依照日本制定的"共存
共荣"原则来进行，日方将"不吝""给以协助"；二，平行线问
题：指责沈海、吉海及打通诸线与南满铁路平行，由"满铁"与
有关路局个别"协议"解决有关问题；三，整理借款问题：要求
把吉敦、敦昂等原订垫款包修合同改为正式的借款契约，并"急
速整理"既有铁路借款的本息；四，联运问题：要求以"互让"
态度，决定铁路的连接、联运、运费协定以及运输区域的划分，
此外，要求从速完成吉会铁路的未完成的区段。[③]

张学良并非没有察觉日本要求展开铁路交涉的叵测用心；故
此项交涉一开始，在答日本记者问中，他即一语揭露事实真相：
此次铁路交涉"本无交涉可言"。[④] 但是，日本既有干求，他也
敢于担当。张学良对林久治郎的交涉要求，正言申明："在自己
权限所能达到范围之内，愿作诚意的商榷；"[⑤] 继而对木村提出
要求商讨诸事，表示当开诚布公作事务上之磋商；又严正表示：

---

① 满铁木村理事与张学良第一次会谈纪要，1931 年 1 月 22 日，满铁调查部：
《铁道问题交涉经纬》（日文），油印件，第 20、22 页。

② 陈觉：《日本侵略东北史》，1934 年版，第 39 页。

③ 木村锐市呈递铁道交涉函，1931 年 1 月 23 日，参看陈觉《日本侵略东北
史》，第 37—40 页。又《木村与张学良第一次会议纪要》，1937 年 1 月 22 日，满铁
调查部《铁道问题交涉经纬》（日文），第 20—28 页。

④ 张学良与日本新闻记者团谈话记录，1931 年 2 月 10 日，奉天省公署档案，
转引自辽宁省档案馆编《"九一八"事变档案史料精编》，第 85 页。

⑤ 满铁调查部：《铁道问题交涉之经纬》（日文）。

"中央与地方权限不同"，各有分际，"有的可由本人答复"，"有的需请中央政府决定"，"当在倾听详情之后，再行研究"。① 他旋即派定东北交通委员会副委员长高纪毅负责与日交涉，并于一月二十七日通知木村。

国民政府也严密注视日本在东北地区的行动。在东北地方当局已与日本展开铁路交涉时，它既防张氏或"为强日所屈"，又不放心他或"跋扈"自专。② 内政部部长刘尚清（同时兼任东北地方驻京代表）闻讯于二月初电告张学良："中央在可能范围内决出全力援助"；并转达中央有关院部的几点希望，即要求张学良与东北地方当局"容纳数点"：第一，满铁铁路问题日趋严重，此项交涉最好"移归中央办理"；第二，"筑路为我国固有之国权，拒绝日方之均衡要求"；第三，"准许铁道部派员列席满铁路务交涉"；第四，"对日不得签订任何条约"。③ 二月二十八日，国民政府决定特派吴铁城和津浦铁路局局长陈延炯为"观察满蒙铁路"交涉专员，前往沈阳，就近"观察"。④ 张学良初晤吴铁城即力陈"事体重大，非东北（地方）单独力量所可做到"；并恳切表示：在这件事情上"如中央能作后盾，彼绝不放弃一切铁路利权"，"并制止日本在满蒙之一切经济侵略计划"。张希望"中央开诚布公地指示办理交涉之具体方针，以免陨越"，以期"取得圆满的解决"。⑤ 张的意见由吴氏以微（即五日）电转达南京。

---

① 木村与张学良第一次会议纪要，1931年1月22日，见满铁调查部《铁道问题交涉之经纬》（日文）。

② 转引自一九三一年二月八日刘尚清致张学良和同月十八日蒋介石致吴铁城电中语，见中国社会科学院经济研究所日文档案（以下简作"日档"）。

③ 刘尚清致张学良电，1931年2月8日，日档。

④ 蒋介石致吴铁城电，1931年2月28日，日档。

⑤ 吴铁城致孙科电，1931年3月5日，日档。

有必要指出：来往于南京沈阳两地间的中国政府密电，在当时，都被日本在华谍报机构——截获和破译，并视电讯的紧急与否，或立即或隔些时日转报日本外务大臣。例如，上文提到的吴铁城发给南京政府的微电，日本外务大臣币原几乎与南京同时收到了由日本驻华大使馆参事官矢野发给他的一字不差地转述这个微电的电报。日本得悉此内容为防自己既定的策略遭到冲击，加紧交涉的步伐。

一九三一年三月六日，中方高纪毅应日方要求，首次与木村展开实质性的谈判。高氏明确说明自己受权范围，限于铁路联络和整理借款两项；至于铁路的敷设、敷设权益，以及竞争线、管理权等等，属于政治外交的问题，不在他的受权范围之内。[①] 木村以对所提出要求中的中心问题被排除在外勃然变色，引为不满。三月二十七日，木村不顾国际间交涉常规，把中方谈判代表搁过一边，直接往见张学良，重申首次晤谈中所述的要求和"建议"。张学良答以自己不熟悉铁路的具体事务，嘱其继续与高纪毅商谈。中日铁路交涉，一时处于停滞状态，日方便放出风声，满铁"准备在沈阳建理事公馆，备木村久驻，准备以半年乃至一年时间，从事谈判，以求彻底的解决"。[②]

日本挑起这次"铁路交涉"除了交涉本身，另作出种种活动，以相配合。它凭借自己在东北已经深植的强权威势，蒙蔽一些国人并利用不明民族大义的败类，当铁路交涉趋向沉寂之际，忽然冒出一些"民众团体"于一九三一年五月三十日在沈阳召开联席会议，决议要对东北当局的对日交涉，实行"监督"，并要

① 参看［日］尾行洋一《第二次币原外交同满蒙铁路交涉》，转引自刘金库《满蒙铁路悬案交涉研究》，收于《东北沦陷十四年史研究》第2辑，辽宁人民出版社1991年版。

② 《大公报》1931年6月6日。

挟以他们的所谓的"民意为依归"地来进行。① 日本还利用在我国东北地区的日本侨民，从铁路交涉形将展开而尚未正式开始起，随着交涉的进展，鼓噪呐喊起起伏伏以造声势。五月二十四日，邻近沈阳、大连两地的南满、安奉两路沿线的日侨推举代表，齐集沈阳南满铁路车站，召开所谓"全满日本人自主同盟创立大会"，鼓吹对华采取"强硬"政策，并反对日本政府对中国的所谓"软弱"外交。该会还通过决议，电达新任首相若槻礼次郎暨外务、陆军大臣等政要，要求由满铁对东北地方借日款建筑而未偿还本利的铁路"强行""监理"，阻止沈海路的接轨，停止打通路的运行和立即着手修筑吉会路的工程。② 另一方面，日本与铁路交涉同步进行的，是着手准备武装入侵的行动。其军部于六月十二日从参谋本部第一部制定《满洲问题解决方案大纲》起，付诸实施的与铁路有关的行动有：在南满路各主要车站以铁路运输需用仓库的名义建筑了军队营房；在沈阳的附属地工厂及住宅之需要构筑防御工事的地方着手使之"堡垒化"；大连的日本警察本署扩编特务警察队进行间谍活动；将在所谓铁路"附属地"内城市和乡镇的日人商店都变成为关东军司令部的特务据点，或者由持有武器的日本在乡军人来经营等等。③ 新闻机关如《满洲日日新闻》，则连篇累牍地发表文章鼓噪："循普通外交交涉，以图维护我满蒙权益，求和平发展，实属无济于事"，强调"解决的方法，只有一个——即"实力的发动"。④

---

① 《东北铁路交涉紧张……异哉木村理事之"不忘吉会路"》，《大公报》1931年6月6日报道。

② 同上。

③ 〔日〕古屋奎二：《秘录》（中文），第7册，第206--207页。

④ 同上，第207页。

日本挑起这次铁路交涉，原无解决问题的真心，而今对发动武装入侵中国东北，既已做好临战准备，也就无需乎这个交涉来做掩护了。这样，尽管它仍大肆宣扬决心持续长期地进行谈判解决问题，事实上则已把交涉摒弃，着手动武——挑起入侵中国东北地区的"九一八"事变了。

二 "七七"前夕敷设华北铁路的谈判

日本占领中国东北后，又亟谋使邻近的华北地区"特殊化"。一九三五年，日本发动了"分离"华北的大攻势。它在强制中国政府特设"冀察政务委员会"使之有别于其他行政区域的前后，先则盛倡"经济提携"，继则鼓吹"开发华北"，并为此而加紧活动。如日本天津驻屯军司令部扩充调查班的规模，"满铁"出资新设一个叫做"兴中公司"的机构。尔后这两者又联合组成一个大型调查团，实际成为侵略中国、首先是入侵华北的经济参谋本部。①

按日本方面的设定，这个"华北"是指当年河北、山东、山西、绥远和察哈尔五省；所谓"开发"，主要包括四大项目，即交通运输设施、地下资源、农业资源和动物资源的"开发"。交通运输设施项内含四端：铁路、公路、航空线和港湾。该项在整个"开发华北"中既列于首位，铁路又位居该项四端之首，从而在日本的所谓"开发华北"攻势中占据最重要的位置，构成这次谈判的焦点所在。

---

① 《中国驻日大使馆致外交部报告》，1935年9月30日，原件存中国第二历史档案馆。

日本在"华北开发"规划中，就铁路说，拟先设四线：一，沧州大沽线；二，彰德济南线；三，高密徐州线；四，蒙古铁路。沧州大沽线实即沧石铁路的延长。日本觊觎敷设，截至此时，已历二十余年。在此期间，它对之已经作过几次或明或暗的调查和测勘。彰德济南线情况与相类似，是胶济铁路的延长，只是该线的西端究竟选在彰德、顺德还是道口，有待于详细踏勘后再作决定。敷设这两线预期实现的目标是分别与正太、平汉两路相接；一旦建成，在平时便于日本取得华北地区的棉煤等农矿产品，特别是山西所产的煤，也便于日本商货向华北腹里内地的进一步渗入；若中日一旦交战，则可用以利于通过海上而来的日军登陆大沽、青岛而深入华北各地。因此，这两线在日本帝国主义看来，无论在军事上、经济上都具有重要意义，都成为它所亟谋着手修建的铁路。次之，则是高密徐州线，此线为胶济、陇海两路的联络线，一旦告成，则山东与西部的陕西、甘肃等省便能一线相连，日本势力将由青岛港深入西北内地。蒙古铁路是一个暂定名称，相对来说，是日本图谋实现的一个较远期的目标。日本初步设想，该路以赤峰为中心，一方面南下接至北平，西向则往张家口经大同、呼和浩特、包头延展，入新疆后再出国境与当时苏联土耳其斯坦铁路相连接；另一方面，则东北向与"叶（柏寿）赤（峰）"线交接，密切华北、西北与其时已在它的统治下的东北地区的联络。此时，日本对敷设蒙古铁路的估计是：客观条件尚未具备，内定暂置缓图，充作谈判中讨价还价的一种筹码。

此外，还有一些基本上穿行于省境之内或省际之间的支线建筑计划，如山东的潍县—芝罘线、山西的大同—太原线，以及河北、热河之间的北平—承德线等等。

日本打算修建的铁路，既有干线，又有支线。有的纵横于整个华北地区，有的行经一省之间或省际之间。如此"干支皆备，巨细无遗"①，日本企图实现的首先是"确定华北的特殊地位"，并为这个地区"脱离"中国中央政府管辖置备物质技术条件。

按照上述计划，日本天津驻屯军司令部在一九三五年至一九三六年之间，除一再压迫、要求冀察政务委员会扩展海河入海口的大沽港，强制立即动工兴建沧石（沧州至石家庄）铁路外，还怂恿该政务委员会截留中央在华北的一切收入以备"开发"之用。② 日本为实现其所图谋，准备重操故伎，把"开发华北"问题作为只是华北地区的一个地方性问题，并以冀察政务委员委会主席宋哲元作为交涉对手，由天津驻屯军司令官田代皖一郎出面与宋对话。如此运作，日本外交中用了一个专有名词来称谓：即"直接交涉主义"。③

冀察政务委员会原是当时华北复杂形势下的一个特殊产物。宋哲元对此事的行动方针，正如熟知其人其事者所概括："表面亲善，实际敷衍，绝不屈服；"他并以"不说硬话，不做软事"自律。④

一九三六年五月，中日双方在天津交换意见结果，传出讯息，冀察政务委员会准备先行完成沧石铁路，责成其下属交通委员会主席委员、北宁铁路局局长陈觉生主持筹办，所需经费也拟由北宁路局筹措。⑤ 换句话说，颇有援历史成例的意味，即仿效前此三十年清政府拨"京奉"铁路（时称"北宁"）余利修建"京张"铁路的办法以求能够获得解决。

---

① 中国驻日本大使馆致外交部报告，1935 年年 9 月 30 日。

② 张嘉璈日记，1936 年 1 月 3 日；参看姚崧龄《张公权先生年谱初稿》，台北《传记文学》出版社 1982 年版，第 146 页。

③ 军事委员会参谋本部致实业部函，1936 年 5 月 2 日，国民政府行政院档案。

④ 何基沣、邓哲熙、戈定远等：《"七七"事变纪实》，《文史资料选辑》，第 1 辑。

⑤ 《新闻报》，1936 年 5 月 1 日报道。

　　田代对冀察政务委员会的如此妥协，毫不餍足。八月十一日，日本政府外务等五省会议决定要把华北地区变成所谓"防共、亲日'满'地带"，主张把"充实交通设施，开发国防资源"，"作为中日'满'提携互助的基石"。[1] 之后，天津驻屯军司令部即制订《华北处理要纲》，更进一步向政委会提出所谓"中日经济提携"的八项原则，强迫后者全部接受。

　　九月，宋哲元为交涉上述"原则"，亲往天津与田代面谈。事后，宋在十月里致电行政院院长蒋介石报告中说：与日本方面"互换意见的结果"，"在平等互惠、共存共荣之原则上，曾有彼此谅解"，但"并无如外传协定等事"；具体事项如铁路建设，列入"经济开发要项"，并把线路改定为"新设津石铁路"。[2]

　　国民政府把宋的报告，交由实业、铁道、交通、外交、财政五部审核，并责成全国经济委员会、建设委员会签具意见，得出的结论是：从防范日本的阴谋和维护国家的安全出发，建筑"津石"路不利。据此，蒋介石密令冀察政务委员会：利用外资方式，"应切实遵守"一九三〇年四月决定的方式，举办一种事业，设若"中央已有成案规定范围者，不得因投资人之要求任意变更，例如沧石铁路，即不应改道津石"。[3]

---

　　① 〔日〕重光葵著，宓汝卓节译：《日本的悲剧》，第52—54页。

　　② 宋哲元致蒋中正电，一九三六年十月二十七日，录自翁文灏致实业部函，一九三六年十月二十八日，"抄原电"。又，日本除要求新设"津石"线，一时未提出而计划修建的铁路，除了文中已经提到的各线，还有古北口至通州、通州至唐山至塘沽、石臼所至枣庄和张（店）博（山）四线。参看〔日〕高桥泰隆文，收于见浅田乔二编《日本帝国主义下的中国》。

　　③ 行政院院长蒋中正密令，1936年12月5日；行政院实业部档案。又，"密令"中"一九三〇年四月决定"，系指一九三〇年四月九日国民党中央政治会议第二二二次会议所决议的利用外资原则。大意是：为从事经济建设，除利用国内官款民资外，还须于确实有利条件下，借助外资，以利建设。

国民政府表态后，田代仍一再对宋哲元施加压力，企图强迫后者同意修建"津石"线。宋氏面对田代的胁迫，"既不敢明确拒绝，也不敢出卖国家主权和民族权益"，采取拖延战术相应付。为此，宋先后派戈定远、李思浩等人到南京两度请示，得到同一答复："津石路不能修。"①

田代胁迫宋哲元未逞，于一九三七年三月又施展日本惯于施展的横蛮卑鄙的手法——劫持，企图用此来达到自己的目的。田代通过陈觉生以"不商谈任何问题"为条件，邀请宋哲元前往赴宴。宋氏前往，田代即强制宋氏在其所准备的包括中日"合办"津石铁路在内的有关所谓中日"经济提携"的文书上签字。② 宋哲元虽被劫持签订，但并没有为其所屈；一回来，他即向自己的幕僚和其他高级将领说明事情经过，并向国民政府汇报备案；同时声明：被强迫签字，完全无效。田代在此后约一个月的期间里，仍多方向宋氏施加压力，缠绕不休。宋哲元不屑与理，五月十一日乃避往山东乐陵原籍"扫墓"，终使日本帝国主义在谈判桌上未能达到它所企图达到的目的。

上述两次交涉和谈判，都是日本帝国主义蓄谋已久企图"征服中国"在不同阶段所制定的总策略的产物。日本政府为此作了周详的计划和缜密的布置，投注全力，制定交涉方针和准备采取的措施。它所谋图取得的都是"一石二鸟"的效果。这也就是说，"九一八"前中日铁路交涉，设若能取得"圆满结果"，则东北地区势必可在没有枪炮响声中向日本殖民地化进程中突进一步；"七七"前的以铁路为焦点所在的"开发华北"谈判，如果

---

① 参看何基沣等五人撰前引文。
② 同上。

——如其所愿，华北大地势必变成所谓"防共、亲日'满'地带"。交涉谈判若未能遂其所愿，而"交涉"本身又正可吸引中国注意力，掩护日本同时在进行的武装入侵的行动。

两次有关铁路的谈判，是当年日本在与中国交往中惯于施展的"所言在彼，而所行在此"这种外交策略的两个典型事例。

对华国际银团的演变，
一九〇四至一九三七[*]

国际银团[①]这种跨国经济实体，原是发达的资本主义国家加强其资本输出、海外联系的"自然"产物。早在十九世纪下半期，在欧洲已有出现。中国于甲午战争中以败于日本亟须交付巨额赔款，在俄、法、英、德诸国鉴于清政府库空如洗，都企图通过贷款以增强其在我国的殖民主义威势中，英国于一八九七年五月向有关诸国倡议停止恶性竞争、联合组织银团承担贷款；法德等国认为这个倡议设若成为事实，英国势必于中居于支配地位，不屑理会；虽未成事实，却是资本主义强国金融机构联合组织专以我国为贷款对象的国际银团的先声。

进入二十世纪，继英、法两国金融组织联合设立华中铁路公

---

[*] 此文为著者《中国的外债，1853—1948》（稿）中的一章。

① 银团（Consortium）或作财团；其中由多国组成的便是国际银团。为资区别，文中对多国组成的实体作"银团"；其成员各国的银团概作"财团"。本文所述的诸银团的成员财团，既有有形的组织，如德、法等国；也有极松散的，但有一代表银行，如英国；就美国说，则根本不用此词，例作"诸银行"（Banks），这里不作区别，作为国际银团的成员组织，概称"财团"。

司后于一九〇九年六月接受德国德华银行的参加，一个虽未名而由三国财团组成的三国银团出现了。接着，美国于一九一一年五月二十三日强行加入，构成四国银团；到一九一二年六月二十日，该银团以吸收俄日两国财团再度扩大成为六国。次年三月十九日，美国财团宣布退出，六国银团减缩成为五国银团。它在第一次世界大战期间停止活动。一九一七年，美国倡议由英、法、日、美四国财团组织新银团，长期处于支离破碎状态的五国财团于一九一九年六月十日自我宣布为它的终止日后，于一九二〇年六月正式成立，持续到一九三七年年中以自我消逝结束其存在。

第一节　英法德三国银团的形成和吸收美国组成四国银团

一　未名有实的三国银团

英法两国的一些银公司专以对我国华中地区铁路建设为贷款对象，于一九〇四年合资组成华中铁路公司后，获悉湖广总督张之洞重新策划举借外债以修建湖广境内铁路，分别派遣濮兰德（J. O. P. Bland）、贾斯霭（M. Casenave）来华；经英国驻汉口领事法磊斯（E. H. Fraser）陪同谒见张氏表示："欲借款与我"；后者即饬湖北提学使高凌霨、湖北施鄂道曾广镕与之面议。该公司自恃资金雄厚，又有各自政府力促其成，提出"必欲干涉中国路权"的条件；如要求由贷方"包修全路工程"、"力争工程师"掌握控制购料用款大权等等；张之洞以其"种种无理要求""实出情理之外"；洽谈数月，无结果。[①]

————————

① 定稿未奏折，张之洞：《张文襄公全集》（简作：张之洞：《全集》），卷七〇，1928年，第32—35页。

德国在华势力急剧增强中，时谋突入英国声明为它的势力范围的长江流域以竞胜争雄。德华银行在德国政府侵华政策的指引下，紧接于上述洽商中止的次日，派柯达士（H. Cordes）为代表向张之洞表示：愿以宽松条件提供贷款。张氏提出原则方针，诸如"商借商还"等等；柯达士"一切承认"，并自愿"息扣从轻"；迅即达成协议。虽则如此，张之洞鉴于英国正"联挈各国""组织公司"，竞夺铁路贷款之权之利，未必甘愿罢手；在与德华于一九〇九年三月签订《中德湖广铁路借款草约》附一谅解："如英商据约力争"，"仍应向英议借"。①

正当德国国内对此《草约》讴歌为"德国资本在和平的战争中取得胜利"、"突破了英国对长江流域的独占权"声中，英国外交部向我国驻英公使李经方"强词诘责"；其驻华公使朱尔典（J. N. Jordan）则向外务部提出抗议，要求撤销。同时，英国与法、德两国派员在柏林进行洽商，于五月间达成协议，主要有三项。第一项由英、法、德三国财团联合向中国提供贷款五百五十万英镑用以修建粤汉铁路两湖段暨川汉铁路湖北段即后被习称的湖广铁路；第二项，英法的款项供修建粤汉的两湖段、德国的供修建川汉湖北段；第三项如果川汉川段亦需借款，英法亦得参加。②

英、法、德三方分别由汇丰、东方汇理和德华三银行的代表即签署了上述《协议》，意味着此三国财团虽未名而有其实的三国银团形成了。

---

① 张之洞：《全集》，卷七〇，1928年，第32—35页。
② 转引自日本驻德国公使珍田一九〇九年四月二十三日致日本外相小村函，参看宓汝成著《帝国主义与中国铁路》，上海人民出版社1980年版，第172—174页。

二　四国银团的组成

英法德三国财团间既由竞争对手转成为合作伙伴，更以强势地位对清政府旋加压力；终使后者屈从他们的设想于一九〇九年六月六日在汇丰、东方汇理和德华三银行代表联合提出的《湖北湖南两省境内粤汉铁路、鄂境川汉铁路借款草合同》上由湖广当局签字画押。

美国其时正力谋以"金元外交"使它对华的国际政略——"门户开放，机会均等"落到实处；一得知上述铁路借款合同的草签，其国务院除了训令驻英公使芮德（W. Raid）急速面会英国外交大臣，提出"均等"参加要求；另向英法德三国正式提议组成一个强有力的美、英、法、德四国银行团，实行国际间充分的诚挚的合作，以解决这次贷款中国的问题[①]。英国对美国的要求在原则上并不拒绝；法德也是。英国驻美大使函致美国国务卿诺克思（P. C. Knox）建议：美国财团派代表赴欧与三国财团代表在业已签订的合同保持不变的基础上商谈合作问题[②]。二十六日，美国财团代表司戴德（W. Straight）离美赴英；七月七日与摩根公司驻伦敦代表一起与三国财团代表开始会谈。美方除了列举一些往事如清政府曾应美国要求，为修建川汉线需借款时，可以考虑向美商借等等为据，认为理该让其参加，并坚决要求平均分享贷款的权益。三国代表以美国的既得权益早因一九〇五年中国赎回粤汉铁路而被废除，只同意让予美方在川汉铁路借款中获得四分之一的份额而未达至妥协。

美国继而采取两手：一方面有违外交常道，经由总统塔虎脱

---

① 《Papers Relating to the Foreign Relations of the Unite States》简作《美国外交文件》（英文），1909 年，第 151—161 页。

② 《美国外交文件》（英文），1909 年，第 151—161 页。

(Wh. H. Taft) 亲电清廷摄政醇亲王载沣，强词要求允许美国财团参加；① 另一方面，它把花旗银行其时与清政府已有成议的币制实业借款，向三国财团提议与之共享，以换取被接受参加湖广铁路的贷款直到一九一〇年五月二十三日，四国财团代表在巴黎签订一件协定，作为一九〇九年六月六日英法德三国财团与中国签订的那份草合同的补充；允诺美国享有同等权利。银团既接受美国财团的参加，标志着由当年世界上金融实力最雄厚的四个国家金融资本跨国组成的联合经济体——四国银团的成立。

第二节　四国银团、五国银团和
六国银团的变迁

美国财团之所以能参加三国银团既与币制实业借款权益转让给该银团有关。这笔借款从一开始，日俄两国即共同认定是美国插足它们分别认为自己势力范围即东北地区的南、北两部的严重行为。此两国驻华公使即分别向清外务部声称："如果中国政府签订任何具有政治含义的借款，"实指币制实业借款，要求有俄、日两国银行的参加②。待币制实业借款于一九一一年四月一订立，他们更集矢于合同的第十六款，对清政府兼施外交压力、军事恫吓，意图阻止此项借款竟成事实。日本政府向俄国政府指出：这笔借款的要害，在于使中国政府承担义务，尔后涉及东北地区的借款都须与该银团商定；表示日本政府绝不容许"四国银团"据此第十六款取得向满洲中国企业提供资金的优先权；希望

---

① 塔虎脱致醇亲王电，1909 年 7 月 15 日，诺克斯致驻华代办费莱齐（H. P. Fletcher）电，同日；《美国外交文件》（英文），1909 年，第 178、179 页。

② 克罗莱：《司戴德传》，（H. Croly: *Willand Straight*，1924 年，纽约），第 382 页。

能与俄国"共同要求废止"这一条款。① 俄国总理大臣斯托雷平
（Л. А. Стоˇ ыпин）旋于六月初召开的远东问题特别会议，同
意日本的提议，决定与日本政府"拟定行动计划，共同采取必要
步骤，促使四国银团取消向中国政府提供涉及东北地区的贷款"。
双方经多次磋商，终于在当月 26 日把事先互相同意的抗议照会
分别递交法国；要求法国政府设法"取消"（俄方用词）、"修改"
（日方用词）第十六款。此外，为求能满足法国资本渴望扩大对
华贷款的愿望，向法国提议正式组织由俄、法、日三国财团参加
的银行团，独揽对中国东北地区的贷款权益。②

四国银团于七月下旬伦敦会议就第十六款发表声明："中国
政府不支持银行团"对贷款中国东北地区享有任何垄断权，用以
安抚日、俄；而丝毫没有化解日俄两国的"疑虑"。

一九一〇年十一月七日，俄国驻法大使伊滋渥尔斯基（А.
П. Иѕвоъскин）受命向法国财团表示：四国银团所有对华贷款
必须经俄国同意；又，银行团的借款不得涉及满蒙。法国财团代
表力劝俄国以及日本，加入四国银团。俄国反向后者游说：如果
法国财团退出四国银团，俄国政府可以允许法国在其所拥有的势
力范围内投资③。这些成为导致四国银团扩大成为六国组成的一
个前因。

一九一一年十月十日我国爆发武昌起义；同年底，国内酝酿
"南北议和"；英、法、德、美四国为支持清室所任命的内阁总理
大臣袁世凯，决定贷与款项，即日后最终达成的《善后大借款》。
该四国驻华公使约见俄国代办和日本公使，希望该两国也参加此

---

① 《美国外交文件》（英文），1912 年，第 99—100 页。

② 参看中国社会科学院近代史研究所《沙俄侵华史》第 4 卷，第 783—784、
785—786 页。《美国外交文件》（英文），1912 年，第 99—100 页。

③ 同上。

项贷款，使它具有更广泛的国际性。俄国的反应是"看不出我们加入四国银团有何好处"；唯一能接受的解决办法，是法国财团退出四国银团并在新的基础上与之重建一个。①

一九一二年二月，法国驻华公使马士理（Jacquin de Mar-geie）向俄国驻华代办谢金（М. Щекйн）保证，法国财团绝不会接受与满、蒙、新疆有关的贷款，同时再次邀请俄、日两国参加四国银团。

俄国注意到怂恿法国退出四国银团势难成为事实，打算改由道胜银行另行组成一财团，与四国银行团而不是与四国的财团洽谈贷款事；且要求"平分"对华借款的权益；遭到英法两国的拒绝。②

日本提防与俄国一起对四国银团采取长期对抗，有可能使自己丧失参与上述贷款的机会。其驻俄大使本野一郎告知俄国外交部："日本政府认为此项借款纯属政治性质，必须参加；希望俄国作出相同决定。"俄国在日本执意加入下，顾虑于"如果俄国再予拒绝，道胜银行在对华借款中便将陷入孤立"，始认定也以参加为宜。三月九日，法国政府照会俄国，再次解释：俄国在加入银行团后对它在中国长城以外的利益不会受到任何损失，以资转圜。本野在致俄国外交大臣备忘录里则说明"日本政府经过深思熟虑，深信在目前条件下，就加入四国银团和组建六国银团一事进行谈判，更合时宜"，"亟盼早日解决这一问题"③。

---

① 参看《沙俄侵华史》第4卷，第785页。

② 道胜银行于一九一〇年合并北方银行（Bangue du Nord）改名为俄亚银行，尔后"道胜"与"俄亚"两名兼用；文中按史料原记，亦兼用两名称。参看《沙俄侵华史》第4卷，第786—787、788页。

③ 同上。

　　俄国政府在日法两国的敦促下，决定参加四国银团，但坚持两点：必须"消除国际银团在中国北方展开于俄有害活动的可能性"；并要求"在预定用于这些地区的企业或以这些地区的税入作为担保的对华贷款中取得优越地位"；谋求在参加银行团后，能与"各国共同控制中国财政上获得发言权"。①

　　三月十八日，俄国驻日代办电告外交大臣：日本于当天"宣布由横滨正金银行代表日本财团加入四国银行团"；使后者顿感遭到被同伴抛弃的孤独。他约见本野，对日本就此事单独作出如此决定表示不满；认为日本曾提议两国参加银行团应有保留条件，凡涉及长城外地区的借款均须经日俄两国认可，而今日本同意参加了，有背原先的约定。本野答以目前只需提及参加银行团的原则性保留条件；至于保障两国特殊利益的细节，可待在各财团之间订立协议时提出。俄国在日本已经参加下，于四月六日分别致英、法、德、日、美五国大使的备忘录里声明："俄国政府准备与参加善后借款的各国政府平等条件下参加"是项借款；但声明在此项借款中不应包含任何损害俄国在中国的北满、蒙古和西部（意指新疆）这三个地区的特殊利益②。

　　六月中旬起，俄日两国财团与四国银团一起，开始就前两者参加善后借款问题展开会谈；六月十八日，双方就借款的用途、担保品等，达成协议；在准备对中国提供借款时，银行团将从中国政府取得关于借款或垫款的用途的确实报告转达给六国财团，"以便它们在任何借款或垫款成立之前，可以征询各自政府的意见"。"每一财团都保证将不办理为其政府所反对的业务"，使俄国的要求基本得到满足。俄国政府则要求在议事录中添着一笔：

----

①　参看《沙俄侵华史》第 4 卷，第 788、790—791 页。

②　同上，第 788、790—791 页。

"万一俄国或日本财团不赞成根据本协定拟予贷出的任何垫款或借款，"则"俄国或日本财团有权退出本协定"[1]。在这些协议、谅解的基础上，二十日，英、法、德、美四国财团与俄、日两国财团签订协定，标志着四国银团从是日起扩大成为六国银团。

六国银团《协定》中称："日俄同意以平等地位参加对华的改造大借款［即善后大借款］及其垫款；"并分享因此而产生的各项利益优先权，和财政、工业、商业或政治各方面的特权。"日俄两国财团可以在其国外发行债票；比利时的金融市场视为俄国市场的一部分"，和比利时财团视为俄国财团的一部分。"日俄两国在不涉及其他各国共同的担保品及债券的发行情况下，可以在满蒙等地提供地方性或实业性的贷款"。[2] 尔后"银行团行事如果有与日俄两国利益相悖，日俄两国财团可以退出国际银团，但并不影响其他四国的权利和义务"。英、法、德、美四国财团据此也作了同样的保留。

六国银团组成当天，在向这时已成为中华民国临时大总统的袁世凯政府提供一笔垫款的同时取得后者同意，六国银行团作为它的"财政代理人"，以五年为期。

六国银团在与袁政府磋商善后大借款中，以愿意贷款中国的金融机构很多，不时遭到银团外金融组织贷款竞争的冲击；一九一三年一月十日该银团采纳英国建议，希望六国政府应予同意，对于其国民不遵守六国一致同意的条件的任何借款计划，不予支持；又为保护投资者起见，对于本金与利息之偿付应规定适当的担保；对借款进项的使用加以监督，以便防止中国政府不受监督

---

① 《美国外交文件》（英文），1912 年，第 124 页。
② 马慕瑞：《中外条约汇编，1894—1912》，(J. V. A. MacMurry：《Treaties and Agreements with and Concarning China，1894—1912》) 第 2 卷，第 1023 页。

即可取得款项（不论是利用存款办法或其他办法）；和借款特权须经各有关国家驻华公使馆核准①。换句话说，它意图从此享有独揽所有为它所想揽办的对华贷款特权，并控扼当年我国政府的财政大权。

六国银团与袁世凯政府磋商善后借款基本就绪，在其内部对行将出任中国政府一些部门顾问的分配上，美国以未获一职引为不满。其驻华公使嘉乐恒（W. J. Calhoun）致国务卿诺克思电中认为，眼前的六国银团中除了美国财团，都成为"具有共同利益的大国以实现其自私自利的政治目的"的组织，应该考虑美国是否"脱离国际银行团"的时候了。他又认为六国银团的活动，正背离着美国对华的"门户开放"、"机会均等"的政策原则；应作出决断，或解散国际银行团，或退出银行团。美国其时适届新旧总统交接之际；美国财团一时把握不住政府的政策动向，向新任国务卿布莱安（W. J. Bryen）探询新政府对银行团的政策是否同前任政府的一样？给予的答复是："本政府不赞成借款的条件，或加于政府方面的责任。"美国银行家们心领意会，于三月十九日发表声明：已往"业已不顾重大风险，为美国政府效力；现在……为服从政府所宣布的政策，完全退出中国的借款谈判，并通知欧洲及日本的各财团"。第二天，新任总统威尔逊发表声明，美国财团只有在其政府的明确请求下，才愿意继续参加拟贷与中国政府的借款。②

英国财团收到美国财团的退团通知并转致其他四国财团后，于四月二日复信美国财团："同人们对于美国财团的断绝联系感到遗憾！""但仍将尽最大努力使美国财团希望完全退出借款团的

---

① 《美国外交文件》（英文），1913年，第150、160、168、180页。

② 同上。

愿望得以实现"；并要求美国财团仍"应受六国银行团协定条款的约束"，不能"与五国［银团］对华借款作竞争"，除非善后借款已经发行或放弃，或者时间已过五年[1]。

美国财团与宣布退出国际银团的同时，声明对参加期间所分享的权益，绝不放弃；并通告已授权花旗银行代表美国财团全权处理。[2]

六国银团以美国财团的退出，形成由五国（英、法、德、俄、日）财团组成的五国银团。

第三节　五国银团的存在和自我宣布终止

五国银团的首着活动，是继承六国银团与袁世凯政府业经商定的善后借款合同，于一九一三年四月二十六日签字使之正式成立。又，对早先六国银团已经有意不揽办实业借款的打算，于同年九月二十六日通过决议：该银团贷款对象项目，"专以财政借款为限"，从而为某些国家以实业借款之名进行政治借款之实置备便利条件。袁世凯政府继借到善后借款之后虽一再提出续借申请，它也有意提供；但数经接触而未认真做成一笔。

一九一四年欧战发生，组成五国银团的英、法、俄、日、德五国中的前四国即共与德国处于交战状态；不言而喻，交战者双方是不会继续合作共事的。于是没有、也无须声明地于事实上把德国财团排除出了五国银团。

实存的四国财团中的英、法、俄三国因卷入与德国的鏖战之

----

[1]　美国财团声明，1913 年 3 月 9 日，伦敦摩根公司致爱迪斯函，同时 20 日，威尔逊在记者招待会上的声明，同月 20 日（原件英文），中国社会科学院经济所藏日文档案，以下简作"日文档案"。

[2]　汇丰银行致摩根公司函，1913 年 4 月 2 日（原件英文），日文档案。

中，已无力贷款中国也顾不上贷款；日本虽也已宣布与德国处于交战状态，但它更认为这是加紧在中国扩张殖民主义势力的绝好机会。每遇中国北洋政府向留守在北京的银团代表提出借款要求，该银团为遏制日本在华势力的异常扩张，一再向虽然已非银团成员的美国财团求援；其结果，则是借贷交易未成；只得看着日本财团抢先揽得一次、二次、三次地以银团名义预行垫款来解决。

一九一六年十二月中旬，法、英两国财团继此前几次要求、强烈希望美国财团能再度参加国际银团[①]。过后一个月，日本驻美国大使和日本外相分别与美国国务卿和美国驻日大使商谈在对华实业借款上两国间的合作办法，并劝请美国财团再度参加。美国政府答以它在远东没有政治野心，不反对合作，但不赞成对中国实行强迫。至于再度参加，美国政府已另有打算，并批评现存银团并非经济组织而是一个干涉中国主权的政治联合组织，表示无意重新加入[②]。

一九一七年一月三十日，法、俄、日、英四国财团在伦敦会议上通过决议，敦请美国财团重新考虑参加银行团的问题；如果办不到，请它指定某个其他财团代替它自己的位置也成[③]。

美国财团虽未作出积极反应，但仍于是年三月初致国务卿兰辛（R. Lansing），函称：这是推进美国在东方商务的一个重要机会[④]。兰辛回复说："不应接受其他国家财团的邀请。"一星期后，美国财团代表晋见兰辛重申前请。后者说："自从一九一三年以来，威尔逊总统没有改变他的看法"，"不应与其他国家或银

---

① 汇丰银行致摩根公司函，1913 年 4 月 2 日（原件英文），日文档案。
② 《美国外交文件》（英文），1917 年，第 117—118、126—127 页。
③ 同上。
④ 同上。

行家发生关系"①；鼓励、支持美国银行家与中国政府直接洽谈借款。他认为当时中国国内形势混乱，美国政府"还不可能对国际银团作出一项明确的政策声明"。②实则美国政府在此际，正在策划由它另行组织一个新的国际银行团。

一九一七年十月，社会主义革命在俄国取得胜利，作为原俄国财团的代表银行即道胜银行在其本国虽不复存在，它的巴黎分行以道胜创业资本中法国所占比例大于俄国本国等原因；在法国的支持下、其他诸国的默许中，转以俄亚银行的名目在国际银团仍充作俄国财团代表活动着。

五国财团的实际已陷入支离破碎状态；却仍掮着这个虚无的牌子不放；不过，也仅仅只是如此而已。

五国银团中仅存成员的英、法、日三国财团代表，为与美国代表磋商组织新银团，于一九一九年五月中旬集会伦敦，于"会外"顺便就五国银团的未了事作出决定：该银团于六月十八日期满时不予延长；从而宣告这一天为五国银行团的终止日。从这一天起，五国银团退出了历史舞台。

第四节　新银团的组成及其消逝

第一次世界大战即将结束时，美国鉴于日本于战争期间交替采用军事、政治、经济（主要是贷款）手段，急剧扩张在华势力，严重威胁它既定的"门户开放"这一国际政略原则的贯彻。它凭借其在战争中骤形增强的国力，既谋避免与日本对抗而又欲予以遏制中，乃向同有感受的英法两国、也向日本，倡议为贷款

---

① 《纽约时报》，1919年3月26日、6月6日。

② 《美国外交文件》，1917年，第134页。

中国重新组织一个国际银团，借以主导中国——进而整个亚太地区局势的发展。这样一个国际银团于一九二〇年十月组成了，名为"新银团"。过后一年多，华盛顿会议通过《九国公约》，侈言"尊重中国主权与领土完整"等等；新银团心领意会，认为这些原则的真正转化为现实，"仅恃政府无济于事，还有赖于我们资本家、企业家、商人等全力赞助而后可"；即作出决定，甘作实施该公约的一个合适工具（an appropriate instrument）①；从而把一个跨国经济实体，蜕变并固定化为一个地区国际政治体制的一个组成部分，尽管它只是一个"工具"。它之为"新"，除了从时间上说相对于此前的诸银团是新的；更在于它与此前几个国际银团同中有异，含有如上所述新的质地。

　　一　美国的倡议和英法日三国的初步回应

　　一九一八年六月二十日，美国国务卿兰辛继上年十一月设想使美国财团重新加入既存的国际银团之后，向总统威尔逊（W. Wilson）提出建议：立即着手组织一个专揽中国贷款的国际银团。为什么？他认为当前围绕中国展开的国际关系与美国几年前退出六国银团时大有不同；协约国在第一次世界大战中的协作致胜经验应予发扬，对贷款中国一事也该以合作精神取代曾经有过的激烈竞争而导致危及和平的做法；宜由美、英、法、日四国财团联合组成一个国际银行团。威尔逊同意国务卿的主张②。国务院随即约请全美金融巨头——摩根公司等八家③首脑对他所准备

---

　　①　《中国年鉴》（英文），第 809—810 页。

　　②　《美国外交文件》（英文）1918 年，第 169—191 页。

　　③　这八家分别是：J. P. Morgan & Co., Kuhn Loeb & Co., The National City Bank of New York, First National Bank（New York），Chase National Bank, Continental & Commercial, Trust & Saving Bank, Lee Higginson & Co. 和 Guaranty Trust Co.。

的方案，在美国财政部官员参加下，展开讨论并征询意见。

七月八日，曾任总统经济顾问、金融业巨头的拉门德（T. W. Lamont）等给兰辛信中保证，他们一定要为实现政府的愿望而尽心效力，并具体建议：一，由美、英、法、日四国金融界分别组成各该国的财团，然后联合组成国际银行团；鉴于英、法两国财界一时正处于窘迫状态，在不损害它们作为成员财团利益的原则下，采取由美日两国财团代为出资的办法来解决。二，为避免发生不健康的投资和恶性竞争之类事情的发生，成员各国应把各该国内有意参与对华金融活动的组织，最广泛地招集在各该国财团之内；各该国政府则将不再支持没有本国财团参加的金融组织对华的单独行动。三，希望美国政府公开声明美国财团是在美国政府授意下组织起来的，以期有利于以后债券的发行和推销。四，美国财团一经组成，其成员单位即把所拥有的对华贷款利益或取得的优先权等权益，统统让归待组成的国际银行团，或归还给中国政府；并希望其他三国也能照此办理①。同时，这些巨头紧张地展开组织美国财团的工作，到同年十月月中，全美各地之对中国金融财政业务饶有兴趣、并经国务院同意的三十一家，尔后又陆续增加五家，共计三十六家金融企业，组成作"诸银行"（Banks）的极其松散的美国财团。国务院汲取上述建议要旨，作成备忘录，说明国际银团的贷款包括按当时习惯所称，分为政治借款和实业借款的所有借款；借款的条件不应损害中国行政主权等等；于十月二十六日分别送达英、法、日三国驻美国

---

① 新银团文件（Documents Relating to New Consortium），中国社会科学院经济研究所所藏日文杂档（以下凡采自该"文件"者，简作 DNC。又，该文件部分装订成四册，部分散页，都未编号，成册的未注页码）。

使馆；正式倡议由这四国财团联合组织一个国际银行团。①

英、法、日三国在此后的一个多月里先后作出回应。英、法两国政府以各自刚经大战的严重损伤，眼看日本欲独霸中国，威胁自己在华的既得的和今后可能获得的权益，意图倚傍美国牵制日本，积极响应；同时英、法也提出一些问题，希望予以澄清。如英国询问方案宗旨既反对有损中国主权的规定作为中国借款的担保；那么，对现存的由贷方推荐被任命为中国关、盐、烟酒各税收机关的顾问、监督等，准备怎么处置？又，既要组织一个专门贷款中国的国际银团，对中国究竟需要多少款额可做过统计或估算？英国人还提醒美国：英、法、俄三国一九一七年曾对比利时作出过承诺，允许比利时财团参加新的国际贷款团，这次，是否准备履行这个诺言？② 法国也提出一些问题；并力争吸收与法国金融界有千丝万缕联系的旧俄俄亚银行仍作为俄国财团代表参加，即使一时只是名义上的。③

日本意识到美国的倡议旨在联合英国与法国约束自己；经权衡利弊：若加入这个财团，定将损碍它在"满蒙"的特殊地位；若拒绝加入，则在"满蒙"已有的特殊地位有可能难以保全④；两害取其轻，日本决定参加。它在八月二十四日致美国复文里，重在盘问：组织一个新的国际银团，对已往的银团成员所拥有权益、相互关系怎么处置？拟议中的国际银团为什么要求其成员财团须放弃其所拥有的权益？具体指出如日本横滨正金银行在中国

----

① DNC。备忘录一般不记年月日，所引这份备忘录却注有日期，应是送达日本驻美国使馆的一件。

② 《美国外交文件》（英文），1918年，第188—189、192—193页。

③ 同上。

④ 参看［日］外务省编《日本外交文书》，大正八年（1919年）第1册，第184—186页，第143号文件。

东北地区对几条特定铁路和对中国汉冶萍厂所享有的贷款优先权难道同样应予放弃？设想中新的银团贷款项目是所有的贷款——政治借款和实业贷款（包括铁路贷款）的全部？每个成员财团国政府"将不只是支持"、而且"还要制止未加入该国财团的一些独立金融机构贷款中国的行为?"……要求美国一一给予澄清。①

十月八日，美国国务卿在分致英、法、日三国驻该国大使信里含含糊糊地表示美国政府对自己最近向有关三国提议组织对华借款团的方案在原则上获得欢迎表示满意；在所附备忘录里通报了美国金融界已经组成美国财团、所有成员单位即把所拥有全部对华贷款权益让渡给美国财团；敦促其他三国也援例仿行。国务卿的信就三国提出的具体问题，作了有选择的答复。如肯定拟议中的国际"新银团"一旦组成其成员财团须将其所拥有的贷款利益、优先权益，让渡给新银团承受；确认新银团将承贷政治、实业两类贷款，但又认为此中界限很难划清；所有贷款的条件不应侵犯中国的主权和损害中国的行政独立；但对已经成为事实的若双方认为必要，美国也不反对。最后，强调四国政府对各该国财团在银团业务范围内的活动将给予积极而独享（active and ex-clusive）的支持。②

对于美国的答复，日本方面认为自己所提出的问题并没有得到回复；法国则对拟组建的国际银团把实业借款也列在业务范围有所保留；只有英国表示同意美国方面的意见。英国政府关照代表英国财团的银行——汇丰银行尽可能地扩大英国的财团，把所有对华金融业务与有兴趣的单位都包括在内。这些表明，组织新的国际银团还有待于继续磋商。英、日、美三国接受法国的建

① DNC。

② 《美国外交文件》（英文），1918年，第191—192页。

议，决定在巴黎召开一次四国财团代表会议，继续考虑银团的组织规程。

二　巴黎会议协议和中国朝野的反应

一九一九年五月十一/十二日，美、英、法、日四国财团代表集会巴黎，就美国倡议组织国际银行团达成《英法日美四国财团协议草案》（Draft Agreement Between the British, France, Japan and American Groups）简作"巴黎会议协议"，要旨如下：

第一，英法日美四国财团联合组织专门对中国提供贷款的国际银行团。第二，各国财团所拥有的借款利益、优先权益统归银行团；此中实业（包括铁路）借款之已在实施且具有"实质性的进展"的则可不在此列；日后贷款中国业务，一律公开招募，作为银行团的共同事业；对于拥有此种借款利益和优先权的其他当事者的各国财团将尽力劝导各自成员将借款利益与优先权转让给"新银团"。第三，俄国新政府一旦被四国政府承认，应让俄国财团加入本银团。第四，银行团正式成立后考虑比利时财团的加入。第五，各国财团在银行团运作中只能代表一个国家，不许直接、间接充作其他国家利益的代表；各国财团应各有组织章程，并分送给其他三国财团各一份存查。第六，实业借款，特别是铁路借款应视同不可分割的整体，由各国财团共同分担；并训令其代表和工程师制定方案、计划，以贯彻统筹办理的原则。第七，日本财团加入银行团后承接德国的份额，参加中国的湖广铁路借款。第八，本协议经各国政府批准后发生效力。①

上述的第七项，实为对日本的让步，希图以此换取日本对国际银团"开放"被它称作有特殊利益的中国"满蒙地区"。日本代表小田切对第七项的规定表示"深感兴趣"，但却作了保留声

_____

① 《美国外交件》（英文）1919 年，第 435—437 页。

明：日本在满洲及东部蒙古的特殊权益受到任何不利影响都是重大问题，因"未经授权"，故不在讨论之列。[①]

会议结束后不久，五月二十日，日本内阁决定作出回应：日本财团可以有条件地参加四国新银行团，但绝不把在中国满蒙地区的权益让与银行团；但为了表示"诚意"，日本愿交出已享有的山东和福建的铁路权益以换取其他各国对中国全境修筑铁路事项的开放。

很快，在六月，美国政府率先批准巴黎会议协议；通报给其他三国并希望各该国能于现存的国际银团即五国银团结束日前都予批准。其他三国政府对上述协议则存在疑义，在提出一些问题。如英国政府在同意该协议要旨同时，对各国政府对各该国财团该给予"积极而独享"支持的限制，表示了英国国内对华具有投资利益的单位奇多，势难实行；并对实业借款主张付诸自由竞争[②]。法国意见与英国类似，并以法国政府一向并不限制私人的经济活动；法律也禁止垄断特权；由财团"劝导"财团之外的当事者，并把其所拥有的权益让予银团难以实施。[③] 日本对实业借款之具有"实质性进展"的判定，主张由各个有关国家自己来作出，美国反对；最后采纳英法两国的意见，按银团成员多数的决定。[④]

美、英、法、日四国背着中国议论处置涉及中国之事，其讯息从一开始即不时传到中国国内。《巴黎会议协议》达成后，美

---

① 参见王纲领著《民初列强对华贷款之联合控制——两次善后大借款之研究》，台北，1982年版，第102—103页。

② Barclay to the Acting Secretary of State, June 7, 1919；《美国外交文件》（英文），1919年，第442—444、443—445页。

③ 同上。

④ ［日］外务省编《日本外交文书》，大正八年，第2册，上卷，第285页。日本外务部备忘录，1918年8月24日；DNC。

国国务卿向中国驻美公使送达副本，"嘱"转报国内"密存"。北洋政府国务院暨外交、财政两部得悉拟议中的"新银团"计划，认为其对华贷款一不分政治、实业、铁路，再不分现在、将来，均归该团承办的这种办法既妨碍中国"行政主权"，侵害中国发展实业之自由，且显与美国政府倡议不侵犯中国主权的宣言相悖。北洋政府虽明确认识到美、日等列强如此这般行径，根本无视中国主权尊严而"绝不计及中国之地位"；[①] 却又不敢抗争，唯知委曲隐忍！广大人民群众以国家尊严遭凌辱，激愤心情形诸文字，揭穿拟议中的"新银团"的实质是妄谋从"垄断我国一切借款，攘夺我铁路、实业利权"入手，"制我国财政之死命，断我国民经济之生业"；严正表示："抵死不能承认"，并呼吁政府"严峻拒绝以固国权而卫国民"[②]。国会议员中也有反映："巴黎会议协议"实质是列强企图"以经济灭亡我所设计的政策"，质问政府将怎么处置？[③] 北洋政府迫于民意和舆论压力，为资敷衍，却只电令驻美代办容揆向美当局声明"碍难赞同"了事[④]。

三　日本的"满蒙"除外要求的提出和撤回，以及新银团自我定位为《九国公约》的"工具"

日本政府通过日本财团代表小田切万寿之助于一九一九年六月十八日分别函致美、英、法三国财团称："日本以满洲和蒙古

---

① 国务院暨外交、财政两部复驻美代办 [容揆] 电稿，1919 年 6 月 27 日；北洋政府财政部档案，中国第二历史档案馆藏（以下简作"二史馆藏"）。

② 四川总商会暨各社团致大总统、国务院电，1919 年；《铁路救亡汇刊》，1919 年，第 1—2 页。

③ 何森森、杨以俭等十二人请咨政府文，1919 年 4 月，北洋政府筹备国会事务局档案，二史馆藏。该文作为"建议案"，也有记作"质问案"的；见《交通史路政编》第 6 册，第 3798—3799 页。

④ 国务院和外交、财政两部复驻美代办电稿，1919 年 6 月 27 日；北洋政府财政部档案，二史馆藏。

两地基于地理的历史的特殊关系，曾经英、美、法、俄诸国在不同场合给予承认的事实；特别是一九一七年十一月二日《兰辛—石井协定》的认可，"要求保留在这一地区的特殊利益，必须将满蒙地区排除于拟议中的国际银团的活动对象地区①。

这个要求，显与《巴黎会议协议》原则相悖。拉门德经与英、法两国财团代表非正式磋商，复函拒绝："蒙古和满洲是中国的重要部分"，任何企图把这些地区排除于国际银团活动范围之外的想法与主张，都是绝对"不能接受"的；并对《兰辛—石井协定》作了一些辩解。拉门德明确表示：美国反对"任何国家拥有有碍中国主权和领土完整的特权"；这个问题超出各国财团亟欲讨论的范围，须报请国务院来解决②。

七月三十日，美国国务院致信日本驻美大使，指责日本的"满蒙除外"要求，认为这既足以损害银行团的预期功能的发挥，而且正与银行团的组建原则相冲突；同时表示：其他各国政府无意于损害日本在中国东北地区的现有利益③。除了通过英国敦促日本撤回其"除外"要求外，美国也准备着如果日本坚持其要求，即将日本排除在新建的银团之外，改由英、法、俄、比诸国财团另行组织国际银团④。

日本面对美国的强硬态度，采取低姿态但却寸步不让的方策。外务、大藏两相授权正金、兴业两银行经理梶原仲治和土方与拉门德展开交涉；坚持日本政府"确认四国财团巴黎会议决

① 《日本外交文书》，大正八年，第2册上卷，第290页；DNC。
② DNC。The Acting Secretary of State to Wallace，June 21 and June 23，1919；《美国外交文件》（英文），1919年，第453—455、456—457页。
③ 美国国务院致日本驻美大使照会及备忘录，1919年7月30日；DNC。
④ Wallace to the Acting Secretary of State，June 21，1919；《美国外交文件》（英文），1919年，第454—455页。

议"，不能理解为，会议最后的决议将使日本在满蒙的特殊利益受到不利影响[①]。接着日本外务省以这些内容为主旨作成备忘录训令其驻英、法大使面交驻在国外交部备案。备忘录更补充以所以要求"除外"的理由，是因为俄国"十月社会主义革命"向西伯利亚地区推进的"赤化"是一种"可怖势力"的东侵；可能危及日本、远东地区的安全等等[②]。

　　英、法两国对日本"除外"要求都深不以为然。英国认定日本在玩弄"试探气球"（ballon d'essai）策略，企图在组成银团一事上取得最有利于自己的规定;[③] 而提醒日本，划分势力范围有逆时代潮流；以及其他国家鉴于满蒙地区本来就与日本邻近，因而不会在这里追求特殊利益，倒会让日本取得一些特殊利益的。另一方面，英国怀疑美国准备排除日本另组银团的可能性，希望美国缓和态度，不宜以排除日本另组银团而对日本方面咄咄相迫。法国也担心，日本一旦被排除于既将成立的新国际银团，更可"充分自由"（full free）地行动，进一步扩张其在华的势力，甚或碍及法国在华的利益；除了与英国相呼应，并把美日两国所坚持的分明是对立的原则，却详称这些是并无多大歧异的说法，以调和相互关系。

　　一九一九年年底，美国谋求突破僵局，决定派拉门德亲往日本与日本当局作一面对面的交涉。一九二〇年二月二十日拉门德抵东京，旋即与日本政府指定的代表——兴业银行总裁井上准之

---

　　① 日本外务省编《日本外交年表并重要文书，1840—1945》、上，第503页。

　　② Earl Curzon tc Mr. Alston（Tokyo），1919 年 1 日；E. L. Woodward and R. Butler ed. "Documents on British Foreign Policy，1919—1939"；伍特华等编：《英国外交政策文件，1919—1939》：（以下简作"伍特华等编书"）第 6 卷，第 700 页。

　　③ Earl Curzon to the French Ambassador in London，July 29，1919。见伍特华等编书，第 6 卷，第 650 页。

助展开谈判，然而耗时一个多月，竟毫无进展。拉门德决定暂离日本，于三月二十七日前往中国活动。四月三日，他一到上海，即以中国政府软弱可欺，要求中国政府把已经废除的德国在湖广铁路借款中所拥有的权益让与日本享受；谋以牺牲中国的权益，换取"满蒙除外"问题的解决。

　　与此同时，日本也加紧其外交活动；先向英国发出信号：远东的许多重大问题的解决，系于拟议中的国际银团的决定；真要让日本参加这一个组织，就必须作更大的让步。日本外务次官对英国驻日大使透露：内阁即将举行会议，决定是否参加银行团。继又以基本相同文本的照会先后送达美英两国驻日使馆，声称日本政府对英国政府同意日本所提方案中的原则，即"充分承认日本有保障国家安全和经济生存的正当愿望，尽量给予满足而感到欣慰"之余，表示了"欣然采纳贵政府的忠告并在其他国家政府也同意英国意见的条件下"，派本国财团代表与拉门德继续磋商，"以求圆满解决""满蒙除外"问题。它也提出所谓"让步"的对策，却提出包含有"满蒙除外"的更多其他特权；也就是除了愿将洮（南）热（河）线某地至某一出海口的铁路建筑权提供给国际银团外，其余逐条以下列相取代；即"（一）南满铁路及其支线和该路线的附属矿山，不在银行团范围之内；和（二）吉会、郑洮、开吉、吉长、新奉、四洮等铁路，也不列入银行团活动范围内"，但建设时日本可以考虑邀请诸国投资；并补上一句至关重要的：将来如有涉及南满、东蒙的借款事件，若日本政府认为对日本的国防、经济生存上足以发生重大障碍者，仍得采取必要办法以保障日本国的安全。① 这就是日本的"让步"，实质是寸步未让。

---

　　① 《日本外交文书》，大正九年，第2册，上卷，第254—255页。

拉门德闻讯，认为解决"除外"问题有望，即从中国上海再次前往日本。一九二〇年五月十一日，梶原致拉门德信中道："日本政府与（正金银行为代表的日本）财团对银行团约章中原来不明诸点已完全了解"；奉政府训令："自愿撤销""满蒙除外"要求，愿与英、美、法诸财团"在同一条件下承认银行团协议"，并衷心赞同"新银团"对华的"总体规划和期求达到的目的"。同日，拉门德复以要旨基本一致的信件；并复列日本要求实指须"除外"的系列项目，构成《拉门德—梶原协议》①。

日美双方都称这个协议为"达成完全谅解"的结果。美国自诩日本"撤回"满蒙除外要求是坚持其"门户开户"这一原则的胜利！日本则认为重要的在原则；日本在满蒙的利益获得如英国所传达的消极承认，保证不损害日本的特殊利益，是外交的成功。

接着，英国希望日本政府"尽速赋予日本财团以必要的权限"，以利于"尽快使有关各方都能获得持久而巨大的利益的国际贷款团的组成并开始行动"。②此时的日本才与其他三国在同一条件下（on the same line）参加国际新银团。

一九二〇年十月十三日，四国财团代表在纽约会议上确认一九一九年五月《巴黎会议协议》为可行，作了一些补充和修正。五月十五日，通过对华"贷款规约"，标志着"新银团"的正式组成。《协议》规定有效期为五年，数额在五百万美元以下且符合"新银团"宗旨的贷款开放给银团外单位，以及欢迎中国的银行自行组成银团加入新银团作为成员；一旦中国政治稳定，银行

---

① 梶原仲治与拉门德来往函件，DNC。
② 英国外交部致日本驻英大使馆备忘录，1920年5月17日，满铁：《满铁关系条约集》（日文）别册，第2集，第920—922页。

团就可以提供财政援助，等等。

一九二一年与一九二二年之交，美国发起召开华盛顿会议，通过《九国公约》。该公约侈言"尊重中国主权与领土完整"，以合作替代竞争等等。新银团认为这些原则要真正转化为现实，"仅恃政府无济于事；还有赖于我们资本家、企业家、商人等全力赞助而后可"，并甘愿充作实施该公约的一个合适工具。① 这样，国际银团课加给自己的行动重心，更转向于政治。

新银团执行委员会于一九二三年五月二十八日在巴黎举行会议。以各国亟须扩大出口、开拓中国市场；为避免竞争过烈，在所通过的决议里，广泛涉及中国内政；诸如"南北统一"、"裁军"、"制宪"、"国会改选"……等等。中国驻美公使顾维钧评称：新银团执行委员会会议"侵犯我国之主权不一而足。"中国外交、财政两部认同这点；认为银团内部是在讨论"共同处分〔中国〕之方法"，"欲以经济上之限制"，企图悉如其意地改革〔干涉〕我国政治。②一九二四年五月，国际银团再一次在巴黎举行会议，宣布行动方针：鉴于此时中国动乱局面，在未实现若干程度的政治和平前，不贷予行政款项；至于实业借款，如有确定担保并获得监督其用途之权，则当作别论。

一九二四年七月，新银团执行委员会在伦敦作出决议：若《协议》期满，延长五年。再次期满前几个月，英国财团于一九三〇年四月向其他三国财团建议自动取消银行团的存在；但未被同意，又展期五年。

新银团从成立之日起，无论是国际形势还是各该成员国的国

---

① 会议记录，DNC。《东〔洋〕报论银行团对华方针》，《民国日报》1922年6月30日。阿瑟·恩·杨格著，陈泽宪、陈霞飞译：《1927—1937年中国财政经济情况》，中国社会科学出版社1981年版，第407页。

② 《新银团与中国铁路》，译《大陆报》社论，《民国日报》1921年1月6日。

情，都剧变着。新银团的所谓"合作精神"，早被公开"竞争"、"争抢"行为所取代。

一九三三年的年中，中美之间达成"棉麦借款"，日本暗中破坏；英国引为不满，认为美国此举有违银团精神。

一九三四年，日本发表《天羽声明》，根本无视新银团的存在，吓阻欧美等国，不得对华作出经济、技术支援。面对日本咄咄逼人的态势，美国政府表示不愿带头与日本形成公开对抗，英国与之类似，也不愿就该《声明》表示自己的态度，以免影响对日的外交关系。[①] 此时的新银团，事实上已似一具僵尸。

随着国际形势的发展，英国外交部一九三七年年初告知美国驻英使馆：新银团"非但未能按照"其"创始人的原始意图促进中国经济的发展"，"反而成为采取行动的障碍"。

新银团的前景日趋黯淡。拉门德以该团经费全由美国负担殊为不公，建议国务院予以解散；后者以不愿承担解散新银团的责任，以时机不宜为由，暂予维持其存在。总统罗斯福对要求解散的主张虽"深为遗憾"，但并不反对财团的解散。于是财团中的美国成员如坤洛公司、大通银行先后宣布自动脱离该银团。新银团执行委员会在一九三七年五月六日举行的伦敦会议上同意英国方面自由行动；接着，汇丰银行与英国外交、财政两部考虑退出；美国也向法日两国征询解散新银团的意见，在尚未得到回音前，日本挑起了全面侵略中国的战争。从此，新银团的解散与否，被搁置一边，也不再有人提起。似可设定，到一九三七年年中，新银团开始其自我解体。虽然，之后直到二十世纪四十年代初曾与新银团深有关系的人，如拉门德、艾迪斯（C. S. Ad-

---

① 参看汪敬虞主编《中国近代经济史，1895—1927》第二章，第三节二之（三），人民出版社 2000 年版。

dis）等人尚不时说起新银团该如何行事，以及汇丰银行考虑结清新银团伦敦办事处财务^①等等；这些不过是他们对已消逝的新银团的个人的情感因素和个别成员银行对其后事的料理，殊难算作还是属于新银团的行动了。

*　　　*　　　*

　　专以贷款中国为对象先后相继的几个国际银团，从一九○七年起的三十余年间，其组成及其自我规定的宗旨和行为准则，历有变迁。最初，主要出自金融机构的主动并取得各自政府的支持而组成，尔后则变成有关国家特定政策推动下建立国际银团。银团的贷款项目及其所及地区，初以铁路贷款为主，迅即推及财政贷款；直到凡是为它所选中的项目都谋由它来独揽。银团内部成员，固有期能化竞争为合作而参加组织国际银行团以增强实力用以加重对借方的压力；也有唯恐银团或作出有碍其本国权益的行动而决定参加，以求有利于从内部进行牵制和抵制……等等。这些，决定了这个组织本身，始终是不稳定的。这也是各个国际银团专以中国为贷款对象，而实际达成的借款虽有，却又寥寥无几。而在所达成仅有的几笔贷款上，则有如个别财团成员中人所自白：一笔借款固是借款，更重要的是"政治"的产物。先后相继的各个国际银团固是一个国际经济实体，更是当年有关各国谋以贷款为手段控制中国的国际政治体制中一个变相的特定组织。所有的银团，没有一个不标榜成员财团间以"合作"精神取代相互竞争；实际行动表明，在对付作为借方的中国时是合作的、相互配合的，而从一笔贷款能博得的权益的分配上，则从来没有不展开激烈斗争的；终至进入二十世纪三十年代，银团成员自己也不再承认其具有存在的价值，一任其归于消亡了。

---

　　① 参看王纲领著，前引书，第127页。

大事记两则

一 一八七六年吴淞铁路的交涉*

吴淞铁路起自上海止于吴淞，是出现在中国土地上第一条从事商业运营的铁路②，它是当地外商侵犯中国主权、擅在中国领土上建筑起来的。这一行为曾经激起当地人民的义愤和坚决的反抗；最后拆除这条铁路，粉碎他们的这一非法活动。

还在十九世纪五十年代末，英国资产者已经有到中国兴建铁路的设想；到了六七十年代，在华洋商等用种种方式诱使清政府建造铁路。一八六三年，上海的洋商提出建筑上海至苏州间铁路，为江苏地方当局所拒绝；一八六五年，他们又组织一家公司，策划在上海租界内修造铁路，被苏松太道应宝时制止；一八六六年，英国驻华公使阿礼国（R. Alcock）借口黄浦江岸起货不便，提出在上海租界地区与入黄浦江海口（实为长江口）之间

---

* 原载《人民日报》1961年10月21日。收入本集时有稍事修改。

② 这是指载运旅客、通车营业的铁路说的。先于此的一八六五年（同治四年），英商曾在北京宣武门外设置长约里许不载运货、客，作为展品展览的一段小铁路。

建造铁路的要求，遭到总理各国事务衙门的拒绝。这些活动，可以说是外国侵略者建造吴淞铁路的先声。

一八六八年，清政府在中英、中美修约交涉中坚持了铁路应由中国自己建造的立场；同年所签订的"中美续约"中明确规定："于何时，照何法，因何情"建造铁路，"总由中国皇帝自主酌度办理。"[①] 英、美侵略者企图利用条约取得建造中国铁路权益的阴谋未遂，于是转而谋用非法的、不事声张的行动方式来达到他们所要达到的目的。吴淞铁路就是这个方式的产物。

一八七二年，美国驻上海副领事布拉特福（Oliver B. Bradford），在领事西华（George F. Seward）、驻华公使镂斐迪（F. F. Low）和美国国务院的知情和支持下，欲在上海、吴淞间私建铁路。最初，原拟纠集美国资本家来干此项勾当，未成；转求英国资本家合作，成立一家英美合资而以英商为主的"吴淞道路公司"；旋通过英、美两国驻上海领事用修造"一条寻常马路"的谎言，向清政府地方当局提出购买上海、吴淞间筑路所需地皮的要求[②]；接着，当海外运来修筑铁路的器材，他们又由英国领事麦华陀（W. H. Medhurst）致函苏松太道，含糊其辞地说是运来了"供车路之用"的铁器等件。

这项非法行为能得以进行，与清地方官员最初态度暧昧也是分不开的。首先，在一八七二年和一八七三年，上海《申报》对洋商企图建造铁路的活动已屡有揭露；其时苏松太道沈秉成却不予制止，只于一八七三年八月间泛作"查问"即塞责了事。其次，"吴淞道路公司"在企图取得铺设铁路所需的地皮时，曾经

---

① 王铁崖编：《中外旧约章汇编》第1册，生活·读书·新知三联书店1957年版，第263页。

② 苏松太兵备道冯焌光致英国驻上海领事麦华佗照会，光绪二年二月二十六日。清华大学图书馆藏抄本。

遭到沿线居民的坚决抵制；沈秉成竟应英国领事的要求，"派员""劝谕乡民"、"传集里保宅主谕导"①。再次，沈秉成应"吴淞道路公司"的要求，指示上海县令于一八七三年三月底发布告示，宣告这家"吴淞道路公司"在它取得所谓永租权的地皮上"有权建筑桥梁、开挖沟渠、设置栅栏和建造适于车辆通行的道路"②。这些，纵容、滋长着这伙外商非法建造铁路的野心。

一八七四年上半年，"吴淞道路公司"由于资金不足，铁路工事处于停滞状态。于是，该公司向英国伦敦兰逊姆斯·拉拔尔（Ronsonmes & Rapier）工程公司求援，并于一八七四年七月间重新组织一家"吴淞道路有限公司"，同时委托怡和洋行作为在华代理人。怡和洋行接手后，全盘承受这一公司的"权益"，于路基工程完成后的一八七六年一月间开始路面工程，二月十四日通行料车、六月三十日上海至江湾段工成试车、七月三日正式通车营业。英国人修筑此路是为了扩大影响。它大肆鼓吹此路通车的意义，远不在于这条短短铁路通车的本身；而在于此举势将成为铁路能在中国通行的一个标志。

与地方当局态度相反，沿路人民对洋商私造铁路从一开始就自发奋起抵制和抗争。例如，"吴淞道路公司"利用清地方官员放弃职守、不予制止作机会，更以威胁利诱的手法谋取地皮；但是，好些区段因为"乡民未服"、"商办不决"，始终未能完成所谓承租的手续。再如，在勘测线路时，"乡民"又"叠次拔去木桩"；在填筑路基时，"乡民"或向地方当局禀称有碍水流，要求制止；或对铁路工事直接进行"阻扰"、"肇衅"等等。当公司准备正式通车营业时，沿路人民的反抗斗争更加广泛、激烈。六月

① 《申报》，1873年1月13日、1月24日。
② 《英国驻华各口岸领事商务报告》（英文），1876年，第19—20页。

间，江湾一带居民鸣锣"聚集数百人"，捣毁公司设在该处办事房家具。另据记载，临近铁路的各个村子居民和上海士人，曾经设计袭击铁路的种种方法包括用卧轨方法制止火车的通行。①

一八七五年五月，沈葆桢调任两江总督后，考虑到英国、美国擅筑铁路侵犯中国主权，而且吴淞位于长江入海口的要地，决意"极力阻止"列强的行为；为预防沿线人民向这家公司不断展开坚决的斗争有可能酿成三十余前广州三元里抗英斗争的重演，于一八七六年初饬新任苏松太道冯焌光与英国驻上海领事麦华陀展开谈判交涉，双方于二月二十二日作了首次接触。冯对洋商未经中国政府许可兴筑铁路首向麦华陀提出抗议，要他转令英商停止铁路工程建设。麦华陀却以地皮已经英商出价永租，对其作何用途未便过问相答复。二月二十三日，冯焌光再往英国领事署，针对麦华陀的遁词严正警告：既然英国领事无能禁止英商行事，苏松太道道署将"自行设法相阻"。麦华陀被迫应允转饬英商停驶火车一月，但要求一切工程仍照常进行。

沈葆桢得到冯焌光报告，除复令续与麦华陀交涉停止筑路工程外，同时咨会总理各国事务衙门请其向英国驻华公使威妥玛（T. F. Wade）进行交涉。三月初，该衙门照会威妥玛："不得谓为条约所不载，即为条约所不禁"；要求威妥玛转饬上海领事"严行禁止"②铁路工事的进行。威妥玛在同月中旬两次复照中，不仅仍蛮横不予理会，而且还要求早时未经苏松太道钤印的地契"转饬盖印"。同时，在上海方面，麦华陀则推翻前议，否认他自己在二十几天前曾经作出过转饬暂停行驶火车一月的诺言，反而

① 吉尔：《金沙江》（英文），1883年，第40页。
② 《总署奏上海英商就旧马路擅筑铁路拟论辩禁阻折》，光绪二年三月十九日。见王彦威编《清季外交史料》卷五，第17页。

于三月十九日擅自复准"吴淞道路有限公司"恢复吴淞铁路料车的运行。"吴淞道路有限公司"于是更加紧抢筑铁路工事了。所有这些活动事实，是对总理各国事务衙门抗议的示威，也是一种新的挑衅。

处此情景中，冯焌光于一八七六年三月二十一日（即光绪二年二月二十六日）照会麦华陀，提出严重抗议。照会除指斥洋商私造铁路侵犯中国主权、诓骗中国政府之非法外，义正词严地宣告："今既改造铁路"，业与当初来文建造"寻常马路"不符。所有已印租契及一切造路告示，"自今以后，均应作为废纸"。麦华陀无词复对。在上海地方官员据理力争下，威妥玛转派英使馆中文秘书梅辉立（W. F. Meyers），先后前往总理各国事务衙门和李鸿章处进行讹诈和恫吓，一则说吴淞铁路"若令停办，必闹大事"；再则说："已派水师提督到上海，竭力保护，自行保全"；还说：英军"已调大兵船二只"，"由大连湾星夜赶沪"，"兵端将开"[①]，等等。这些话语使李鸿章唯恐"必生衅端"，也使得总理各国事务衙门明知其理在我，却不敢力争。英国的讹诈策略初见成效，沈葆桢抗御侵略者非法活动的努力开始失去威力。

一八七六年八月，吴淞铁路上发生一件火车轧死人命的案子。在群情激愤中，沈葆桢再度指示冯焌光照会麦华陀转饬"吴淞道路有限公司"停止开车。麦华陀置之不理。沈葆桢本人直接照会英国领事务必停止运营，麦华陀依然置之不理。英方的横蛮无理，更激起沿线人民的愤怒。十月初，男女老幼八九百人齐集江湾一带，强力阻止火车的开行。英方始被迫答应停驶火车。吴淞铁路案的交涉出现了有利的转折。

---

① "与英国梅正使问答节略"，光绪二年三月十六日。李鸿章：《李文忠全集》，译署函稿，卷四，第50—51页。

这时候，中、英间正就发生在云南腾越（今腾冲）的"马嘉理案"进行交涉。威妥玛在与李鸿章进行该案交涉进程中，屡次要挟李鸿章以答应过问吴淞铁路案的交涉作为最后议结该案的一个条件。李鸿章勉强同意后，后者又利用马嘉理案的谈判挟制李鸿章在吴淞铁路案上作出有利于英方的"排解"。李鸿章于是提出一个"给价买回，另招华商股本承办"与相妥协的方案。

李鸿章当时任直隶总督兼北洋大臣，而吴淞铁路处在江苏境内，属两江总督管辖，吴淞路案的交涉当属南洋大臣管辖范围。李氏为了便于插手干预，在给威妥玛透露了上述方案后，便以"未便过分畛域"作口实，向总理各国事务衙门要求委派自己的亲信朱其诏和盛宣怀去上海就地磋商细节。此外，他又接连写了几封信给冯焌光，要他"勿执成见，早图归宿"；特别叮咛"切勿唆怂军民"①。朱其诏、盛宣怀与英方的梅辉立于 10 月初到达上海；在交涉中，由于李鸿章已透露了出价收买办法，双方并无严重争论，只经过一些细节商讨，即行确定以规平银二十八万五千两作为"买断银"，由清政府向该公司把铁路"买"了过来。这笔"买断银"，英方自己在事后承认："使投资人获得极大的利润"②。

上海交涉重点于是集中于怎么处置已建成的铁路上。沈葆桢的铁路"买断"后"洋商不得过问"的主张，是冯焌光信守的交涉底线。朱其诏、盛宣怀则是李鸿章意旨的执行人。这三人的地位虽然平等，然而事实上朱、盛二人持居高临下之势。于是，梅辉立乘机作无理要求，提出"中外合股集资同办"；甚至要求

---

① 《复冯卓儒观察》，光绪二年七月十五、二十七日。李鸿章：《李文忠全集》朋僚函稿，卷一六，第 19、21 页。

② 《美国外交档案》，1883 年，第 198 页。转引自卿汝楫：《美国侵华史》第 2 卷，第 160 页。

"中国买回后仍归洋商承管"。这样，谈判多次，无法达成协议。为使这次交涉能较顺利地进行，冯焌光不得不于十月中旬倡议谈判地点改在南京，并在沈葆桢的主持下，逐项驳斥梅辉立的无理要求，再度指出外人在中国地方擅造铁路是非法的；同时，也作了让步，准在"买"价付讫前一年期内，铁路的营运"暂由洋商办理"。十月二十四日（光绪二年九月初八日），中英双方始议定"收买吴淞铁路条款"，定性这次洋商私筑铁路是一次侵犯"中国主权"的行为；"为保中国自主权"①，这次姑"给价收回"，但不得将其援引为日后类似非法活动的先例。条款由中方代表朱其诏、盛宣怀、冯焌光和英方代表梅辉立签字；于一八七六年十一月二日经南洋大臣批准生效，为期八个月的此案交涉，才告结束。

根据"条款"，吴淞铁路在洋商办理下于一八七六年十二月一日恢复全线通车。事先，麦华陀邀请华方官员同乘试行。冯焌光拒绝参加，盛宣怀应邀前往。两人行止的差异，映现出清政府当权人物中在这件事上存在不同的态度。

外商在许其有权办理铁路的一年期间内，千方百计地谋求能长期保留这条铁路。为此，他们先则发售廉价的来回票，借以吸引"游铁路"的旅客；继则宣传公司营业成绩，借以炫耀铁路运输是一桩有利可图的事业。到了一八七七年九月间，也就是快到一年期满的时限，外商复连日散发传单，吹嘘铁路对中国的种种利益。另一方面，英、美官方又多方采取干预活动，企图影响中国政府准备采取的措施。据一八七七年八月间《申报》载：英国政府曾训令其驻京公使向总理各国事务衙门交涉，要求不拆铁

---

① 《收赎吴淞铁路条款》，光绪二年九月初八日，铁道、交通（两）部编纂委员会编：《交通史路政编》，第1册，第8—9页。

路；一拆铁路则将损害两国交谊。美国公使西华则既亲往总理各国事务衙门纠缠，又递致照会，直到交付最后一次"买断银"的头一天，他还向总理各国事务衙门送一个"节略"表示："此路不过一式样"，"兹竟速行废坏，岂不可惜"；"此路若废，官民必以贵国为不悦此奇异之法，自不想再拟别造铁路，岂不于各省长进大有妨碍？"① 西华何事关切？ 原来他们担忧的是这个"式样"设若一旦"废坏"，会影响他们进一步在中国别造铁路的阴谋的实现，从而大有"妨碍"他们深入中国"各省"的活动！

　　两江总督沈葆桢秉着守土有责，主权不容侵犯的原则，指令吴淞铁路在一八七七年十月二十日交讫"买断银"后十天内动工拆除；旋如期予以拆除。

　　沈葆桢对建造铁路总的说，并不采取深闭固拒态度。一八六七年，他致总理衙门"条说"中早已认为："铁路，如其有成，亦中国将来之利也。"他对吴淞铁路的反对，是认定此案缘于外商侵犯国家主权，非法构建；且（吴淞）地处冲要，位置不宜，唯恐或碍海防安全，乃采取断然此的措施。在下此指令前的当年夏天，沈葆桢在与冯焌光预筹吴淞铁路善后之事时，倾向于将待拆下的路料用于"湖北武穴［采煤处］转运煤斤"②，以资利用；但事后拆下的路料运到台湾岛上欲加以利用；不知何故，这些材料后来被弃置在海滩上。这只好另当别论了。

---

　　① 《美国公使西华致总署照会》，光绪三年九月十一日。见朱士嘉《十九世纪美国侵华档案史料选辑》下册，中华书局1959年版，第413—414页。
　　② 冯焌光：《西行日记》，第8页。光绪七年刊。

二　临城劫车案和所谓"'团匪'重现"*

一九二三年五月五日深夜至次日凌晨，津浦铁路临城车站附近发生的孙美瑶率众劫车案，是中国近代铁路运输史上一次空前绝后的劫车事件。在这次事件中，中外旅客被戕毙者一人（英国籍）、被掳去作为"肉票"——人质者一百余人（其中二十六人为外籍人士）。北洋政府在中外舆论同声质责、呼吁中，也以事涉外人生命安全，立即采取营救措施，并作实地调查；驻在北京的各国使馆则组织国际武官团偕与前往。外交部在致驻北京外交使团的照会中说：这一事件"出于土匪之不法行为，意在掳劫财物"，"并非排外举动，亦无特种仇视外人之表征"。其所以掳劫旅客，意在"藉以要挟官军解'劫持者时所盘踞的'抱犊崮之围耳"![①] 可是，英国别有用心。事件一发生，英国除了要求中国政府切实营救人质，又企图借此机会实现其久想实现的国际共管中国铁路的阴谋。英国使节串联驻华各国使馆联合动作并在英文报刊发表所谓"'团匪'重现"的新闻，以耸动听闻。这种蛊惑人心的说法，把当年"八国联军"的入侵气势竟在外交上"重现"！一时间，两个八国包括葡萄牙、荷兰、古巴、挪威、比利时、西班牙、美国、德国、法国、意大利、墨西哥、英国、日本、芬兰、丹麦和巴西共十六国驻中国使节组成的外交使团，对中国发动猛烈的外交进攻并施加巨大的压力。

---

*　原载：《铁路春秋》1992年第1期。该刊刊例，发表的文章概不加注，原注被删除；这里据仅存史料补注。"团匪"，是当年别有用心的外籍人士污蔑义和团的用词。

①　外交部致北京外交使团照会（稿），1923年9月24日。外交部档案、中国第二历史档案馆藏（简作"二史馆藏"）。

国际工人运动活动家、越南人民革命领袖、中国人民之友胡志明当时针对英国为首的这一行动，在法文《工人生活报》上发表题为《英国的殖民政策》文中指出："利用临城事件，英国驻北京大使借口保护侨民的安全，最近从铁路方面入手推行它的殖民政策的第一步。"①胡志明一语揭穿帝国主义行动的实质。

临城劫车案在当年震惊一时，全国关注。事过四十余年后，仍有人对其多方探索究竟。如山东省政协文史研究资料委员会于一九六三年七月在特别征集与山东有关的人物传中，即列有"孙美瑶"其题。它所出版的《文史资料选辑》第一、二辑中，先后刊登了方伯龙的《临城劫车案始末》和刘子衡的《孙美瑶临城劫车案如是我闻》两文。方伯龙在案发当年，任兖州镇所属第六旅第一团第一营营长，在事发后即率部入山履行清剿任务，所述多据官方资料；刘子衡为滕县人，距事发当地亦不远，仅八十华里，系依据当时的传闻并参考报刊材料写成。一九九一年出版的《铁路春秋》创刊号上刊有《临城劫车与军阀阴谋》一文，用形象笔触，希图重现史事。本文则对这一事件换一视角，即作为涉及铁路的一件国际纠纷个案，作一探索和粗浅分析。

（一）国际纠纷案之背景

众所周知，从十九世纪末起帝国主义列强（俄、法、英、德、日等国）猖獗争夺中国铁路权益的活动。它们各自怀着经济的、政治的目的，在我国恃强兴建或提供借款敷设铁路，进而形成帝国主义各国在中国的"势力范围"。接着，兴起较晚的美国谋求突破这一格局，提出所谓"门户开放"政策。英国当其在华久已存在的霸权遭到其他诸国的挑战之际，自恃在中国铁路上拥

---

① 《胡志明选集》（署名阮爱国）Ⅰ，第19—20页，河内，中文版。

有巨大势力，于一九一一年辛亥革命后，通过多种方式力主"国际共管"中国铁路，借此把中国铁路实际置于自己的控制之下。第一次世界大战一结束，美国倡议组织国际新银团，英国全力支持在北京设立拟名为"中央铁路局"的这样一个机构来管理中国的铁路。在一九一九年的巴黎和会和一九二一／一九二二年之际的华盛顿会议先后筹备召开时，英国除了为谋共管中国铁路继续行动外并施加政治影响，使北洋政府中亲英美官员如钱能训、周自齐等以"外交委员会"名义，推动北洋政府在这两个会议上自行提出如"统一铁路外债案"等提案，借以最终促成"国际共管"中国铁路，只是这些行动，都没有成为事实。

英国谋以"国际共管"中国铁路实则企图置中国铁路于其控制之下，经过几番行动未遂，恰于一九二三年津浦线上发生了劫车事件。英国驻华公使麻克类（J. W. R. Macleay）认为这正是一个绝好机会，便借机掀起最终目的在于"国际共管"中国铁路的外交风波。

十余国驻华公使得悉劫车讯息，甚为震惊。经聚议，除了派出国际武官团前往出事现场了解实情外，迅由外交使团首席葡萄牙公使符礼德（B. Freitas）一再以口头或书面向中国外交总长顾维钧表示关注，提出警告：必须由中国"负外人生命之责"，要求"悉心营救，及早释放"人质。与此同时，英国在事发十日后，在外交使团聚议时，提出对中国"惩戒条件"。不过，当时因为被掳外籍旅客尚扣押在事发地点附近的抱犊崮，"恐惩罚及善后计划一经泄露，将碍及羁虏之速释；投鼠忌器，一时秘而不发"[①]。

一九二三年六月十二日，山东地方当局与孙美瑶谈妥招抚条

---

① 　译《字林西报》社论，转引自 1923 年 6 月 24 日《民国日报》。

件，被劫持的外籍旅客终获全部释放。

(二)英国公使的"惩戒"方案

事件发生的一九二三年五月中旬，英国公使在外交使团提出"惩戒"要求；绝大多数国家的使节并不以为然。他们认为此案既是匪帮劫车的一次偶发事件，若要求善后，只该责成中国给受害者以赔偿就可以结案，并初步商定每人按情况不同应获赔偿的款数。英公使提出异议，主张非在中国设置铁路卫兵不可，并提出所拟具的草案，要点是：第一，中国设置护路卫兵，其指挥、教练之权属诸各国；第二，护路卫兵的组成，大部分招募华人充任，保留一部分职位聘任外籍人士；第三，中国铁路各条线路上，由北京外交使团决定每一英里驻扎卫兵的人数。除上述各点，另要求在中国铁路的若干线路上聘任外籍人员充任会计监督①。

美国驻华公使舒尔曼（J. G. Schurman）和日本驻华公使芳泽谦吉，遵循各自国家国谋华的既定政策，鉴于英国的方案势必有碍自己国家侵华政策的实现，或表示不同意见，或以须向本国政府请示相推托。参与外交使团会议的另一些国家使节也表示，除所谓"警备问题"外，其他问题拟报请各该国政府决定，英国的方案被暂置一边。

各国驻北京外交使团无视中国主权讨论上述诸问题，其时执政掌权的北洋政府中枢正忙于抢班夺权；黎元洪下台，曹锟"贿选"，政争不息，对于外来的侮弄，根本没有放在心里。

欧美列强视中国政局的纷扰不安，正是迫使中国作出某种让步的机会。放手让其在华使节便宜行事。八月十八日，符礼德领

---

① 《外交团会议临案善后》，《民国日报》1923年7月13日。

衔、其余十五国使节联署，以外交使团名义照会中国外交部，由领衔公使亲交总长顾维钧。照会中称：根据国际武官团调查结果，"证实中国护路办法未臻妥善"，外交使团"以为中国路政之改良，为一急不容缓之事"；悍然说什么"甚愿就职责所在"，"赞助中国政府共同办理"。照会中正式提出处理"临案"的三项如下要求，可以依稀察出是以解决"义和团"问题时所提的要求为模式而做成的；即：

第一，赔偿。人均赔偿银八千五百元。第二，保障。又分三点。其一，规定当地督军和其他官长的责任；其二，**铁路保护办法**；其三，外交使团认为必要的保障问题。第三，指名惩办山东督军（田中玉）和津浦路主管官员。又认为"其最宜亟应举行"者为第二条的第二点，即"为改组护路警队，以特别编制的中国路警，接受外国军官管辖"，并由中国政府授予"保护中国铁路"的全权。至于详细办法，外交使团保留另行提案权[①]。

从临城劫车事件起到外交使团提出上述照会这一期间，山东地方军政当局，即督军田中玉、省长熊炳琦，特别是田中玉着实为营救外籍旅客做了一系列工作。如先是对劫持者临以兵威，旋则派人入山谈判谋求妥协。田中玉既被指名应予惩处，他所属同系军阀涉及切身利害，以维护本系这一头面人物而挺身陈词，指斥外交使团悍然干涉内务。至于其他派系的人物，由于利害不同则对田某或相倾轧或予同情，反应各有不同。

北洋政府中枢一时无内阁总理（只有临时内阁），在获悉外交使团图谋设置护路警队信息后，由外交、交通两部等临时会商办法，拟自设护路总司令并任命瑞典籍军人曼德为总司令，以作抵制。这一对策，说是用以抵制外人共管铁路，但信用、依附一

---

① 原件，"二史馆藏"外交部档案。

名外国军官，畀予大权，无异自行让许外人干涉中国内政，给外国提供进而要求共同警戒我国铁路的口实。

一九二三年八月二十日，英、美、法、日、比、荷、意七国公使举行会议，英国基于策略上的考虑，在会上将其所拟就的护路行政局组织案，由荷意两国提出。其核心内容为，仿照当时的盐务署，组织铁路警察局。铁路警察局的内部组织，也以盐务署为模式改组，即该局设华洋局长各一，权限相等，统辖全国国有铁路的警权；在每条线路上设护路局，由洋人充当调查、指导之职。该局职员中的会计限定须用洋员，专管发放路警薪饷等事。所需经费从铁路运输收入中取给；与此相关，对某几条国有铁路的财务实行监督。另就准备提出的"照会"中用词；英国主张强迫中国"承认"，各国主张用"劝告"口气①。会上，预定铁路警察局的外籍局长一职由英国陆军少校（一说是少将）蒲鲁士充任。蒲鲁士曾先在英国租借的山东威海卫长期驻勤，继任上海公共租界工部局总捕头，由于"名誉不佳"当时已返回英国②；却又要把他请来就任上述一职。

日本其时正在向英国在华霸权挑战。芳泽谦吉在使团会议中虚与周旋。日本报刊则频发议论，表示日本对英国的动议应持抵制的态度；或作质问：设若中国"全国铁路警备责任统由列国负担，万一再有临城第二事件发生，则列国岂非必将处于极困难之地位？"也有指出：用洋员执掌护路队的财务，经费取自铁路的运输收入，势必导致对中国铁路的车务和财务的监督，将有违华盛顿会议的精神；更有直率指出"警队司令之人选，将来有成为

---

① 《铁路共管之第一步》，《民国日报》1923 年 8 月 25 日。
② 《铁路共管形势严重》，《民国日报》1923 年 7 月 20 日。

某一、二国傀儡之事"①，而就当时国际形势而言，绝不可能出现为日本（所能支配）的傀儡。日报的这些言论说出了日本外交政策的要点；实为日本自己谋，并不真为中国想；但所论述的却也不无一定道理。

（三）民意不可侮

时代在前进，人民在觉醒。自从"临案"发生后，中国举国一直给以密切注视和关心。各方人士既督促有关当局尽力营救，也有致电与"肉票"有关的各国驻京使节表示同情，并请转致家属以慰问。但对外国驻京外交使团谋趁机侵犯中国主权、干涉中国内政的无理要求，则以通电、快函、传单等多种方式，表示激愤之情、坚持严正的原则立场。如山东学生联合会于事发的五月中即致电外交使团称：津浦劫车，"殃及友邦行旅，我国国民自能行使职权，大张挞伐"；列强若竟"假名乘机，侵我所有，主人尚在，宁能甘心"！"万望……勿逞意气"②，以警告蠢蠢欲动的列强。八月底，救国联合会又致电符礼德并请转致各国驻华使节，指陈驻北京外国使团所提要求"有碍敝国主权"，"敝国人民绝对不能承认"；并严正声明三点：第一，本国"路警已在积极整顿"，对所传拟强行设立"护路行政局"或"任何妨碍主权之条件，绝对不能承认"；第二，查华盛顿会议议决尊重中国主权，"今若容许外人设立此种护路行政局，或承认任何妨害主权之条件，则不仅徒自弃主权，亦且破坏华盛顿会议案……而启世界之纷争也"；第三，"匪祸本为各国所难完全避免之事"，即使以中国"未能避免为词"，"其要求之条件，亦仅能以避免匪祸为限"；

---

① 《铁路共管之反对声：日本朝野反对态度》、《民国日报》1923年8月30日。
② 《鲁学生对津浦劫案表示》，《民国日报》1923年5月19日。

"匪祸致贵各国人士受有损失，亦仅能赔补直接损失为限"，断未可因不能避免匪祸之故，"即要求干涉或管理铁路之理"。该电反质："民国成立以来，一切政变匪乱，时有外人接济饷械"；若依照英公使对于"临案"提案之同一理由，"则中国十余年来受害人民，亦应要求济械助乱之国负责，赔偿损失"。试问如此主张，"能得贵各国之承认与否?"①……等等。

这些电文，既揭出列强横生枝节趁机压迫中国的意图，也给予外国驻京外交使团一反击；同时，未尝不是兼对北洋政府以提示和警告。国民救亡会等二十九个民间团体，更向全国国民散发传单，指斥外国驻京外交使团借机作梗，越俎代谋，希图乘机侵我主权，以警醒国人。

（四）北洋政府的委曲求全

北洋政府不顾民意，唯谋委曲求全。一九二三年九月二十四日复照驻京各国外交使团：护路一事，已经详加研究，并已规定办法，以求能够达到保护行旅安全的目的。具体办法，是在京汉、京绥、京奉、津浦各路经过地方，划为四区，于"沿路择定险要地点，驻扎军队，以资保护"。交通部对原有维持治安的"特别路警，力求改良；决定于必要时聘用外国专门人才，以资襄助"。最后对外交团的所谓"关怀路警问题及其襄助"之意，非但不严词驳斥，反而表示"深为感激"，只是"义难承受"。言外之意，希予谅解，最后保证一定"自动改良护路之计划，决意竭力进行，期获最良之效果"②。

这一年十月四日，驻京外交使团再递照会，催逼中国政府接

---

① 《反对铁路共管各地纷起》，《民国日报》1923年9月2日。
② 照会原稿，"二史馆藏"外交部档案；《民国日报》，1923年9月28日。

受前所提出的赔偿、护路、惩办三要求，以解决"临案"。其时尚未就任总统的曹锟为获列强支持，有如《民国日报》所抨击，作为他的"对外之见面礼"①；而于十月十五、十八两日，由外交部两次复照驻京各国外交使团。关于护路一节，陈述处置方案的三个步骤：第一步，先于津浦、京汉、京绥三路设护路警队，必要时并及于胶济、京奉两路；第二步，该警队司令部设于济南，以曼德中将为总司令，对铁路会计及部分运费有支配权；第三步，警队由中国新募二万人充当，授权曼德雇用经过训练的外籍校官十三名，并让这些人在警队中充任适当的职务②。事实上这只是对驻京外交使团所提出的要求，换个形式的接受。关于惩办一节，以田中玉在全国舆论谴责和外交压力下，已经下台，复照中用"早已免职"作交代。剩下的只有赔偿外籍乘客一项作出肯定的承诺，由于驻京外交使团对具体数字的讨价还价，直到一九二四年四月，才最后确定为银三十六万三千三百零一点四十二元。这也就是说，比原先提出的数目还要多得多（超过百分之六十）③，成了国际交涉中罕有的事例！

帝国主义强国以临城劫车这一偶发事件，恣意夸大，由当年与中国同有外交关系各国驻华使节一致行动，猛施压力，侵犯中国主权、干涉中国内政，提出远远超出为了结事件本身的诸要求。当年的北洋军阀掌权，既无能，又不顾国家安危、忙于派系斗争，客观上为帝国主义国家动辄侮弄中国设置条件。觉醒着的国民奋起相抗，据理直争；而在执政者的迁就下，终使国家主权、利益蒙受凌辱和损害。

---

① 《民国日报》1923 年 10 月 17 日。

② 参看原件（稿），外交部档案"二史馆藏"。

③ 原提人均赔偿银八千五百元，事件中被戕毙一名、被掳二十六名，共二十七名；即使按原要求赔偿款计，该为二十二万九千五百元。

尽瘁国事的詹天佑[*]

詹天佑所生活的年代，是中国急剧趋向衰落、并被世界列强当作实施殖民主义目标的年代。詹天佑出生的一八六一年，是清王朝在人民大起义打击中，并将从濒于灭亡危境解脱出来、在内政外交方面亟谋实施所谓"求富"、"求强"国策而发生宫廷政变的一年。詹天佑是中国近代首批出洋留学生中的一人，在学成归国后，作为一个工程师，执著于"以建设求进步"，践履笃行数十年如一日。在那个时代的归国留学人员中，他是一位得以运用其专门学识并作出非凡贡献的佼佼者。在当年特定的内外形势下，他为了维护国家主权尊严、民族的荣誉和利益，作出了他能做的一切，直到生命的最后时日。

一 家世和留学生涯

詹天佑字眷诚，一八六一年四月（咸丰十一年）出生于广东

* 原载中山大学近代中国研究中心编《从林则徐到孙中山——近代中国十八先贤传》，中山大学出版社 1994 年版。

南海乡间（今为三水市辖）一个世业茶叶出口生意的家庭。他的祖籍是安徽婺源（今江西省辖），由他的祖、父两辈，从那里先后迁至广州，落籍于南海。詹氏家族为经营外贸世家，素与外洋较多交往。当清政府于一八七一年在上海设幼童出洋肄业局，并分别在上海、香港各地招收幼童赴美学习，詹氏父亲作主，突破世俗成见，以安徽婺源籍具结，为其在香港报考技艺门。第二年，十二岁的詹天佑成为中国近代第一批留美官费学生三十人中的一员，前往美国，开始他的留学生涯。

詹天佑到了美国，进入康省威士哈芬的海滨男生预备学校学习；为了利于学习语言和熟悉生活习俗，寄居于当地诺索普（Northop）先生家里，备受主妇诺索普夫人的照顾；詹天佑也以她为老师相礼待。一八七六年，他考入纽哈芬的山庄高级中学，一八七八年十七岁时进耶鲁大学雪飞利工程学院学习土木工程；数学成绩最为优异，"侪辈无出其右者"。一八八一年他以题为《码头起重机的研究》的毕业论文获得土木工程学士学位（后于一九一六年被授予荣誉硕士学位；同年，香港的香港大学授予荣誉法学博士学位），即束装回国为祖国效力。

二　辉煌与遗憾交织的主持铁路建设

清政府"为开风气"，采取出洋留学政策本身意味着承认外国有可取法的学术——科学技术知识；可是作为先进科技知识载体的毕业回国的留学人员，当年受国内固有体制的局限，总又罕有人尽其才者。比较起来詹天佑是一个幸运者，虽然在回国后最初几年他也用非所长；如最初分配在福州船政局习驾驶，继派他在"扬威"号兵舰上服役；又应两广总督张之洞的聘请在广东博学馆（旋改名水陆师学堂）任洋文教习。在此期间，詹天佑勤勉从事，就其所知所能，做出一定业绩。如在船政局期间，局方给以"技艺素优"的考语，赏加五品顶戴；服役"扬威"舰上恰遇中法战争，他与全舰官兵一起，在马江战役中奋力抗击入侵的法国舰队；到了广东，在尽力教职之余，完成了广东沿海岸线的测绘工作，绘制《广东沿海险要图》一幅；惜此图久未见知，可能已经早佚。

铁路在中国从十九世纪六十年代起经二十余年的争议，少数具有企业精神的富商，配合开发唐山开平煤矿，先于清政府的定策，于一八八一年在该矿区附近集股引进设备。这就是中国最早的一条商办铁路——唐（山）胥（各庄）铁路。该路运行效益，经数年实践证明，无论是对矿区而言，还是就铁路本身来说，都如预期而无不及。这样，原投资者决定就已成线路进行逐段展筑。一八八七年，他们在着手展筑从阎庄接造至天津线路的同时，把原"开平铁路公司"改名为"中国铁路公司"，其意在修筑铁路不仅限于矿区一隅，而将以国中铁路的建设尽收在自己的视野之内。

一八八八年，詹天佑应聘任中国铁路公司的工程师，这是他置身于铁路工程事业的开始。嗣后三十余年间他几乎没有一天离开过中国铁路建设事业；国中试图自办的铁路也几乎没有一条未同他发生过联系。

詹天佑初任铁路工程师，即在英籍总工程师金达（C. W. Kindar）统率下主持连接东北铁路的关内外铁路唐山至山海关的关内段铁路的建设。滦河大桥是此中的关键工程。该桥计长六百七十一米，桥基所在的河床流沙层甚厚，初设桥墩两次遭洪水冲毁。詹天佑为克服这一困难，果断引进当年属于新技术的压气沉箱法施工，获得成功，保证了该段工程于一八九三年如期完工。

一八九四年甲午中日战争爆发，从山海关至沈阳的关外段工程只筑至出关数十里的中后所（今辽宁绥中）即被迫停工。这次战争一结束，清廷提倡"力行实政"，把铁路列作其中的一个重要项目，着手建设（天）津芦（沟桥）线，詹天佑被调任为该路工程师参与建设。一八九八年清政府决定恢复关外段工程，詹奉命转至关内外铁路总局出任山海关至锦州段的总段工程师。一九○○年"八国联军"侵华期间，关内外铁路的关内、关外两区段分别为英俄两国侵略军所占领，关外路工又被迫中断。詹天佑应铁路总公司（盛宣怀于一八九七年一月奏准设立）约，一度南下主持萍（乡）醴（陵）铁路工程；第二年仍回关外段工作；一九○二年，奉派与俄国占领军交涉办理接收关外段铁路。同年秋，清廷宣布明年"谒（西）陵"，有关当局为便于往来计，拨官款银六十万两，决定从京汉铁路高碑店站（河北新城辖）至梁格庄（易县辖）陵地修建支路一条，最初拟把工程交给金达主持。法国公使闻讯奋力争夺，认为京汉虽借比（利时）款建设，实多为法国资金。新易线既属京汉支线，坚持要求由法籍工程师来设计建造。英法两国相持不下，耽误着这条支线的修建。有关当局于无可奈何中责成詹天佑主持。詹氏仓促受命，工程于一九○二年十一月开工，次年五月告竣，全长四十二点五公里。此线虽是一条短途支线，却是詹氏初次独立负起整条路工设计、建设的全责，并以工期短、费用省著称于一时。詹氏在中国铁路建设中开始崭露头角。

　　一九○三年，南洋侨商张煜南鉴于铁路为开发实业的要举和屡有洋商图谋在他的故乡潮州设置铁路的活动，为"占先着"，张氏具禀清廷商部获准设立公司，开办潮（州）汕（头）铁路。詹天佑在该年恰因父丧回到广东，张氏乃向北洋大臣袁世凯禀准借调詹氏擘画路事。詹氏积极从事，对全路作了一番踏勘和工程估价，决定尽心完成这一线路。可是，该路由于着手筹办时即被渗入日本的资金，所以日本恃强凌弱，急剧扩张权力，从包揽工程起，终至几乎篡窃公司经营全权。詹氏深受挤压，无可作为，卒被倾轧而去。一时传出詹氏之引退是由于"意见不合"，[1] 然而这不过是一句掩盖真相的饰词罢了。詹氏在投身本国铁路建设中，这是扼于列强的威势而未能施展抱负的首次。

詹天佑在北返途中，经过上海，应沪宁铁路局之请，任顾问工程师；旋奉命绕往河南核查英商投资建筑的道清铁路账目和工程情况，作为不久后受让的依据。事毕，再度往关外主持建设工程。当该段修至新民屯，以日俄两国争霸，于此交战，工程第三次被迫停止。之后续行展筑，则面目全非，全被控制在日本人手里来进行了。

张家口历来被称为"南北互市通衢"，又是截至二十世纪初已有近二百年历史的中俄陆路贸易的要冲。从北京敷设一条铁路到张家口，足以密切华北与塞外包括内外蒙古的联系；它不只是在经济上，而且在政治、军事上都具有重要的战略意义。英、俄两国为争霸中国，在十九世纪末，擅自约定以长城为界，把界内、界外分别认做自己的"势力范围"，虎视眈眈，企图插手修建此间的任何一条铁路。二十世纪初期的几年里，国中商人又屡屡饰词蒙混，要求承办从北京到张家口的铁路。在如此局面中，清政府于一九〇四年宣布该路由国家筹款建筑，禁止商人率意请办。在日俄战争中俄国受到惩创，英国乘机同意清政府的要求，允从借有英款的关内外铁路余利中年拨银一百万两，作为"开办京张路工"经费，以便对俄国隐作牵制。清政府采纳北洋大臣兼督办关内外铁路大臣袁世凯的建议，一九〇五年五月决定修建（北）京张（家口）线。考虑到一八九九、一九〇三年两年，中

① 《大公报》光绪三十年六月十六日，见宓汝成编《中国近代铁路史资料》第3册，北京，中华书局1962年版，第938页。

俄、中英之间对"北京向北"和"北京至张家口"的铁路，分别有"不允他国人承造"和"应归中国造办"的约定，[①] 为避免发生纠纷，决定"此路即作为中国筹款自修之路，亦不用洋工程司经理"，并遴选詹天佑为京张铁路会办（一九〇七年升任总办），兼任总工程师，责成他"精心缔造，壹意经营"[②]。

詹天佑受命后，以国中以往"于一路之工，必需借重外人，引以为耻"，当即组织一时俊彦，如邝孙谋、俞人凤、颜德庆等人协力共事（邝共事时间很短，旋离去）；自勉、互勉创设京张铁路；认定建筑此路的成败，势必不只关系到中国工程界的荣誉，而且关系到国家荣誉、地位的大局。基于这份爱国情操，他们决心排除万难，完成国家赋予自己的使命。

詹天佑在线路设计中，体现出了既具有战略眼光，又甚注意于战术细节。就其大者，主要有三点：

首先，詹天佑不是就铁路而仅考虑铁路，而是对线路所经地区路成前的社会经济概况详加调查，又对成路后的地区发展前景细作分析和预测。经他亲自调查得知：当时每日用马车、骆驼转运货物经过居庸关"有两万担之谱"，"每担运费约银一两二钱，每日车价约银三两五钱"。又，铁路沿线的宣化鸡鸣山和怀来新保安的煤矿，铁路成后，将会有条件把手工挖掘改用机器开采；这样，采出的煤既可供铁路用，又可运销他处。铁路运费既"较驼运低廉"，煤业可以预期能兴旺起来。这样，除了能够增加铁路的收入，还可因运输成本的减少而降低煤的价格，使民间"乐于购用"，更促进煤业的发展，进而使"产地小民"可以"借煤

---

① 参见宓汝成《帝国主义与中国铁路，1847—1949》，上海人民出版社1980年版，第166—172页。

② 袁世凯《养寿园奏议辑要》，1937年刊本，卷二四，第8—10页；卷四〇，第1—2页。

矿以谋生计"。① 他对铁路运输效益作了这样的判断后,又细析铁路运营前景。即使按未成铁路前这一大道上的货运量为准,"将来由火车装运、每担车脚以二钱五分核算",全年客货运收入约银一百八十万两。"客座每里以制钱五文核算",平均日载客五百人计,全年客运收入约银二十六万两。客货两项收入,共约银二百余万两;减去营运支出,预期可以年获大利。结论是:"此路早成一日,公家即早获一日之利益,商旅亦早享一日之便安;"而在政治上又可尽早杜绝外人的觊觎。② 这就充分论证了建筑这条铁路的必要,而且甚具迫切性了。

其次,在选线和工程设计中,始终贯彻从大处、远处着眼,细处、近处入手的做法。在工期、资金已定的条件下,詹天佑坚决要求达到当时可能达到的高标准。当清廷策划修建京张铁路时,詹天佑已奉命率工程员张鸿诰、徐士远等踏勘全线,提出估算:全路若从速动工,四年可成。工程需银五百七十二万九千三百六十两;购置各种车辆需银一百一十三万零五百六十两;四年内员工薪水、杂费共需银四十三万二千两,三项合计为银七百二十九万一千八百六十两。③ 京张全线二百余公里间就地形说,首段(丰台至南口)、终段(岔道城至张家口)都比较平坦;中段(南口至岔道城)则"中隔高山峻岭,石工最多","路险工艰,为他处所未有"。此段工程是制约着京张全路能否如期建成、建好的关键。为选取一条最佳线路,詹天佑与副工程师颜德庆等亲临工地,选测了七八条,通过反复比较,最后确定关沟线。此线总长十八公里间,一路"两山对峙,阪险而陡峻,悬崖峭壁立乎

____

① 中华工程学会编:《京张铁路工程纪略》,1915年刊本,第4—10页。

② 《京张铁路工程纪略》,第4—10页。

③ 见交通史编纂委员会《交通史路政编》,第9册,1935年版,第1741—1742页。

上，溪涧潺湲流于下"；"夏雨之后，万山之水奔注其间，泛滥若决"。其中南口至八达岭段更是相距"不过六万尺"，"地面之高下竟至一千九百余尺之悬殊"，坡度极陡；特别是居庸关至八达岭间，"路线不长而高度相差甚远"，"山环谷深"，其中"驰名之关沟，需开四座隧洞以穿之；其工有一二〇四尺者，亦有一五〇尺者，又有六三尺者，三五八〇尺者。亦有凿深至九〇余尺，方能有济"。成路后"无地旋车"。他们在连"使用仪器几无之地"的"层峦叠嶂"、"石峭弯多"处，作出全盘的精心的设计。[①] 就大处说，例如在石佛寺至青龙桥东沟间大胆采用一九〇五年才被驰名国际的线路勘测权威皮汉（Beahan）等所肯定的"人"字形（Switch-Back）线（又作"之"字线）技术，"以免坡度之陡"，"以减山洞之长"。另充分考虑径流的最大量而对桥梁、涵洞等工程，都严要求地按高标准来设计。

三是精心施工。设计周妥是保证工程质量的前提，但并不一定能够保证工程质量的上乘，还要看是否能够继之以精心的施工。京张线在詹天佑的督办下，工程质量完全达到了设计水平。这不单为当年八达岭隧道贯通时"测见南北直线及水平高低"，在"未差秒黍"[②] 上立即体现了出来，而且也经受住了历史的检验；即京张路自从完成交付运营到如今的八十余年间，与其他山区的线路相比，塌方等事故独少。

京张线路的建设于一九〇五年三月着手初测，同年十月二日正式动工，一九〇九年七月四日铁轨铺至张家口，全线告成，计二百零一公里。该路按原计划提前完成，节余工银三十五万六千

---

① 《交通史路政编》第9册，第1741—1742页。詹天佑在京张铁路通车典礼上的演说词，宣统元年八月十九日于南口车站，见《詹天佑传记资料》，天一出版社，台北。

② 《交通史路政编》第9册，第1742页。

七百七十四两，约相当于预算额的百分之五；同年十月二日举行通车典礼，交付营运。四年时间全部完成。

英籍工程师金达于早年曾经踏勘过京张间的铁路线路，深知八达岭关沟段坡度陡、开凿隧道工程大。听说詹天佑出任总工程师，金达认为不可能成事。另有一些外国人也跟着在报纸上讥讽中国人，说什么"中国［筑］造此路之工程师尚未诞生"；[①] 如此等等。詹天佑对之不屑置理。他秉持为国争光的伟大精神，坚持科学行事，终于把线路建好建成。当应邀参加通车典礼的外籍工程师如金达、柯克斯（Cox）等参观、考察了这条张铁路后，都对詹氏等能如期完成如此艰巨路工，表示钦佩，特别是对青龙桥、鹞儿梁、九里瀑三处"省去峒工"的设计；赞为"绝技"。[②] 邮传部尚书徐世昌在典礼上致辞："本路之成，非徒增长吾华工程师之荣誉；而后此从事工程者，亦得以益坚其自信力，而勇于图成"。又道："将来自办之铁路，继兴未艾，必以京张为先河，所关非细事也。"詹天佑领导修建京张铁路的卓越成就的意义，岂止限于铁路本身，在一扫由于国势积弱所形成的民族自卑心理和振奋民族自信心上，也产生了不可低估的作用。

还在京张铁路竣工前，邮传部于一九〇八年十月决定将此线路从张家口展筑到绥远（今内蒙古自治区呼和浩特），与京张并称京绥铁路；仍由詹任总办兼总工程师。不过，在完成京张路工后，詹天佑已先应四川商办川汉铁路公司的邀请受任该公司的总工程师，继应河南商办洛潼铁路公司之请受任为顾问工程师，后又被广东商办粤汉铁路公司全体股东推举担任该公司总理兼总工

① 《京张铁路工程纪略》，第3、26页。
② 转引自高宗鲁《詹天佑的生平与时代》，见凌鸿勋、高宗鲁合编《詹天佑与中国铁路》，台北，1977年版，第25页。

程师。这样，除了张绥工程（由邝孙谋主持）、洛潼铁路事实上迄未动工外，詹氏出于他的奋发图强的意志、建设中国铁路的热情，全身心地投入于粤汉铁路和川汉铁路两路的设计建设之中。可是，由于受整个大局的限制，特别是在列强霸权势力的挟制下，詹天佑都未能充分施展其抱负和在中国铁路建筑史上再添辉煌。

　　四川川汉铁路公司从一九〇三年设立起六年间，公司内部矛盾重重，不单没有造成一尺一寸的铁路，而且对该路究竟是从东端或从西端或东西两端同时开工这一节，也一直没有决定下来。一九〇九年京张铁路工成，邮传部应该公司的要求，调派詹天佑、颜德庆为川汉铁路的正、副总工程师。他们缜密考察了该路沿线自然的、社会的以及运输等等条件，由詹氏做出决断，从东端湖北的宜昌开工，并于同年底开建"宜（昌）万（县）"段。他们鉴于宜万间连山大岭的险峻形势，估计工程的艰巨，势将与京张线关沟段类似而又有相异处。在某些区段，究竟是采取套线（时按英文的 Loop 音译作"螺线"）设计，还是像在关沟段那样采取"人"字线，曾煞费苦心。①詹氏最后判定："人"字线从工程学上来看，固有其用处，但也存在着一定的缺点；若与套线比较，毕竟略逊一筹。结合川汉路情，最后以采取套线定案。

　　詹氏的设计思想，除了在上已有所叙述外，在川汉路的设计上，还表现出较为全面之处：他不只注重于施工的合理和便利，还兼顾及成路后的运行效率和安全。例如，就工程和机车动力之间关系说，他除了依据地形和行车安全在工程中确定线路的最大坡度等设计外，鉴于川汉线一旦完成，列车势必穿行于崇山峻岭之中连续的隧道，设定采用机车逆向推行法以求避免机车司机和

---

　　①　詹天佑致颜德庆函（1905 年 9 月）。

旅客受机车的烟熏;又注意到机车既须如上所述地运行,挂在尾部的机车其锅炉水箱两端水位会经常处于深浅不等的状态;浅的一端容易干涸而生事故,设想了改进锅炉的位置,并试向美国机车公司探询按设想定购机车的可能性,如此等等。

正当詹天佑等全身心地投入于川汉铁路的设计和筹划时,清政府在英、德、法、美四国驻华公使挟制下,于一九一一年五月宣布铁路干路国有政策,并率先从川汉铁路着手。一九一二年十一月,北洋政府完成清王朝想完成而未完成之业,把川汉铁路收归国有,并置于上述四国国际银团的掌握、控制之下。詹氏的满腔心血,终付之东流!

詹天佑常驻川汉工地不久,接任粤路公司总理兼总工程师职,到广州视事,顿即改变该路工程进展迟缓的局面。他激发全路职工热情,在一年间即取得路工迅速进展的业绩。可是,同受铁路国有政策的影响,粤路虽未被收回,充其量只能局处广东一省境内运行,而极大地减损着它原具的价值。

一九一二年七月,詹天佑被调离工程现地,任命为粤汉路会办(督办为谭人凤),嗣又转任为汉粤川路会办(督办先后相继为黄兴、岑春煊和冯元鼎),一九一四年升任为该路督办。他的官职步步高升,可是,由于该路与四国银团有借款关系,实权全操在国际金融资本代表手里,这样,所有会办、督办的实职,事实上统统如同虚设。路上的所有四国银团人员既不受"督",詹氏也无事能"办"。这对于力图"出所学"、"尽所知","使国家富强不受外侮"的詹天佑来说,怎能不心中甚苦!詹氏壮心未已,晚年自白:"梦魂所寄,终不忘京张。"① 对于这位笃于实

---

① 张家口铁路地区集邮协会等联合发行:"纪念京张铁路通车 80 周年,1909—1989",首日封中引"詹天佑晚年语"。

践、日求精进的杰出工程大师来说，这岂是沉湎于辉煌往事，实际上是别有一番滋味在心头。

三　为中国铁路的未来尽心

中国封建王朝惯以名位以牢笼有作为的人物，清朝对詹天佑也是这样。新易支线成，清廷"赏"以知府衔；又因从俄军接收关外段"异常出力"，特许以道员选用；京张路成，邮传部给予褒奖，除了如实地评价他"品端艺粹、力果心精"，"昕夕勤劬、廉洁自持"外①，奏准以丞参候补，清廷并授予工科进士第一名。如此这些，对于詹氏和他从事的事业说，究有什么裨益!?

詹天佑毕竟是接受了近代科技教育的一位强者，固别有所志。在民国新立后的风尚中，他发起或参与发起组织民间社团，希望借此能为增进国家利益、促成国家进步发一分光、尽一分力；并使所成立的团体能为当国执政者提供咨询。

一九一二年六月，"中华全国铁路协会"在北京成立（叶恭绰等人发起组织，梁士诒当选为首任会长），规定协会宗旨，联络全国有志于铁路事业者，研究铁路学术，并协助发展全国铁路。詹天佑成为该协会评议会成员之一（评议会由三十人组成）。詹氏除在协会中尽其职任，视野所及固不尽限于铁路工程，更在于整个工程技术界，以至整个归国留学人员。同年在广州，詹天佑发起成立"广东中华工程师会"，被推为会长。颜德庆和徐文泂等人在上海又分别发起组织的"中华工学会"和"中华铁路路工同人共济会"，都公推詹氏为名誉会长。一九一三年，詹天佑

---

① 引自交通部总务厅文书科编《邮传部奏议分类续编》，1915年版，第113页。

运用自己的影响，使上述三会在汉口合并成为"中华工程师学会"。在成立大会上，詹氏被公推为首任会长。他还参与发起"欧美同学会"，以修学、游艺、敦谊、励行为宗旨，积极活动，以期广泛团结留学归国人员，为国作出奉献。

詹氏以备受尊敬的身份和业绩非凡的声望，凭借"中华工程师学会"首先致力于工程技术界的团结工作。他劝导"各科工学专家，无论其留学东西各国"，或在"国内卒业及以经验成名者，既属工程学子"，"务宜同心协力"，不容存门户之见，以期达到"发扬国人技术，增进国家利益"的目的。他与工程技术界同人互勉："行远自迩，登高自卑；一蹴而及，非可永久"；希望大家能踏踏实实地工作。又建议："勿袭高深之学说，勿以下位为鄙夷，""力祛骄矜"、"务求深造"，并语重心长地断言"浮躁狂妄者流未有不败者"。他寄予厚望：各奉献所学、所知，使"国家富强"，"以自立于地球之上"①。

当一时在铁路建设实务上无可作为之际，詹天佑乃为未来致力工作。主要有两项，一是培育人才，二是为中国铁路建设的标准化奠定基础。

詹天佑在主持建设京张铁路时，除礼聘国中俊彦共事外，很注意于在实践中发现、培育德才兼备的工程技术人才。从该路开始踏勘线路到完工通车的六年期间，从技术员、技工以及一般劳工中的勤勉好学者，经历练培育，到期末，不少人分别达到技术员、副工程师以及工程师的水平。而随着京张线的完工，造就了中国第一代的多层次的铁路技术骨干，"其中学识经验能与外国专家相颉颃者，颇不乏人"。

为培育人才，詹天佑敬告青年工学家："工程事业必学术经

<hr>

① 转引自高宗鲁《詹天佑的生平与时代》，第25页。

验相辅而行"，"徒恃空谈，断难行事"，并援引东西各国事例说，"凡卒业于学校者，无论成绩如何，必先居于下位，待其阅历渐进，逐次提升"。詹天佑还制定升级章程。如工程师内分若干等次。凡已升为初等工程师者，即使满一定年限，必须"平日砥品励行，束身自爱"，如果"学格不足，才具平庸，操守难信者"，"亦不得依次递转"，绝不"偏徇"。[①] 他现身说法地写道："工学家必从事业以求精义，凡外国有新理、新品之发生，务须研究其原因，而从事仿效，加以种种之试验，作出种种之模型，虽失败于前，必改良于后；殚精积虑，以求发明"，"镜以淬而日明，钢以炼而益坚"。"凡诸学术，进境无穷，驾轻就熟，乃有发明"。他横观世界潮流的"物质进步，一泻千里"，寄厚望于青年工程师们"精研学术，以资发明"，"策划须详，临事以慎"；"勿屈己以徇人，勿沽名而钓誉，以诚待物，毋挟褊私；圭璧束身，以为范则"。[②] 他不信中国工程界的智力不及欧美，认定只要能自强自尊，精于"深求"，整个工程技术水平绝不会使欧美日本各国长期专美于前；坚信像瓦特（J. Watt）、司蒂文生（G. Stephenson）、弗兰克林（B. Franklin）等科学、技术界大师一定能够在中华大地上一批接一批地涌现出来。他以此期许，以此鼓励自己与他人并深具信心。

　　詹天佑早在主持修建京张铁路时，曾就制定中国铁路建设标准上书清廷，指出当时国内"现有铁路工程互异"，"将来联成一气，必要大费周章"；而对铁路工程提出必须标准化的建议。此后，他又再三主张，工程准则必须"厘定划一"。入民国后，交通部迫于实际的需要，接受詹天佑等人的建议，直到一九一七年

---

① 参见詹天佑手订京张铁路公司《升转章程》。
② 引自高宗鲁《詹天佑的生平与时代》。

才在部内特设铁路技术标准委员会，并任命詹氏兼为会长。可是，其时"金壬祸国，视交通事业为利薮"，根本无心于对铁路未来的筹谋。詹氏则实心实干，利用这个委员会在其下分设工程、机械、运输、总务四股，任命国中各路负责工程、机械、运输的专家为专任委员；另聘英国、法国、日本、美国四国籍各一人为工程顾问，从事制订和统一铁路建筑规程、设备标准以及行车规章制度等等。詹氏鉴于在中国"西学东渐，历时虽久，工学名称，迄未准定"；"学者既苦其纷纭，事业亦因之阻滞"，就其实际工作中"积二十年之岁月"所存积的笔记、资料，率先编成中国第一部英汉工程词典——《新编华英工学词汇》，供作技术名词的标准①。有关铁路建筑标准规则和桥梁、钢轨的标准规范，隧道、车辆的限制截面的规范等等，虽是在詹天佑身后的一九二二年才公布实行，但他的创始擘画，功不可没。

四 尽瘁国事，死而后已

第一次世界大战和社会主义十月革命的爆发，使整个国际关系发生极大变化，同时也改变着列强侵略中国的态势和策略，体现在中国路务上，是它们力谋实现国际共同管理中国的铁路。一九一九年初，在华英国金融资本组织中英公司向正在举行的"巴黎和会"呈递说帖，倡议由英国、美国、法国、日本等强国共同筹集若干亿英镑资金，代中国赎回所有借款建筑的铁路，然后由列强共同管理。这个倡议获得美、法等国的响应，它们与英国一起共同活动，希图列作一项议案并作出相应决定。中国北洋政府慑于列强霸权政策，在美、法两国驻华公使的策划下，昧然训令

---

① 《新编华英工学词汇》，中华工程师学会1915年出版，《缘起》。

出席和会的专使陆徵祥等把中国境内所有已成、未成铁路统"由中国政府延用外国专门家辅助中国人员经理之",作成议案,提交和会讨论。此讯一经传出,詹天佑即以中华工程师学会会长和个人名义,专电反对。他具体指陈铁路共管对中国铁路事业的危害;又严正指出:此案一旦成立,将是中国灭亡的象征。① 他与全国爱国人士同声反对,终于制止这一议案的成立。

一波刚平,一波又起。日本于十月革命后力谋取代俄国,在中国东北地区确立它的殖民主义的势力。作为战略性的一着,它凭借针对苏维埃的日本武装干涉军驻在这里的威势,强行占领中俄合办的中东铁路。并与美国达成妥协,由派遣干涉军诸国组成的"联军司令部"的铁路技术委员会管理中东铁路。日本干涉军司令大谷进一步悍然声称,中国在中东路沿线的护路军须接受他的指挥。詹天佑于一九一九年三月初受命作为中国政府出席铁路技术委员会的代表,据理力争,并对大谷的谬论严加驳斥。他折冲樽俎,心力交瘁近五十天,却因受本国国势的制约和列强强权政治的压迫,未能如愿,并迫于病情请假南返汉口,竟不期于四月二十四日"悒郁以终"。② 詹天佑为国尽心,真正做到了死而后已!

詹天佑生当祖国处于艰困、危难之世,本其所学,尽其所能,在铁路建设事业上创出伟大的业绩。时人早作定论:"铁路工程人才求如詹君者,诚无第二人。"他逝世时,有人悼言:"假令政治清明……予詹君以作为,则其成绩不仅京张、粤汉,必将

----

① 参看中华工程师学会致巴黎专使电(1919年2月27日,由会长詹天佑署名),见《铁路救亡汇刊》(1919年),第29—30页。

② 秋墨:《悼詹天佑君》,上海《民国日报》1919年4月27日,《时评》(一)。"悒郁"原文作"于邑"。

大有造于全国交通。"① 詹氏谦抑自持，时时处处总恳切要求同行"指教"、"纠正不足"，尤厌憎自我张扬。在京张铁路通车典礼上，詹天佑在不得不致辞后私下语人：让我说话，简直感到比打通八达岭隧道还要困难。这是他的幽默，也是他的素性的自我写照。他对青年工学家的"敬告"和谆谆诱导，无一不是他的立身处世、励精图治的自述。他的设计思想，有许多值得学习、借鉴、总结和汲取之处，他的及时、大胆吸收先进文明成果，博采域外众长为我所用的勇于创新态度，尤值得记取。

詹天佑作为一位工程师，在其能够充分运用自己的智慧能力的时候，作出了杰出的贡献；在未能这么做的时候，则为中国铁路运输业的健康发展的未来，悉心筹谋。他以祖国的进步，民族的荣誉，作为自己的生命动力。而为此尽瘁一生的高尚情操和爱国主义精神，既楷模当代，又垂范后世。

一九九三年九月二十三日于北京

---

① 《悼詹天佑君》，上海《民国日报》1919 年 4 月 27 日，《时评》（二）。

杜镇远与杭江铁路 *

一九九二年四月，在北京西郊福田公墓初见新立的杜镇远先生墓碑，颇有感触；除了得知杜老原来长眠于此外，记起三十八年前一件往事——一九五四年二月十日在中央人民政府铁道部参事室与杜老晤谈关于他主持修建杭江铁路事。在事后我做了追记，旋请他审定。如今事隔近四十年，直至最近，才找见这一笔记原件，纸已发黄，且多破损。今按照所记加以整理，追加几个小标题公诸同好，借资怀念这位"铁路先锋"（墓碑铭语）。

应邀主持杭江工程

一九二八年冬，杜镇远在北宁铁路（今北京至沈阳线）担任信号工程师期间，收到张人杰（静江）电报，说浙江要修铁路，请杜回南方商议。

张人杰时任国民政府建设委员会委员长兼浙江省主席；杜镇远到达南京后，张向杜氏谈了自己的意图，大意是：浙江经济总

---

* 原载《铁路春秋》，1993 年第 1 期。

的来说比较发达，但省内各地发展不平衡，如浙南地方还很闭塞。他想以加强交通建设来促进省内各地的联系和开发，进而谋求推动全省经济的平衡发展。他设想除了修公路外，着手从省会到江山修条铁路，并为尔后南通福建、西连江西预为地步，但是经费拮据，拟先修到金华，西折至兰溪这一段再说。

杜镇远听了很感兴趣，被说动了，答应主持杭江工程。几天后杜北上辞去京奉路的职司，旋即南下进入设于杭州的杭江铁路筹备处；同年六月，该处改名为杭江铁路工程局，杜氏被任命为该局局长，兼工程师，而投身于此路的修建工程。

浙江省招商承办铁路的设想

那时候，浙江方面对省内交通建设颇为重视。还在张人杰主浙政前约一年，即在一九二八年年初，浙江省曾经颁行两件章程：《铁路招商承办暂行章程》和《商办铁路营业章程》。前一章程第一条说明宗旨："浙江省政府为谋迅速建筑本省轻便铁路起见，制定本章程招商承办之"。其余各条规定承办办法，主要是："凡中华民国人民得出资或集资依照省政府规定之路线，呈请承办"。承办者按章程规定的要求，经"省政府审查……并检验资本凭证认为确实时"，准予立案，发给承办执照，承办者应依照省政府规定的工程规程从事建筑；"倘因特别情形必须变更者，得呈请省政府核准"。"全路工程应于原定期限内竣工，但因天灾及其他不得已事故不能如期完成者，得具理由书"，呈请缓期完成。"全路工程完竣，非经省政府派员履勘认为合于原定计划后不得开车营业。""自开车营业之日起，得由承办人专利三十年；期满后，所有路工、桥梁、车站，无条件收归省有；至车辆及其他设备得由承办人自行售卖；但省政府有欲收买时，应尽先售与省政府。"

　　与此相适应，后一章程规定商办铁路营业期限三十年；此外，规定了营运事项，如行车、客货运费率等，都须与国有铁路的准则相一致；具体事项有须另行规定者则须呈报获准后始可实行。

建设资金的筹措

　　浙江省决定修建杭江铁路，可是省库拮据万分，在一九三〇年三月开工当时仅有款二十万元区区之数，怎么来修建好几百里长的铁路呢？筹备处乃向上海银行界打主意。杜镇远主管工程，此时也不得不参与奔走筑路资金的筹措。当时农村金融偏枯，资金涌集城市，实处于过剩；可是金融界一般热衷于近利，对工业特别是对基础设施如铁路建设资金的贷放，都缺乏兴趣；也许对杭江这么一条小铁路，还有不屑一顾的心理，一般都不积极；特别是上海商业储蓄银行总经理陈光甫，更是冷淡对待。杜与他谈了没有两分钟就被"恭送"了出来。后来经别人介绍，杜得以找到中国银行总经理张嘉璈（公权）。张倒甚表同情，虽则如此，也经过三番四次，才答应贷款。不过根据当年融资惯例，需有抵押，终于有了一线希望。

　　张嘉璈在与筹备处达成贷款的原则协议后，即向杭州的中国银行分行打了招呼。分行经理金润泉按照总经理的指示，决定联络浙江兴业银行、浙江地方银行和浙江农工银行共四家组成由中国银行杭州分行为代表的银行团，提供贷款三百六十万元，由浙江省政府发行建设公债三百八十余万元作抵押。这样，着手敷设铁路的经费总算有了着落。

　　这期间还有一个插曲。由于杜镇远当时作为一位工程师也参与筹措经费，曾有一个美国人来访，表示愿意投资。虽然当时浙江愿由华商承办铁路，但杜还是接待了他，想听听其意见。不料关于借款条件，对方竟提出你们当局长可以，但总工程师的职位得让出来，还要让美国人来担任会计、稽核、运输三处的主任。杜镇远当即告诉他，这是清朝时代的条件，现在是不可能的了此议乃无结果云。

有了上述银行团的贷款，浙江省府又陆续拨了数目约略相等的费，着手先将铁路筑到金华，另通兰溪的支线也得以顺利地铺起来。至于从金华往南延展到江山并通到江西省的玉山的筑路经费，大一半来自本国银行团的贷款，供在国内敷设铁路工程用；另一半则利用英国所退庚款（二十万英镑，约合三百余万元）供在国外购买器材。

铁路的敷设和运营

浙江省府既决策修建一条地方铁路——杭江铁路，注意到该路将来有朝一日总要编入于全国铁路网中；面对拮据的财政，确定了"先求其通，次求其备"的敷设原则；钢轨采用三十五磅/码的轻轨，轨距采用一点四三五米的标准轨距。这样的打算一度遭到铁道部的反对，经力争，才勉强获得同意。这个原则是有道理的，日后的改建便少了许多周折。

杜镇远的工作，首先是组队进行测量。本来，沿钱塘江西北岸已经过踏勘，由于须横跨分水、新安、兰溪三条江，还要穿过七里泷山岩，要做较多较大的桥梁与隧道工程，工艰费巨；乃定线于钱塘江东南岸，即沿浦阳、金华两江，只消跨越较低的两江分水岭即可，工程简易得多。实践证明，这一改线是合理的。由于沪杭甬铁路的浙西段早已铺轨到杭州钱塘江畔渡口的南星桥，这条地方铁路初名为"杭江"，实际起自该渡口对岸萧山县的西兴，经诸暨、义乌到金华，再筑一支线到兰溪。一九三二年春，工程竣工，即交付运营，一时此线或有被叫作杭兰铁路，倒也名副其实，全长一百九十五公里。

杜镇远主持杭江铁路建设工程不久，张人杰离任，张难先担任浙江省主席，石瑛任建设厅长。张难先之后，鲁涤平继主浙蚊，曾养甫任建设厅长。省府主管虽屡有变动，加强交通建设政策不变，对铁路工程都尽力支持，严加督促。杭兰线一竣工，杜即接筑金华至江山段：从一九三二年十一月起只用了一年时间，即展筑到江山，继通到邻近浙边的江西玉山，计长一百六十三公里，于一九三四年元旦正式通车营业。两段合计为三百五十八公里，一时仍用原来名称叫杭江铁路；也有以紧接着又往湘赣边界的萍乡展筑至江西玉山终成浙赣铁路的一个区段而称之为杭玉段。到此时，按着原有设想，杭江这条地方铁路的性质，开始向着长江以南第一条横贯干线——浙赣铁路——蜕变。

杭江路竣工，一切设备因陋就简。举站房来说，一些小站有租用庙宇、民房将就应用的。车站职工服务态度勤快和蔼，颇受当时社会好评。运营中客运量较多，考虑到多是平民百姓坐三等车，因此该路特别注意于三等车的设备，无论照明、门窗、座位、饮食，若与其时邻近的国有铁路如沪宁、沪杭甬两线相比较，三等客车优于此两线，头二等车的设备反而较简单，远不及此两线。该路对于货运也很注意，从通车之日起，除了猪牛等整车牲畜外，都实行负责运输，一时运营成绩不差。省府当初颇以线路与钱塘江等水系平行，生怕会因竞争而使货运不旺；其实不然，这条轻便但与木船比较远为先进的铁路通入省内腹地，在其运力的促进作用下，内运或外输的商货都迅速增多起来，水运量不但未见减少，且有增加。那些专注于近利的金融资本家们，起初对投资于此路没有兴趣，而较具眼光的如中国银行负责人却能尽其应尽的社会使命，承担巨额贷款；随着铁路的交付运营，后者除了将本求利取得规定的利息外，在沿线骤然扩大自己的业务——做赣米、浙盐以及钨砂等土特产的信贷，另获丰厚的报偿，更收到财源亨通的绩效。

附记

杜镇远（1889—1961），湖北秭归人；一九一九年毕业于唐山路矿学堂（后改名为唐山交通大学）；旋入京汉铁路丰台工程段任实习工程师。一九二〇年经交通部保送留学美国康乃尔大学，一九二二年获硕士学位；旋出任美国某铁路公司助理工程师。在此期间，他一边工作一边考察美国铁路当年建设营运实况。一九二五年，交通部派杜镇远率考察小组从美国出发，前往加拿大，再往欧洲英、法、比、德、苏等国实地考察。一九二六年回国，在京奉铁路任职。一九二八年底至浙江，于次年六月受聘为杭（州）江（山）铁路工程局局长兼总工程师，即策划建筑此路。一九三三年冬继"杭江"全线通车又延伸到江西玉山的次年五月，出任由"杭江"往西展筑而新成立的浙赣铁路局局长兼总工程师，擘画建设这条含杭江线全长一千余公里的"江南大动脉"，并于抗日战争已爆发的淞沪战役正酣的一九三七年九月竣工。国家面对战争形势，急需修建桂林、衡阳间铁路，并限两年内完成。杜氏受命，动员湘桂两省民工，于一九三七年九月开工，将全路分成十个工段，在敌机频繁空袭中，日夜赶修以日平均修建铁路一公里的速率，于一九四〇年完成此项工程。国民政府旋为建设与友邻缅甸的国际交通线，急调杜氏为滇缅铁路局局长兼总工程司，赶修东起昆明，西经腊戌进入缅境长近一千公里的滇缅铁路，到次年年底，全路土石方工程基本完成，一九四二年十二月，以太平洋战争爆发，缅境的仰光被日军封锁，国外器材无法运进，铺轨工作被迫中停。

约略与此同时，国民政府应抗日战争的急需，既为沟通川、康、滇三省间的陆路交通，更为能与拟建中的滇缅公路相衔接，决定从四川西昌与云南祥云间赶建一条西祥公路。杜氏受命兼任此路工程处处长。该路全长近五百五十公里，于一九四〇年十一月，在预期完成日前两天建成，并于次年六月全线通车。

在滇缅铁路工程被迫中止后，杜镇远于一九四二年调任粤汉铁路局局长，其时此路只株洲、韶关间可勉强通车；继湘北几次大战，长沙、衡阳和乐昌等地先后失守，为了阻止日本侵略军利用这条铁路，杜氏奉命彻底破坏该线，之后向重庆述职待命。

一九四五年秋，抗日战争胜利不久，杜镇远被派往广东接收路、电等要政；同年底，奉命重建粤汉铁路，包括广（州）三（水）、广（州）九（龙）两路，并如期于次年七月，恢复通车。

一九四九年初，杜氏以病移寓香港疗养，十月，中华人民共和国成立，他决意回北京参加新中国的建设。次年五月回到北京，中央人民政府铁道部任命他为该部办公室顾问工程师、参事室参事。杜氏总结自己的切身经验，针对当时实际，对铁路建设提出诸如"先通后备"、"固本简末"等建议。在一九五八年的"反右运动"中，杜氏被划为右派分子；一九六一年九月，获摘掉右派帽子，同年十月，杜氏病故。一九七九年十月，中国共产党铁道部党组批准对他被错划为右派给予改正。这则已是杜氏的身后事了！

二十世纪上半叶中国国有铁路运输统计资料选辑

　　附记　1953年初，据中国科学院院部下达经济研究所的工作计划，笔者参加编制涉及中国铁路基本状况的统计资料，后辑入于严中平主编《中国近代经济史统计资料选辑》（科学出版社，1955年8月第一版）第五部分"铁路"。这些资料分四组：（一）铁路的兴建，（二）帝国主义对中国铁路的控制，（三）铁路的营业情况，（四）铁路的运载内容，共计30个表。嗣后对有关史料有所见及，间作一些修改和补充，旁注于自存的该书上。今重加翻阅，有感于某些统计似乎仍或有参考、利用价值；改分成如下五类；即：（一）历年"铁路车辆保有量和利用状况"（表1～表3）、（二）"客货运量和客运中的军运"（表4～表6）、（三）"载运货种货量及历年指数"（表7～表10）、（四）"运输收入和一些线路应还路债占营业进款净数的比重"（表11～表13）和（五）"政府欠账占一些线路账面盈余的比重"（表14～表16）。原在每组前所加的"简单说明"，以编组有异，又有感如今各表，"说明"与其有毋宁无，而删除了。

二〇〇五年九月

表 1　　　　　　　中国铁路各种车辆历年增加情况

(1907—1947 年)　　　　　指数:1912＝100

年　份	机　车		客　车		货　车	
	(辆)	指数	(辆)	指数	(辆)	指数
1907	413	68.8	685	64.2	5937	71.2
1908	427	71.2	742	69.5	6592	79.1
1909	462	77.0	919	86.1	6694	80.3
1912	600	100.0	1067	100.0	8335	100.0
1915	629	104.8	1280	120.0	10652	127.8
1916	638	106.3	1332	124.8	10594	127.1
1917	648	108.0	1315	123.2	10659	127.9
1918	653	108.8	1231	115.4	10772	129.2
1919	707	117.8	1323	124.0	11273	135.2
1920	789	131.5	1379	129.2	12192	146.3
1921	884	147.3	1345	126.1	13206	158.4
1922	992	165.3	1395	130.7	14471	173.6
1923	1130	188.3	1698	159.1	16768	201.2
1924	1146	191.0	1789	167.7	16831	201.9
1925	1131	188.5	1803	169.0	16718	200.6
1926	831	138.5	1402	131.4	11617	139.4
1927	807	134.5	1355	127.0	11664	139.9
1928	640	106.7	1111	104.1	9565	114.8
1929	786	131.0	1291	121.0	10684	128.2
1931	1131	188.5	1755	164.5	14504	174.0
1932	1182	197.0	1895	177.6	15671	188.0
1933	1237	206.2	1971	184.7	15755	189.0
1934,1－6	1235	205.8	1982	185.8	15949	191.3

（续）

年　份	机　车		客　车		货　车	
	（辆）	指数	（辆）	指数	（辆）	指数
1934	1172	195.3	1987	186.2	15296	183.5
1935	1243	207.2	2047	191.8	15482	185.7
1936	1243	207.2	2047	191.8	15482	185.7
	(1302)		(2486)		(15836)	
1937	1000	166.7	2000	187.4	15000	180.0
1938	900	150.0	1200	112.5	12000	144.0
1939	500	83.3	1000	93.7	10000	120.0
1940	378	63.0	991	92.9	6045	72.5
1941	677	112.8	1161	108.8	6379	76.5
1942	416	69.3	916	85.8	4493	53.9
1943	281	46.8	603	56.5	4261	51.1
1944	207	34.5	446	41.8	2307	27.7
1945	2082	347.0	2741	256.9	25864	310.3
1946	1942	323.7	2561	240.0	23984	287.8
1947	1954	325.7	2715	254.5	26164	313.9

资料来源：1907—1909，邮传部编，邮传部第一、二、三次路政统计表，官办各路车
　　　辆表；1912，交通部统计科编，中华民国元年交通部统计图表，第99—
　　　100页；1915—1929，铁道部统计表处编，中华国有铁路会计统计汇编
　　　(1915—1929)，第2—17页；1931—1936，铁道部编，历年(1931—1935)
　　　中华国有铁路统计总报告，机车、客车、货车三类别统计表；1936—
　　　1947，主计部统计局编，中华民国统计年鉴，1948年6月版，第280页。

　　说明：①缺1914、1911、1913、1930年数字。②自1934年下半年开始，统计按年度
计（即本年七月至次年六月为一统计单位）。③1935、1936两年数字相同，疑有误。括
　　号内1936年的数字来源于资源委员会编《运输动员及统制初步计划提要》(油印本)。

表2　中国铁路机车挽力、客车座位与货车载重的能力

(1912—1936 年 6 月)　　　　　　指数:1915＝100

年　份	机车挽力吨数		客车客座容积		货车载重吨数	
	公吨	指数	人数	指数	公吨	指数
1912	?	?	45177	739	183224	75.4
1915	5619	100.0	61174	100.0	243070	100.0
1916	5719	101.8	62458	102.1	241050	99.2
1917	5958	106.0	60288	98.6	242051	99.6
1918	6030	107.3	62094	101.5	243065	100.0
1919	6739	119.9	67580	110.5	265185	109.1
1920	7917	140.9	69605	113.8	301298	124.0
1921	9204	163.8	73563	120.3	340903	140.2
1922	10796	192.1	78033	127.6	392603	161.5
1923	11961	212.9	94310	154.2	450966	185.5
1924	12156	216.3	99447	162.6	452938	186.3
1925	11966	213.0	101101	165.3	452272	186.1
1926	8416	149.8	81463	133.2	310123	127.6
1927	8293	147.6	78371	128.1	304198	125.1
1928	6010	107.0	69264	113.2	241807	99.5
1929	7530	134.0	78532	128.4	272000	111.9
1931	12414	220.9	?	?	?	?
1932	12730	226.6	107022	174.9	436381	179.5
1933	16081	286.2	108328	177.1	443883	182.6
1934,1—6	13458	239.5	110108	180.0	448192	184.4
1934	12767	227.2	105938	173.2	437200	179.9
1935	13535	240.9	108602	177.5	443667	182.5

资料来源:1912,交通部统计科编:《中华民国元年交通部统计图表》,第 99—100
　　　页;1915—1929,铁道部统计处编:《中华国有铁路会计统计汇编,
　　　1915—1929》,第 2—17 页;1931—1936,铁道部编:1931—1935 各年《中
　　　华国有铁路统计报告》,机车、客车、货车三类别统计表。

说明:①缺 1913、1914、1930 年数字。②1934 年下半年开始,统计按年度计(即本
　　　年七月至次年六月为一统计单位)。

表 3　　　　　中国主要铁路干线货车利用状况

(1915—1936 年 6 月)

计量单位:每吨容积平均载重吨数

年　份	京汉	京奉	津浦	沪宁	沪杭甬	京绥	道清	陇海	广九	吉长
1915	64	70	64	76	31	43	125	?	43	78
1916	67	73	55	82	25	70	164	?	52	80
1917	68	76	52	84	32	45	199	?	63	63
1918	72	83	52	109	32	61	204	?	61	93
1919	84	78	58	123	37	53	140	?	52	125
1920	60	77	65	128	43	48	202	?	42	133
1921	57	81	65	75	56	45	179	?	36	164
1922	47	51	45	86	66	42	208	?	86	160
1923	64	103	47	93	66	38	234	41	88	167
1924	55	81	43	73	50	34	215	40	61	170
1925	46	68	29	56	63	35	148	18	32	184
1926	?	50	?	84	66	18	45	30	45	?
1927	?	69	?	40	42	15	38	13	43	?
1928	?	41	?	72	67	15	62	18	41	218
1929	?	?	29	79	76	19	52	22	44	178
1930	?	71	24	75	81	21	68	22	50	?
1931	73	102	39	72	78	28	78	31	54	?
1932	96	119	40	42	65	34	91	35	59	?
1933	63	90	59	67	77	62	97	33	62	?
1934,1—6	58	85	81	95	99	65	122	46	69	?
1934	78	70	72	82	?	68	?	82	71	?

資料来源:1920—1924,1931—1932,《中华国有铁路统计总报告》(1932),第 17
　　页。1915—1919、1925—1930,1933,同上书(1933 年度),第 19,20 页。
　　1934—1935 年度,同上书(1935 年度),第 18 页。

说明:①1934 年下半年开始,统计按年度计(即本年七月至次年六月为一统计单
位)。

表 4　　　　　　　历年中国铁路客货运输量

（1907—1947 年）　　　　　指数：1912＝100

年　份	客　运		货　运	
	万人公里	指　数	万吨公里	指　数
1907	1020	0.6	？	—
1908	101365	62.4	？	—
1909	125299	77.2	？	—
1912	162330	100.0	243233	100.0
1915	99264	61.1	225077	92.5
1916	206448	127.2	262007	107.7
1917	212833	131.1	276684	113.8
1918	232080	143.0	342581	140.8
1919	251926	155.2	386310	158.8
1920	316153	194.8	454094	186.7
1921	316223	194.8	470994	193.6
1922	332090	204.6	398153	163.7
1923	341343	210.3	513674	211.2
1924	358232	220.7	457152	187.9
1925	376112	231.7	411132	169.0
1926	259567	159.9	242209	99.6
1927	266321	164.1	266051	109.4
1928	235077	144.8	233600	96.0
1929	318329	196.1	249698	102.7
1931	434005	267.4	445747	183.3
1932	345058	212.6	445661	183.2
1933	403037	248.3	477095	196.1
1934,1—6	206869	127.4	269018	110.6

（续）

年　份	客　运		货　运	
	万人公里	指　数	万吨公里	指　数
1934	405772	250.0	626700	257.7
1935	434885	267.9	648880	266.8
1936	434885	267.9	648880	266.8
1937	208534	128.5	230807	94.9
1938	91420	56.3	124950	51.4
1939	113103	69.7	60520	24.9
1940	143758	88.6	49922	20.5
1941	155278	95.7	51705	21.3
1942	147189	90.7	46501	19.1
1943	210899	129.9	54575	22.4
1944	100861	62.1	22919	9.4
1945	181950	112.1	36638	15.1
1946	1241989	765.1	375608	154.4
1947	851798	524.7	273556	112.5

资料来源：1907—1909，邮传部编，邮传部第一、二、三次路政统计表，官办各办搭
　　　客人数及运货吨数＝运费表中数字。1912，交通部统计科编，中华民国
　　　元年交通部统计图表，第108，112页。1915—1929，铁道部编，中华国
　　　有铁路会计统计汇编，（1915—1929），第142—173页。1931—1936，铁
　　　道部编：历年（1931—1935年度），中华国有铁路统计总报告，各路延人
　　　公里及各路延吨公里数。1936—1947，主计部统计局编，中华民国统计
　　　年鉴（1948年6月版），第282、284页。

说明：①缺1910、1911、1913、1914、1930年数字。②自1934年下半年起，统计按年
　　　度计（即本年七月至次年六月为一统计单位）。③1935、1936原统计数字相
　　　同，疑有误。

表5　　　　　　　　京汉铁路客运中军运的比重

(1919—1925 年)

年　份	载客总数 （延人公里数）	军运数 （延人公里数）	军运占载客 总数的％
1919	608315551	128138427	21.07
1920	628878764	132259055	21.03
1921	526733884	116348881	22.09
1922	490260467	83352085	17.00
1923	515217471	54000911	10.48
1924	559824440	114045680	20.37
1925	604312414	205487273	34.03

资料来源：根据历年(1919—1925)《京汉铁路会计统计年报》，"旅客业务之细别"
表中数字计算制成。

表6　　　　　　　　京奉铁路客运中军运的比重

(1920—1931 年)

年　份	载客总数 （延人公里数）	军运数 （延人公里数）	军运占载客 总数的％
1920	532089957	45797838	8.61
1921	821619553	85407731	10.40
1922	826008226	268649499	32.52
1923	509385858	10652496*	2.09
1924	659959772	214885052*	32.56
1925	828613687	213674284*	25.78
1926	629232118	93626408*	14.88
1927	871213661	136150551	15.63
1928	552870784	64852295	11.73
1931	1053199264	100252161	9.52

资料来源：根据历年(1920—1928)京奉铁路报告册；1931年北宁铁路会计统计年
报，"旅客业务之细别"表中数字计算制成。

说明：①缺 1929、1930 年统计数。②1923—1926 年军运数中包括所谓"政府民
运"，即非军运的政府客运数在内，这一部分数字，就历年考察，只占
1%—2%。

表 7 　　　　　中国国有各铁路历年载运货种

(1916—1947 年)　　　　　单位:万公里

年　份	总　计	制造品	矿产品	农产品	林产品	畜牧产品	其　他
1916	1664	162	791	311	29	46	325
1917	1648	176	839	326	33	41	233
1918	1814	196	864	401	42	42	269
1919	2086	216	1027	419	54	48	322
1920	2163	219	1057	518	58	42	269
1921	2438	233	1130	561	69	39	406
1922	2017	235	944	461	60	49	268
1923	2680	297	1383	541	81	59	319
1924	2427	237	1173	421	70	50	476
1925	2342	223	1027	367	60	43	622
1931	2423	312	1254	304	46	45	462
1932	2561	302	1407	321	51	37	443
1933	2620	282	1362	326	45	40	565
1934,1—6	1393	130	785	175	24	20	259
1934	2983	278	1614	449	44	41	557
1935	2992	276	1668	365	38	39	606
1936	3436	381	1817	492	43	52	651
1937	1282	144	667	185	10	20	256
1938	735	42	145	141	14	11	382
1939	356	21	70	68	7	5	185
1940	264	15	50	50	6	3	140
1941	314	16	67	41	8	3	179
1942	307	13	59	30	8	2	195

（续）

年　份	总　计	制造品	矿产品	农产品	林产品	畜牧产品	其　他
1943	360	11	73	25	8	2	241
1944	175	6	43	14	5	1	106
1945	279	17	82	24	12	6	138
1946	2323	126	660	240	75	46	1176
1947,1—6	1678	78	443	169	60	89	839

资料来源：1916—1924，交通部编，国有铁路会计统计总报告，(1924)"货运业务—货物—本路起运吨数表"。1925，交通部编，国有铁路会计统计总报告(1925)，同上表。1931—1935，铁道部编，中华国有铁路统计总报告，"本路起运吨数表"。1936—1947，主计部统计局，中华民国统计年鉴(1948)，第283页。

说明：①缺1926—1930年统计数字。②其他项内，包括政府、他路材料及本路材料数字。③部分年份细数相加与总数不符，今于其他项内增减之，以符总计。④自1934年下半年起，统计按年度计（即本年七月至次年六月为一统计单位）。

表8　　　　　中国铁路载运货种延吨量

（1916—1947 年）　　　　　　　　　　单位：万延吨公里

年　份	总　计	制造品	矿产品	农产品	林产品	畜牧产品	其　他
1916	262007	31032	100596	80924	4390	12559	32506
1917	276684	32727	107235	88617	5420	9899	32786
1918	342581	40794	136850	109452	6552	9685	39248
1919	386310	43381	170459	101285	7983	10304	52898
1920	454094	45218	176928	164995	9299	10123	47531
1921	470994	45453	188400	149583	10745	9120	67693
1922	398153	50955	162355	113220	10231	12643	48749
1923	513674	60002	258223	120159	14354	14269	46667
1924	457152	51831	213779	91001	12257	12026	76558
1925	411132	49924	142166	85936	11954	10484	110668

（续）

年　份	总　计	制造品	矿产品	农产品	林产品	畜牧产品	其他
1931	445747	71026	177246	89666	8218	11273	88318
1932	445661	64584	202876	79044	8165	8204	82788
1933	477095	65746	206347	83875	7930	8844	104353
1934,1-6	269018	32328	131471	47718	4178	4991	48332
1934*	626700	77846	293207	132373	9200	10926	103148
1935	648880	87809	303043	117814	8239	12107	119868
1936	648880	87809	303043	117814	8239	12107	119868
1937	230807	25843	120020	33237	1847	3699	46161
1938	124950	7198	24590	23990	2399	1799	64974
1939	60520	3487	11910	11620	1163	870	31470
1940	49922	3225	9444	9467	528	720	26538
1941	51705	3349	11358	7431	868	873	27826
1942	46501	2854	10734	5436	768	487	26222
1943	54575	2551	12830	5166	830	453	32745
1944	22919	1020	6117	1574	567	185	13456
1945	36638	2617	11205	3621	1741	1071	16383
1946	375608	27236	85759	48102	13502	8855	192154
1947	273556	16786	62086	37914	9129	12404	135237

资料来源：1916—1924,交通部编,国有铁路会计统计总报告(1924)"货运业务—货物—延吨公里"表。1925,交通部编,国有铁路会计统计总报告(1925),同上表。1931—1935,铁道部编,中华国有铁路统计总报告(1932—1935),"延吨公里表"。1936—1947,主计部统计局,中华民国统计年鉴(1948),第284页。

说明：①缺1926—1930年缺统计数字。②自1934年下半年开始,统计按年度计(即本年七月至次年六月为一统计单位)。③其他项内包括政府、他路材料及本路材料数字。④部分年份细数相加与总数不符,今于"其他"项内增减之,以符总计。⑤1935、1936统计数字相同,疑有误。

表 9　　全国铁路运输中工、矿、农、林、畜牧产品历年货量指数

（**1916—1947 年 6 月**）　　　　　指数：1917＝100

年　份	各种产品总计	制造品	矿产品	农产品	林产品	畜牧产品
1916	101.0	92.0	94.3	95.4	87.9	112.2
1917	100.0	100.0	100.0	100.0	100.0	100.0
1918	110.1	111.4	103.0	123.0	127.3	102.4
1919	126.6	122.7	122.4	128.5	163.6	117.1
1920	131.3	124.4	126.0	158.9	175.8	102.4
1921	147.9	132.4	134.7	172.1	209.1	95.1
1922	122.4	133.5	112.5	141.4	181.8	119.5
1923	162.6	168.8	164.8	166.0	245.5	143.9
1924	147.3	134.7	139.8	129.1	212.1	122.0
1925	142.1	126.7	122.4	112.6	181.8	104.9
1931	147.0	177.3	149.5	93.3	139.4	109.8
1932	155.4	171.6	167.7	98.5	154.5	90.2
1933	159.0	160.2	162.3	100.0	136.4	97.6
1934,1—6	181.0	158.0	192.4	137.7	133.3	100.0
1935	181.6	156.8	198.8	112.0	115.2	95.1
1936	208.5	216.5	216.6	150.9	130.3	126.8
1937	77.8	81.8	79.5	56.7	30.3	48.8
1938	44.6	23.9	17.3	43.3	42.4	26.8
1939	21.6	11.9	8.3	20.9	21.2	12.2
1940	16.0	8.5	6.0	15.3	18.2	7.3
1941	19.1	9.1	8.0	12.6	24.2	7.3
1942	18.6	7.4	7.0	9.2	24.2	4.9
1943	21.8	6.3	8.7	7.7	24.2	4.9
1944	10.6	3.4	5.1	4.3	15.2	2.4
1945	16.9	9.7	9.8	7.4	36.4	14.6
1946	141.0	71.6	78.7	73.6	227.3	112.2

资料来源：据表 7 计算。

说明：①缺 1926—1930 年统计数字。②自 1934 年下半年开始，统计按年度计（即本年七月至次年六月为一统计单位）。表初次发表时无 1934 年度数字。③"各种产品总计"包括所列各种物产之外的其他物产在内。

全国铁路运输中

表 10　　　　**工、矿、农、林、畜牧产品历年延吨量指数**

（1916—1947 年 6 月）

指数：1917＝100

年　份	各种产品总计	制造品	矿产品	农产品	林产品	畜牧产品
1916	94.7	94.8	93.8	91.3	81.0	126.9
1917	100.0	100.0	100.0	100.0	100.0	100.0
1918	123.8	124.6	127.6	123.5	120.9	97.8
1919	139.6	132.6	159.0	114.3	147.3	104.1
1920	164.1	138.2	165.0	186.2	171.6	102.3
1921	170.2	138.9	175.7	168.8	198.2	92.1
1922	143.9	155.7	151.4	127.8	188.8	127.7
1923	185.7	183.3	240.8	135.6	264.8	144.1
1924	165.2	157.5	199.4	102.7	226.1	121.5
1925	148.6	152.5	132.6	97.0	220.6	105.9
1931	161.1	217.0	165.3	101.2	151.6	113.9
1932	161.1	197.3	189.2	89.2	150.6	82.9
1933	172.4	200.9	192.4	94.6	146.3	89.3
1934,1—6	226.5	237.9	273.4	149.4	169.7	110.4
1935	234.5	268.3	282.6	132.9	152.0	122.3
1936	234.5	268.3	282.6	132.9	152.0	122.3
1937	83.4	79.0	111.9	37.5	34.1	37.4
1938	45.2	22.0	22.9	27.1	44.3	18.2
1939	21.9	10.7	11.1	13.1	21.5	8.8
1940	18.0	9.9	8.8	10.7	9.7	7.3
1941	18.7	10.2	10.6	8.4	16.0	8.8
1942	16.8	8.7	10.0	6.1	14.2	4.9
1943	19.7	7.8	12.0	5.8	15.3	4.6
1944	8.3	3.1	5.7	1.8	10.5	1.9
1945	13.2	8.0	10.4	4.1	32.1	10.8
1946	135.8	83.2	80.0	54.3	249.1	89.5

资料来源：据表 8 计算。

说明：①缺 1926—1930 年统计数字。②"各种产品总计"包括其他物产在内。③自 1934 年下半年开始，统计按年度计（即本年七月至次年六月为一统计单位）。本表初次发表时无 1934 年度数字。

表 11　　　　　　　　　　历年全国客货运输收入

(1907—1935 年)

年　份	客货运总收入 （元）	客运收入		货运收入	
		（元）	占总收入%	（元）	占总收入%
1907	21299858	9108040	42.8	11744933	55.1
1908	24938811	9737426	39.0	14625490	58.6
1909	28182678	10528146	37.4	16649268	59.1
1912	46718910	18865856	40.4	24021430	51.4
1915	57062359	22044047	38.6	33841148	59.3
1916	62761720	25655825	40.9	35878349	57.2
1917	63873704	25749295	40.3	36951002	57.9
1918	77652153	30311193	39.0	45945146	59.2
1919	83047390	32612376	39.3	48727508	58.7
1920	91443932	36813742	40.3	52450092	57.4
1921	96450836	36101641	37.4	57452719	59.6
1922	99556229	37650281	37.8	55731628	56.0
1923	119405638	40602900	34.0	73429787	61.5
1924	118511264	44824192	37.8	68609340	57.9
1925	127522218	49082859	38.5	72337608	56.7
1926	99341879	42599812	42.9	54587176	54.9
1927	105018254	46827139	44.6	56296437	53.6
1928	117142303	47969808	41.0	58900823	50.3
1929	151753630	68451984	45.1	80273295	52.9
1930	134398798	59659747	44.4	71404185	53.1
1931	152736245	61910692	40.5	76461195	50.1
1932	142065690	55559762	39.1	80321289	56.5

（续）

年　份	客货运总收入	客运收入		货运收入	
	（元）	（元）	占总收入%	（元）	占总收入%
1933	148346171	60793123	41.0	81309638	54.8
1934,1—6	76511117	30879422	40.4	42401096	55.4
1934	167522106	60850281	36.3	99294533	59.3
1935	171091506	62429017	36.5	102529093	59.9

资料来源：1907—1909，邮传部编，邮传部一、二、三次路政统计表，官办各路搭客
　　　　人数及运货吨数＝运费表中数字。1912，交通部统计科编，中华民国元
　　　　年交通部统计图表，第120页。1915—1925，铁道部编，历年（1915—
　　　　1929)中华国有铁路会计统计汇编，第60—89页。1926—1936，铁道部
　　　　编，历年（1931—1935)国有铁路会计统计总报告，营业进款细别表。

说明：①缺1910—1911，1913—1914年统计数字。②自1934年下半年起，统计按
　　　　年度计（即本年七月至次年六月为一统计单位）。

表 12　　　　（沪宁路）应还路债占营业进款净数比重
（1912—1935 年 6 月）

年　份	营业进款净数（元）	应还筑路外债额（元）	应还筑路外债占营业进款净数%
1909	581000.00	1662000	
1912	−415760.59	1037236	
1913	?	1087162	?
1914	?	1225513	?
1915	1394404.36	1182811	84.8
1916	1914254.28	903251	47.2
1917	1976563.03	762218	38.6
1918	1894240.66	606023	32.0
1919	2321956.68	477318	20.6

（续）

年　份	营业进款净数 （元）	应还筑路外债额 （元）	应还筑路外债占 营业进款净数％
1920	2692034.61	637262	23.7
1921	2880657.98	840335	29.2
1922	3046638.12	885864	29.1
1923	3613714.92	907867	25.1
1924	3936294.32	897211	22.8
1925	3889577.41	932693	24.0
1926	3351386.21	1099549	32.8
1927	2496725.85	1129469	45.2
1928	4089277.72	1100223	26.9
1929	4344028.66	2328259	53.6
1930	3786031.61	3447559	91.1
1931	4664491.41	2970233	63.7
1932	1352038.38	2903932	214.8
1933	4061062.35	3679342	90.6
1934,1—6	1886154.36	886019	180.7
1934	3925063.11	3525735	89.8

资料来源：营业进款净数：历年交通部《国有铁路会计统计总报告》；中华民国元年
　　　《交通统计图表》，第133—134页。应还筑路外债额：根据倍林，中国之
　　　外债，第33—34页折成。

说明：①缺1910—1911年统计数字。②同表8。1909年，"沪宁铁路亏款之世事"，
　　　《国风报》第1年，第35期，第105页。宣统二年十二月二十一日。不敷之款
　　　由邮传部向交通银行如数借拨应付。③1934年开始，统计按年度计（即本年
　　　七月至次年度六月为一统计单位）。

表 13　　(津浦路)历年应还外债占营业进款净数比重

(1912—1935 年 6 月)

年　份	营业进款净数 （元）	应还筑路外债额 （元）①	应还筑路外债占 营业进款净数％
1912	？	2900648	？
1913	？	2944168	？
1914	？	3310138	？
1915	3218004.76	3433081	106.7
1916	5067097.67	2647935	52.3
1917	5182931.78	2103945	40.6
1918	6268632.49	1670767	26.7
1919	7282932.28	2489716	34.2
1920	8508495.56	2091581	24.6
1921	7788189.69	4467223	57.4
1922	6443283.61	4544727	70.5
1923	9135643.93	4603003	50.4
1924	9437301.61	4355147	46.1
1925	4762325.56	4468749	93.8
1926	280632.97	4986176	1776.8
1927	765582.71	5113200	667.9
1928	3193237.19	4839292	151.5
1929	4497149.65	5064221	112.6
1930	2175527.49	6632834	304.9
1931	6916161.49	7895519	114.2
1932	5977912.16	6390992	106.9
1933	5793030.32	8489469	146.5
1934,1—6	3489048.56	4598304	217.2
1934	9977595.01	6798342	68.1

资料来源:营业进款净数:历年交通部《国有铁路会计统计总报告》;中华民国元年
《交通部统计图表》,第 131、133 页。应还筑路外债额:根据倍林:《中国
之外债》(J. R. Baylin:Foreign Loan Obligation of China),第 41—42、
47—48 页折算。

说明:①本门数字原系英镑,1912—1934,根据《南开指数年刊》各年 4、5、10、11 月
对英汇率换算为元。②1935,根据《上海物价月报》1935 年上海对英汇率换
算为元。③自 1934 年开始,统计按年度计(即本年七月至次年六月为一统
计单位)。

表 14　　　　　（沪杭甬路）应还外债占营业进款净数比重

(1912—1935 年 6 月)

年　份	营业进款净数 （元）	应还筑路外债额 （元）	应还筑路外债占 营业进款净数%
1912	−295446.70	535163	
1913	?	560923	?
1914	?	632306	?
1915	445840.34	610273	136.9
1916	353675.57	466034	131.8
1917	408271.02	393267	96.3
1918	330519.63	312729	94.6
1919	244410.17	529159	216.5
1920	412140.18	605325	146.9
1921	370802.47	824768	222.4
1922	479396.06	799768	166.8
1923	1150130.74	847413	73.7
1924	1346436.97	792555	58.9
1925	1260979.07	804403	63.8
1926	1424667.79	862312	60.5
1927	1329803.40	922668	69.4
1928	1793727.14	854861	47.7
1929	1412714.72	940673	66.6
1930	1715273.55	1410318	82.2
1931	2019002.64	1604003	79.4
1932	1251339.24	1194350	95.4
1933	1506216.67	1501946	99.7
1934,1—6	893128.46	1285714	144.0
1934	695683.59	1095643	157.5

资料来源：营业进款净数：历年交通部《国有铁路会计统计总报告》；中华民国元年
　　　　《交通部统计图表》，第 160 页。应还筑路外债额：据倍林前引书。第
　　　　43—44 页折成。

说明：①应还外债数字原系英镑，1912—1934 年的数字系，根据《南开指数年刊》每
　　　年 6、12 月上海对英镑汇率换算为元。
　　　②1935 的数字系根据《上海物价月报》1935 年上海对英镑汇率换算为元。
　　　③自 1934 年开始，统计按年度计（即本年七月至次年六月为一统计单位）。

表 15　　(京绥路款)政府欠账占铁路账面盈余中的比重
(1928—1936 年 6 月)

年　份	账面盈余 (元)	暂垫政府款[①] (元)	比　重 (%)
1928	283580.12	800.00	0.28
1929	278109.51	10986.00	3.95
1930	289811.03	13911.00	4.80
1931	536123.82	1292368.73	241.06
1932	798631.83	230049.79	28.81
1933	1779103.46	1026138.30	57.68
1934,1—6	1508506.38	2198149.25	145.71
1934	2936891.60	2660028.66	90.57
1935	4684732.98	1566000.39	33.43

资料来源:根据历年《平绥铁路会计统计年报》的总平准表及营业账中数字改制。

说明:①其中主要是暂垫军运记账款。②自 1934 年开始,统计按年度计(即本年
七月至次年六月为一统计单位)。

表 16　(京奉路上军运欠账部分)政府欠账占铁路账面盈余中的比重
(1922—1931 年)

年　份	账面盈余 (元)	军运记账 (元)	比　重 (%)
1922	7756949.58	3619660.38	46.66
1923	6951446.73	554016.82	7.97
1924	5596632.57	3187004.32	56.95
1925	10829472.03	4846354.02	44.75
1926	9888188.90	6186463.41	62.56
1927	18779308.57	6457400.34	34.39
1928	10863148.44	3535141.88	32.54
1931	20651467.38	3019142.36	14.62
1932	11368792.23	380462.85	3.52

资料来源:根据历年(1922—1928)《京奉铁路报告册》;1931—1932《北宁铁路会计
统计年报》的营业状况报告中数字改制。

作者著译书目

Ⅰ 编 著

《中国近代经济史统计资料选辑》（参加编制），科学出版社，1955年

《中国近代铁路史资料，1863－1911》，中华书局，1963年（台湾旋有盗版本）

《中华民国铁路史资料，1912－1949》，社会科学文献出版社，2002年

《帝国主义与中国铁路，1847－1949》，上海人民出版社，1980年；（有日译本，依田憙家译，列入"早稻田大学社会科学研究所翻译丛书"）

《中国近代经济史，1840－1894》（参加编著），人民出版社，1989年

《中国近代经济史，1895－1927》（参加撰述），人民出版社，2000年

《中国近代经济史研究综述》，天津教育出版社，1989年

《清代全史》（十卷本，总编：王戎笙）第八卷，主编，辽宁人民出版社，1993年

《清代简史》（参加编写），辽宁人民出版社，1997年

《中国的外债，1853－1948》（已完稿，约40万字）

《中德关系中的铁路问题》（德文）收于 Herausgegelen von Kuo Hengyü：*von der Kolonialpoeitik zur Kooperation*，minerva publikation，München，1986

Ⅱ 翻 译

《苏联工业配置概论》［苏］李芙雪茨著（参加翻译，译者署名为：金逸），

科学出版社,1955年

《南斯拉夫合作制度》(原书为一本英文论文集,参加翻译,1961年前后出版)

此外,就已发表的涉及经济史、太平天国史、外债史、国际关系史的文篇,以及为中国大百科全书、一些年鉴或为参加国内、国际(如国际经济史学会)等多种学术会议所作长短有殊条目、论文,约计有百篇上下;其中部分,汇编入一些会议论文集、专题论文集(含中、日、英三文种)等从略。

作者年表

1924 年 1 月 27 日出生于浙江省慈谿县。

1941 年，以家乡沦陷日寇手，走往"内地"；初入"金华战区学生进行班学习；次年，经福建省教育厅分配入省立福州高级中学（时在沙县）肄业。1944 年届毕业时，投笔从戎入伍于远征军，当炮兵；未上战场，日敌投降；自己乃弃武习文，于 1946 年初复员退伍。

1946 年秋，进当年北平私立燕京大学新闻学系肄业；冬，转学于北京大学政治学系，侧重于国际关系的学科。1950 年秋毕业，考入同校研究生院"经济学部"，开始投身于中国近代经济史的研究。

1953 年 2 月，在学系调整中经教育部分配至中国科学院经济研究所工作（1977 年起属中国社会科学院）；任实习研究员，旋在职称一事似有实无中持续到 1980 年；次年改定为副研究员；1983 年为研究员；兼任中国社会科学院研究生院经济系教授；1986 年，经国务院学位委员会通过为博士生导师。

1987 年底退休，紧接着接受回聘十年。尔后家居，仍干"老行当"到如今。在此期间，除了以个人身份前往日本、比利时、意大利和美国等国先后出席国际经济史学会的第十届、第十一届大会等一些会议和其他学术活动；并编齐甫进经济所即决定的课题——中国近代铁路史资料——完成其远未完成的 1912—1949 年的部份。接着，以对中国近代外债问题颇有兴趣，并认为应该加以如实研究，且也是自己有生之年应尽的职责。这样，面对当年一些国家向我国索偿旧债等行动，自己就所知，条陈一隅之见由中国社会科学院上呈中央，并参加一些有关工作。90 年代中，主要为搜集涉及我国外债的史料，自费前往美国半年；尔后有时间即做此项工作；至今总算形成定稿。

2008 年 8 月